Friedrich Stoffert

Bergedorf und Umgebung

Illustrierte Erinnerungen, 1822 bis 1888,
bearbeitet von Gerhard Stoffert

Titel: Bergedorfer Schloßstraße mit Blick auf den Gasthof „Stadt Hamburg“, Aquarell, Friedrich Stoffert, um 1837

Hohlweg bei Börnsen, Federzeichnung, Friedrich Stoffert, um 1894

Rücktitel: Wohnzimmer in Bellevue, Aquarell, Friedrich Stoffert, um 1851

Impressum

Friedrich Stoffert
Bergedorf und Umgebung
Illustrierte Erinnerungen, 1822 bis 1888,
bearbeitet von Gerhard Stoffert

Herausgeber: Kultur- & Geschichtskontor
Reetwerder 17, 21029 Hamburg
Tel.: 040 / 721 28 23, Fax: 040 / 724 43 42
geschichtskontor@hansenet.de
www.geschichts-kontor.de
1. Auflage Hamburg 2006

Redaktion: Dr. Geerd Dahms, Susanne Falkenhof, Hilke Langhammer
Jörn-U. Lindemann, Gerrit Menzel, Angelika Neiser,
Prof. Dr. Gerhard Stoffert, Thomas Zimmermann.
Petra Weiß (Schreibarbeiten)

Gestaltung: Angelika Neiser

Druck: AZ Druck und Datentechnik GmbH, Kempten (Allgäu)

ISBN-10: 3-9811271-0-2
ISBN-13: 978-3-9811271-0-2

Friedrich Stoffert

Bergedorf und Umgebung

Illustrierte Erinnerungen, 1822 bis 1888,
bearbeitet von Gerhard Stoffert

Vom Urenkel signiert.
Prof. Dr. Gerhard Stoffert
Bergedorf, am 24.11.2016

Kultur- & Geschichtskontor

Friedrich Stoffert, um 1850

Friedrich Stoffert, um 1905

Friedrich Stoffert (1817-1910) wirft mit seinen Lebenserinnerungen ein Schlaglicht auf die gesellschaftlichen, die sozialen, sozialhygienischen und wirtschaftlichen Verhältnisse des 19. Jahrhunderts. Er lässt uns teilhaben an den Höhen und Tiefen seines Lebens in Bergedorf. Der harte, triste und arbeitsreiche Alltag wird aufgebrochen durch die Fluchten in die nähere und weitere Umgebung des Städtchens. Bereits als Kind hatte er diese Ausflüge genossen und sobald es ihm möglich war, griff er zur Feder, um das Gesehene in seinen ausdrucksvollen Zeichnungen für immer zu bewahren. Nicht nur dieses Talent war ihm gegeben. Mit seiner akribischen und sensiblen Beobachtungsgabe hielt er seine Erlebnisse in Niederschriften fest, die ihn zu einem Literaten von höherem Rang hätten befördern können. Die Beschreibungen seiner Reisen an die Ostsee, die Nordsee, nach Helgoland, in den Harz – um nur einige herauszugreifen – lassen die teils skurrilen Bilder einer Epoche lebendig werden, die zwischen dem Beharren am Überkommenen und dem Aufbruch in eine neue Zeit zu zerbrechen scheinen.

Ausgangspunkt seiner Lebenserinnerungen ist das kleine Bergedorf, dessen Bewohner er mit spitzer Feder beschreibt. Die sozialen Beziehungen, persönlichen Begebenheiten, das Glück der Liebe, die Hilflosigkeit gegenüber heute harmlos erscheinenden Erkrankungen, eng verbunden mit dem Schmerz des unabwendbaren Todes – dies formte die Persönlichkeit des Erzählers, der uns unausweichlich mit seiner Sprachkultur und dem Detailreichtum seiner Erzählung mitreißt, in seine Zeit und in ein Bergedorf, das es so nicht mehr gibt.

Friedrich Stoffert hätte – das Studium der Medizin vorausgesetzt – einer der großen Reformer der Gesundheitslehre des 19. Jahrhunderts werden können. Über viele Jahre hatte er die gesundheitlichen Auswirkungen der Mangelernährung, hervorgerufen durch Armut in der Unterschicht und die Folgen von zügelloser Völlerei bei Angehörigen der Oberschicht, beobachtet. Während eines mehrmonatigen Aufenthalts in einer Schroth'schen Heilanstalt beschloss er, selbst ein Sanatorium zu errichten. Hierzu holte er sich den Rat verschiedener Fachleute und kombinierte schließlich die unterschiedlichen, modernen Heilmethoden Dr. Schrebers, Dr. Steinbuchers, der Homöopathie, der Naturmedizin und des Bauern Schroth. Wirtschaftlich war das Unternehmen im „Bellevue", direkt am Bergedorfer Gehölz gelegen (heutiger Standort des Luisen-Gymnasiums), nicht zu halten. 1888 verließ Stoffert mit

seiner Familie Bergedorf für immer.
In Berlin, als Maler im Adressbuch eingetragen, fand er in den 1890er Jahren die Zeit, zunächst seine Jugenderinnerungen zu verfassen. Bereits als Hörbuch erschienen, liegen sie einer limitierten Sonderedition dieses Buches bei. Um 1895 stellte Stoffert auch seine Lebenserinnerungen fertig, die nun, nach mehr als 110 Jahren erstmals veröffentlicht werden.

Auszug aus der Originalhandschrift der Lebenserinnerungen Friedrich Stofferts

Prof. Dr. Gerhard Stoffert, dem Urenkel Friedrich Stofferts, ist es zu verdanken, dass die umfassenden Memoiren jetzt in dieser Form vorliegen und einer breiten Öffentlichkeit zugänglich gemacht werden können. Er hat das handschriftliche Manuskript seines Urgroßvaters übertragen, bearbeitet und dem Kultur- & Geschichtskontor zur Veröffentlichung zur Verfügung gestellt, wofür wir ihm an dieser Stelle sehr herzlich danken. Die Federzeichnungen sind der Originalschrift entnommen, der überwiegende Teil der Fotos stammt ebenfalls aus dem Privatarchiv Gerhard Stofferts.

Durch die Bearbeitung sind einige marginale Änderungen des Originals erfolgt. So wurden Rechtschreibung und Interpunktion der besseren Lesbarkeit wegen zum Teil den heutigen Regeln angepasst. Die für die Zeit typische Ausdrucksweise und der Satzbau sind selbstverständlich beibehalten worden. Zur Gliederung wurden nachträglich Überschriften hinzugefügt. Zeitgenössische Lehnworte, oft aus dem Französischen, sowie heute nicht mehr geläufige Ausdrücke sind in Klammern erklärt. Wenn aus Platzgründen Kürzungen erforderlich waren, ist dies ebenfalls vermerkt. Zusammenfassungen der Redaktion sind kursiv gehalten.

Tauchen Sie nun ein in die bürgerliche Welt des 19. Jahrhunderts und begleiten Sie Friedrich Stoffert auf seinem Lebensweg.

Dr. Geerd Dahms

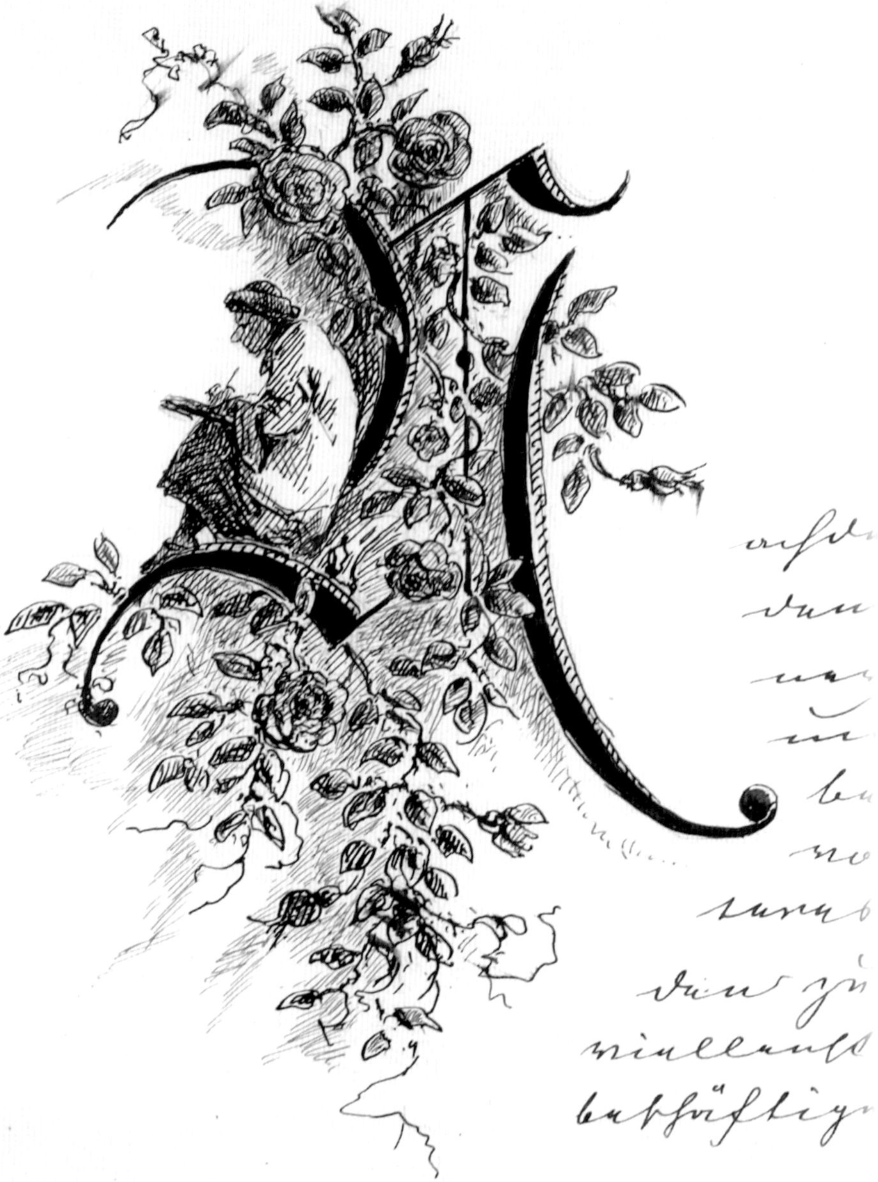

Wie in meinen Jugenderinnerungen beginne ich auch hier mit den Eindrücken, wie sie aus der frühesten Kindheit meinem Gedächtnis verblieben sind. Es hat einen eigenen Zauber und jeder wird ihn an sich erfahren haben, in die Zeit zurückzukehren, wo unser Hirn gleichsam eine „Tabula rasa" war, in die sich die neuen Empfindungen und Wahrnehmungen mit nie verlöschender Schärfe eingruben. Empfindungen, die im Wechsel der Zeiten, in dem Rauschen eines ereignisreichen Lebens ungeschwächt ihre Klangfarben behalten haben.
Wer aber den täglichen Gang kleinstädtischen Lebens kennt und zumal weiß, wie es vor mehr als fünfzig Jahren *(1845)* so ganz der Jetztzeit *(1895)* verschieden war, der wird vielleicht manchen unbedeutend scheinenden Zug doch als der Aufzeichnung voll berechtigt werthalten. Auch die Schilderungen meiner kleinen Reisen sind nicht in einer Form gehalten, daß sie als Lektüre oder gar als Hilfsbuch einem größeren Publikum dienen könnten. Sie betonen zumal das landschaftlich Schöne und Interessante, lassen dagegen historische und topographische Merkwürdigkeiten fast immer unberücksichtigt. Von dieser Seite liegt ja doch genügendes Material vor, das zu vermehren ich weder geneigt noch befähigt bin.
Dem entsprechen auch die meinen Skizzenbüchern entnommenen Zeichnungen. Sie behandeln oft die einfachsten Gegenstände, etwa eine Baumgruppe, ein altes Gebäude, eine Heidefläche, einen Weg, einen See und dergleichen, kurz lauter Motive, wie sie dem Maler zunächst als bemerkenswert sich aufdrängten. Vielfach entfernt der großen Straße, auf der der Zug der Reisenden sich bewegt, wo aber der Maler gewöhnlich umsonst eine Ausbeute für seine Skizzenbücher sucht.
Ich weiß wohl, und vertrauensvoll habe ich diesen Umstand berücksichtigt, daß manches an sich kaum Beachtenswerte dazu wird, indem die Leser dieser Blätter das Interesse, das sie freundlich meiner Persönlichkeit schenken, auf den Inhalt dieser Aufzeichnungen übertragen, daß sie das Gegebene eben als wie von mir Durchlebtes aufnehmen, meine Person gleichsam als Staffage in die kleinen Zeichnungen hineintragen. Und weil ich eben weiß, daß die Leser dieser Blätter meine Person von dem Inhalt derselben nicht zu trennen vermögen, bin ich auch der Nachsicht gewiß, wie anders dem Berufsschriftsteller sie nicht zuteil werden läßt, der schon von vornherein die Kritik herausfordert. Der Boden, auf dem meine kleine Arbeit steht, schützt sie vor einer solchen, sie ruft dem Leser zu: „Nimm, wie es gegeben und sei zufrieden mit dem, was ich bieten konnte!"

Mutter und Vater

Geschäftliche Mißerfolge in Hamburg, woselbst mein Vater Saat-Makler gewesen, bestimmten ihn zur Umsiedlung nach Bergedorf. Schon nach 3 Jahren erfolgte sein Tod und meine Mutter ward Witwe als ich 6 Jahre und meine jüngste Schwester 3 Jahre alt war. In kleinen beschränkten Verhältnissen bin ich aufgewachsen, lernte früh Selbstbeherrschung kennen, meine Wünsche zügeln und auch da Freuden finden, wo in größeren Verhältnissen erwachsene Kinder vielleicht unbefriedigt gewesen wären.

Der Tod meines Vaters war für meine Mutter ein harter Schlag und sie gab ihrem Seelenschmerz oft in Klagen Ausdruck, die selbst mich kleinen Knaben tief erschütterten. Anklage und Entschuldigung, Bitterkeit und Mitgefühl mischten sich miteinander, so daß ich ein durchaus verzerrtes Bild meines Vaters erhielt, den ich persönlich kaum gekannt hatte, da ich lange Zeit, und auch während seines Todes, bei meinen Großeltern gelebt hatte.
Meine Mutter war eine stattliche Frau von regelmäßigem Körperbau und angenehmen Gesichtszügen, leider waren sie durch Blatternarben entstellt. Sie hatte ein bestimmtes energisches Wesen, trat gern selbständig handelnd auf, wo andere sich nach einem Berater umzusehen pflegen, und vereinte mit dieser Entschiedenheit ein großes Maß an Herzensgüte. Beide Eigenschaften kamen bei ihrem Erziehungsprinzip gleichmäßig zur Geltung, indem sie streng forderte, was sie für nötig hielt und gern bewilligte, was sie ohne Nachteil für ihre Kinder gestatten konnte. So waren wir an Ordnung gewöhnt und genossen doch dabei die größtmögliche Freiheit. Wohl ließ ihr heftiges Temperament sie zuweilen im Zorn aufbrausen und manche Züchtigung haben wir erhalten, die nach ruhiger Überlegung uns wohl erspart worden wäre.
Viel Leid bereitete ihr selber und uns Kindern ihre Schwerhörigkeit, an der sie schon seit dem 17. Jahre gelitten [...]. Manches Mißverständnis war darauf zurückzuführen und die Furcht vor solchem mangelhaften Verständnis ließ sie Gesellschaften meiden oder wenn sie denselben nicht ausweichen konnte, litt sie während der Unterhaltung an nervöser Aufregung. Entgegen aber der gewöhnlichen Erfahrung bei Schwerhörigen kannte sie keine Neugier, fragte nie, selbst bei lebhaftester Unterhaltung. Auch hierin zeigte sie die von ihr in hohem Grade geübte Selbstentäußerung, die mehr den Wünschen anderer lebt, als den eigenen.

Das Geschäft in der Großen Straße Nr. 7

Mein Vater hatte bei seiner Umsiedlung nach Bergedorf ein Eisen- und Kolonialwarengeschäft gegründet, das er, durch eifriges Bemühen und unterstützt durch seine einnehmende Persönlichkeit, bald empor gebracht hatte. Er betrieb das Geschäft nur mit einem Lehrling, den er aus dem Hamburger Waisenhaus entnommen hatte.
Heinz Sänger war ein aufgeweckter und pflichttreuer Mensch, der die Schulzeit wohl benutzt hatte, um sich so viel wie möglich Kenntnisse zu erwerben.
Nach meines Vaters Tode ward eine Vertretung notwendig und ein junger Mann, Siegmund Burmester, trat als Geschäftsführer an seine Stelle. Er war eines Fuhrmanns Sohn, in ungebildeter Sphäre aufgewachsen, hatte sich dann herausgebildet und das Bedürfnis empfunden, sich eine höhere Bildung anzueignen. Von robustem Körperbau, etwas linkischen Manieren und mit stammelnder Sprache, war es ihm nicht möglich, das Triviale seiner Herkunft gänzlich zu überwinden. Jedoch vergaß man diese Mängel, wenn man ihn in seinem ehrlichen Streben, seiner unerschütterlichen Gewissenhaftigkeit kennen zu lernen Gelegenheit fand.
Der Schmerz macht ungerecht. Auch an meiner Mutter mochte sich wohl die

Wahrheit dieses Satzes erweisen, denn ich erinnere, daß sie sich anfänglich mit dem ruhigen und durchaus einsichtigen Mann nicht verständigen konnte und daß erst nach Jahren ein freundschaftliches Verhältnis sich herausbildete.

Die Nachbarschaft

Das traurige Geschick meiner Mutter hatte wohl dazu beigetragen ihr unter ihren Nachbarn recht viele Freundinnen zu erwerben, denn häufig erhielt sie an den Abenden den sogenannten Schummerstundenbesuch von den Damen der Nachbarschaft, wo dann die häuslichen Verhältnisse besprochen und über Tagesneuigkeiten verhandelt ward. Es waren unter den Besuchenden recht originelle Typen: Madame Schröder, Madame Behn, Madame Kubelcke, Frau Dr. Güldenpfennig, Frau Dr. Lindenberg standen im freundschaftlichen Verkehr zu meiner Mutter, die denn auch gelegentlich diese Besuche erwiderte. Noch heute klingt mir die freundliche kreischende Stimme der Madame Schröder im Ohre, die jedes Mal mit dem Ausruf: „Min lev Madame Stoffert! Wie geit et denn, wi hewt uns so lang nich sehn?“ ins Zimmer stürmte, wenn ihr letzter Besuch auch erst vor acht Tagen stattgefunden hatte. Sie hatte eine Tochter gut in Hamburg verheiratet und gefiel sich vornehmlich darin, Wunderdinge von deren schöner Einrichtung zu erzählen.

Anders Frau Dr. Güldenpfennig: Ihr Mann war Arzt in Bergedorf gewesen und früh gestorben. An der Goldküste geboren, wo ihr Vater Gouverneur einer dänischen Station war, war sie stets bemüht, die vornehme Dame herauszukehren, beachtete eine gewisse Gemessenheit und sprach gern von der Zeit, wo sie noch in Afrika gewesen und schwarze Bedienung gehabt hatte. Sie war entschieden schön gewesen und hatte eine romantische Jugend hinter sich, auf die sie gern anspielte, ohne doch Näheres aus derselben mitzuteilen. Später erfuhr ich, daß sie von einem jungen Mann unter ihrem Stande ward entführt worden, dem sie dann die Mittel verschaffte, sich zum Dr. med. auszubilden. So war sie nach Bergedorf verschlagen.

Madame Kubelcke, eine kleine runde behäbige Persönlichkeit, mit stets freundlich heiterem Gesicht, unterhielt sich, zumal mit meiner Mutter, über Wirtschaftsangelegenheiten. Sie war eine durchaus unentschlossene Natur und deshalb stets bemüht anderer Rat zu hören. Selbst nach gefaßtem Entschluß ward sie gern wieder wankend und ward dadurch der Schrecken aller Verkäufer. Jedes neu anzuschaffende Kleidungsstück machte ihr förmlich Geburtsschmerzen, besaß sie es aber endlich, so war sie unglücklich und wäre es gern wieder los gewesen. Dabei war sie eine herzensgute Frau, die menschenfreudig gern jedem zu Hilfe kam. Ich werde im Laufe dieser Aufzeichnungen noch Gelegenheit haben auf sie zurückzukommen, da ich ein Freund ihres Sohnes war und viel in ihrem Hause verkehrte.

Madame Schröder, Madame Behn und Madame Kubelcke redeten nur plattdeutsch, wie auch meine Mutter sich mit uns Kindern und den Leuten im Geschäft nur dieser Mundart bediente.

Die ersten Ausflüge

An der Hand meiner Wärterin begann ich meine ersten mir erinnerlichen Ausflüge. Sie richteten sich natürlich nach Orten, die der nächsten Umgebung Bergedorfs angehörten. An Sonntag-Nachmittagen, wenn die Mädchen von ihrer Hausarbeit befreit waren, ward ihnen erlaubt mit den Kindern ins Freie, wie man sich ausdrückte, zu gehen. Die gewöhnlichen Ziele solcher kleinen Ausflüge waren der Weg nach den Klinken, dem Schneckenberg, dem neuen Teich und anderen ebenso nahe gelegenen Orten.
Ich mag damals wohl ein Knabe von 5 Jahren gewesen sein, meine Schwestern waren einige Jahre jünger, die jüngste ward auch streckenweise auf dem Arm getragen. Ging die Reise in der Richtung nach den Klinken, so ward immer unterwegs eingekehrt, denn in der Nähe des Brunnens wohnten die Eltern unseres Dienstmädchens Trina Tuckhörn. Wie wohlig war uns in dieser kleinen ärmlichen Wohnung, waren es doch lauter neue Gegenstände, die unsere Aufmerksamkeit in Anspruch nahmen. Die Hühner, die unter der Bank in der Wohnstube ihre Nester hatten, so gänzlich zur Familie gehörten, daß sie sich die Freiheit nahmen auf Tische und Stühle zu fliegen und oft wegen ihrer Ansprüche mußten gezüchtigt werden, die mit Ackergeräten bestandene Lehmdiele, die aufgehäuften Wurzeln und Rüben, mit denen wir kugeln durften, das flammende Herdfeuer, von dem der Rauch, weil der Schornstein fehlte, durch den Raum zur Tür hinauszog, das alles war uns so lieb, daß wir es jedes Mal mit demselben Entzücken begrüßten. Bald mischte sich dann in dieses Gemisch von Rauch, Erdgeruch und Mist der Duft auf dem Herde kochenden Kaffees.
Noch heute denke ich an den Genuß des uns sonst versagten Kaffees, des groben Schwarzbrotes oft mit Sirup; dies alles waren Reize, die bei jeder Wiederholung des Besuches sich von neuem geltend machten. War allem genüge geschehen, dann ging es zum nahen Brunnen hinüber, der damals noch aus einer einfachen Holzrinne floß, von Moos und Algen grün gefärbt, obgleich er schon zu Ende des vorigen Jahrhunderts *(tatsächlich bereits 1703)* die Rolle einer Heilquelle gespielt hatte und von Tausenden war besucht worden. Hierauf bestiegen wir die Anhöhe neben dem Jungfernstiege, kletterten an den damals noch fast ganz begrasten Abhängen umher, suchten die einzelnen Sandschürfen auf, die hinabzurutschen wir nicht müde wurden, unbekümmert um das Aussehen unserer vom Grund arg gelb gefärbten Kleider. Oben am Abhange aber saßen die Mädchen mit dem nie rastenden Strickzeuge und hüteten die Kleinen, noch nicht Spielfähigen, dabei wurden Geschichten erzählt, die oft ein weithinschallendes Gelächter hervorriefen. Oft auch ward gesungen und hier hörte ich zuerst das alte weitbekannte Volkslied: „Du, Du liegst mir am Herzen.“, seine eigentümliche melancholische Weise sprach mich unendlich an und ist mir durch mein ganzes Leben lieb geblieben. Wo ich es auch später wieder gehört, weckte es wie durch einen Zauber die Erinnerung an jene ersten Ausflüge und die glücklich in kindlicher Freude verlebten Nachmittage. Kam dann die Zeit der Rückkehr, dann ging es noch einmal zu Mutter Tuckhörn, die beschmutzten Kleider wurden reingeputzt und durch einen Apfel ward die

Trauer der Heimkehr gemindert. Wenige Häuser standen zu jener Zeit da, wo jetzt eine ganze Straße sich hinzieht und der damals gebräuchliche Name „Fief Husen“ deutet schon auf die Spärlichkeit seiner Bebauung.
Ähnliche Ausflüge wurden nach Schlebuschs Schneckenberg gemacht, einem zirka 20 Fuß hohen Hügel, zu dessen Plattform sich ein schraubenförmiger Weg hinauf wand. Dieser ganze Strich der Feldmark war wenig beackert, stellenweise mit Heide bedeckt, bildete aber einen reizenden Aussichtspunkt ins Billetal, durch das sich der kleine Fluß in vielfachen Windungen hinzog. An der nördlich gegen die Talsohle abfallenden Böschung lag der Rektoratsgarten mit einer kleinen strohgedeckten Hütte, die stets unsere Zuflucht war, wenn uns einmal ein Regenschauer überfiel, und deren Tisch, Bänke und Wände mit zahllosen Inschriften bedeckt waren. Bei Anlage des Lindschen Geweses gingen Schneckenberg und Hütte unter. Zu jener Zeit gab es weder eine Eisenbahn noch eine Brauerei, durch die der Charakter des Billetales so wesentlich verändert worden. Unverdrossen pflegten wir auf dem Schneckenwege auf- und abzurennen, laut jubelnd und singend, bis unser Atem versagte und wir, befriedigt und erschöpft, an die Seite der im Grase sitzenden Mädchen sanken.

Die Großeltern Wübbe

Wenig Bemerkenswertes ist mir aus dem Zeitraum verblieben, der sich von von dem eben geschilderten bis zu meinem Eintritt in die Stadtschule erstreckte. Monatelang war ich oft bei meinen Großeltern, die mich sehr lieb hatten und als ihren ältesten Enkel bevorzugten. Sowohl auf ihrem Landsitz in Othmarschen wie in der Stadt, wo sie an dem 2. Vorsetzen ein Gewese besaßen, war ich oft ihr Gast, und stets waren sie eifrig bemüht, mir den Aufenthalt so angenehm wie möglich zu machen. [...]
Auch andere Verwandte genossen, oft auf längere Zeit, die Gastfreundschaft meiner Großeltern Wübbe und kehrten dann gestärkt und erfrischt durch den köstlichen Aufenthalt dankbar in ihre städtische Wohnung zurück. Ich war nur ein zarter Knabe, glaube aber, daß ich dank häufigen Aufenthalts in jener gesunden Luft wesentliche Kräftigung verdanke, denn außer der Masern erinnere ich mich keiner Krankheit, an der ich zu leiden gehabt hätte.
Mein Bett, ein großer Waschkorb, stand im Schlafzimmer meiner Großmama, die stets zugegen war, wenn eines der Mädchen meine Toilette besorgte. Auch wenn ich abends noch wach in meinem Bette lag, schlich mein Großpapa vorsichtig ins Zimmer und brachte mir, wenn er sich überzeugt hatte, daß ich noch nicht schlief, einen Judenbonbon. Freilich habe ich manches Mal umsonst auf diesen süßen Tröster gewartet.
Nachdem ich angezogen, führte mich meine Großmama ins Wohnzimmer, wo schon der Kaffee bereit stand, den sie immer allein einnahm, da mein Großpapa früh aufstand, denselben schon um 6 Uhr im Garten genommen. Erst beim Frühstück fanden sie sich wieder zusammen. Dasselbe war höchst einfach, da mein Großpapa weder Butter noch Käse aß, fand sich jederzeit Schmalz und Honig auf dem Frühstückstisch. Beide tranken Tee, für mich stand Milch bereit, der ich schon damals keinen Geschmack abgewinnen konnte, obwohl

dieselbe denkbar gut war, da meine Großeltern eine Kuh hielten und auf sorgfältige geeignete Fütterung achteten. Das Frühstück war einfach und entsprach dem einfachen Leben, das für gewöhnlich herrschte und nur an Sonn- und Festtagen, eigentlich anderen zuliebe, eine Änderung erfuhr.
Mein Großpapa war von geringer Herkunft. Sein Vater war anfänglich Landmann, dann Holzhändler auf Veddel, einer Elbinsel, gewesen und dort im Geschäft des Vaters hatte er die ersten Jahre seiner Tätigkeit verbracht. Mit gewisser Befriedigung, nicht ohne Bezug auf die stets wachsenden Ansprüche der Jugend, erzählte er gern, wie er gearbeitet, oft bis zum Gürtel im Wasser gestanden, um die angeflößten großen Fähren ans Land zu ziehen. Dann war er Bursche am Comptoir des Kornhändlers Glaßhof gewesen, hatte sich durch Fleiß und Geschick bald zum geschätzten Arbeiter aufgeschwungen und dann, durch Unterstützung und Fürsprache seines Prinzipals, den Maklerstand erhalten und sich als Schiffsmakler etabliert. Meine Großmutter war die Tochter eines Advocaten Schmalfeld und mit dem Assessor meines Großvaters, Lopau, verheiratet. Als fast gleichzeitig die erste Frau meines Großvaters und sein Compagnon Lopau starben, schlossen die Zurückgebliebenen die Ehe und haben ein langes glückliches Zusammenleben geführt, wenn auch von einer Liebe im idealen Sinne keine Rede sein konnte. [...]
Die Zeit, die ich in diesem Paradies verlebte, ist mir unvergeßlich geblieben, noch heute gedenke ich derselben mit ungeschwächtem Entzücken. Sie ist von entschiedenem Einfluß auf mich gewesen. Sie hat mein Auge und meinen Sinn der landschaftlichen Schönheit geöffnet, sie hat auch mein Gemüt, soviel mir erinnerlich, dem Gefühl aufrichtiger Anhänglichkeit und Dankbarkeit erschlossen, das die Liebe meiner Großeltern darin geweckt hatte. Es gehörte zu den trübsten Tagen meines kindlichen Lebens, wenn der Tag gekommen war, wo ich wieder ins elterliche Haus zurückkehren mußte, dann hing ich weinend am Halse meiner Großmutter, deren Trost auf baldige Rückkehr mich allein zu beruhigen im Stande war.

Das Elternhaus

Die wunderbaren Reize, die ich als kleiner Knabe, fast instinktlich empfunden, kamen mir erst, als ich den Kinderjahren mehr entwachsen war, vollkommen zu Bewußtsein, dann lernte ich erst den hohen Wert, die ganze Eigenartigkeit des örtlichen Verhältnisses, wie der Lebensführung kennen und würdigen.
War ich dann ins elterliche Haus zurückgekehrt, da verflossen Tage bis sich mein Trübsinn legte und das Heimweh sich milderte. Zumal am Abend vor dem Einschlafen war ich mit meinen Gedanken bei meinen Großeltern und ward oft nicht eher ruhig, bis ein Tränenstrom mich erleichterte und die reizvollen Bilder meiner Phantasie in mein Traumleben übergingen.
Solche Depression war natürlich, der Unterschied in den Verhältnissen zu groß. Der kleine Hof hinter dem elterlichen Haus war teils gepflastert, teils eine Sandfläche, nur an der Mauer der Nachbarhäuser zog sich ein schmales Grasband hin, das keine menschliche Hand gesät noch gepflegt hatte; in dem aber Malven, Hundeblumen und Marienblümchen Unterschlupf gefunden hat-

ten. Auf dem Steinhofe standen Holzböcke, wie sie geschäftlichen und häuslichen Zwecken dienten, lagen aufgehäuft leere Tonnen, Bretter und Latten. Dies alles war mir so unsympathisch, ich glaube, es wirkte beleidigend auf mein verwöhntes, oder wohl richtiger, auf mein erwachtes ästhetisches Empfinden. Wie bald aber lenkt ein Kindergemüt in die vorgeschriebenen Bahnen wieder ein. Es währte dann auch nicht lange, so zog ich mit heiterem Sinn, inmitten meiner Spiel- und Altersgenossen, zu dem gewohnten Spiele aus, wie vordem.
Meine Mutter war gern bereit, soweit es ihr möglich war, die Bitten ihrer Kinder zu berücksichtigen. So wurden wir im Laufe der Jahre Besitzer von Meerschweinchen, Kaninchen, einem Lamm und einer Ziege. Sie wurden mit bestimmter Weisung unserer Sorge anvertraut und meine Mutter wachte darüber, daß den uns anvertrauten Tieren kein Unrecht geschähe. So lernten wir früh Mitgefühl für die Tierwelt zu empfinden, es war uns Schutz und Schonung derselben eingeprägt und Gelegenheit gegeben, dieselben praktisch zu üben und zu betätigen. Ich habe viel Freude, aber auch manchen Schmerz daran gehabt. Noch erinnere ich mich des Schreckentages, als ich glücklich mit meinen Meerschweinchen im Grase spielte und plötzlich von der Planke des Nachbarhauses ein Kater herabsprang, eines der Meerschweinchen ergriff und, trotz meines Geschreies, damit verschwand. Welch' eine Trauer war es, als gegen den Winter unser Lamm, der treue Spielgefährte während des ganzen Sommers, geschlachtet wurde. Wir saßen weinend am Tisch, auf dem der Braten stand, aber essen konnten meine Schwestern und ich nichts von dem lieben Lamm.
Ich übergehe hier die in meinen Jugenderinnerungen geschilderte Zeit meines ersten Schulganges. Ich habe dort all der kleinen Freuden und Leiden Erwähnung getan, wie sie das Gemüt jedes Kindes ähnlich bewegen. Auch der sich überall gleich bleibenden Spiele will ich nicht weiter gedenken, auch ihrer habe ich dort ziemlich ausführlich gedacht.

Streifzüge in die Umgebung Bergedorfs

Ein regeres und auch fruchtbringenderes Leben begann als ich selbständiger geworden, allein oder mit anderen Knaben meines Alters Touren in die Umgebung Bergedorfs unternehmen konnte. In ihnen eröffnete sich mir eine Quelle großen und dauernden Genusses. Ich war als Knabe schon ein tüchtiger Fußgänger, tägliche Turnübungen, selbst im Winter, hatten meinen Körper entwickelt und gekräftigt, auch zu größeren Anstrengungen befähigt.
Mein Auge war der Schönheit der Natur schon erschlossen, mein Sinn für deren interessante Seite geweckt. So durchstreiften wir, noch bevor ich erwachsen war, den größten Teil der Umgebung Bergedorfs. Natürlich konnte damals von einer sinnigen Betrachtung einer Gegend nicht die Rede sein, solche Eindrücke blieben einer späteren Zeit vorbehalten, wo ich oft wieder Gelegenheit fand die reizende Gegend zu durchstreifen, die soviel des Schönen und Interessanten bietet. Die Ziele des Knaben waren bescheidenere. Bald gingen wir hinaus in die weiten Felder der Niederung und suchten in den Gräben nach Hechten, bald auf die Moore bei Boberg oder Horst, wo wir Kibitznester

zu finden hofften, dann wieder an die Ufer der Bracks, solcher Stellen, wo vor Zeiten ein Deichbruch stattgefunden, um Pompesel, die großen Kolben der Typha, oder lange Binsen zu schneiden, aus denen wir primitive Flechtarbeiten herstellten. Einen Zweck hat der Knabe fast immer bei seinen kleinen Ausflügen und es ist eine interessante Erscheinung, wie sich der Schaffenstrieb und der praktische Sinn im Kinde, gewöhnlich unbeachtet, in dieser Weise kundgibt. Hält er bei seinen kleinen Wanderungen auch zuweilen inne, um auszuruhen, oder sich für Momente dem süßen Nichtstun zu überlassen, bald rafft er sich wieder auf, um so rüstiger vorwärts zu streben.

Auch der Unterricht beeinflußt oft seine Ausflüge. Bald sind es botanische Exkursionen, auf denen er immer die seltensten Sachen zu finden hofft, bald sucht er unter dem Einfluß geognostischer *(geologischer)* Mitteilungen des Lehrers seltene Gesteine, deren Vorkommen in der Ebene ausgeschlossen ist und zerklüftet mit Unverdrossenheit und Eifer die langweiligen Rollsteine, die für den Chausseebau aufgehäuft liegen, immer in der Hoffnung darin mineralogische Schätze zu finden. Und glücklich kehrt er heim, gelang es ihm die Spur eines Granats, eines Turmalins, eines Mandelsteins oder einer Druse mit Quarz oder Amethyst zu finden. So gingen wir gern an die Abhänge bei den Klinken, die vielleicht vor 100.000 Jahren das Ufer der Elbe bildeten, um dort nach Versteinerungen zu suchen und es gelang uns manche Muschel und Schnecke zu finden, selbst dem Meere angehörige Schaltiere, die uns den Beweis lieferten, daß einst, bevor noch von einem Elbufer die Rede sein konnte, hier die Wellen des Meeres frei brandeten. Die Zeit ihres Lebens lag wohl weit zurück, vielleicht bis zu jener Epoche, wo noch die nordischen Gletscher bis tief in die norddeutsche Ebene reichten, ihre Moränen dort absetzten und die ganze weite Fläche mit den herangeführten Blöcken bedeckten. Der Sammeltrieb des Kindes, wer hätte ihn nicht an sich selber erfahren, der sich an alles wendet, was nur eine Mannigfaltigkeit der Formen zeigt, findet in der Natur immer neuen Anreiz, ganz besonders in Bergedorf und seiner Umgebung, dessen Terrainverhältnisse so verschiedenartig sind, daß sie eine geradezu immer schöpfliche Fundgrube für den Sammler bilden. [...]

Ich habe in meinen Jugenderinnerungen wiederholt darauf hingewiesen, wie die Zeit die Eigentümlichkeiten mancher Örtlichkeit getrübt oder ganz verwischt hat. So verschwand in Bergedorf selbst manches interessante Bild. Hierzu zähle ich in erster Linie das alte Zollhaus mit seinen schön geschnitzten Balkenköpfen und den zwischen die Dachflächen eingefügten Türmchen, der prachtvollen, an seinem Giebel emporragenden Glyzinie. Vor dem Zollhaus standen herrliche Linden, die ein Schmuck des kleinen Platzes waren. Er war ein sehr beliebter Tummelplatz unserer kindlichen Spiele und noch lebt das liebliche Bild in meiner Erinnerung, wenn an schönen Sommertagen die Sonne durch das tief herabhängende Gezweig leuchtete, während wir, von Baum zu Baum spielend, uns ergötzten.

Weiterhin stand an der Planke, die damals, dem Zollhaus gegenüber, den Kirchhof einhegte, ebenfalls eine Reihe Linden, zum großen Teil altersschwach mit morschen Kronen; auf der einen Seite der Planke aber ein großes niedriges Schauer, zum Schutze der Feuerleitern und Hacken. Auf diesem und in den

Kronen der Linden hausten wir, hatten wir unsere kleinen laubigen Sitze, in denen wir zusammenhockten und uns alte Geschichten erzählten. Oder sie wurden zu Festungen umgeformt und gegen die, über die Verdachung des Leiterschauers Anstürmenden verteidigt. Fast alle die tapferen Kämpfer aus jener Zeit deckt nun lange schon das Grab. Von ihnen werden wohl nur noch Fritz Matthiessen und Heinz Bartfeldt unter den Lebenden sein. Auch Linden, Zollhaus und Leiterschauer sind verschwunden.

Erinnerungen an Wentorf

Von dem Bergedorfer Gehölz, vor Anlage der Wege, kann ich mir keine Vorstellung machen, wohl aber von der Feldmark zwischen Bergedorf und Wentorf. Sie charakterisierte, zumal ein tiefer Hohlweg, der streckenweise die Landstraße bildete und zu dem sich zu Zeiten viel Wasser ansammelte.
Wentorf war damals ein ziemlich öde aussehendes Dorf, die Gebäude unsauber in ihrem Äußeren und Inneren, die Dorfwege schrecklich vernachlässigt, halbzerfallene Steinmauern als Einfriedigung, mit Moos und Flechten bedeckte Fruchtbäume in den kleinen Grasgärten und viele kläffende Hunde. Scharen von Gänsen, die kreischend sich gegen den Wanderer wandten, an manchen Stellen Brunnen, aus denen das Wasser mit Eimern geschöpft wurde und neben denselben lange Tröge, an die das Vieh zur Tränke ging. Die alten, oft zerzausten Strohdächer der Häuser, mit dicker saftiggrüner Moosschicht bedeckt, aus der hier und da das Sedum telephium *(Fetthenne)* mit seinem schuppigen Blätterkranz und seinen rosigen Blüten hervorragte. Es war noch die Zeit, wo an das Wirtshausleben in den Dörfern bescheidene Ansprüche gemacht wurden. Ein Glas dünnes Bier, ein Schnaps, ein Glas Milch, dazu ein Butterbrot mit Käse oder Wurst. Höchstens, auf besonderen Wunsch, eine Tasse schlechten öligen Brasilkaffee; das war alles, was man zu liefern im Stande war und über dies hinaus gingen auch nicht die Wünsche der hier Einkehrenden.
An einem schönen Herbsttage hatten meine Mutter, Madame Schröder, Madame Kubelcke und andere Damen eine Spaziertour nach Wentorf unternommen, um dort Kaffee zu trinken. In dem Kruge, gleich rechts im Orte, wo die jetzige Chaussee und der Dorfweg sich treffen, wurde eingekehrt. Während

Wentorf, der Krug

die Damen sich in die Laube setzten, konnten wir Kinder uns frei in dem schon herbstlich verwahrlosten Garten tummeln. Die größte Anziehungskraft übte auf uns die Kegelbahn, auf der Kugel und Kegel zum Spiel bereit lagen. Wir hatten unser Mütchen schon gekühlt und spielten mit dem Fallobst des Gartens; ich saß auf dem Laufbrett der Bahn und um mich standen die übrigen Kinder, unter ihnen die Nichte der Madame Kubelcke, das kleine Trinchen Kiesewetter, eine der Kegelkugeln vor dem Leib haltend. Plötzlich entglitt sie ihren Händen und traf mich so unglücklich, daß der Mittelfinger der rechten Hand arg gequetscht und der Nagel aufgespalten wurde. Großer Aufruhr unter den sämtlichen Damen war die Folge, Vorwürfe und Teilnahme kreuzten sich, daneben viel Schmerz und Geschrei. Unterbrechung des Ausfluges war die Folge. Mit notdürftig verbundener Hand wurde ich zum alten Voigt gesandt, dessen Geschicklichkeit dann auch den Schaden tadellos wieder besserte.
Wentorf war reich an schönen Partien. Die Armenkate, ungefähr in der Mitte des Dorfes gelegen, ist eines der alten dörflichen Gebäude, die immer seltener

Wentorf, Armenkate

werden, ein Bauwerk, das von vornherein wohl nicht besonders wetterfest gewesen, unter den Stürmen der Zeit arg zu leiden gehabt und wohl immer nur mangelhaft restauriert worden.
Die Nähe von Wentorf war auch überdies ein Umstand, der dem häufigen Besuch des Dorfes günstig war. Von hier schwärmten wir dann durch den Busch, einer Art Vorholz, zum größten Teil aus Hainbuchen bestehend, deren Alter wohl selten über 50 Jahre kam. Er gehörte den Ackerbesitzern, von denen jeder eine Parzelle besaß, mit der Verpflichtung, als Busch dasselbe zu kultivieren und mit dem Verbot, dasselbe in Ackerland umzuwandeln. Hier führten wir eine Art Wildererleben en miniatur, stellten Vögeln nach, umschli-

chen die Fuchs- und Dachshöhlen, um möglicherweise deren Bewohner von ihrem Bau abzuschneiden, machten Jagd auf Vipern und Kreuzottern, Blindschleichen und Eidechsen. Außerdem hatten mein Schulfreund Gustav Voigt zu Wentorf und meine Mutter manche Geschäftsfreunde, unter denen einer Bienenzüchter war, den wir gelegentlich durch unseren Besuch straften. Wie in so vielen Orten, fiel auch in Wentorf manche schöne Partie dem fort-

Wentorf, am Teich

schrittlichen Geiste zum Opfer. Die Besserung der Wege und ihr Verbreiterung, für den Verkehr nützlich und notwendig, vernichtet oft den schönsten malerischten Teil einer Landschaft. Der Maler steht entzückt vor dem morastigen, tiefspurigen Weg, in dem sich große Wasserlachen angesammelt haben und worin sich Luft und Licht in reizvoller Weise spiegeln. Während der Fuhrmann flucht und schimpft, wenn das ländliche Gefährt bis zur Achse in dem sumpfigen Boden versinkt, eilt der Maler sein Skizzenbuch hervorzuziehen, um solche interessanten Momente in natürlicher Frische festzuhalten.
Ahnte ich auch damals schon von dem Genuß, diese kleinen Partien zeichnend zu durchstreifen, so war doch derselbe einer viel späteren Zeit vorbehalten, wo ich von einem Schulfreund Jan Harmsen, einem leidenschaftlichen und sehr talentierten Zeichner, fast gewaltsam auf die künstlerische Bahn gedrängt wurde. Einstweilen blieb es bei kleinen zwecklosen Versuchen, die keine nennenswerten Erfolge hatten und nur die Form kindlicher Spielereien einhielten. Anders wäre es gewesen, wenn ich damals einen guten Lehrer gehabt hätte. Was versteht aber ein Kandidat der Theologie vom Zeichnen? Heinz Sänger war wohl ein guter Zeichner, er hatte einen tüchtigen Unterricht genossen und besaß selbst eine Anzahl wertvoller Studien, aber sie lagen, da er ursprünglich hatte Goldarbeiter werden wollen, auf rein gewerblichem Gebiet, das für mich Knaben nicht genügende Anziehungskraft hatte.

Natürlich beschränkten sich die Touren in jener Zeit auf die nächste Umgebung, soweit sie durch die beschränkte Freiheit des Knaben möglich waren. Erst später dehnten sich meine Streifzüge weiter hinaus, von denen im Nachfolgenden die Rede sein wird.
In dieser Zeit war es, wo ich Le Vaillants „Reisen in Afrika“ las. Sie machten auf mich einen so überwältigenden Eindruck, daß ich mir fest vornahm, auch so ein Entdeckungsreisender zu werden. Es ist bei dem Vorsatz geblieben, wenn auch der Zauber solcher Erzählungen noch viele Jahre unverblaßt mir erhalten blieb.

Schul- und Musikunterricht

Die Schule sorgte redlich dafür, daß ausgesprochene Anlagen und Neigungen nicht zur Entwicklung gelangen. Der Train regulären Unterrichtes, zumal der eines akademischen Lehrers, duldet keine Spezialität, sieht jede, auch erlaubte Abweichung als Revolte gegen das monarchische Schulregime an und versteht nicht, auch im regelrechten Unterricht, dem Individuellen, wo es möglich ist, Konzessionen zu machen. Ich war schon als Knabe ein großer Naturfreund, neigte zum Idealen, dessen unklare Gestaltung sich allerdings oft ins Nebelhafte verlor. Trat dies in meinen Arbeiten hervor, war jedesmal Strafe die Folge. Bei mir aber entstand ein gewisser Ingrimm, stets mißverstanden zu werden, dann aber auch über die Unfähigkeit meinen Gedanken korrekten Ausdruck geben zu können.
Das Verhältnis zu meinen Lehrern war nie ein gutes, ich liebte keinen, haßte dagegen manchen. Würde aber einem solchen, der es verstanden hatte, mir näher zu treten, oder richtiger: dem ich hätte näher treten können, leidenschaftlich verehrt haben.
Fast alle waren trockene, fast ausgedörrte Theologen, die genügend mit sich und ihrem Götzendienst beschäftigt waren und kein Empfinden für das Bedürfnis eines vollen warmen Knabenherzen übrig hatten. Ich habe es später nie begriffen, wenn ich über die kalte Gleichgültigkeit dieser Männer nachgedacht, die doch alle einmal Kind gewesen waren, in deren Herzen doch auch einmal die ganze Fülle verlangenden Lebens, erwachender Tatkraft sich regte, wie sie Genüge darin finden konnten, all den keimenden Trieben nur mit der Stod lang geschulter Dressur zu begegnen.
Ich habe es an mir so recht erfahren, wie mancher Keim im jugendlichen Gemüte, der zum Lichte strebend, unter sinniger und sorgsamer Behandlung üppig sich entwickelt hätte, unter zelotischem, verknöchertem Regime verkümmert. An seiner Stelle aber wuchsen stiller Grimm und Haß gegen alle Disziplin, wie giftiges Unkraut, bis zuletzt sich ein Unbehagen herausbildet, das der Aneignung notwendiger Kenntnisse hemmend im Wege steht.
Ich hatte in jeder Weise Unglück mit meinen Lehrern. Nachdem nun Heinz Fischer entdeckt hatte, daß ich beim Singen rein intonierte, bestimmte meine Mutter, mir von Mamsell Schmidt Klavier-Unterricht geben zu lassen, auf den ich mich aufrichtig freute. Über die ersten Fingerübungen hinaus lernte ich kleine Übungsstücke von Czerny. Mein musikalisches Gehör und ein gutes Gedächtnis verleiteten mich bald weniger den Noten als jenem zu folgen,

wodurch ich, weil Fehler unvermeidlich waren, den Zorn der Dame derart erregte, daß sie mir mit der groben Stricknadel, derer sie sich beim Notenlesen bediente, die Finger voller blauer Flecke schlug. Dies minderte meine Lust am Klavierspiel natürlich sehr und als diese Strafart reißende Fortschritte machte, erklärte ich alle Freude am Unterricht verloren zu haben. Als meine Mutter von der Unrichtigkeit der Methode sich überzeugt hatte oder ob es Nachsicht gegen mich gewesen, weiß ich nicht, kurz der Unterricht hörte auf. Ich wurde dagegen zur Fortsetzung dem Kantor Ruprecht übergeben. Abgesehen davon, daß er als Klavierlehrer unbrauchbar war, widerte mich sein zynisches Wesen an und als er wiederholt betrunken in die Stunde kam, war es auch mit diesem Unterricht zu Ende.

Einige Jahre vergingen, wo das Studium der Musik ruhte, als aber später Ferdinand Hoppe, ein Mitschüler, Violinunterricht erhielt, da ruhte ich nicht, bis meine Mutter einwilligte, daß auch ich von Heinz Füllgraff Unterricht erhielt. Aber auch hier war ich wieder an eine unrechte Adresse gekommen. Freilich war Füllgraff der einzige Lehrer für dieses Instrument, er besaß wohl Routine, war aber ohne Schule und gänzlich unfähig, Unterricht zu erteilen. Ihm war es nur um das Honorar zu tun. Mochte ich spielen, was ich wollte, immer folgte mit Nachdruck das Prädikat „besser". So bin ich dann bei einiger Anlage und großer Vorliebe für Musik, demnach ein Stümper geblieben, weil mir die richtige Schulung gefehlt hat.

Eine Folge dieses mißlungenen Unterrichts war das Zusammenspiel mit meinem Freund Ferdinand Hoppe. Man kann sich vorstellen wie diese Duette von Viotti wohl geklungen haben, wenn beide Spieler mangelhaft zählten und falsch griffen. Anfänglich spielten wir im Wohnzimmer der Familie, wurden aber bald nach hinten ins Dienstbotenzimmer verwiesen, das so weit abseits lag, daß unser Spiel empfindlichen Ohren nicht mehr gefährlich werden konnte.

Durch Heinz Sänger fand ich manche recht nützliche Anregung. Er half mir bei meinem Schularbeiten, wenn die Erläuterungen des Lehrers unzureichend gewesen waren oder meine Aufmerksamkeit mangelhaft. Seine Grammatik war fest und seine Handschrift vorzüglich. Von ihm erhielt ich schon früh Unterricht in Papparbeiten, für das ich nicht nur großes Interesse, sondern auch Geschick hatte. Bald stellte ich kleine Baulichkeiten, ein Puppentheater, Kästen, Mappen und sonstige kleine Dinge her und die erlernte Geschicklichkeit ist mir während meines Lebens von großem Nutzen gewesen.

Auch der Führer des Geschäftes Burmester nahm sich meiner nach anderer Richtung an. Wie bekannt sind Rechnen und Mathematik nicht Sache der Theologen. Der Rechenunterricht war erbärmlich und meine Fähigkeit auf diesem Gebiet gleich Null geblieben. Dies hatte Burmester, der ein vortrefflicher Rechner war, lange bemerkt, Mißfallen darüber gegen meine Mutter laut werden lassen und sich erboten, mir einen regelrechten Unterricht zu erteilen. Anfänglich war mir derselbe eine Qual, da auch er kein Geschick zum Unterrichten hatte, vom Anfänger forderte, was ihm selbst leicht war. Bald aber wurde mir die Sache interessanter und ich machte gute Fortschritte. Es wurde ihm schwer mir seine Methode klar zu machen, weil sie auf einem Kombinations- und Reduktionsverfahren beruhte, zu dem sein angeborenes und eminentes Talent ihn befähigten, das beinahe instinktlich unmittelbar wirkte, das man aber nur schwer mitteilen kann. Mit großer Leichtigkeit bewältigte er oft komplizierte Rechnungen, indem er aus den gegebenen Zahlen Verhältnisse bildete, die die Aggregation *(Verbindung)* vereinfachten und das Resultat beschleunigten. Sein Blick über große Zahlenreihen war sicher und ich mußte die Schnelle bewundern, mit der er die Summation langer Spalten vollführte. Dies aber wurde mir ein Ansporn und ließ mich nicht ruhen, bis ich mit einiger Gewandtheit solche Aufgaben vollführte. Auch ihm bin ich in dieser Beziehung sehr zum Dank verpflichtet.

Das Jugendleben in der Kleinstadt

Das Jugendleben in einer kleinen Stadt verfließt wesentlich anders als in einer Großstadt. Während das öffentliche Leben mit seinem Luxus und seinen oft gefährlichen Anregungen der Kinderwelt nicht fern bleibt, oft selbst nirgends für sie zugeschnitten wird, in seinen Schaustellungen es sich nur zu oft um Dinge handelt, die dem kindlichen Gemüt und Verständnis noch fern bleiben sollten, erzeugt es in den Kindern der Großstadt jene Passivität des Genusses, der Vorstufe jener unseligen Blasiertheit, die einem so großen Teil der zivilisierten Welt anhaftet. Das Kind des Kleinstädters, das in bescheidenen Verhältnissen lebt, ist vorwiegend auf sich selbst angewiesen, es hat niemand, dessen Aufgabe es wäre, es zu unterhalten. Die Zeiten, wo die Einförmigkeit des öffentlichen Lebens durch irgendeine Schaustellung unterbrochen wird, sind selten und rasch vorübergehend, haben höchstens dazu gedient, des Kindes Aufmerksamkeit zu wecken, es zum Handeln und zur Nachahmung anzuregen. [...]

Der Bogenschütze, der auf dem Jahrmarkt seine Fertigkeit zeigte, war uns Anregung zur Anfertigung eines Bogens und Übung mit demselben. Gelegentliche Vorstellungen einer herumziehenden Schauspielergesellschaft regten ebenfalls unseren Nachahmungstrieb an. Gleich empfindende Seelen fanden und vereinigten sich. Es wurde ein kleines Theater hergerichtet, wenn auch mit den dürftigsten Requisiten. Vielseitig wurde unser Erfindungsgeist und unsere Tätigkeit in Anspruch genommen. Dekorationen wurden gemalt, Versatzstücke gezimmert, Kostüme aus abgetragenen Kleidern hergestellt, zu einem Vorhang wurden zwei Bettücher zusammengenäht, in deren Mitte eine grinsende Maske, neben Flöten und Trompeten. Freilich sehr ungeeignet, da der musikalische Teil in unseren Vorstellungen nicht vertreten war. Meine Mutter gab ein großes Zimmer, das wenig benutzt wurde, für unser Unternehmen her, darin wurde die Bühne aufgeschlagen und es währte nicht lange, so waren kleine Stücke von Kotzebue, Körner und anderen eingeübt. Harmsen und ich beschafften die Malereien, meine Schwestern, Elise Kessel und andere kleine Mädchen die Garderobe. Bald war alles fertig und Eltern und Bekannte der Akteure bildeten das Publikum.

Auch hier bewies Harmsen ein vielseitiges Talent, er malte nicht nur Dekorationen, er richtete auch die gewählten kleinen dramatischen Arbeiten für unsere Verhältnisse ein, strich ganze Stellen und fügte dafür selbst Eigenes

ein, endlich nahm er die Väterrollen ein und dies mit außerordentlichem Geschick.
Waren die Vorstellungen nun auch nicht derart, daß sie einer fachlichen Kritik hätten bestehen können, so befriedigten sie doch unsere Zuschauer, mein Großpapa, der einmal anwesend war, wurde so gerührt, daß er zur Besserung der Requisiten mir eine Silbermünze in die Theaterkasse legte. Neben dem Vergnügen, das uns diese kleinen Vorstellungen bereiteten, waren sie für alle Teilnehmer von entschiedenem Nutzen, denn sie machten uns in körperlicher Bewegung freier und gewandter, in der Rede korrekter und bewußter. [...]

Ausflüge nach Börnsen und in das Horster Moor

Börnsen

Inzwischen ruhten die Touren in die Umgebung nicht, sobald die geeignete Jahreszeit eintrat. Börnsen war es zunächst, das wir häufiger besuchten. Das Dorf liegt gleich Wentorf auf dem Geestlande, jedoch nahe dem Abhange gegen die Niederung. Es entspricht ganz dem Typus eines lauenburgischen Geestdorfes, viel Sand, schlechte Dorfwege, teils dürftige Baulichkeiten, vernachlässigte Umzäunung, einige Wassertümpel, die als Tränke für das Vieh dienen, und die, trotz ihrer dürftigen Umgebung, nicht ohne malerische Reize

sind. Das Dorf ist kleiner und wohl auch ärmlicher als Wentorf. Die Hauptbaumart bildet die Esche, jedoch finden sich auch viele Hainbuchen, die aber fast alle, des Nutzens wegen, der Krone beraubt sind. Auch Bienenzucht wird von einigen Bauern betrieben, wozu wohl die weiten in der Nähe liegenden Heiden angeregt haben.
Es ist das Interessante an diesen Dörfern, daß sie in manchem unbeachteten Winkel malerische Reize entfalten, wie man sie nicht erwartet. Die Verwahrlosung, in der sich manches befindet, das unbehinderte Walten der Zeit und der Elemente, erzeugen in Form und Farbe Eigentümlichkeiten von hohem Reiz, oft selbst in einer Art, wie sie ganz außer der Kombination gewöhnlicher Verhältnisse liegt. Ein alter Zaun mit seiner verwitterten Farbe, ein Schweinestall, dessen Beschaffenheit bezeugt, welche Angriffe er von innen und von außen zu bestehen gehabt, eine Jauchepfütze mit ihrem tiefen Spiegel, sind oft höchstschätzbare Motive für den Zeichner.
Börnsen und Wentorf waren in den späteren Jahren eine Hauptstudienquelle für mich. Da gab es Ziehbrunnen mit moosigen Trögen, an die das Vieh zur Tränke ging, alte Stallungen, an denen die Schäden, die Zeit und Wetter verursacht, ungebessert blieben. Düngerhaufen mit üppigen Kletten und Verbascum *(Königskerze)*, Gänse, Schafe und Ziegen, Kühe, die bei den letzten Strahlen der Sonne auf dem staubigen Wege ins Dorf zurückkehren, Ackergeräte, die am Wege liegen, Ackerleute und Hirten, alles in ungekünstelter Natürlichkeit.

Börnsen

Dort war ich zu Hause, jeder kannte, keiner störte mich, im Gegenteil, man war mir förderlich in meinem Unternehmen, so weit man es vermochte. Mehr noch als Börnsen besuchte ich Wentorf, das meinem Wohnorte näher lag und noch den Vorzug hatte, daß es von reizenden Buschgründen umgeben war, die viel brauchbare Mittelgrundstücke enthielten, an Stellen auch prächtige Fernblicke auf Reinbek.
Viel Hainbuchen, jedoch größtenteils der Krone beraubt, finden sich schon oben im Dorfe zumal aber in dem Hohlweg, der vom Dorf bis zur Landstraße nach Escheburg hinunterführt. Dieser Weg ist von seltener Schönheit und ver-

dient viel bekannter zu sein als es der Fall ist. Dichter Waldbestand, teils Buchen, teils Föhren, deckt die Höhen beiderseits, zwischen denen der Hohlweg sich hinwindet. Er ist zur Seite überall mit Hainbuchen bestanden, in deren Schatten sich Fußwege bis zur Landstraße hinabziehen.
In diesem Hohlweg habe ich viele Stunden, ja Tage verbracht, seine Schönheit machte ihre Anziehungskraft immer von neuem geltend und von meinen ersten Naturstudien, die ich unter Führung meines Lehrers Lorenzen machte, bis zu meinem Fortgange von Bergedorf, ist mir dieser Teil der Landschaft vorwiegend lieb gewesen. [...]

Hohlweg bei Börnsen

Viele Male habe ich hier die auf- und abgehenden Herden beobachtet, deren Weide im Horster Moor lag, wenn die nahen Tiere mit ihren kräftigen Farben sich harmonisch von dem schattigen Grunde abhoben, während der fernere Teil der Herde in dem sonnendurchleuchteten Staube sanft verschwamm. Das sind Momente, wo der Maler vor Entzücken fast bebt und doch gleichzeitig klagt, daß er das köstliche Bild nicht sofort zu fesseln im Stande ist. Da bleibt dann nur übrig mit dem ganzen Ernst die Hauptmomente sich einzuprägen und dem Gedächtnis das weitere zu überlassen. Ein kleines Bild, das einem solchen Augenblick seine Entstehung verdankt, hat Dr. Dieck von mir als Geschenk erhalten.
Reich an grotesken Baumformen waren die Gründe, bald zeigten sie ein abgestorbenes im Wetter gebleichtes Gerüst, das, einem Gerippe gleich, sich von dem schattigen Hintergrunde abhob. Bald waren es Hainbuchen, die, bis ins Mark gespalten, wie im Krampf, ihre Stämme wanden, trotzdem aber durch eine üppige Belaubung zeigten, daß das frische Leben von der furchtbaren

Verwundung nicht getötet sei. An vielen Stellen neigten sich die Kronen bis zur Erde und suchten dort eine Stütze, die der morsche Stamm nicht mehr zu bieten im Stande war. In den gespalteten Stämmen aber war ein neues Leben entstanden, hatten sich Moose, und Farne angesiedelt und üppige Grasbüschel bezeugten, daß sich in den Furchen ein genügender Nährboden befunden.
Am Ausgange des Hohlweges schwingt der Weg sich in die Landstraße ein, die von Bergedorf nach Geesthacht führt, links liegt die heidebedeckte Abdachung, rechts die weite Fläche des Horster Moores. Der Blick, der über dieselbe hinschweift, trifft im Süden die Kiefern des Fuchsmoores, das sich am Ufer der Elbe hinzieht, im Osten die letzten Ausläufer der Bergkette, die bis über Geesthacht hinausreichen, gegen Westen dehnt sich der weite Landstrich der Vierlande, hinter dem man, in nebliger Ferne, den Hannoverschen Höhenzug auftauchen sieht, der seine höchste Erhebung im Dorfe Stelle hat.
Wie viele Stunden habe ich in diesen Mooren, die sich bis Steinbeck erstrecken, zugebracht und immer aufs Neue Genuß gefunden. Früher wurden dieselben vielfach für den Torfstich ausgenutzt, jetzt sind manche Strecken für den Ackerbau hergerichtet und der Stich hat fast aufgehört. Der ziemlich schwefelhaltige Torf konnte auch mit den neuen Brennmaterialien nicht in Konkurrenz treten.
Es führen von den Geestdörfern Escheburg und Besenhorst zu den am Ufer der Elbe liegenden Ortschaften Altengamme und Horst Fahrwege durch das Moor, doch sind dieselben häufig, des sich darin ansammelnden Wassers wegen, unpassierbar.

Im Walde bei Rothenhaus

An Börnsen grenzen die Waldreviere der Försterei Rothenhaus. Auch diese waren häufig das Ziel unserer kleinen Streifereien. Brombeeren wucherten hier in üppigster Fülle und entwickelten zur Zeit ihrer Reife eine mächtige Anziehungskraft.
Nach dem heftigen Sturm im November 1836 habe ich diese Gehölze besucht und fand dort hunderte von kräftigen Kiefern übereinanderliegen, viele nicht nur entwurzelt, sondern auch im Stamm gebrochen. [...]

Kamen wir dann von unseren kleinen Ausflügen zurück, dann wurden alle die Dinge, die wir des Mitnehmens wertgehalten, gründlich untersucht und geordnet. So wurden öfter Anläufe zu kleinen naturhistorischen Sammlungen genommen und ebenso oft wieder aufgegeben. Es ist der Fehler bei kindlichen Unternehmungen dieser Art, daß ihnen kein System zugrunde liegt. Bildungsmittel für den Selbstunterricht, wie sie die Jetztzeit in so großer Menge besitzt, gab es damals nicht, selbst konnte man sich nicht helfen, die Lehrer fanden es nicht der Mühe wert, waren auch zum größten Teil ohne naturhistorische Bildung, um dem Kind ein Beistand zu sein. [...]

Freunde und Schulkameraden

Ich war im Alter bis zu 14 Jahren ein ganz in seiner Alterssphäre lebendes und denkendes Kind. Ich spielte gern, spielte am liebsten mit Dingen, die mein Handeln oder Schaffen bedingten. Das meiste Spielzeug hatte ich mir selbst gefertigt oder nach meinem Sinn umgearbeitet. Jetzige Kinder, wenigstens die einer Großstadt, würden lachen, wenn sie unser bescheidenes Spielzeug gesehen hätten. Selbst noch mit 12 bis 14 Jahren spielte ich unverdrossen mit Bleisoldaten, konnte mich an kleinen Gespannen erfreuen und schämte mich nicht, damit auf die offene Straße zu ziehen. Mit unsäglicher Mühe wurden Schiffe aus Borke geschnitzt und dann am Pferdeborn vom Stapel gelassen. Bei diesen Arbeiten blieben Verwundungen nicht aus und heute noch trage ich eine Narbe, die ich mir beim Schiffbau holte.

Gern verkehrte ich im Hause meines Schulfreundes Gustav Voigt. Der Vater war Amtschirurg und ich habe sein Bild in meinen Jugenderinnerungen ausführlich gezeichnet. Es ging sehr frei und ungeniert im Hause zu. Beide Eltern waren durchaus tolerant. Die Mutter salopp und stets larmoyant, war eine große Frau, blond, mit vielen Sommersprossen und einem respektablen Schnurrbart. Sie freute sich, wenn man sie unbehelligt ließ und räumte uns gern das Feld. So waren wir stets Herren des Terrains, auf dem wir nicht säumten nach Herzenslust zu schalten, ohne Rücksicht auf die bestehende Ordnung. Am Schluß unserer Unterhaltung wurde dann der Eckschrank geöffnet, der im Wohnzimmer stand, und nach dem Getobe zur Stärkung Schwarzbrot und Sirup gegessen. Auch mit Julius Schneider, dem Sohn des Apothekers, der ebenfalls mein Schulkollege war, stand ich in recht freundschaftlichem Verhältnis. Er war ein gutmütiger Junge, der uneigennützig da einsprang, wo es zu helfen galt, tollkühn bis zum Äußersten, ein gewandter Turner und ein Waghals aus Liebhaberei.

Bei allen Streichen, die während der Schuljahre zur Ausführung kamen, bildete er die Spitze und trug geduldig die nur zu häufig darauf folgenden Strafen. Er hatte einen rank gebauten Körper, aber einen nachlässigen Gang, alle Absätze ging er schief und seine Kleider waren gewöhnlich an verschiedenen Stellen zerrissen. Mit dem rechten Auge schielte er, und seltsam genug, trat dieser Fehler besonders hervor, wenn er log. Je kräftiger er aber log, um so mehr irrte das Auge ab, so daß bei besonderer Leistung der Augapfel fast in dem Winkel des Auges verschwand.

An diesem Zeichen konnten wir mit einiger Sicherheit das Maß der Wahrheit in seinen Erzählungen beurteilen. Ich habe weit über die Schulzeit hinaus mit ihm im freundschaftlichen Verhältnis gestanden. Seine Gutmütigkeit und sein Interesse für wissenschaftliche Dinge ließen mich über die Mängel in seinem Charakter hinwegsehen, die wohl vornehmlich in einer fehlerhaften Erziehung ihren Grund hatten. Der Vater war ein korrupter Mensch, der keines besonderen Rufes sich erfreute. Die Mutter, eine dicke phlegmatische Mecklenburgerin, alterierte sich nicht bei der Erziehung ihrer Kinder, die für diese Nachsicht mit großer Liebe an ihr hingen.

Auch Julius Schneider war ein steter Gast im kösterschen Hause, dessen ich in meinen Erinnerungen ausführlich gedacht habe. Die Gebrüder Köster kannten seine eben geschilderte Schwäche oder vielmehr Stärke und wußten die Unterhaltung gern so zu wenden, daß ihm Gelegenheit ward zu glänzen. Wenn er dann schließlich an einem Punkt angelangt, wo er sich mit seinen Lügen wie in einer Sackgasse befand, dann erscholl ein kolossales Gelächter, in das er, wenn es nicht enden wollte, treuherzig mit einstimmte.

Manche Strafstunde habe ich mit ihm auf dem Boden des Schloßes campiert, lateinische und französische Verben gelernt, nebenbei aber auch den tollsten Ulk vollführt, wozu die weiten gebälkreichen Räume vortrefflich Gelegenheiten boten. Er war immer bereit, in ihm fand man zu jeder Zeit einen treuen Gefährten: Ob zum Schiffen auf Eisschollen oder beim Baden, beim Plündern der Obstbäume und noch vielen anderen ähnlichen Unterhaltungen.

Einer unserer Lieblingsstreiche bestand darin, die Pferde zu besteigen, die auf den Wiesen hinter dem Schloßgarten weideten. Da sie ungezäumt waren, erforderte es viel Schlauheit und Gewandtheit sie zu besteigen und von einem Lenken konnte natürlich nicht die Rede sein. Sie rannten gewöhnlich im Galopp davon, bemüht sich ihres unbequemen Reiters zu entledigen. Wenn ihnen dieses nicht durch Rennen im Galopp gelingen wollte, warfen sie sich häufig hin und erreichten damit ihre Absicht. Einmal ging selbst eines dieser Pferde mit Schneider durch den Arm der Bille und kam jenseits in den Gärten wieder ans Land. Der Spaß trug ihm eine exemplarische Strafe ein.

Es ist eine immer aufs Neue sich bestätigende Tatsache, daß alle die tollen Jugendstreiche im späteren Lebensalter eine Idealisierung erfahren, obgleich man auf Grund der gereiften Lebenserfahrungen das Meiste verurteilen muß, wer redete nicht gern und erzählte mit Vorliebe von den Schnippchen, die er Eltern, Lehrern oder sonst gefürchteten Personen geschlagen.[...]

Ich erinnere mich eines Falles, der den Lehrer unverschuldet in die größte Verlegenheit brachte. Der jüngste Sohn des Dr. Lindenberg war ein jähzorniger, überaus reizbarer Junge. Nach einer körperlichen Züchtigung, die er glaubte ungerecht empfangen zu haben, sprang er auf die Fensterbrüstung und rief dem Lehrer zu: „Wenn Sie mir jetzt nicht zugestehen, daß ich unrecht bestraft worden bin, spring ich zum Fenster hinaus!" Bei dem ungewöhnlich heftigen Naturell des Jungen war vorauszusehen, daß er, im Weigerungsfalle, die Drohung sofort wahr machen werde. Es blieb dem Lehrer nur übrig, gute Miene zum bösen Spiel zu machen und vermittelnd nachzugeben.

Noch ungünstiger endete eine Bootsfahrt, bei der die drei Brüder Hoppe, von

denen der jüngste streng und wie es schien, ungerecht war bestraft worden: sie überfielen den Lehrer und bläueten ihn regelrecht durch. Der Lehrer mußte nach diesem Exzeß die Schule verlassen.
Ich habe in meinen Erinnerungen einer Eigentümlichkeit der von mir besuchten Schule gedacht, in der Mädchen und Knaben gemeinsam Unterricht genossen und heute noch würde ich einem solchen das Wort reden. Es war bei der furchtbaren Strenge ein versöhnendes Moment, die Teilnahme, oft Mitleidesschaft der Mädchen, ließ solche Zustände geduldiger ertragen. Mir wenigstens wirkte es in solchem Grade besänftigend, wenn nach einer Katastrophe Caroline Schneider oder Amanda Hoppe begütigend mir zusprachen, dann minderte sich mein Groll und ich glaubte das vermeintliche Unrecht ertragen zu können. Henriette Koop war weniger nachgiebig angelegt, hatte deshalb aber auch öfter selbst Strafen zu ertragen.
Sie war von den Mädchen die Hübscheste, war für ihre Jahre kräftig entwickelt, fröhlichen Sinnes und freien Wesens, letzteres wohl durch ihre häusliche Erziehung bedingt. Zu ihr fühlte ich mich am meisten hingezogen, liebte ihr etwas burschikoses Wesen und hätte oft gern die Strafe auf mich genommen, zu der sie häufig verurteilt war. Ich habe sie nach meiner Schulzeit kaum wiedergesehen, nur später gehört, daß sie an einen Beamten in Celle verheiratet ward.
Caroline Schneider war eine bescheidene Persönlichkeit, von angenehmer Gesichtsbildung, aber beschränkten körperlichen Verhältnissen. Ihr stilles Wesen sprach entschieden für eine mehr passive Veranlagung. Auch sie ward an einen Justizbeamten in Mecklenburg verheiratet, wie ich gehört zu haben glaube, ganz glücklich.
Der Gegensatz war Amanda Hoppe, lang und schlank, mit markanten Zügen, einem feurigen, fast stechenden Auge, drängte ihr ganzes Wesen zur Tat. Ihre Ausdrucksweise entsprach dieser Erscheinung, ihre Rede war gerne spitz und mokierend. Sie ist unverheiratet geblieben und wohl die Einzige gewesen, auf die das streng orthodoxe Schulregime einen bestimmenden Einfluß ausgeübt hat. Sie war fromm und suchte, noch lange nach der Konfirmation, mich von meinem sogenannten Irrglauben zu heilen, selbst mit Aufopferung der eigenen Gemütsruhe. Sie hat mir aufrichtig leid getan. Sie ist zu keinem Lebensglück gekommen und in Uelzen früh gestorben.

Der Landsitz der Großeltern Wübbe

Die Ferien des Sommers verbrachte ich immer auf dem Landsitz meiner Großeltern. Der Einfluß dieses Aufenthaltes ist in meinem Jugendleben von außerordentlicher Bedeutung gewesen. Hier ist mir zumal der Sinn für die Schönheit der Natur erschlossen, zugleich aber auch für den Wert eines friedlich geordneten Familienlebens. Das entzückende Besitztum erschien meiner kindlichen Phantasie wie ein Paradies. Das erfuhr ich so recht im heftigen Schmerz, wenn die glückliche Zeit verstrichen war, ich wieder heimkehrte und dem tyrannischen Schulzwang von neuem unterworfen ward. Der Landsitz meiner Großeltern war an der Chaussee, die von Altona nach Nienstädten führt, gelegen *(in Othmarschen auf der Elbseite der Elbchaussee)*. Er umfaßte einen ansehnlichen Flächenraum und bot alle Reize, die eine solche Anlage zu bieten imstande ist. Das Wohnhaus war eine solid gebaute große Villa, die einst ein reicher Engländer, Atkinson, gebaut hatte und die er veräußerte, als die Entwicklung der französischen Verhältnisse, zu Ende des vorigen Jahrhunderts, einem Engländer den Aufenthalt auf dem Kontinent ungemütlich machten. Sie war im italienischen Stil gebaut, wohnlich eingerichtet, hatte hohe, luftige feindekorierte Räume, berechnet für größere gesellschaftliche Verhältnisse. Statt einer Beschreibung diene die beistehende Zeichnung, die die Verandaseite des Hauses zeigt.

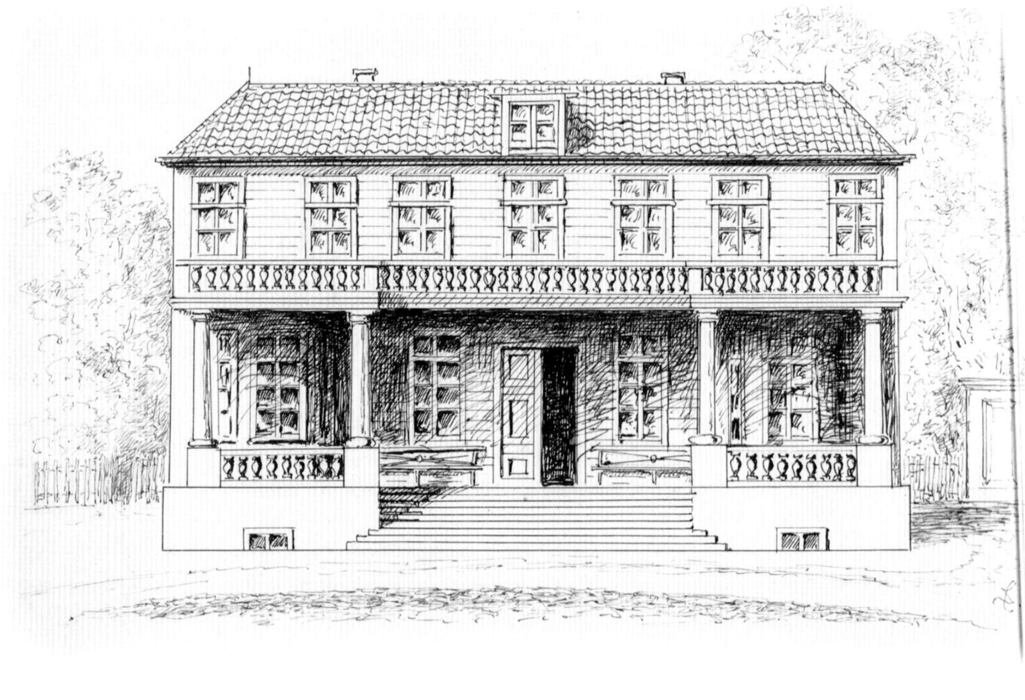

Das Landhaus meines Großvaters in Othmarschen

Die Zeit, die ich so glücklich war hier zu verleben, fiel in die Jahre 1822 bis 1835, sie umfaßt eine Periode echten Bürgertums. Die Folgen des französischen Krieges waren vorüber, Handel und Wandel im Aufblühen, in allen Schichten der Gesellschaft regte sich ein erhöhtes Leben und in dem Vertrauen wiedergewonnener Sicherheit hob sich das Vertrauen zu geschäftlichen Unternehmungen. Unter solchen Verhältnissen erblühte das Geschäft meines Großvaters und erübrigte ansehnliche Jahresgewinne.
Meine Großeltern führten ein für damalige Verhältnisse luxuriöses Leben, für sich einfach und anspruchslos, vereinigten sie um sich einen weiten Kreis von

Freunden und Verwandten. So war an Sonntagen große Tafel, die zuweilen 25 bis 30 Personen zählte, von denen oft die Hälfte uneingeladen gekommen war. Man beobachtete damals nicht die strenge kalte Form der Etikette, wie sie unter dem Regime des Zepters herrschend war. Der Angekommene, auch ohne spezielle Einladung, wußte sich herzlich willkommen, denn das freundlich offene Lächeln im Gesicht seines Wirtes sprach für die Richtigkeit solcher Voraussetzung. Jeden Sonntag während des Landaufenthaltes meiner Großeltern kamen die beiden ältesten Söhne Nicolaus und Heinrich, die im Geschäft des Vaters tätig waren, mit ihren Familien und sandte mein Großvater zu dem Ende seine Equipagen zur Stadt. Die beiden jüngeren Söhne, Adolph und Christian, beide unverheiratet, wohnten im elterlichen Hause und hatten ihr eigenes Cabriolet, mit dem sie täglich zur Stadt fuhren, um ihr Geschäft, das man kaum ein solches nennen konnte, zu betreiben.

Am Sonntag blieben auch sie auf dem Lande und am Sonnabendabend trafen auch stets noch Wilhelm und Heinrich Fischer, zwei Verwandte meiner Großmutter und Jugendfreunde und Altersgenossen der jüngeren Söhne, ein, um bis zum Montagmorgen zu bleiben.

Es war ein überaus gemütliches Zusammenleben, das auf jeden, der in seinen Kreis getreten war, den günstigsten Eindruck üben mußte.

Mein Großpapa war eine herkulische Gestalt von gerader Haltung, wettergebräunter Gesichtsfarbe, mit schneeweißem Haar, buschigen Augenbrauen und für gewöhnlich ernsten Zügen, die sich aber im Gespräch zu wohlwollender Freundlichkeit erhellten. Er war, bei großer Herzensgüte, von heftigem Temperament, das aber durch strenge Rechtlichkeit gezügelt ward.

Meine Großmutter, ebenfalls von stattlicher Größe, machte den Eindruck einer fein gebildeten Dame. Sie war in ihrer Jugend schön gewesen und trug noch Spuren davon in ihren Zügen. Haltung und Bewegung zeugten von großer gesellschaftlicher Tournure und war sie dann auch die Repräsentantin des Hauses. Durch das vieljährige Zusammenleben wußte sie manche Rauheit im Wesen meines Großvaters unmerklich zu glätten und damals oftmals kleinen Kollisionen vorzubeugen. Obgleich sie Stiefmutter, liebten die Söhne sie wie ihre rechte Mutter und auch die Schwiegertochter, die Frau von Nicolaus, stand im glücklichsten Verhältnis zu meiner Großmutter.

Auch meine Tante Gretchen war eine imposante schmucke Dame, etwas üppig, aber regelmäßig gebauet, deren freundlich aufgewandtes Gesicht hätte schön genannt werden müssen, wäre es nicht, wenn auch nur leicht, von Blatternarben bedeckt gewesen.

Die vier Söhne meines Großvaters waren ihm sämtlich sehr unähnlich. Der Älteste, Nicolaus, hatte eine sehr vorteilhafte Gestalt, ein fast schönes Gesicht, so daß er während der französischen Zeit der Beau-Wübbe genannt wurde, war groß wie sein Vater, aber geistig klein. Er hatte coulante Umgangsformen und im Geschäft, seit mein Großvater im Geschäft nicht mehr tätig war, die Repräsentation. Trotzdem hat er in vielen Lagen des Lebens bewiesen, daß er für selbständiges Handeln wenig befähigt war.

Der zweite der Brüder, Heinrich, war der Träger des Geschäftes, er war an die Stelle des Vaters getreten. Wenn auch kein wissenschaftlich gebildeter Mann, war er doch ein hochbegabter Mensch, von seltener Volubilität *(Beweglichkeit)* des Geistes, bedeutendem Sprachtalent und einer ungewöhnlichen Arbeitskraft. Im Gegensatz zu allen übrigen Familienmitgliedern war er lang und hager, hatte einen Kopf, wie ihn die Künstler dem Cäsar zu geben pflegen, ein intelligentes markantes Gesicht, das sich beim Reden in interessanter Weise belebte. Seine Ausdrucksweise war kurz und bestimmt, niemals zu mißdeuten. Er hatte zwei Frauen, die Schwestern von Tante Gretchen, verloren und hat, wie ich glaube, den Verlust nicht verschmerzen können. Ich glaube oft solches in seinem Gesicht zu lesen, wenn er so nachdenklich vor sich hinsah. Er führte seit dem Tod der letzten Frau ein gemeinsames Hauswesen mit dem älteren Bruder.

Der dritte der Brüder, Adolph, war weniger groß, sehr proportional und ebenfalls von sehr angenehmer Gesichtsbildung, einnehmendem, oft schmeichelhaftem Wesen, das sich, Damen gegenüber, oft zum Courschneiden zuspitzte. Er war für die häuslichen Geschäfte meiner Großeltern gewissermaßen der Chargé d'affaires *(Geschäftsträger)*, gutmütig, dienstwillig, zuverlässig und umsichtig, war er ein Faktor von großer Bedeutung in dem Familienkreise. Ein praktischer Sinn und Gefallen am manuellen Schaffen, ließ ihn stets wachsam betreffs der kleinen, in einem so großen Hausstande stets sich findenden Mängel sein, denen abzuhelfen er oft selbst eifrig bemüht war. Sein spezieller Rayon *(Bezirk/Bereich)* war der Weinkeller, dessen er sich mit ganzer Hingabe widmete. Tagelang war er oft mit Abziehen und Lagern der neu erhaltenen Weine beschäftigt und wohl auf keiner Tafel sind blankere Südweine gesehen worden, wie auch die Rotweine nur richtig abgelagert zum Gebrauche kamen. Er war ein ebenso vortrefflicher Reiter wie Kutscher und ihm danke ich den ersten Unterricht im Reiten.

Der vierte der Söhne, Christian, war sozusagen die humoristische, fast karikierte Wiederholung des ältesten. Er war das enfant terrible der Familie. Kolossal an Körper, durchaus nicht schwach an Geist, aber korrupt in seinen Ideen, konnte man stets mit ihm in Kollision geraten. Widersprechend auch da, wo es ganz unnötig und ungeeignet war, es war geradezu ein Kampfbedürfnis. Selbst von meiner Großmutter, die sonst so ruhig war, ward er oft heftig zurechtgewiesen und meines Großvaters Zorn erregte er durch sein endloses Gedämmere. Er war eigentlich wenig brauchbar, weil er alles, was er tat, in seiner korrupten Weise ausführte, die oft wenig dem entsprach, was beabsichtigt war. Schwerfällig in seinem Denken, konnte er in seiner Unterhaltung kein Ende finden und ward bei dem geringsten Widerspruch, wozu seine Behauptungen leicht Veranlassung gaben, ausfallend und beleidigend. Nur seinem Bruder Adolph gelang es in solchem Falle ihn durch energische Zurechtweisung zur Ordnung zu bringen. Dabei war er durchaus nicht ohne Anlage, er zeichnete hübsch und blies Flöte mit tüchtiger Fertigkeit und war tüchtiger, wenn auch wilder Reiter. Seine Ungeheuerlichkeiten ergötzten uns Kinder in hohem Grade. Mehr aber als in irgendeiner anderen Beziehung bewunderten wir ihn im Essen. Wie oft ist mir und meinen Schwestern ein Ah! und Oh! entfahren, wenn wir staunend zusahen, wie die Massen, die er auf seinem Teller aufgehäuft hatte, über den Rand hinaus zu fallen drohten und eine

Auflage der anderen folgte, während seine Augen prüfend über Schüsseln hingingen, als wollten sie dieselben in Beschlag nehmen. Er gehörte zu den Fressern, die nicht einmal bemüht sind, die Form zu wahren. Seine Gier ließ ihn rücksichtslos gegen die Umgebung sein und oft in die größten gesellschaftlichen Fehler fallen.
Das Verhältnis der beiden jüngeren Brüder war ein ganz eigenartiges und ist ein solches durch ihr ganzes Leben geblieben. Adolph der Befehlende, Sorgende, Christian der Gehorchende, wenn auch keineswegs immer der Zufriedene. [...]

Der Garten des Landsitzes

Das große Besitztum bestand aus einem das Wohngebäude umgebenden Vorgarten mit weitem Rasen. Zur Seite lagen links Stallungen, rechts Remise mit Futterböden, Waschhaus und Taubenschlag. Dieser weite Plan war von einem Staket umgeben und dadurch von dem übrigen Gebiet getrennt. In diesen, das Haus umgebenden Raum, wurden zur Nacht Türk und Sultan, die beiden großen Kettenhunde, gelassen, um das ziemlich isoliert gelegene Gewese gegen Einbruch zu schützen. Jenseits des Stakets betrat man den sehr großen Blumengarten, das Haupttätigkeitsfeld meines Großvaters. Hier zog derselbe wertvolle Kollektionen von Tulpen, Nelken, Anemonen, Ranunkeln und diese damals neuen, aus der Dahlie gezüchteten Georginen, ein prächtiges Sortiment, unter denen damals neu „Der König von Dänemark“ gewesen, schöne gefüllte Stockrosen und außerdem noch eine reiche Auswahl von Sommerblumen.
Beim Eintritt in diesen Teil des Gartens ward man überrascht durch ein wahres Blumenmeer, von dem die Hauptteile, mit sinniger Auswahl, zur Geltung gebracht waren. Überall durchzogen wohlgepflegte, mit Buchsbaum eingefaßte

Im Garten des Landhauses in Othmarschen, die Brücke

Wege, die weite Fläche und an einzelnen Stellen umschlossen die Blumenbeete größere Erdbeeranpflanzungen, in denen die feinsten englischen Arten kultiviert wurden. Das reizende Bild dieser Anlage wird mir unvergeßlich sein, im Geist sehe ich meinen Großpapa, wie er ohne Rock, oft mit geöffneter Weste, im Schweiß seines Angesichts alles ordnete und einrichtete. Nur bei allzu schwerer oder untergeordneter Arbeit rief er seine Gartenarbeiter zur Hilfe.

Gegen Süden senkte sich dieser Plan ein wenig und endete in einer Art Balustrade. Sie hing, wie ein Schwalbennest an der Mauer, über der ersten Terrasse und ragte so frei hinaus, daß sie östlich einen Blick über die Elbinseln hinweg, bis Zollenspieker gestattete, westlich bis Buxtehude, während vorn sich das weite Ufer von Finkenwärder, Altenwärder, Rugenbergen bis zum Reiherstiege ausdehnte.

Die ganze Breite des schönen Stromes lag wie ein ewig wechselndes Panorama da, und das Auge ward nicht müde im Anschauen dieses reizvoll belebten Bildes. Stundenlang habe ich hier oft gesessen und bin des herrlichen Anblicks nicht leid geworden.

Zu beiden Seiten der Balustrade führten Treppen auf die erste Terrasse hinab. Neben der Balustrade zur Rechten, unter mächtigen Linden, war ein schattiger Platz eingerichtet, ein Sitz, durch ausgespannte Schutzwände gegen Zug und Wind gesichert.

Hinter diesem Sitz stand auf einem freien Platz die Flaggenstange, von der bei passender Gelegenheit die Flagge wehte. Links von diesem Sitz zur Seite der Balustrade stand ein strohgedeckter Pavillon, in welchem Pfauen ihre Wohnung hatten, bis sich der Hahn in der Brunstzeit einen Angriff auf mich zu Schulden kommen ließ, dessen Spur ich noch am Auge trage.

Die erste Terrasse, zirka 12 Fuß unter dem oberen Plan liegend, durchzog ein wohl 200 Fuß langes Spalier für Pfirsiche, Aprikosen, Birnen und Weintrauben. Außerdem diente diese Terrasse zumal der Anpflanzung von edlen Fruchtbäumen. Auf dieser Terrasse befanden sich auch die Einrichtungen zur Aufstellung von sechs 8-Pfund-Schiffskanonen, womit salutiert oder der Gruß vorbeifahrender Schiffe beantwortet ward. Für mich war dies jedes Mal ein Fest, denn ich hatte die Erlaubnis, die Kanonen abzufeuern.

Die nächste Terrasse in gleicher Tiefe zur vorigen, wie diese zum Plateau, enthielt Treibhäuser, Treibkästen und feinere Gemüse. Auch hier zogen sich lange Spaliere vor den Böschungen hin.

Eine lange Treppe führte von dieser Terrasse in den untersten Teil des Geweses, der ganz mit Gehölz bestanden ward und auch gewöhnlich „Das Gehölz“ genannt ward. Dieser letzte Teil war gegen den Strand durch ein schweres Plankenwerk getrennt, das gleichzeitig dazu diente, um bei hoher Flut den anstürmenden Wellen Widerstand zu leisten. Es waren sogenannte Vorsatzen, bestehend aus dreizölligen Bohlen und einem entsprechenden verankerten Pfahlwerk.

Seitlich von der zweiten Terrasse befand sich noch ein großer Gemüsegarten, ausschließlich für den Winterbedarf bestimmt. [...]

Dies war im Wesentlichsten das Terrain, auf dem ich so viele glückliche Tage verlebte. Hier herrschte ein ungetrübter Friede. So wie mein Großvater hier die Früchte seiner Arbeit im Genuß des Landlebens fand, so atmete jeder der Besucher erleichtert auf, wenn er dies herrliche Stück Erde betrat und im gemütlichen Kreise der Familie die Sorgen, die ihn etwa drückten, vergessen mußte. [...]

Ich war 21 Jahre alt, als ich zuletzt diesen reizvollen Aufenthalt besuchte. Mein Großvater war gestorben.*(23.7.1838)* In den Räumen, wo wir so viele glückliche Tage verlebt hatten, stand seine Leiche aufgebahrt. Die Blumen, die er selbst gezüchtet und gepflanzt, bedeckten seinen Sarg. Es war ein regnerischer Sommertag als er bestattet ward. Von seinem Landsitz ging der Trauerzug zum Michaelis-Kirchhofe, wo er sein Erdbegräbnis hatte.

Weinend und klagend standen seine Arbeiter und Dienstboten an der Pforte und sahen dem Zuge nach, der ihren geliebten Herrn und Wohltäter fortführte. Mit aufopfernder Hingabe hatte mein Onkel Adolph den Verstorbenen in seiner Krankheit gepflegt und besorgt, hatte nicht gelitten, daß eine fremde Hand ihm zur Hilfe komme und war wochenlang nicht aus den Kleidern gekommen. Das Haus war nun verödet, denn die Seele fehlte in demselben. Um ihn hatte sich alles gedreht. Er war der umsichtige, noch im Alter fest und bestimmt disponierende Geist gewesen, der es verstanden hatte, sich Liebe und Achtung aller ihm nahe Tretenden zu erwerben. Auch mir war es ein unnennbar wehes Gefühl als ich das Haus nun verließ, das ich voraussichtlich nicht wieder betreten sollte.

Meiner Großmutter pekuniäres Verhältnis war nach dem Tode ihres Mannes nicht derart, daß sie, wenn es selbst ihrem Gemüt entsprochen, Besitzerin des großen Geweses hätte bleiben können. Sie mußte sich kleineren Verhältnissen anbequemen und hat dieses mit einer Ruhe und Einsicht getan, die ihrem großangelegten Charakter vollkommen entsprachen.

Bei dem bedeutenden Einkommen meiner älteren Onkel hätten sie das Gewese recht gut übernehmen und in der bisherigen Weise fortführen können und die Pietät mochte dieses schon geboten haben. Allein, sie zogen als Testamentvollstrecker es vor, es zum öffentlichen Verkauf zu bringen. So kam es in fremde Hände, die es in seinem eigenartigen Wert nicht zu schätzen wußten.

Als ich es nach vielen Jahren wiedersah, war das Haus verschwunden, ein anderes, dem faden modernen Geschmack entsprechend, war da aufgeführt, wo früher, nahe der Balustrade, die Lindenlaube stand. Der ganze Blumengarten, die Freude und Sorge meines Großvaters, war verschwunden, alle Obstbäume gefällt und eine weite Rasenfläche, nach englischem Muster, bedeckte das große Plateau.

Es war für mich ein wehmütiger Anblick, alle diese Herrlichkeit meiner Jugend verschwunden, demoliert. Ich trat auf die Stelle, wo früher die Balustrade sich befand und blickte hinaus in das weite wunderbar schöne Panorama. Es war alles so, wie es einst gewesen. [...]

Konfirmandenunterricht

Nach dieser weiten Abschweifung kehre ich wieder zu den Verhältnissen im Elternhause zurück. Ich hatte die Jahre der Kindheit hinter mir und näherte mich dem Zeitpunkt, wo der Ernst des Lebens an uns herantritt, wo das sorglose Hingehen, das bestimmungslose Tändeln aufhören und einem bewußten Handeln weichen müssen.

Nach verschiedenem Wechsel der Lehrer trat, im letzten Jahr vor der Konfirmation, unser Peiniger, der Dr. Danzel, zum zweiten Mal an, um bis zur Konfirmation für unser Seelenheil zu sorgen und zu wirken. Dieses Sorgen bestand in einer gesteigert orthodoxen Disziplin, das Wirken in täglichen rigorosen Züchtigungen, verdient und unverdient. Was ich und meine Mitschüler in dieser Zeit gelitten, vermag ich nicht zu sagen: Unser Verstand war reifer geworden, denn drei Jahre waren verflossen, seit unser Tyrann uns verlassen, unser Selbstgefühl reger, und daraus entsprang eine Widersetzlichkeit, die oft nahe daran war, in offene Revolte überzugehen und wohl nur unserer drohenden Haltung war es zuzuschreiben, wenn die wahnsinnige Strenge allmählich nachließ.

Endlich nahte die Erlösung. Die letzte Stunde, in der er uns mit Händeringen und Augenverdrehen zu einem Wandel auf der bezeichneten Bahn ermahnte, in der er uns die Freuden des Himmels und die Qualen der Hölle noch einmal in längst verbrauchten und stark verblaßten Farben malte, war endlich gekommen. Beim Abschied drückte er uns noch ein piätistisches Heft in die Hand und wir waren frei. Mit einem Seufzer, der einem Fluche glich, stiegen wir die Treppe vom Schloße hinab und nur die tadelnden Worte der Mädchen, die unter der Wucht der Beschwörung weich geworden, hemmten laute Ausbrüche unserer Entrüstung.

Neben dem gewöhnlichen Schulunterricht besuchte ich zu jener Zeit noch die Abendstunden des Rektor Ritter, weil man meiner Mutter diesen Rat erteilt hatte, und eine Katechisation des Pastors. Der frommen Speise genug, genug aber auch, um mir den Geschmack an allem, was Christentum hieß, vollkommen zu nehmen. Der Unterricht des Rektors bezweckte zumal die Hauptstücke des Glaubensbekenntnisses einzuprägen und zu erläutern, natürlich wie er dazu amtlich verpflichtet war, aber immer doch in mildester Form; er war damals erst eingetreten und noch vollkommener Rationalist. Später ist er, dem Drängen des orthodoxen Pastors Holm folgend, streng gläubig geworden.

Die Katechisation im Hause des Predigers Halske war wenig dem Grad entsprechend. Abgesehen davon, daß die Ansicht des alten biederen Mannes eine überaus dürftige und fade war, war er so schwerhörig, daß er selten verstand, was ihm geantwortet wurde, und an der Bewegung der Lippen zu erspähen suchte, was der Befragte wohl geantwortet habe. Daß unter solchen Umständen von übermütigen Katechismen, zumal Mädchen der niederen Stände, arger Unfug getrieben wurde, war natürlich. Sein Unterricht war eigentlich nur eine Art Sittenlehre, bewegte sich in einer Zahl abgedroschener Phrasen, die immer wiederkehrten und deshalb jedem bekannt und geläufig waren. Er liebte zumal den Gang der Katechisation so zu führen, daß er zuletzt bei der Frage anlangte: „Was also solle der Mensch werden?" worauf im Chor die prompte Antwort erfolgte: „Gut und immer besser, vollkommen und immer vollkommener." Ohne daß jemand das Ungereimte der letzten Beteuerung erkannt hätte. Ein einfältiges Kopfnicken und ein kräftiges „Gut" bezeugten dann, daß er befriedigt sei und ein vielstimmiges Gelächter hinter seinem Rücken machte den Akt noch widerlicher. Daß ein solcher Unterricht auf mich, den schon in der Schule Übersättigten, keinen Eindruck machte, war selbstverständlich, und herzlich froh war ich, als der Morgen meiner Einsegnung anbrach. Zu jener Zeit war diese Feier nicht öffentlich, sondern fand, ohne Zuschauer, im Pastorat statt.

Trotzdem ich aufrichtigen Mangel an frommen Empfindungen fühlte, hatte ich doch eine Art Beklemmung, als ich mich dem Pastorat näherte. Es mochte wohl Gefühl des zu Erwartenden, des Unbestimmten, Unbekannten sein, vielleicht auch der Nachklang der Ermahnungen meiner Mutter bei Einhändigung des in Papier gewickelten Dukaten, den ich krampfhaft in der Tasche festhielt, kurz, als ich in den schon ziemlich gefüllten Saal eintrat, transpirierte ich stark und ein eigentümliches Vibrieren durchdrang meinen Körper. In der Mitte des Saals stand ein einfaches Betpult, über das ein Leinentuch gedeckt war, vor demselben ein nackter hölzerner Schemel. Nach einer kurzen Anrede, wenig unterschieden von den Erziehungen während der Katechisation, begann die Handlung der Einsegnung. Jeder kniete auf dem Schemel vor dem Betpult, der Prediger legte die Hand auf den Kopf, sprach, bei Nennung seines Namens, eine bezügliche Strophe und fügte schließlich den Segen hinzu. Dann erhob sich der durch diesen einfachen Akt in die Gemeinschaft der Christen Aufgenommene und drückte dem Prediger den in Papier gewickelten Obolus in die Hand, der denselben sofort in die weite Tasche des Ornates beförderte. Als wäre mit diesem Schlußakt alle Befangenheit von mir genommen, als habe dieser prosaische Dukaten das bißchen Beklemmung, das ich empfunden, hinweggefegt, fühlte ich mich freier und atmete erleichtert auf.

In wenig gehobener Stimmung kehrte ich nach Haus zurück. Fast traf es mich wie ein Vorwurf, als meine Mutter mich gerührt umarmte, ich hatte das Gefühl eines Schuldbewußtseins. Und ich war doch durchaus unschuldig, konnte ich es denn helfen, daß man mein Fühlen für das Heiligste der Christlichen Kirche schon in der Schule planmäßig getötet hatte, war ich schuld, daß mir Christentum und erbarmungslose Strafe identisch waren, daß man mir von der Religion der Liebe eine so grundfalsche Vorstellung beigebracht hatte. Für mich gab es nur einen Gedanken: Ich war für immer dieser horriblen Zunft entwachsen, ich durfte fortan meine eigenen Wege gehen. Daß ich soeben erst das Gelöbnis der Treue gegeben, das vergaß ich ganz.

Wenige Tage der Ruhe folgten, denn am Gründonnerstag sollte ich zum Abendmahl gehen. Zu dem Ende wurde ich das erste Mal in einen schwarzen Anzug gesteckt, den der kleine Meister Zeis, der einen ewigen Stockschnupfen hatte, für mich angefertigt. Es war ein Frack, damals Schniegel genannt, mit sehr spitz zugeschnittenen Schößen, so daß ich immer das Gefühl hatte, als habe ich sie verloren.

Diese Feier ließ mich viel ruhiger als die Konfirmation. Degoutant war es mir mit all den fremden Menschen aus demselben Kelch zu trinken und als ich die gereichte Oblate genommen, war ich unschlüssig, ob ich sie nicht wieder aus dem Mund nehmen sollte. Doch siegte eine unbestimmte Scheu vor solcher Entweihung. Aber noch während des Gottesdienstes nahm ich mir vor, diesen Akt der christlichen Kultur nicht zu wiederholen.

Ich glaube erhabener als alle kirchliche Zeremonie fand ich es, als ich am Gründonnerstag mit Amanda Hoppe und Caroline Schneider im Hoppeschen Garten zusammentraf und sie mir bei der Begrüßung in frommer Wallung einen Kuß gaben.

Kaufmannslehre statt Gymnasium

Schon die letzten Jahre des Schulbesuches, wo der Knabe bereits anfängt zuweilen über seine Zukunft nachzudenken, ließen mich nicht ohne Sorge auf diese blicken.

Die ersten Jahre hatte mein Unterricht dem Schulplan gemäß stattgefunden, in welchem Latein eine hervorragende Stelle einnahm, weil alle meine Mitschüler nach Beendigung dieses Privatcursus an ein Gymnasium übergehen sollten.

Meine Onkel, die Berater meiner Mutter, aber fanden, daß bei dem Plan, den man für meine Zukunft festgestellt, nämlich das Geschäft meiner Mutter einst zu übernehmen, der lateinische Unterricht durchaus zwecklos sei. Dafür möge Deutsch, Französisch und Rechnen eingeschaltet werden. So hörte dann der lateinische Unterricht auf. Und wenn ich auch nicht sofort die Bedeutung dieser Maßnahme erkannte, so wußte ich doch gegen die Zeit meiner Konfirmation, wo alle meine Mitschüler mit Vorbereitung für ihre künftige Laufbahn beschäftigt waren, was mir verloren gegangen war.

Nun auch wurde mir die ganze Prosa meiner künftigen Lebensstellung klar. Ich, dessen Geist bis da mit ganz anderen Dingen beschäftigt gewesen, ich sollte in die triviale Boutique eines Krämerladens einziehen. Bis da hatte ich das tägliche geschäftliche Getriebe im Hause meiner Mutter ohne Teilnahme betrachtet, es war mir eben ein gewohntes, das man keiner Beachtung wert hält. Nun trat es mir plötzlich in seiner ganzen vernichtenden Prosa entgegen, erschien mir wie ein Gefängnis, in das man mich einpferchen werde und dem ich nicht wieder zu entrinnen imstande sein würde. Mit Beklemmung sah ich der Zeit entgegen, wo es ernst werden sollte, wo ich mit der schwarzleinenen Schürze dastehen würde, die Ware wiegen, Tüten kleben und das Getratsche langweiliger Menschen anhören, mußte selbst für die Unterhaltung dieser Bildungslosen sorgen. Manchmal dachte ich darüber nach, wie ich wohl dem mir drohenden Verhängnis entgehen könnte, ohne daß mir in meiner Weltunerfahrenheit ein wirksames Mittel einfallen wollte.

So rückte dann die Zeit heran, ich war konfirmiert, noch einige Wochen hatte man mir Freiheit gegeben. Dann mußte ich mein Joch unweigerlich auf mich nehmen.

Zu Fuß nach Lübeck und an die Ostsee

Die vierzehntägige Frist, die mir noch gesetzt war, hatten auch meine Mitschüler zu genießen, bevor sie an ihren künftigen Bestimmungsort abgingen. So verbrachten wir dann diese Zeit in heiterster Weise und ich vergaß, seltsamer Zwiespalt des Gemütes, ganz, wie nahe die Zeit sei, die mir so furchtbar bis da erschienen war.
Den letzten Teil dieser Frist durfte ich zu einer Tour nach Lübeck und Umgebung verwenden. Ich machte sie in Begleitung zweier Jugendfreunde, Johannes Harmsen und Christoph Matthiessen, dem Sohn eines Drechslers.
Am schönen Frühlingsmorgen verließen wir, unser kleines Reisegepäck im Schultornister mit uns führend, Bergedorf und zogen auf der Straße nach Schwarzenbek lustig dahin. In der Nähe des Dorfes Dassendorf lagerten wir im Walde, um das mitgenommene Frühstück zu verzehren. Selig in dem Bewußtsein, nun für einige Tage ganz frei zu sein, streckten wir uns auf dem moosigen Waldboden und jubelten laut in die frische Morgenluft hinaus, auch im Vorgefühl der Genüsse, die uns bevorstanden. Dann überzählten wir unsere kleine Barschaft, von der wir stolz glaubten, damit die halbe Welt durchreisen zu können und die doch bei unserer Rückkehr auf einen dürftigen Rest zusammengeschmolzen war.
Über Schwarzenbek, Sahms, Elmenhorst gelangten wir am Abend nach Mölln. Im Gasthause des Herrn Rothe kehrten wir ein, restaurierten uns und waren dann, trotz der Ermüdung, eifrigst bemüht, die Sehenswürdigkeiten Möllns aufzusuchen.

Mölln, von der Schanze aus gesehen

Natürlich obenan stand das Grab Eulenspiegels. Aber wie waren wir enttäuscht. In einer gewöhnlichen Holzkammer, einem alten Sporn und ähnlichen Lappalien bestand die ganze historische Herrlichkeit. Alles war wohl nicht über 50 Jahre alt und sicher schon oft erneuert worden. [...]
Soweit es unsere Ermüdung gestattete, trieben wir uns noch in der Umgebung Möllns umher. Dann suchten wir unsere Betten auf, die wir vortrefflich fanden und in ungestörter Ruhe ward uns neue Kraft für die Anstrengungen des nächsten Tages, der uns noch einen tüchtigen Marsch in Aussicht stellte.
Nachdem wir am nächsten Morgen wieder reisebereit waren, versahen wir uns noch mit einigen Möllner Zwiebacken, die wir, ebenso wie die Überbleibsel Eulenspiegels, für ein Wahrzeichen der Stadt hielten und pilgerten auf dem Wege nach Ratzeburg weiter. [...]

Das Steintor in Ratzeburg

Da wir noch eine weite Strecke bis Lübeck vor uns hatten, durften wir hier nicht lange rasten, nahmen zunächst eine Erfrischung und besichtigten den Dom. Es ist ein altes Bauwerk, das, soweit ich erinnere, aus dem 13. Jahrhundert stammt, ist im Rundbogenstil erbaut und überaus sehenswert. Vom Küster geführt betraten wir die Kirche. Ihr Inneres wie ihr Äußeres ist gleich interessant. Sie birgt viele Kunstschätze und historische Denkwürdigkeiten. [...]
Einer Aufforderung des Küsters folgend, stiegen wir bei Kerzenlicht in die Krypta hinab, wo die Särge der Herzöge von Lauenburg und ihrer Familienmitglieder in langen Reihen stehen. In monotonem Tonfall wurden uns die Namen der gekrönten Schläfer hergesagt, worauf sich unser Führer zu einer

Kiste wandte, die in der Ecke des Gewölbes stand, angefüllt mit Schädeln. Indem er jedem von uns einen solchen in die Hand drückte, sagte er: „Dies, meine Herren, sind die Schädel solcher Fürsten, deren Särge bereits zusammengefallen sind!"

Der Dom in Ratzeburg

Es durchzog uns ein gewisser Schauer im Gefühl der Vergänglichkeit aller irdischen Macht und Größe und still legten wir die fürstlichen Schädel an ihren dunklen Ort zurück. Es war uns eine Erquickung als wir, nach Beendigung des Rundganges, in die frische sonnenbeleuchtete Frühlingslandschaft wieder hinaustraten.

Lustig ging es nun weiter. Die alte Krypta lag hinter uns, bald war auch das hohle Kollern der vielhundertjährigen fürstlichen Schädel in der modrigen Kiste vergessen. Der jugendliche Blick, der vorwiegend in die Zukunft gerichtet ist, erfaßte bald andere Dinge, die seine Aufmerksamkeit zu fesseln im Stande waren.

Zunächst war es eine feine Equipage, die im raschesten Trabe hinter uns herkam. Darin saß ein alter Militär und sah grämlich in den lachenden Frühlingsmorgen. In unserem Übermut riefen wir ihn an und baten, uns mitzunehmen, da er ja noch Platz im Wagen habe. Er hatte aber keinen Sinn für den tollen Einfall, warf uns einen ärgerlichen Blick zu und wandte sich nach der anderen Seite. Wir aber stimmten ihm zum Hohne ein lustiges Wanderlied an und zogen froh unsere Straße.

Spät am Nachmittag gelangten wir nach Lübeck. Da wir hier ganz fremd waren, hatten wir uns mit einer Empfehlung versehen, um durch dieselbe zu einem, unseren Verhältnissen entsprechenden Quartier zu gelangen. Der Herr führte

uns dann auch, wohl in Berücksichtigung unser schmalen Mittel, in eine Art Ausspann „Zum Großen Christoph". Schon aus der Ferne fiel uns das Riesenschild auf, welches das Bild des kolossalen Christopherus zeigte, wie er das Christkind durch den Jordan trägt.
Am Torweg empfing uns die Herrin des Hauses, ein dickes Weib mit riesigem Busen, die Hände in die Seite gestemmt, maß sie uns mit prüfendem Blick und wies uns mit einer vielsagenden Handbewegung auf den Flur. Hatte es im Torweg stark nach Pferdemist gerochen, so roch es hier beängstigend muffig, im Gastzimmer ebenfalls. Dann führte man uns ins Schlafzimmer, wo Matthiessen und ich übernachten sollten. Harmsen blieb bei einem Bruder, der als Riemergeselle zur Zeit in Lübeck in Arbeit war.
Als wir das dunkle staubige Zimmer betraten, schlug uns ein ekliger Schimmelgeruch entgegen und mein erstes war, daß ich die geschlossenen Fenster öffnete. Dann erst sah ich mich in unserer neuen Behausung um. Es war ein ziemlich großes Zimmer mit schmutziger, an vielen Stellen zerrissener Tapete, rußiger ölgestrichener Decke, sandbestreutem Fußboden und dunklen Kattun-Vorhängen. Als Mobiliar standen darin zwei Himmelbetten, ebenfalls mit dunklen geblümten Vorhängen, ein Lehnstuhl mit Lederbezug, der aber so schadhaft war, daß an verschiedenen Stellen die Heede, mit der er gefüllt war, in langen Zotten herabhing. In ähnlichem Zustand befand sich ein anderer hochlehniger Stuhl, dessen wurmgestochenes Gebein sein hohes Alter bezeugte, endlich ein schwerer Tisch, ebenfalls von altersgeschwärztem Holz. Als ich mein Bett untersuchte, fand ich es mit Stroh gefüllt, über das ein grobes Leinentuch gebreitet war. Eine schwere Federdecke bildete das Deckbett.
Die unheimlich dunkle Farbe des Zimmers, der schimmelige Geruch, das mehr als primitive Bett, das alles machte auf mich einen so deprimierenden Eindruck, daß ich mich nur schwer entschloß, mich niederzulegen, endlich aber siegte die Müdigkeit. Als das Licht ausgelöscht war und ich dem Einschlafen nahe, empfand ich plötzlich einen stechenden Schmerz, der sich so oft und an so vielen Stellen des Körpers wiederholte, daß ich bald zu der Überzeugung kam, nicht allein in meinem Bette zu sein. Ich dachte daran Licht anzuzünden, aber Zündhölzer wie heute gab es damals nicht. Mit Stahl und Stein und Schwefelhölzern ward solches bewerkstelligt. Solche befanden sich aber nicht in unserem Reisegepäck. Da sich indessen der Brennschmerz vermehrte, mußte ich annehmen, daß meine Quälgeister Mengen seien, deren Bekanntschaft ich allerdings bis da nicht gemacht hatte. Ich suchte Matthiessen zu wecken, aber vergeblich, er schnarchte wie im tiefsten Schlaf. So entschloß ich mich denn das Bett zu verlassen und die Nacht im Lehnstuhl zuzubringen. Die Kissen benutzte ich als Unterlage, die Bettdecke zum zudecken. So währte es nicht lange, bis ich eingeschlafen war und bis zum Morgen schlief ich ohne Unterbrechung.
Als ich beim Morgenkaffee meinem Freunde mitteilte, daß ich keine zweite Nacht hier bleiben werde, meinte er angstvoll, die dicke Frau werde uns nicht ziehen lassen, da wir in Aussicht gestellt, drei bis vier Tage bleiben zu wollen. Er fürchtete, sie werde ihm Ungelegenheiten bereiten. Allein, ich schlug all seine Bedenken nieder, indem ich mich erbot, die ganze Angelegenheit allein zu ordnen.

Wir gingen zu dem Ende in die Stadt und ich suchte einen Gasthof zweiten Ranges im „Schwarzen Adler“, nahe dem Holstentor, fand ich einen solchen und als ich dem Wirt kurz gesagt, daß wir Logis für einige Tage wünschten, aber nur mäßig zahlen könnten, wohl auch mit einem kleinen hoch gelegenem Zimmer zufrieden seien, kam er uns, über solchen Freimut lächelnd, freundlich entgegen. [...]

Noch bevor wir Travemünde erreichten, hatte ein eigentümliches Schauspiel unsere Aufmerksamkeit erregt. Wir sahen nämlich eine Anzahl Weiber in der seichten Bucht mit großen Netzen beschäftigt, kescherartigen Apparaten, um Krabben zu fangen. Dabei waren sie so hoch aufgeschürzt, daß sie einen Teil ihres Körpers dem Sonnenlichte und damit auch unserer Betrachtung preisgaben, den das weibliche Geschlecht sonst tief zu verhüllen pflegt.

Als wir wohl eine Stunde geruht hatten und genügend abgekühlt waren, mieteten wir ein Boot und fuhren nach der Halbinsel Priwall, die sich von der Mecklenburgischen Küste in die Bucht erstreckt, die aber noch zum Gebiet der Stadt gehört. Wir waren in der Absicht hinausgefahren, um zu baden, obgleich man in Travemünde uns davon abgeraten, weil trotz der warmen Luft das Wasser kaum 12° Reaumur *(15° Celsius)* habe. Allein, wir ließen uns nicht abhalten, der Reiz die durch die Tour erschlafften Glieder in dem wonnig grünen, nur leichte Wellen schlagenden Meerwasser zu erfrischen war zu groß, als daß wir ihm hätten widerstehen können. Und wir hatten es nicht zu bereuen. Wie neugeboren verließen wir das Bad und eilten, zum Gasthofe zurückzugelangen, da unsere Mägen stark nach dem dort bestellten Mittagsmahl verlangten. Dorsch, in Seewasser gekocht, vorher Eierkuchen, Krabben als Nachspeise, schmeckten uns vortrefflich, so daß wir uns, als wir noch den Kaffee eingenommen, wieder vollkommen leistungsfähig fanden.

Nachdem wir auch den Leuchtturm bestiegen und uns von der Galerie an der weiten Aussicht erfreut hatten, machten wir uns wieder auf den Rückweg. Leider ließen wir uns bereden, einen weiteren Weg zu wählen, nämlich zum Hemmelsdorfer See und von dort über Schwartau nach Lübeck zurückzukehren. Es war eine anstrengende Tour auf sandigen Wegen, ohne besondere Landschaftsreize. [...]

Mit Torschluß, denn damals herrschte aller Orten noch die Torsperre, langten wir sehr müde, fast erschöpft in Lübeck an.

Den nächsten Tag mußten wir ruhen, um uns für die Rückreise vorzubereiten. Ich kam in diesen Tagen zu der Ansicht, daß ich kurzsichtig sei, was mir bisher nie aufgefallen war, wenn nämlich meine Begleiter über dieses oder jenes in weiterer Entfernung sprachen, konnte ich solches nicht erkennen. Ich entschloß mich daher, zu einem Optiker in Lübeck zu gehen und mir eine passende Lorgnette zu besorgen. Als ich diese besaß, wußte ich erst, wie mangelhaft ich bis da gesehen hatte.

Wir wählten den Rückweg über Reinfeld und Oldesloe, eine Tour, die nichts besonders Interessantes bot. Wir blieben den Abend in Schönberg, damals Haupt-Poststation auf der Route Hamburg-Lübeck und kamen am zweiten Abend glücklich, wenn auch mit wunden Füßen in Bergedorf wieder an.

Ich hatte meiner Mutter einen Lübecker Marzipan, damals etwas Seltenes, mit-

gebracht und ihn während der zweitägigen Tour stets in der Hand getragen, worauf ich sehr stolz war, für welche Leistung ich aber auch großes Lob und Anerkennung fand.
Nach einigen Tagen hatte ich mich völlig von den Anstrengungen der Tour wieder erholt.
Hiermit schließt gleichsam der erste Abschnitt meines Lebens: Die Zeit meiner Kindheit. Ich sollte nun den bitteren Ernst des Lebens kennen lernen, gegen den die Schulzeit mit all ihren Plagen, aber auch ihrer Freiheit, mir oft beneidenswert erscheinen mußte.

Wie es in so vielen Lagen des Lebens geht, daß man sich schließlich in Verhältnisse, die einem anfänglich unerträglich scheinen, leicht hineinfindet, so ging es mir in meiner neuen Stellung. Überraschen konnte mich freilich nichts, denn ich hatte jahrelang Gelegenheit gehabt, den Gang des Geschäftes zu beobachten und hätte ich nach dem Verhalten der in demselben tätigen Personen urteilen wollen, so hätte ich annehmen können, daß man sich in solcher Stellung ganz wohl fühle, denn alle waren froh und zufrieden. Der Horizont ihrer Ansprüche lag eben nicht höher. Sie waren nicht durch die Schule und den Umgang auf eine andere Sphäre hingewiesen, ihre Erwartungen wurden nicht getäuscht.

Arbeitsalltag in der Kolonialwarenhandlung

Meine Onkel, die auch hier wieder das Fortune spielten und in väterlicher Fürsorge disponierten, hatten Burmester, dem Geschäftsführer, die Weisung gegeben, mich ganz wie einen fremden Lehrling zu behandeln, das heißt, mir keine Erleichterungen zuzugestehen, damit ich von der Pike auf diene und das Geschäft aus dem Grunde erlerne.

Burmester tat seine Schuldigkeit, er konnte nicht anders. Hatte er mich schon beim Rechenunterricht arg angeschnauzt, nun mußte er die rauhe Seite noch mehr herauskehren und gern wäre ich zuweilen aufsässig gewesen, hätte ich mir nicht gesagt, daß solches nutzlos und für mich nachteilig sein würde. So fand ich mich dann in das neue Joch und tröstete mich mit der Hoffnung, es werde schon mit der Zeit anders und besser werden. Und so wurde es dann auch. Es fehlte mir nicht an Geschick und das Weitere tat guter Zuspruch meiner Mutter, die das Schwierige meiner Lage auch von meinem Standpunkte aus vollkommen zu beurteilen verstand, da sie meinen idealen Standpunkt kannte, aber das Praktische der Situation nicht aus den Augen verlieren durfte.

Nach Jahresfrist unterlag ich den Maßregelungen Burmesters nicht mehr, da ich den Gang meiner Tätigkeit vollkommen begriffen und in manchen manuellen Fertigkeiten meinen Lehrmeister bereits übertraf.

Wer das Wesen eines Detailgeschäftes nicht kennt, ahnt nicht wie viel ein etwas empfindliches Gemüt in solchen Verhältnissen zu leiden hat. Es ist die Prosa des Lebens in höchster Potenz. Im Sommer und Winter muß der Lehrling um 6 Uhr des Morgens heraus sein. Sein Geschäft ist zunächst, die schweren im Winter oft gefrorenen und verschneiten Vorsatzläden abzunehmen, dann den Laden auszufegen und dann die vorhandenen Lücken wieder aufzufüllen.

Allmählich beginnt das Geschäft. Zuerst sind es vorwiegend alte Weiber und Dienstmädchen, die zum Bäcker gegangen waren, und bei dieser Gelegenheit auch beim Krämer ihre Einkäufe machen. Das Wetter und immer das Wetter ist Inhalt des sich dabei entwickelnden Gespräches, denn gesprochen muß werden, sonst könnte die Kundschaft meinen, sie komme dem Verkäufer ungelegen oder treffe ihn bei schlechter Laune, ihn, der immer bei guter Laune sein muß. Ist es heiß, so klagt man über Hitze, wenn auch die Kühle des Ladens nichts davon empfinden läßt. Bei Kälte klagt man mit den frierenden Eintretenden. Bald ist es Wind, bald Regen, gegen die sich die Verwünschungen richten. Ein solcher Ladenjüngling vereinigt in seiner Person ein Baro-, Thermo- und Hydrometer. Diese hat Rheuma, jene Zahn- oder Kopfschmerzen, manche noch Leiden, deren Sitz und Namen man nicht kennt. Allen aber muß eine rege Teilnahme entgegengebracht werden. Wer dieses mechanische Mitgefühl nicht kennt, würde, wenn er öfter Gelegenheit hätte solche Unterhaltungen anzuhören, glauben müssen, man sei die teilnehmendste Seele von der Welt.

Hat sich der Morgenstrom jener empfindsamen Herzen verlaufen, so tritt ein anderer Teil des Publikums auf den Schauplatz. Es sind zum größten Teil Landleute, die in die Stadt gekommen, um Einkäufe für ihren Beruf zu machen. Nun beginnt der Teil des Geschäftes, der Engelsgeduld erfordert. Da ist ein Schuster, der seine Pfrieme auszusuchen hat. Jeden betastet er, als ob es sich dabei um ein Precios handelte, hält ihn gegen das Licht, biegt, streicht ihn und legt ihn schließlich in das Fach oder in ein unrichtiges wieder zurück. Mit jedem einzelnen macht er das ebenso und endlich, nach halbstündiger Arbeit für einige Schillinge, hat er den betreffenden Artikel herausgefunden. Endlich ist er fertig und zur Tür hinaus. Man atmet auf, da kehrt er wieder zurück, er hat noch etwas vergessen und der Tanz beginnt wieder von neuem. So wechseln Handwerker der verschiedensten Art. Bald sind es Tischler, bald Rademacher, Maler und Weber, Schneider und Zimmerleute, alle aber leiden an demselben Fehler, daß sie mit übertriebener Sorgfalt die zu kaufenden Gegenstände auswählen. Am schwierigsten aber wird der Handel, wenn aus den Walddörfern die Holzarbeiter kommen, um eine große Brett- oder Drammsäge zu kaufen. So ein Instrument kostet 5 bis 6 Mark und ist gewöhnlich gemeinschaftliches Besitztum von 2 oder 3 Personen. Der letztere Umstand, aber auch die Höhe des Preises, steigert die Vorsicht und macht den Entschluß schwierig. Stundenlang kann eine solche Wahl sich hinziehen und man würde in Verzweiflung geraten, könnte man nicht die Unentschlossenen ruhig ihrem Schicksal überlassen und während der Zeit anderer Besorgung im Geschäft nachgehen.

Endlich ist der Mittag herangekommen. Der jugendliche Appetit meldete sich schon vor einer Stunde. Es ist kein Käufer da, man eilt freudig ins Zimmer, wo schon die dampfenden Schüsseln auf dem Tisch stehen. Kaum hat man sich gesetzt, da klingelt es, der Bursche muß hinaus. Gott im Himmel, da kommt einer, den er schon kennt. Das bedeutet ihm mindestens eine Viertelstunde. Inzwischen finden sich noch andere Käufer ein. Mit Resignation ergibt er sich in sein Schicksal. Freilich ist er nur halb bei der Sache, denn die Hälfte seiner Seele ist da drinnen bei den Schüsseln, die vielleicht eben sein Lieblingsgericht enthalten. Endlich wird er abgelöst. Ist es nun der Verdruß oder überwundener Hunger, er geht nur zögernd zu Tisch und erst beim Essen kommt die Stimmung wieder. Den ganzen Morgen hat er im Laden gestanden, nun, wo er sitzt, fühlt er erst wie müde er geworden, was hilft es aber, er muß wieder hinaus, denn inzwischen hat sich mehr Publikum angesammelt, das teils schon mit ausgestrecktem Halse durch das kleine auf die Diele hinausgehende Fenster hereinsieht als wollte es sagen: Na, kann denn der gar nicht satt werden!

Und die Ermüdung schwindet, sobald man wieder im Geschäft tätig ist. Gegen Abend mindert sich der Besuch. Auswärtige haben die Stadt wieder verlassen,

dagegen finden sich alte Weiber und Dienstmädchen ein, die leider zu dieser Tageszeit viel mehr Muße zur Unterhaltung haben.
Es war zu jener Zeit üblich unter allen Umständen die Haustür geöffnet zu halten, man hielt daran fest wie an einem Aberglauben, dessen Wahrheit man bezweifelt, den zu leugnen man aber trotzdem nicht den Mut besitzt. Im strengen Winter bei 10° bis 12° Reaumur Kälte und darüber, stand man im ungeschützten Laden, der vollen Ungunst des Wetters preisgegeben. In Folge dessen starrten die Hände von Frostbeulen.
Die Beschäftigung mit vielen schmutzigen Dingen forderte ein sehr häufiges Waschen der Hände und vermehrte dadurch das Übel. Wie wäre es möglich, mit Zucker, Seife, Sirup, Farben, Nägeln, Papier, Band, Zwirn und Seide umzugehen, ohne fortwährend die Hände zu waschen. Es war ein wirkliches Martyrium und oft sind mir die Tränen in die Augen getreten, wenn der Schmerz geradezu unerträglich wurde. Stand man dann mit verbundenen Händen da, dann wußte jedes alte Weib ein unfehlbares Mittel und drang auf seine Anwendung und auch die Herzen der Dienstmädchen wurden weich und flossen im Mitgefühl über. Abends aber, nach Beendigung des Geschäftes, steckte man die Hände in eine heiße Brühe verschiedener Extraktionsstoffe, ohne damit wesentliche Besserung zu erzielen.
Natürlich fand ich in solchen Zeiten, trotz der Weisung auf die Pike, in meiner Mutter immer eine wirksame Hilfe. Sie war unausgesetzt bemüht das Peinliche des Berufes zu mildern. Leider vermochte sie in den meisten Fällen keine Erleichterung zu schaffen. Das Geschäft war nicht groß, überflüssige Arbeitskraft durfte nicht eingestellt werden, sollte der notwendige Gewinn, der eben für die Bestreitung des Haushaltes ausreichte, erzielt werden. Einen stetigen Arbeiter konnte das Geschäft nicht tragen, er trat nur ein, wenn größere Warenmengen eintrafen, schwere Fässer und Kisten aus Gotenburg *(Göteborg)*, Belgien, Westfalen, Thüringen oder Kolonialwaren aus Hamburg. Wir hatten zu dem Ende einen bestimmten Arbeiter, Christoph Bartelmann, eine treue Seele und ein fleißiger Mensch. Leider liebte er im vorgerückten Alter den Schnaps mehr als zuträglich war und ging wohl daran unter.
Um die Zeit, wo ich in das Geschäft eintrat, verließ Heinrich Sänger dasselbe. Er änderte seinen Beruf und hatte eine Stelle als Sekretär beim Amtsschreiber Hartung eingenommen. Ich sah ihn ungern scheiden, denn ich hatte ihn lieben und schätzen gelernt, aber er hatte sich gut beraten, wurde später Sekretär beim Amtmann Steeklow in Schwartau und endlich Rentenmeister in Lehnsahn, auf den Großherzoglich Oldenburgischen Gütern, von wo er, in hohem Alter pensioniert, nach Eutin gezogen.
An seine Stelle trat ein junger Pommer, Georg Simon, der im Geschäft seines Bruders in Altona gelernt hatte. Er war Galanteriewarenhändler, mußte sich also in eine neue Geschäftsbranche hineinarbeiten. Da er aber anstellig und bereitwillig war, gelang ihm dieses bald, nur blieb er, wegen großer Flatterhaftigkeit, ein unzuverlässiger Arbeiter. Er war klein und gedrungen, mit ausgesprochen pommerscher Physiognomie, sehr beredt, konnte aber leider das J nicht aussprechen und schaltete für dasselbe immer ein G ein, wodurch er in der ersten Zeit fortwährend das Gelächter der kaufenden Dienstmädchen

erregte, was ihn aber nicht weiter rührte, da er, eitel, dasselbe für schmeichelhafte Zuneigung nahm. Er war übrigens ein tüchtiger Verkäufer und glich dadurch manche Schwächen seines Wesens wieder aus. Bereitwillig und hilfreich, würde er mir manches Unbequeme abgenommen haben, wenn mein Ehrgefühl es zugelassen hätte.
Während der kurzen Zeit seines Engagements hatte er verschiedene Ungeheuerlichkeiten vollbracht. Gewohnt mit feinen Galanteriewaren umzugehen, waren ihm die Schmieralien wie Tran, Öl, Seife, Sirup zuwider. Wo es ging, suchte er ihnen fern zu bleiben. So geschah es einmal, daß er in der Hast den Kran eines Tranfasses zu schließen vergaß und sein Vergessen erst bemerkte, als das Faß leergelaufen war und die Flüssigkeit 3 Zoll *(7,5 cm)* hoch in dem Raum stand. Natürlich mußte er aufschöpfen was noch zu retten war und noch heute ist mir sein Bild unvergeßlich, wie er mit nackten Füßen, in Unterhose und Hemd, in der grausam stinkenden Flüssigkeit herumarbeitete.
Er war ein leidenschaftlicher Taubenfreund und wußte auch zu bestimmen, daß ich bei meiner Mutter die Erlaubnis erwirkte, einen Teil des Bodens, der über dem Hinterhaus lag, zum Taubenschlag einzurichten. Meine Mutter hatte eine schwache Stunde gehabt als sie, trotz Burmesters Abraten, meiner Bitte nachgab. Wie es vorherzusehen war, wurde der Taubenschlag die Quelle maßlosen Verdrußes, denn wir vergaßen oft das Geschäft, um nach den Tauben zu sehen. Wir gerieten einander derart in die Haare, daß der Streit zu einer regelrechten Balgerei ausartete und als Simon eines Tages ohne Erlaubnis davonlief, um hinter einem entflogenen Täuber herzurennen, kündigte ihm Burmester die Stellung. So wurde ich alleiniger Besitzer des Taubenschlages, aber einer strengen Vorschrift unterworfen, die jede Ausschreitung ausschloß.
Meine Stellung im Geschäft hatte sich bald geregelt. Ich haßte es, aber ich fand mich hinein und was mich anfänglich verdroß, ließ mich später kalt.
Jeden zweiten Sonntag durfte ich ausgehen. Auch hatte ich einen Nachmittag in der Woche zur freien Verfügung. Dann konnte ich bis zum Abend fortbleiben.

Ausflüge nach Escheburg und in den Sachsenwald

Mehr noch als früher zog es mich jetzt in die freie Natur hinaus. Mit meinen Freunden Harmsen und Matthiessen, die ebenfalls während ihrer Lehrzeit in Bergedorf verblieben, setzte ich meine Streifereien in die Umgebung fort. Doch konnten dieselben, bei der immer sehr bemessenen Zeit, keine weite Ausdehnung erfahren.
Zunächst war es Escheburg, das wir öfter besuchten. Zum Dorfe führen, wenn man von Börnsen kommt, zwei Wege. Der eine ist die alte Poststraße, er führt in den unteren Teil des Dorfes, wo früher die Posthalterei von Schellhorn, später Unger, sich befand. Der andere Weg schwingt vor dem Dorfe links ab und windet sich die mäßige Anhöhe hinan. Er führt in den auf der Höhe gelegenen Teil des Dorfes. Dieser Teil Escheburgs hat eine reizende Lage, man übersieht die weite Niederung, links bis zu den Höhen Artlenburgs gegenüber, rechts bis zu den Hamburger Höhenzügen, unten aber dehnt sich die weite Moorfläche aus, bis zur Feldmark der Vierlande, hinter denen hin und wieder der Spiegel

der Elbe sichtbar wird. Von der alten Escheburg ist nichts mehr vorhanden. Nicht einmal die Stelle ist bekannt wo sie vordem gestanden. Nur ein ungewöhnlicher Reichtum an Eschen läßt den Ursprung des Namens vermuten. Escheburg weckt in mir viele angenehme Erinnerungen. Hier habe ich mit meinem Lehrer, dem alten Lorenzen, die ersten Studien gemalt. Eifrig und unermüdet saßen wir da, selbst bei dem ungünstigsten Wetter, ruhten nicht, bis wir unsere Arbeit vollendet, eines der reizenden Objekte heimtragen konnten, an denen Escheburg so reich ist.

Weg von Escheburg nach Geesthacht

Escheburg hat wie Börnsen einen großen Reichtum von alten pittoresken Bäumen. An Stämmen und Wurzeln ist hier eine wahre Fundgrube für den Landschafter. Freilich macht sich auch hier die Kultur bemerkbar. Die Natur bleibt weniger als früher sich selbst überlassen, reift sich nicht aus, wenn man so sagen darf, kommt nicht, oder nur selten zu dem Stadium des Alters, wo sich der ganze Reiz des Rückganges, im Absterben mit seinen Formen und Farben geltend macht. Immer aber findet man noch sehr malerische Weiden und Pappelstämme, die, wiederholt der Krone beraubt, jene knorrigen gewundenen Formen herausgebildet haben, bei denen man nicht begreift, wie sie noch lebenstüchtig geblieben. In der Dämmerung erschienen sie mir oft wie belebte Gestalten, die ihre dunklen Arme drohend in die Luft streckten. [...]
Im Norden des Dorfes standen früher einige recht malerische altertümliche Bauten. Im Rücken des Dorfes liegt ein schöner, viele malerische Partien enthaltender Wald, der sich bis zur Höhe, in der Nähe des Dorfes Fahrendorf, hinzieht. Das Terrain ist stark hügelig, kleine Bäche folgen den Einschnitten, sie

Am Eulenkrug in Escheburg

kommen aus den kleinen Bassins, den Resten früherer Karpfenteiche, die wohl schon viele Jahre verfallen sind, immer aber noch recht interessante Punkte des kleinen Waldes bilden.
Das Dorf Fahrendorf ist unbedeutend, besteht nur aus wenigen Häusern. Von hier führen Wege nach Dassendorf, Hohenhorn, Brunstorf und Kröppelshagen. Von den genannten Ortschaften besitzt nur Brunstorf durch den in seiner Nähe befindlichen Saupark ein größeres Interesse. Es ist ein schönes

Im oberen Teil von Escheburg

Gehege, in dem, neben Schwarzwild, auch Hochwild gezüchtet wird, ein schöner Buchen- und Eichenwald, vielfach von Schneisen durchzogen. Neben dem Eingang steht eine sogenannte Kanzel, von der aus das Wild abgeschossen wird. An diesen Wald schloß sich früher die Heide an, die ich später zu Studienzwecken häufig besucht habe, als noch die Hünengräber freilagen und der weite Plan nur vom Sachsenwald umschlossen war.
Jetzt ist alles besamt, die ganze urwüchsige Romantik untergegangen, untergegangen wie so viele Merk- und Denkmale der Vorzeit, die als Hemmnisse des Kulturlebens fallen mußten und dem Nützlichkeitsprinzip geopfert wurden. [...]

Backofen in Hohenhorn

Durch das Dickicht des Sachsenwaldes führt ein Weg zum Stangenmühlgrunde und den Resten der alten Kupfermühle, reizvolle Partien in dieser Waldeinsamkeit, deren Hauptreiz längst dahin und deren Zauber verschwunden, seit die Forstkultur auch hier eingedrungen, mit dem alten Eichenbestand aufgeräumt und eine Neubesamung mit Kiefern vorgenommen hat.
Ich hatte noch Gelegenheit diese unvergleichlich schönen Punkte zu allen Tages- und Jahreszeiten zu sehen. Es war ein trauriger Anblick, als dieses Stück landschaftlicher Romantik verschwand, um langweiligen Föhrenschonungen Platz zu machen. Es sind heute nur noch Spuren des einst vorhandenen geblieben, aber sie sind ungenügend auch nur ein ungefähres Bild der Herrlichkeit zu geben, die einst das Entzücken so manchen Naturfreundes gewesen, die manchen Maler veranlaßt, den ganzen Sommer in der Nähe zu verweilen, um in diesem selten schönen Orte Studien zu machen. Hinauf bis Hammwarde und Rotenbek zieht sich der Wald in gleicher Schönheit, ein kostbarer Buchenbe-

stand, oftmals unterbrochen oder untermischt von herrlichen Eichen. Wie viele von den schönen Wäldern noch übrig bleiben werden, wenn die Fürstlich Bismarckschen Holzschneidereien erst tüchtig arbeiten werden, mögen die Götter wissen. Zeit ist Geld, oder auch Holz ist Geld, und wer weiß es, ob Bismarck das Holz oder das Geld mehr liebt.

Im angenehmen Wechsel führte damals, als noch keine Eisenbahndämme den Wald durchschnitten, der Weg nach Friedrichsruh, dem lieblich gelegenen Jagdhaus der Fürsten zu Lippe. Es war zur Sommerwirtschaft geworden, als dem Gerücht zu Folge, einer der Besitzer hier im Wald getötet worden war. Wer einen genußreichen Sommerabend verleben wollte, der mußte hier beim Mondschein die Umgebung durchstreifen, wenn die breiten Lichtwellen durch die dunklen Laubgänge fluteten und die Erhabenheit dieser großartigen Natur überwältigend sich geltend machte. Mir werden die Abende, die ich in späteren Jahren unter ähnlichen Verhältnissen hier verlebte, unvergeßlich bleiben.

Das reizende kleine Gewässer, das sich von Friedrichsruh bis Aumühle hinzieht, hatte damals recht interessante Partien. Der sogenannte Kaninchenberg, eine kleine im Mühlteich liegende Insel, war damals von diesen Tierchen noch bewohnt. Gegenüber lag die Tuchfabrik des Herrn Kämmerer und am Damm entlang eine Reihe kleiner Häuser, von Arbeitern der Fabrik bewohnt. Sie lagen so tief, daß man über eine Brücke in die Haustür, die sich eigentlich im ersten Stock befand, gelangte. In einem dieser Häuschen wohnten die Eltern unseres damaligen Dienstmädchens Stina Hirsch, ein paar alte liebe Leute, die zu besuchen wir bei Anwesenheit in Friedrichsruh nie unterließen. Sie fühlten sich glücklich in ihren bescheidenen Verhältnissen und ich glaube, sie krankten später an einer Art Heimweh, als sie dem Sohn, der als Färber nach Sande übersiedelte, gefolgt waren.

Weiter abwärts liegt die Aumühle. Die Aue ist hier zu einem ansehnlichen Mühlteich erweitert, der rings von üppigem Wald umgeben ist. Die Mühle war früher ein oberschächtiges Werk und bildete eine recht malerische Partie und als sie neu erbaut, hat sie eine Turbine erhalten und der Reiz ist dahin. Freilich die Umgebung bleibt immer noch schön. Auch bezeugt die Entstehung verschiedener Bierlokale die erhöhte Frequenz. In meiner Jugend gab es hier kein Wirtshaus. Die Maler, die hier während des Sommers wohnten, logierten beim Tischler Evers, dem Müller oder sonst bei einem Landmann. Hier habe ich noch Soltau, den Illustrator des ‚Don Quichotte', kennengelernt, dessen feine reizende Aquarelle früher überaus geschätzt waren. Die kleine Ortschaft Aumühle mit Försterei war ohne Bedeutung, doch hatte sie manche recht malerische Winkel. Hier ist die Grenze des großen Sachsenwaldes, der nun nördlich nach Witzhave und dann östlich nach Rotenbek sich wendet. Die Bille, die von Lütjensee und Hamfelde herunterkommt, folgt hier dem Saume des Waldes und vereinigt sich unterhalb Aumühle mit der aus dem Stangengrunde kommenden Aue und fließt nach Reinbek hinunter, nimmt aber unterwegs noch manche kleine Rinnsale auf, so daß sie vor der Reinbeker Mühle schon bedeutsam gekräftigt anlangt und eine weite Teichfläche bildet. Die Bille enthält schöne Lachsforellen und vom Stege bei Witzhave sah ich ganze Schwärme von Schmerlen.

Weg von Aumühle nach Billenkamp

Die Dörfer oberhalb Aumühle lagen damals aus dem Bereich unserer Touren. Ohe, Glinde, Schönningstedt sind einfache Geestdörfer, die alle Eigenschaften solcher, aber auch die ganze Langweiligkeit auf weiter Geestfläche liegender Örtlichkeiten zeigen. Den Rückweg von Aumühle wählten wir gern über Billenkamp, einem hübsch gelegenen Walddorf, das neben recht reizenden Partien damals manches hübsche Mädchen aufzuweisen hatte.

Der Wunsch nach Weiterbildung

In dem Maße, wie ich mich im Geschäft mehr und mehr einarbeitete, gewann ich auch Zeit über mich selbst nachzudenken, zu begreifen, wie viel mir doch fehlte, um mir selbst und anderen genügen zu können. Zugleich aber erwachte ein Wissensdurst, den ich leider nur mangelhaft zu befriedigen im Stande war. Eine Art Lesewut bemächtigte sich nun meiner. Ich las alles, was mir vorkam, Zeitungen, Taschenbücher, Romane, Reisebeschreibungen, letzteres zumal gerne, weil sie die Sehnsucht, die Welt kennenzulernen, am meisten befriedigten. Ich hatte mit verhältnismäßig geringen Kenntnissen die Schule verlassen. Bei mir fehlte die bei meinen Mitschülern berechtigte Voraussetzung, daß nach Beendigung des Kursus, das Gymnasium einsetzen würde, um den eingeleiteten Bildungsgang weiterzuführen. Ich blieb auf dem halben Wege mir selbst überlassen, mußte nun entweder mein eigener Lehrer werden oder als Ungebildeter durchs Leben gehen. Dieser Gedanke packte mich zu Zeiten mit so erschütternder Gewalt, daß er mich ganz unglücklich machte. Ich dachte fortwährend darüber nach, was ich anfangen könnte, um mir das Fehlende anzueignen. Das Fehlende, ach ich Armer hatte damals noch keine Ahnung, welche Summe des Wissens erforderlich sei, um für einen wirklich durchgebildeten Menschen zu gelten. Hätte ich dieses begriffen, so wäre ich wohl schwerlich so hoffnungsfreudig an die Arbeit gegangen. Daß ich es aber getan, war nicht nur ein Beweis meiner Selbsterkenntnis, sondern auch einer gewissen moralischen Kraft, die immer auf einigen Erfolg zu rechnen hat.

Einige Male hatte ich mit meiner Mutter in trüben Stunden Rücksprache genommen, ob ich nicht wenigstens für einige Jahre vom Geschäft frei sein könnte, um weiter an meiner Ausbildung zu arbeiten oder vielleicht eine Stellung suchen und so Gelegenheit finden, mich weiter auszubilden. Ich fand wohl Teilnahme und Verständnis, aber kein Entgegenkommen. Meine Mutter zog sich hinter die Bestimmungen meiner Vormünder zurück und so blieb mir nichts übrig, als mich zu fügen und meine Lage auszunutzen, soweit es mir möglich war. Hierauf richtete ich dann mein Augenmerk, mein kleines Taschengeld wandte ich zum großen Teil für nützliche Bücher an, erlangte auch die Erlaubnis, ein kleines Pult, das im Laden war, für mich in Anspruch zu nehmen, um, wenn mal ruhige Zeiten im Geschäft eintraten oder am Abend, daran arbeiten zu können.

Ich kann sagen, daß ich von dem Zeitpunkt, wo ich dieses erlangte, dem Laden weniger feindlich gegenüberstand, ich vergaß eben in der Aussicht auf solche Beschäftigung mein Leid, war erfreut, wenn ich einen Erfolg bemerkte und ertrug geduldiger das Unbequeme meiner Lage. Selbstverständlich war hier mein Wünschen in steter Kollision mit meiner Pflicht, wenn ich oftmals glaubte mich eine Stunde mit meinen Angelegenheiten beschäftigen zu können, dann kam unvorhergesehene Verhinderung und mit Resignation mußte ich mich in mein Schicksal ergeben.

Ein Versuch beim Lehrer Becker noch französischen Sprachunterricht zu nehmen, schlug fehl, er lehnte es ab, wohl weil er überhaupt zu träge war und damals schon dem Trunk ergeben. Ich hätte besser getan, wenn ich damals lateinischen Unterricht genommen, den ich sicher beim Rektor Ritter hätte haben können.

So arbeitete ich dann ruhig weiter, saß oft noch spät in der Nacht, nach anstrengender Tagesarbeit, um weiteres Wissen einzuheimsen. Das Eine hatte ich schon bald begriffen, und es war wohl die Folge meiner vorurteilsfreien Anschauung, daß ich nicht ruhen dürfe, bis ich mir wenigstens eine übersichtliches Bild der gesamten Lebenserscheinungen verschafft hätte, bis mir die anscheinend fern stehenden Dinge in ihren gegenseitigen Beziehungen verständlich geworden wären.

Eine unerwartete Hilfe fand ich in Dr. Fr. Hartung, der nach dem Tode des Dr. Janssen unser Hausarzt geworden war. Er folgte mit Teilnahme meiner Beschäftigung und erbot sich in freundlicher Weise mir durch Leihen von Büchern aus eigenem Besitz und aus der Hamburger Stadtbibliothek behilflich zu sein. Ich kann nicht sagen, wie glücklich mich dies gemacht, hatte ich doch nun eine unerschöpfliche Quelle, aus der ich mein Wissen bereichern konnte. Werke der Naturforscher Bischoff, Hiltbrand, Schlechtendahl, Naumann, Nees v. Esenbeck, selbst das große Werk von Spix u. Martius verdanke ich seiner gütigen Vermittlung.

Er kam, selbst ohne ärztlich bei uns beschäftigt zu sein, und unterhielt sich mit mir. Auch meine Mutter hatte ihn ganz gern, nur konnte sie sein grades, zuweilen mehr als grades Wesen nicht immer billigen. Dr. Hartung gehörte zu den Persönlichkeiten, die man erst genauer kennen muß, um sie richtig beurteilen und sie in ihrem wahren Wert schätzen zu können. Er war eine kräftige Gestalt, dunkel gezeichnet, hatte angenehme Züge, ein geistvolles Auge, ein klangvolles Organ und beherrschte die Sprache vollkommen. Frei und klar waren seine Anschauungen, dem Geringeren gegenüber war er bestimmt, aber human, frei von allem Standesgefühl. Er liebte alles Wissenschaftliche, die Naturwissenschaften interessierten ihn vorwiegend, zumal Ornithologie und Botanik.

Er war im Publikum wenig beliebt, wohl weil er mit der Wahrheit nie zurückhielt und selbst da, wo er es nötig fand, sich nicht scheute jemand recht Unangenehmes frei ins Gesicht zu sagen, das aber kann die lügnerische Menschheit im allgemeinen nicht vertragen.

Als er Physikus geworden war, schnitt er von dem alten Zopf natürlich sofort ein tüchtiges Stück herunter und stieß da überall an, wo man von der alten süßen Gewohnheit nicht lassen wollte. Oft klagte er, wenn er neben mir saß, daß er so wenig verstanden würde, daß er keine Freunde habe, einsam durchs Leben gehe, daß es kaum der Mühe um dasselbe lohne. Ich war zu jung, um ihm meine hoffnungsreichen Gedanken auszusprechen, ich beneidete ihn um sein Wissen und meinte, im Besitz desselben, müßte man sich vollkommen glücklich fühlen. Unverheiratet, bewohnte er in dem großen Haus sehr bescheidene Räume, ein kleines, kaum 8 Fuß hohes Zimmer, mit daran stoßendem Schlafkabinett. Das Mobiliar war einfach, altertümlich, mit Kattun überzogen, nichts im Zimmer, was auf besondere Bequemlichkeit hindeutete. Nachdem der Vater, der Amtsschreiber gewesen, gestorben war, lebte er mit drei Schwestern zusammen. Ich glaube, er ist trotzdem einsam durchs Leben gegangen und sein verhältnismäßig frühzeitiger Tod rief manche Vermutungen wach, die mir, der ich so manche Äußerungen von ihm kannte, nicht ungerechtfertigt erschienen. Ich habe nie vergessen, was ich ihm verdanke, und war schmerzlich berührt, als ich sein plötzliches Ende erfuhr. Es wäre ihm sicher nicht zu helfen gewesen. Das Ungenüge, was sich mehr und mehr in ihm ausbildete, konnte nur im Tod ein Ende finden.

Interesse für das weibliche Geschlecht

Ich war nun in das Alter gekommen, wo sich im männlichen Wesen mit dem Abschluß der Entwicklung eine Umwälzung vollzieht, die so mancher Natur verhängnisvoll wird.

Die Kindheit ist überwunden, der Blick strebt hinaus ins Weite, in eine unbestimmte Ferne und mit einer an Schamgefühl grenzenden Nichtachtung blickt der nunmehr Gereifte auf die hinter ihm liegenden Freuden zurück.

Andere Interessen haben sich seiner bemächtigt, andere Objekte sind das Ziel seiner Wünsche geworden. Noch ist er sich über die Aufgabe seines Lebens nicht voll bewußt. Was ihn reizt, scheint ihm begehrenswert, was ihn abstößt,

Gegenstand des Hasses. Die extremsten Gefühle beherrschen seine Entschlüsse und oft muß er sich gestehen, daß sein Urteil ein grundfalsches gewesen war. Gern zieht er sich selbst zurück, wenn er in seinen Erwartungen getäuscht worden war. [...]

Ähnlich, wie ich es hier von mir geschildert, vollzieht sich vielleicht manches Jugendleben, nur kommt es dem Betroffenen nicht immer in gleicher Weise zum Bewußtsein. Wohl dem, der im Stande ist, in seinem Inneren den Altar aufzubauen, auf dem er die Opfergaben legen darf, die sein übervolles Empfinden fordert. Weh dagegen jenen, die mit der vollen Jugendkraft sich in den Strom des verlockenden Lebens stürzen, in ihm Befriedigung suchen und finden und sie mit dem Edelsten ihres Wesens erkaufen müssen.

Meine Jugendfreunde hatten Bergedorf alle verlassen. Auch die letzten waren als Handwerker in die Fremde gezogen. Ich fühlte mich recht einsam in einer Zeit, wo man nach einem Freunde das Bedürfnis empfindet. Die unausgesetzte geschäftliche Tätigkeit wirkte nun überaus günstig auf mich, indem sie verhinderte, daß ich mich zu sehr tiefsinnigen, wenig heilsamen Reflektionen überließ.

Inzwischen waren auch meine Schwestern konfirmiert worden und traten meinem Gedankenkreis näher, wenn sie auch für die Dinge, die mich vornehmlich bewegten, durchaus kein Interesse zeigten. Ein Kreis jugendlicher Freundinnen, frisch und lebensfreudig, mir alle aus der Schulzeit bekannt, sammelte sich um sie und brachte einen anderen Ton in unsere häusliche Unterhaltung.

Es währte nicht lange, so fand ich Gefallen an diesem leichten und spielenden Geschwätz, konnte meinen Beitrag zu demselben liefern und fühlte mich wohl in einem Kreise, den ich anfänglich mit ziemlicher Geringschätzung betrachtet hatte.

Es war ein Kreis niedlicher Mädchen, Elise Kampsch, eine zierliche hübsche Blondine, mit blauen lebhaften Augen, weichen Formen und einem schmiegsamen Wesen, Maria Burmester, ebenfalls blond, aber weniger interessant, etwas gemessen und intolerant, Maria Behn, auch eine Blondine, mit dunklen Augen, etwas prüde und von beschränktem Wuchs, Jenny Stucke, die Nichte des Ratmann Stucke, eine markante Persönlichkeit, reizlos, aber von lebhaftem Wesen und scharfem Verstand. Zeitweilig schlossen sich dieser Kreise auch die Töchter des Dr. Lindenberg an, von denen die zwei älteren mit meinen Schwestern im gleichen Alter waren. Alle diese Mädchen, wie auch meine Schwestern, waren in der ersten Blüte der Jugend, da war es ganz natürlich, daß sich der Kreis auch um einige junge Männer vermehrte, an denen Bergedorf damals sehr arm war, weil fast jeder, sobald er konfirmiert war, hinausstrebte, um sein Glück draußen zu suchen. Nur solche, die im elterlichen Geschäft festgehalten wurden, blieben zurück und deren Zahl war klein.

Ich war nur mit dem jüngeren Bruder der Elise Kampsch bekannt und dieser schloß sich zuerst dem Kreis an. Er war ein schmucker Kerl, aber ohne Bildung und hatte seine Schulzeit schlecht benutzt, hatte ungelenke Manieren und lose Grundsätze. Bald folgten die in den Apotheken fungierenden jungen Männer, mit denen ich, durch botanische und chemische Fragen betreffende Gespräche

schon Fühlung bekommen hatte, Daniel Burmester, ein Altonaer, und Jan Krogmann aus Rendsburg. Beide konditionierten lange in Bergedorf und wurden dadurch recht heimisch.
Um jene Zeit entstand auch das Lehr- und Pensions-Institut des Dr. Frh. Bülow in dem Gewese des verstorbenen Dr. Janssen. Er beschäftigte mehrere junge Leute, die, wenn sie sich auch nicht unserem engeren Kreis anschlossen, doch zu Zeiten Teilnehmer unserer kleinen Touren und Unterhaltungen wurden. Auch mit Ernst Kubelcke wurde ich in dieser Zeit näher bekannt, er war um einige Jahre älter als ich, hatte manche, mir recht sympathische Seiten und bin ich mit ihm viele Jahre in näherem Verkehr geblieben. Außer mit diesen wurde ich, zumal durch die gelegentlich stattfindenden Bälle, mit einer Schar junger Hamburger bekannt. Die beiden Lauezzari, Schütt, Schlüter und andere pflegten bei keiner unserer kleinen Festivitäten zu fehlen. Es waren alles Söhne wohlhabender Eltern, eine laxe Gesellschaft, die zum Teil vom Leben der Großstadt arg mitgenommen waren, so daß ich es nötig fand, meinen Schwestern zuweilen eine Warnung zukommen zu lassen.
Auch vom Amt Reinbek, wo stets junge Leute als Sekretäre und Aspiranten fungierten, kam manchmal noch ein Zuschuß, wenn solcher auch nie mit geneigten Augen betrachtet wurde. Reinbek gehörte damals zum dänischen Staat und es machte sich eine gewisse Pikanterie geltend, die oft zu unangenehmen Reibereien führte.
Es waren dieses glückliche Jahre in meinem Jugendleben. Mein bis dahin einsames „Für-mich-sein" wich vor dem Zusammenleben mit altersgleichen jungen Leuten mehr und mehr. Die unnatürlich ernste Auffassung des Lebens wechselte mit der Freude am heiteren Genuß desselben und meine lebensfrohen Schwestern ruhten nicht mir zu helfen, wenn ich zuweilen unbereitwillig zögerte.

Sommertouren

Touren in die Umgebung nach Reinbek, Friedrichsruh, den Vierlanden wurden gemeinsam gemacht, zuweilen selbst per Wagen, doch war dies seltener der Fall, weil die Kassenverhältnisse aller Teilnehmer solches schwer empfanden. Noch heute gedenke ich mit lebhaftem Interesse solcher sommerlichen Touren, wie wir sie z. B. nach Friedrichsruh machten. Je nach Zahl der Teilnehmer wurden dann Wagen requiriert, Stuhlwagen, wie sie damals gebräuchlich waren und in bunter Reihe füllten sich die Sitze. Einige Reiter schwärmten öfter neben dem Zug, da die Hamburger gewöhnlich zu Pferde nach Bergedorf kamen. Durch die Anlage der Eisenbahn ist solchen Partien ein großer Reiz genommen. Es fehlt in Friedrichsruh eine Stelle, die ein so gemütliches Zusammensein ermöglicht, wozu damals das Ottosche, später Orthsche Gewese Gelegenheit bot. Es war ein alter Bau, aber seine Räume waren gemütlich. Sein schweres Strohdach, das vorn zu einer Verdachung sich erweiterte und aus dem nach allen Seiten freundliche Erker herausschauten, trug wesentlich zu dem idyllischem Charakter bei. Mit dem Gefühl glücklicher Befriedigung verließ gewiß jeder, bei Ankunft in Friedrichsruh, den Wagen und der Entschluß, sich der nächsten Stunden voll zu freuen, beseelte gewiß alle

Teilnehmer der Gesellschaft. Nachdem mit dem Wirt das Nötige geordnet, wurde dann ein Gang in den Wald angetreten. Die Mädchen in geschlossener Schar voran, wir Männer hinterher. Gewöhnlich wurde der Weg zur Kupfermühle eingeschlagen, jenem damals wirklich klassisch schönen Stückchen Erde. Hier lagerte man sich im Schatten der mächtigen Buchen und es kam auch zu allerlei heiteren Spielen.
Solche Momente des Jugendlebens müssen durchlebt sein. Eine einfache Beschreibung des Herganges ist fade und reizlos, weil sie eben der Farbe entbehrt, die sie erst aus dem Gemüt der Betroffenen empfängt und die in Worten nicht wiederzugeben ist. Da wirkt alles zu einem Gesamtbild, zu einem harmonischen Gemütsakkord zusammen. Vor sonnendurchleuchtetem Wald, das strahlende Blau des Himmels, die in lichten Farben gekleidete Mädchenschar, in deren froh schallendes Gelächter sich der Schlag der Drossel mischt. Dann wieder im Wechsel der vierstimmige Gesang der Männer, die herrlichen Lieder von Mendelsohn und Silcher, so recht geeignet, sich solcher Stimmung anzupassen und sie zu heben. Dies alles wirkt wie berauschend auf das Gemüt des schon froh Erregten und läßt es zu einer Feier werden, die sich seiner Erinnerung unauslöschlich einprägt. War dem Spiel Genüge getan, so setzte sich der Zug wieder in Bewegung, um rechtzeitig zu der Kaffee-Kollation *(Zwischenmahlzeit/Imbiss)* im Wirtshaus einzutreffen.
Unter dem mächtigen Laubdach der damals in der Nähe des Hauses befindlichen Linden war ein langer Tisch hergerichtet. In bunter Reihe gruppierten sich alle und mit etwas kokett wirkendem Eifer nahmen sich die Mädchen der Sache an. Es war ein reizendes Bild und mancher fremde Gast, der Zeuge war, hat sich über den reichen Kreis hübscher Mädchen und den frohen Ton gewundert, der in demselben herrschte.
Bei solcher Gelegenheit tauchte einmal plötzlich ein junger Mann auf, trat an unsere Gesellschaft heran, stellte sich als ein Herr Lukas vor und bat in den Kreis eingeführt zu werden. Nachdem er sich mit einigen der Herren unterhalten, wurde ihm ein Platz eingeräumt und in etwas fremd akzentuiertem Deutsch mischte er sich gewandt in die Unterhaltung. Bald hatte er die Aufmerksamkeit unserer Damen vollkommen in Anspruch genommen, deren anfängliche Befangenheit er durch kulantes Wesen bald zu beseitigen wußte. Von den Herren aber blickte mancher jaloux *(eifersüchtig)* zu ihm hinüber und freute sich wohl, als die Kollation aufgehoben wurde.
Fast immer wurde nach dem Kaffee im großen Speisesaal getanzt. Eine unschuldige Bowle belebte die Geister und bewegte das Blut, während Strauß und Lamers so anregende und gleichzeitig oft so wehmütige Melodien unaufhaltsam mit sich fortrissen. Damals hatten jene Tanzkomponisten ihren Eroberungszug über die Erde erst begonnen und Walzer, Hofballtänze und ähnliche Weisen entzückten immer aus Neue die tanzlustige Menge. Spät, oft erst bei Mondlicht, kehrten wir zurück, mancher gewiß mit dem stillen Bedauern, daß so glückliche Tage so rasch vorübergehen.
Mein ganzes Wesen war unter solchem Einfluß ein anderes geworden. Ich wurde freier und gerechter gegen das Leben im Allgemeinen, betrachtete mich nicht mehr als ein besonders Benachteiligter. Leider war ich zu jener Zeit oft

recht leidend, ohne daß ich eben krank gewesen wäre. Heftige Kongestionen zur Brust und zum Nacken nötigten mich endlich Dr. Hartung zu Rate zu ziehen. Blutegel und Schröpfköpfe auf Brust und Rücken wurden ohne Erfolg angewandt und ich endlich dahin vertröstet, daß die Natur schon selbst diese falschen Blutströmungen regeln werde. Und sie regelte sie auch, doch es ward mir sehr schwer, solchen Zustand in Geduld zu ertragen. Bei kleinen Tanzvergnügen mußte ich als Zuschauer zur Seite stehen, weil der Tanz mein Leiden bedeutend vermehrte und die Neckereien einerseits und die Vorwürfe von solchen anhören, die sich in das Peinliche meiner Lage nicht hineindenken konnten. Zumal meine Schwestern nahmen meine Unbereitwilligkeit zu manchen Vergnügungen oft für Mißlaune und manchen kleinen Kampf hatte ich darum auszufechten.

Wintervergnügen

In den Wintermonaten wurde natürlich auf andere Unterhaltung Bedacht genommen. Eispartien und kleine regelmäßige Bälle wurden entriert, um Unterbrechung in den langweiligen Teil des Jahres zu bringen. Die Bälle fanden fast immer im Saal des „Stadt Lübeck“ statt. Der alte Winter war damals noch ein rüstiger Mann, der mit seltener Aufmerksamkeit allen Ansprüchen seiner Gäste genügte, ihren Wünschen oft zuvorkam. Die stattliche Gestalt mit dem schneeweißen Haar, den buschigen Augenbrauen, unter denen das lebhafte Auge fast mißtrauisch forschend hervorsah, war eine recht interessante Erscheinung. Ebenso Frau Winter, eine kleine lebhafte freundliche Dame, die mit seltener Kraft und Gewandtheit im Getriebe der Wirtschaft wirkte und deren Tisch einen meilenweit reichenden Ruf hatte.

Waren auch jene Bälle ursprünglich von einer geschlossenen Gesellschaft veranstaltet, so wurde doch auf eine Beteiligung außer derselben gerechnet und fremde Gäste überstiegen oft weit die vorausgesetzte Zahl. Leider war die Musik, Füllgraff mit seiner Bande, recht kläglich. Von den neuen Tänzen, die man schon überall hörte und forderte, drang nichts bis zu ihm. Wir tanzten nach den Weisen, wonach schon unsere Großeltern getanzt hatten. Nicht immer verliefen solche Vergnügungen in dem erwünschten friedlichen Gleise. Nur zu oft entstanden ernste Streitereien und fast regelmäßig unter denselben Personen. Daniel Burmester, der stets etwas mehr trank als er vertragen konnte, ebenso Wilhelm Biehl, waren jederzeit bereit, auf den Kampfplatz zu treten und der ruhig Zuschauende begriff nicht, wie man um so nichtssagende Dinge streiten konnte. Nur vereinzelt nahmen solche Streitereien größere Dimensionen an, wie in dem Falle, wo das ganze Sekretariat von Reinbek, zu dem damals Männer zählten, deren Namen später einen guten Klang hatten, [...] Kollmann, Streckenbach, die Treppe hinaus befördert wurde. Es waren eben lauter jugendliche Kämpfer, denen in der aufgeregten Stimmung ein falsch zu deutendes Wort genügte, um sich in ihrem Recht oder ihrer Ehre gekränkt zu fühlen. Ich kann nicht sagen, daß ich für die jungen Mädchen unseres Kreises eine Inklination *(Neigung)* empfunden hätte. Wohl gefiel mir Elise Kampsch wegen ihrer reizenden Erscheinung, aber angezogen fühlte ich mich nicht von ihr. Ihr Verstand war beschränkt und ihr Geschmack nur gleichgültigen Dingen zugewandt. Am liebsten war mir Bertha Lindenberg, meine frühere Mitschülerin, die ich auch fast regelmäßig bei unseren kleinen Festen zu Tisch führte. Sie war ein liebes gutes Mädchen, nicht schön, aber von angenehmen Zügen, auch einem inhaltlichen Gespräch zugänglich. Sie ist später an einen Kaufmann in St. Thomas verheiratet und dort am gelben Fieber gestorben. Auch Bertha Blaun, die Schwester des Organisten Blaun in Altona, die Erzieherin der jüngeren Töchter der Familie Lindenberg, hatte manches Interessante. Doch war sie ein zu eitles affektiertes Mädchen, als daß sie einen tieferen Eindruck hätte machen können. Manche reizende Erscheinung tauchte in dem kleinen Kreise auf, ohne je wiederzukehren. So die Fräulein Matern und Tavernier, kleine lebhafte Französinnen, deren leichtes, fast flatterndes Wesen noch durch den Reiz des Fremden, Ungewöhnlichen, erhöht wurde und die, zum Verdruß der übrigen Damen, sehr begehrt waren. „The school of scandal" war dann gewöhnlich der Epilog, der solchem Gastspiel folgte.

Gesangverein und Liedertafel

Die geistigen Genüsse beschränkten sich zu jener Zeit fast nur auf musikalische Unterhaltung, mal scharte man sich um Frau von Holten, die einen Gesangverein ins Leben gerufen hatte, dessen Seele sie, dessen Leiter aber der Kandidat Koch, ein Lehrer im von Bülowschen Institut war. Sie wohnte damals auf dem Kupferhof, wo auch die Übungen an bestimmten Abenden stattfanden. Es war eine gut gewählte Gesellschaft, der intelligentere Teil des Publikums dort vertreten. Rektor Ritter, Dr. v. Bülow, Herr Dr. Biehl, Frusthofer und Frau, die Fräulein Lindenberg, Amanda Hoppe, Kummer, Fräulein Blaun, Kandidat Visbeck, Behrens, Kantor Magnus, Fräulein Magnus und andere, deren Namen mir entfallen sind, gehörten zu dem Kreise. Der Direktor Kandidat Koch war ein eminent musikalisches Talent, sonst aber ziemlich ungenießbar. Eine grobe, ungeschlachtene Persönlichkeit, mit einem unproportionalen Kopf, dessen Stirn, kugelig ausgebaucht, schon auf eine besondere Anlage schließen ließ. Herrisch und launig dominierte er in peinlichster Weise in dem kleinen Kreis und nur dem geschmeidigen und integranten Wesen der Frau von Holten war es zuzuschreiben, wenn nicht fortwährend Reibungen mit den einzelnen Mitgliedern stattfanden. Hier habe ich viel musikalisch Schönes kennengelernt, eine große Reihe reizvoller Lieder für gemischten Chor, die Schöpfung von Hayden, die Jahreszeiten, Stellen aus Haydenschen und Händelschen Oratorien, die Musik zum Faust von Radziwill, das unterbrochene Opferfest von Winter und vieles andere. Zuweilen fand eine größere Aufführung statt, entweder in einem öffentlichen Lokal oder in Privathäusern, häufig waren Lindenbergs die Wirte. Zu solcher Gelegenheit kamen dann auch hamburger Sänger und Sängerinnen als Gäste, so die Fräulein Bachmann und Köster, die Herren Barth und Harten.
Später trat ich auch in die Liedertafel, einem durch den Rektor Ritter, Kummer, den Kantor Magnus und von Holten gegründetem Verein. Dirigent war anfänglich Ritter, später auch hier Kandidat Koch. Leider lag der autokratische Geist

des Dirigenten wie ein Druck auf dem geselligen Element. Es war für jemand, der selbst denkend war, einfach nicht zu ertragen, und es ward Grund für mich, aus dem Verein auszutreten. Ich bedaure dieses selbst, aber es gab keine Vermittlung bei dem starren Charakter des Dirigenten. Ich war selbst, infolge von Beleidigungen, zu einem gerichtlichen Verfahren genötigt, das mir wohl zu meinem vollen Recht verhalf, aber doch großen Verdruß verursachte.

Weihnachten und Silvester bei den Großeltern Wübbe

Im letzten Winter vor dem Tode meines Großvaters Wübbe *(1837/38)* kehrte ich noch auf einige Tage in den Kreis zurück, in welchem ich als Kind so oft und lange gelebt hatte. Zum letzten Mal sah ich alle die Stätten, die ich als Knabe so lieb gewonnen, die in meinem kindlichen Gemüt eine so große Bedeutung gehabt hatten. Alles war noch wie einst und es waren doch so viele Jahre seitdem verflossen.
Die Winterwohnung meiner Großeltern Wübbe lag an dem 2. Vorsetzen, dem Kiez, der sich an dem Hafen der Torfewer und sonstigen kleineren Fahrzeuge hinzieht. Es war ein großes Haus, dessen Parterre vornehmlich dem Geschäft diente. Im 1. Stock lag das Wohnzimmer und Schlafräume für die Onkel Adolph und Christian. Im 2. Stock Schlafzimmer meines Großvaters und ein großer Speisesaal, der sich über das ganze Haus, der Breite nach, hinzog. Im 3. Stock endlich war das Schlafzimmer meiner Großmutter und andere Zimmer für Fremdenbesuch. [...]
Am ersten Weihnachtstage war stets große Familientafel, zu der alle Verwandten, selbst entferntere, eingeladen wurden. Im kleinen Entré-Zimmer, unten am Flur, mit dem weichen Teppich, erfüllt vom Duft der Hyazinthen und Maiglöckchen, die meine Großmutter so sehr liebte, saßen wir Kinder und sahen hinaus auf die Straße, wo die Wagen vorfuhren, in denen die Gäste saßen. Es waren recht wunderliche Gestalten, darunter Großpapa und Großmama Schmidt die Eltern von Tante Gretchen. Ein starkes Paar, in dessen Zügen sich Wohlleben und Wohlwollen aussprach. Sie hatten immer freundliche Worte und Bonbons für uns bereit. Sie hatten während der französischen Zeit, wo das Leben wenig und das Geld noch weniger galt, den Apollo-Saal besessen und die Gelegenheit zu nutzen verstanden. Es war eine wilde Zeit, das Geld flog von Hand zu Hand, Genuß war die Parole des Tages, denn keiner wußte, ob er den Morgen des nächsten Tages noch sehen würde. Die Löhnung, welche die Offiziere erhielten, war oft in einer Nacht verjubelt. Der Apollo-Saal war das feinste und besuchteste Lokal zu jener Zeit und die Besitzer scheuten keine Kosten, um den Ansprüchen eines im schnellsten Tempo lebenden Publikums zu entsprechen. Die ersten Künstler traten dort auf: Bernhard und Andreas Ramberg und andere und die Halbwelt feierte ihre ephemeren *(vergänglichen)* Triumphe. Das war die Zeit, in der Großpapa Schmidt sein Geld verdient hatte. Zu vollkommenem Gegensatz zu diesem standen meine Großeltern Stoffert, kleine zierliche Menschen, die Großmutter etwas kontrakt in der einen Hüfte, aber noch in ihrem Alter eine schmucke Frau, deren lebhaftes Auge von einem noch regen Geist zeugte. Sie war die Tochter des französischen Arztes

Gourbandt in Libau und hatte mit 17 Jahren meinen Großvater geheiratet, der bereits über 40 Jahre alt war. Von gleicher Zierlichkeit war mein Großvater. Er trug sich noch sehr nach altem Schnitt: gepudertes Haar und einen kurzen Zopf. Er war ein Mann von feinen Manieren und großer Gewandtheit, hatte ein scharf geschnittenes Gesicht, mit stark orientalischem Gepräge, und im Gespräch eine lebhafte Mimik. Er war sehr heiteren Geistes, ich habe ihn kaum verstimmt gesehen, jedes Gewölk verzog sich bald, und die Sonne unverwüstlichen Humors trat sofort wieder glänzend hervor. Er war in Polen geboren, doch habe ich über seine Abstammung nie Genaues erfahren können. Man behauptete, daß er hohe Protektion gehabt habe, die ihm sein Fortkommen sehr erleichtert hat. Beim Herzog Biron von Kurland war er Hoflieferant gewesen, mußte aber, durch seinen Schwager Friedrich bei Invasion der Russen kompromittiert, ins Ausland flüchten und die Hälfte seines Vermögens im Stich lassen. [...]

Mein Großpapa Stoffert war zumal ein Hauptträger der gemütlichen Stimmung. Unerschöpflich an heiteren Anekdoten und Schnurren sowie komischen Episoden aus seinem langen ereignisreichen Leben, wußte er seine Tischnachbarn bald ganz gefangen zu nehmen und wie ein kräftiges Ferment wirkte sein Humor oft weit über den Kreis der ihm zunächst Sitzenden hinaus. Selbst mein Großpapa Wübbe, der sonst immer ernste Mann, mußte oft, vielleicht wider seinen Willen, in das allgemeine Gelächter herzhaft miteinstimmen. Dabei wußte er so galant zu sein, daß der weibliche Teil der Gesellschaft jedes Mal von ihm entzückt war. [...]

Bevor ich die bezüglichen Schilderungen schließe, möchte ich noch einiger Momente gedenken, die, als bezeichnend für die Sitten der damaligen Zeit wohl nicht vereinzelt dastehen, der Feier des Weihnachtsabends und des Altjahrabends. Am Weihnachtsabend versammelten meine Großeltern Wübbe ihre Kinder und Enkel um sich und die Bescherung fand in ihrem Hause statt. Zwar war damals die Sitte einen Tannenbaum zu schmücken, nur noch wenig vertreten und der Umstand, daß durch den Weihnachtsbaum ein großer Brand einst in Hamburg entstand, war Grund, daß mein Großvater von diesem Teil der Weihnachtsfreude Abstand nahm. Aber einen großen Weihnachtstisch baute er seinen Enkeln, auf dem neben unzähligen Geschenken für jedes Kind 6 Dukaten lagen. Bevor aber zur Bescherung geschritten wurde, mußte jedes Kind, wie es damals üblich war, seinen Weihnachtswunsch hersagen oder ein entsprechendes schriftliches Produkt in die Hände der Großmutter legen. Dieses geschah aber mit Zittern und Zagen, da überdies mein Onkel Adolph den Knecht Ruprecht spielte und dieses mit solcher drohenden Wahrheit, daß darüber mancher Weihnachtswunsch ins Stocken geriet. Die Angst vor der scheußlichen Gestalt und der geschwungenen Rute raubte alle Andacht und verwirrte das Gedächtnis. Es kam selbst einmal vor, daß mein Cousin Heinrich Wübbe in Angst und Aufregung die Hose vollmachte. Diese drastische Wirkung seiner gespielten Rolle machte dem Erscheinen des Knecht Ruprecht für die Zukunft ein Ende. Der Bescherung folgte dann ein Karpfenschmaus, an dem aber nur die älteren Enkel teilnehmen durften.

Eine zweite Feier bildete die letzte Stunde des alten Jahres. Die Familie war nur im engeren Kreis beisammen. Man hatte den Abend beim Grabügespiel zugebracht. Um 10 Uhr am Abend wurde gegessen. Meine Großmutter hatte schon am Tage vorher von frischen Orangen eine mächtige Bowle „Bischof" gebraut. Ein feststehendes Gericht für diesen Abend waren Karpfen, denen aber dann noch Apfelkuchen folgten. Gegen Schluß des Jahres richteten sich aller Blicke nach der Uhr, wo der Zeiger der 12 immer näher rückte. Dieses genügte aber noch nicht zur genaueren Bestimmung. Einer der Onkel stand hinten am geöffneten Fenster, von wo aus man das Schlagen der Uhr am Michaelis-Turm hören konnte und stürzte beim ersten Schlag herein. Nun ergriffen alle die schon vorher gefüllten Gläser und Küsse und Glückwünsche flogen von Mund zu Mund. Inzwischen aber waren schon zwei Nachtwächter in ihrer düsteren Kleidung eingetreten „de Röper in de Sliker", wie sie im Plattdeutschen heißen, schnurrten mit der Rüttel, daß es durch den Saal dröhnte, und riefen die Stunde an, fügten auch ihre Gratulation in gereimter und ungereimter Weise hinzu. So wünschte einmal ein Sliker der Gesellschaft eine fröhliche Traurigkeit durch das ganze Jahr. Dann bekamen sie eine Silbermünze und jeder ein großes Glas „Bischof". So endete die Feier, die mich in den ersten Jahren sehr aufregte und mir auch zuweilen einen leichten Rausch brachte, von dem natürlich, außer mir, niemand etwas merken durfte. [...]

Wie alles schließlich im Strom der Zeit versinkt, so ist auch der gesamte Kreis oben geschilderter Menschen lange untergegangen. Kein Teilnehmer jener gemütlichen Feste ist mehr vorhanden, und ich selber stehe in einem Alter, das nur wenige von ihnen erreicht haben. Auf einige meiner Verwandten werde ich im Verlaufe dieser Blätter gelegentlich zurückkommen, so auf meine Großeltern Stoffert, die alljährlich auf kurze Zeit meine Mutter in Bergedorf besuchten.

Streifzüge durch die Elbmarsch und die Vierlande

Inzwischen hatte ich nicht unterlassen meine Streifereien in der Umgebung Bergedorfs eifrig fortzusetzen. Von den Dörfern der Geest wandte ich mich nun den Gegenden der Marsch, die völlig verschiedenen Charakters, doch gleich interessant sind.

Schon in nächster Nähe Bergedorfs beginnt die Landschaft Curslack, zu der schon ein Teil des Brack-Deiches gehört. Wenn ich nicht über längere Zeit zu verfügen hatte, ging ich gern hier hinaus, zumal nachdem ich durch meine Apothekerfreunde näher mit der Botanik bekannt geworden war, von der sie selbst leider sehr wenig wußten. Hier in dem üppigen Marschboden, von zahllosen Gräben, die die Feldmark durchziehen, fand ich immer ein reiches Feld für meine Studien, das mir erst recht fruchtbringend wurde, als ich mit dem Dr. Classen bekannt geworden war, der, ein gründlich geschulter Botaniker, mich erst auf die rechten Wege führte, indem er mich auf die Systemkunde hinwies und mir in meinem Streben nach bestem Können behilflich war. Ganz bepackt kam ich oft zurück und war dann unglücklich, wenn das Geschäft nicht gestattete, daß ich die gesammelten Schätze regelrecht unterbringen konnte.

Bei der Hölzernen Klinke zweigt die Lauenburger Landstraße zum Heerwege ab, der bis zum Zollenspieker führt. Wie schon der Name sagt, ist es die große Etagenstraße, die die Heere einzuschlagen pflegen. Tillys Krieger sind einst diese Straße gegangen als sie nach der Schlacht bei Lutter am Barenberge *(27.8.1626)* in Holstein eindrangen.

Die Höhenkette, die sich gegen Norden hinzieht, war einst das Ufer der Elbe vor der Eindeichung der Marschen. Sie bildet häufig einen reizenden Hintergrund, auf dem die Gärten und Felder der Vierlande sich abheben. Zwei Wege führen in die Landschaft Curslack und damit zugleich in die Vierlande überhaupt, der oben genannte Heerweg und der westlich gelegene neue Deich. Der letztere ist eine ziemlich langweilige Straße, nur bietet er hübsche Fernsichten und zu beiden Seiten liegen üppige Viehweiden und weite Getreidefelder.

Hin und wieder trifft man auf ein Brack, Stellen, wo einst ein Deichbruch stattgefunden hat. Die Gewalt des Wassers hat dort einen so tiefen Einschnitt gemacht, daß ein kleines teichartiges Gewässer entstanden ist. Solche Bracks findet man überall in den Vierlanden, ein Beweis, wie häufig solche Deichbrüche stattgefunden haben. Eine reiche Vegetation hat sich an und in ihnen entwickelt: Nymphaea *(Seerosen)*, Thypha *(Rohrkolben)*, Hottonia *(Wasserfeder)*, Menyanthes *(Bitterklee)*, verschiedene Ranunkeln und sonstige Wasserpflanzen sind dort reich vertreten und in dem Weidengestrüpp, das sie häufig umgibt, nistet eine Schar kleiner Vögel, die an dem unzugänglichen Ort eine sichere Wohnstätte gefunden. Eine große Sorge und schwere Last bildet für die betreffenden Landschaften die Erhaltung der Deiche. Alljährlich findet eine sogenannte Deichschau statt, wo eine große Kavalkade *(prachtvoller Reiteraufzug)* aus den Vögten und Höftleuten eine Revision und Umschau durch das ganze Land vornimmt.

Schon an der Curslacker Schleuse, am Ende des neuen Deiches, tritt uns das Fremdartige der Landschaft entgegen. Die hohen Deiche, zum Teil mit Eschen bepflanzt, die kleinen und großen Wohn- und Wirtschaftsgebäude, von denen die Mehrzahl noch mit Stroh gedeckt ist, die oft recht ausgedehnten Frucht- und Gemüsegärten, sämtlich von Gräben durchzogen, um bei hohen Fluten, wenn alles Land überschwemmt ist, dem Wasser Abzug zu gestatten. Überall Spuren des sorgsamsten Fleißes, zu jeder Jahreszeit mit Feld- und Gartenarbeit beschäftigte Menschen.

Am Brookdeich in Curslack

Curslack, von Neuengamme aus gesehen

Der ganze weite Strich des Marschbodens bis zum Ufer der Elbe, in der Breite einer Meile und der Länge von fast drei Meilen, ist im Laufe der Jahrhunderte durch Eindeichung dem Strom abgerungen worden. Die durch die verschiedenen Landschaften sich hinziehenden Deiche geben von den Anstrengungen Kunde, unter denen die Erwerbung des Landes vor sich ging. Es gibt keine lieblicheren Landschaftsbilder, wie die Vierlande sie in Fülle bieten. Kleine freundliche Häuser, oft in den lebhaftesten Farben, inmitten wohlgepflegter Gärten oder Obstplantagen. In einzelnen Gemeinden findet man auch vorwiegend Blumenzucht und die Kultur von Arzneipflanzen, hier und da auch weite Rosenfelder zur Gewinnung von Rosenblättern, die an der Sonne getrocknet und in Blechflaschen verschlossen, massenhaft nach Rußland exportiert werden. Arme der Elbe durchziehen die verschiedenen Teile der Vierlande und vermitteln den Verkehr. Zumal sind es die Fruchtschiffe, durch die die kleinen Gewässer sehr belebt werden. Überall sieht man kleine Bollwerke zum Landen hergerichtet. Wenn das Signalhorn des Schiffes ertönt, sieht man die Leute emsig die Fruchtkörbe ans Ufer tragen, damit sie an den Landungsstellen von dem Ewer mitgenommen werden. Hier stehen oft schon ganze Pyramiden von Körben zum Beladen bereit. Die ganze Fruchtmenge geht auf den Markt von Hamburg und Altona und bildet die Hauptintrade der verschiedenen Landschaften. Die Summe des Geldes, das jährlich für Erdbeeren, Kirschen, Rosen, Nelken und Anderes erzielt wird, übersteigt das Maß der gewöhnlichen

Bodenerträge um ein Vielfaches. So sagt man, daß allein für Erdbeeren jährlich 60.000 Mark gewonnen werden. Man soll in neuerer Zeit selbst den Versuch gemacht haben direkt, ohne wie bis da, durch Vermittlung der Hamburger Kaufmannschaft, in Verbindung mit Rußland und England zu treten, doch haben sich solche Unternehmungen als nicht gewinnbringend und zu gewagt herausgestellt. Der ganze Landstrich trägt einen ausgeprägt holländischen Charakter. Die Deiche, die Häuser, die Menschen und ihre Gewohnheiten, ihre Kleidung und Sprache, alles hat holländischen Anstrich.

Straße in Neuengamme

Verfolgt man, von Bergedorf kommend, den Neuen Deich, so gelangt man zuerst in die Landschaft Curslack, die sich an einem Elbarm östlich hinaufzieht. Breite Ackerflächen, die bis an die Bergedorfer Feldmark reichen, bedingen vorwiegend Getreidebau und der schwere Marschboden erzeugt wertvollen Weizen. Den anderen Teil Curslacks begrenzt die Horst, ein zur Landschaft Altengamme gehörender Landstrich, vielleicht der wenigst begüterte, er grenzt an das Fuchsmoor und zieht sich bis zum Ufer der Elbe hinauf.
Curslack gegenüber, am selben Arm der Elbe, liegt Neuengamme, die am meisten städtische Ortschaft der Vierlande. Hier findet sich schon eine ziemlich geschlossene Häuserreihe, die auf den Namen Straße Anspruch erheben darf. Auch weicht schon manches der neueren Gebäude bedeutend von dem bisher üblichen Landstil ab und es wird nicht allzu lange währen, so verschwinden die alten, der Landschaft sich so malerisch und gemütlich anpassenden Häuser ganz. Es berührt uns wohl schmerzlich, wenn wir uns lieb gewordenes verschwinden sehen. Wir dürfen jedoch nicht vergessen, wie mangelhaft jene Wohnungen in vieler Beziehung sind. Ohne Schornstein mit niedrigen Wohn- und Schlafräumen, so niedrig, daß man den Arm nicht völlig auszustrecken braucht, um die Decke zu berühren, und Betten, die nie richtig gelüftet wer-

Curslack, an der Böge

den, weil sie, in die Wand eingefügt, keine Lüftung zulassen. Dabei liegen die Häuser teils so niedrig hinter dem Deich, daß sie bei hoher Flut vom Wasser erreicht werden, daß wenigstens der Boden rings umher gänzlich durchgetränkt wird.

Jede Landschaft hat ihre Kirche. Der Glockenturm steht stets neben derselben und ist ein einfacher Holzbau. Die Kirchhöfe, gleichzeitig Begräbnisstätten, werden sorgfältig gepflegt und die Gräber reich mit Blumen geschmückt.

Infolge meiner geschäftlichen Stellung hatte ich viele Bekannte unter den Landleuten. In Curslack kannte ich überdies noch den Pastor Minder, der, von seiner Gemeinde geliebt, während der langen Zeit seiner Amtsführung eine segensreiche Wirksamkeit entfaltete. Weniger glücklich waren die Landschaften Neuengamme und Altengamme, die in langjährigem Streit mit ihren orthodoxen Predigern endlich nur gegen eine Jahresrente von ihnen befreit wurden.

Der Vierländer wird von solchen, die ihm nicht näher traten, gewöhnlich falsch beurteilt. Er ist anfänglich zurückhaltend und mißtrauisch, sieht gern in dem ihm Entgegenkommenden eine selbstsüchtige Absicht, hat man aber erst sein Vertrauen gewonnen, so läßt sich sehr wohl mit ihm umgehen. Man findet manche gute Seite in seinem Charakter und kann nicht mehr so unbedingt der Behauptung zustimmen, die ihn unzuverlässig und betrügerisch nennt.

Ein scharfer Verstand, ein ausgesprochener Trieb zu kritischen Erörterungen, hinneigend zu freier Anschauung, bei möglicher Schonung des Althergebrachten. Fleiß, so bald sich derselbe lohnend erweist, treues Zusammenstehen, wo das Nationale in Frage kommt, das sind Eigenschaften, die das Volk der Vierlande charakterisieren. Ich habe von manchem die Beurteilung einer Predigt gehört, wo mir die Kritik inhaltsreicher als die Predigt erschien. Ich habe junge Männer gekannt, die aus Liebhaberei Mathematik und ähnliche Wissenschaften betrieben. Freilich hat die stete Berührung mit der großstädtischen Bevölkerung manche Eigenschaften nicht zu Gunsten des Volkes ausgebildet. Wirkungen, die wohl immer da auftreten, wo eine Landbevölkerung in geschäftlicher Beziehung zu einer Großstadt steht.

Neuengamme, Anlegestelle

Speziell in Neuengamme, wo ich die Familie Harden kannte, war es mir möglich die intimen Verhältnisse der Lebensweise kennenzulernen. Herr Harden war Tischler, neben seinem Handwerk, das durch drei Söhne betrieben wurde, machte er ‚Geldgeschäfte' wie er sich auszudrücken pflegte. Das heißt, er verlieh von dem Erübrigten, gegen hohen Zins, oder vermittelte solche Geschäfte zwischen anderen gegen hohe Provision. Er rühmt sich dieses nicht sehr löblichen Tuns mit selbstzufriedenem Lächeln und der Miene bewußter Überlegenheit, denn das Geschäft verlangte Schlauheit und ein weites Gewissen. Die Frau, ein schmuckes Weib, das den holländischen Typ in ihren runden glatten Formen auffällig zur Schau trug, ebenso die Tochter Barbara, waren etwas Seltenes in den Vierlanden, auch an den Markttagen stets sauber und ordentlich gekleidet. Wie er mit seinen geschäftlichen Erfolgen, liebten die Frauen es, vor dem Besuch den ganzen Reichtum ihrer Geschirre und Kleider auszukramen. Und es war wirklich interessant, die so oft überreichlich bestickten Gewänder zu sehen, die nicht nur durch den Wert der Stoffe, sondern auch durch die, auf ihre Anfertigung verwandte Arbeit, kostbar waren. Seide, Gold, Silber sind bei den Festtagskleidern verschwenderisch angewandt, oft selbst mit großer Kunstfertigkeit. Die Haltbarkeit derselben ist so groß, daß sie oft noch vom Enkel getragen werden. Alles wird durch Stickerei geschmückt, selbst im Hemde prangt der Name mit schwarzer Seide und reichem Ornament. Daß dabei auch ein derber Humor zuweilen sein Recht forderte bewies die Inschrift: „Der Wind weht, wohin er will." neben zwei Posaunenbläsern, an einer intimen Stelle des Hemdes. In gleicher Weise ist die Bettwäsche gestickt und monogrammiert. Alles liegt wohlgeordnet in den oft hunderte Jahre alten, schön und plastisch modellierten und mit reicher Marquèterie-Arbeit geschmückten Schränken. Manche kostbare Möbel birgt der Landstrich der Vierlande, wenn auch die schönsten Sachen längst, durch schlaue Unterhändler erworben, ins Ausland gewandert sind. Die Familie Harden war wohlsituiert. Man erkannte dieses, auch ohne daß sie selbst darauf aufmerksam gemacht

hätte, in der besseren Einrichtung und Lebensweise, die schon einen reicheren Zuschnitt verriet. Ich sagte mir oft in dem sauber freundlichen Haus, in das die Nachmittagssonne so goldig hineinsah, mit seinem schönen Blumen- und Fruchtgarten, hier müsse sich gut leben, hier würde ich bei geeigneter Beschäftigung ganz glücklich sein können.
Daß nicht alle Hausstände ein so anziehendes Bild bieten, muß natürlich zugestanden werden, selbst wo nicht Dürftigkeit die Ursache ist. Die Einrichtung, wie die Kleider beider Geschlechter, erfordern, ihrer Beschaffenheit gemäß, erhöhte Sorgfalt und Reinlichkeit. Zumal die Frauenkleidung, die wegen der schweren dichten Stoffe, aus denen sie gefertigt wird, recht nachteilig auf die Gesundheit wirken mag, gestattet nicht die nötige Durchlüftung. Zahllose übereinander getragene Röcke, ein wattiertes Leibchen, eine gleiche Haube, bilden einen fast luftdichten Verschluß größerer Körperflächen. Dabei sind Waschungen in genügender Ausdehnung, wie sie die Zivilisation bedingungslos fordert, unbekannt.

Neuengamme

Durch häufige Besuche in verschiedenen Familien war ich mit der Lebensweise derselben ganz vertraut geworden. Ich kannte ihre Feste und Vergnügen, hatte an ihren Hochzeiten teilgenommen, sie auf ihrem letzten Weg begleitet. So nur gewinnt man ein genügend geschlossenes Bild und erwirbt sich ein richtiges Urteil über oft befremdend erscheinende Zustände. Trotz dem steten Eindringen fremder Elemente, ist das Nationale immer noch stark genug, um ein anziehendes, originales Bild zu zeigen.
Wenn bei Hochzeiten alle im Festschmuck erscheinen, die Braut mit der fußhohen, aus künstlichen Blumen und Metallflittern hergestellten Krone, die Brautjungfern ebenfalls in höchstem Staat, der Bräutigam mit dem großen Blumenstrauß am Kleide, alle jungen Männer auch mit künstlichen Blumen

geziert. Wenn alle dann die echt landesüblichen Wagen, deren Rückplatte mit goldenen Engeln verziert, besteigen und der Zug sich jubelnd in Bewegung setzt, um sich zur Trauung in die Kirche zu begeben, da freut man sich doch eines so buntfarbigen, originellen Bildes und bedauert gleichzeitig, daß dasselbe im Laufe der Jahre mehr und mehr verblassen wird.
Ich hatte wiederholt Gelegenheit, solchen Festlichkeiten beizuwohnen, die der Gast verpflichtet ist, bis zum Schluß durchzukosten, wenn er den Wirt nicht beleidigen will. Bald nachdem der Zug von der Kirche zurückgekehrt, ordnet man sich für das Festmahl. In langen Reihen ziehen sich die Tische durch die ganze Wohnung. Eine kräftige Suppe, in der ein Huhn schwimmt, bildet den ersten Gang, dann folgt Rindfleisch mit Meerrettichsoße und Korinthen, dabei Kloß mit Rosinen, Backpflaumen oder Backbirnen, und endlich eine Art Auflauf, zuweilen folgt auch auf das Rindfleisch noch Gänse- oder Entenbraten mit Sauerkohl. Beim Kaffee findet eine wahre Überschwemmung mit Kuchen statt, wovon aber auch Unglaubliches vertilgt wird. Bald nach dem Kaffee beginnt der Tanz, dem sich alle mit voller Hingabe widmen. In ihm gipfelt die Festlichkeit, denn während des Tanzes nimmt man der Braut nicht nur die Krone, sondern man schneidet ihr auch die Zöpfe ab, die bis da das Zeichen ihrer Jungfrauschaft gewesen. Ich habe einmal bei diesem Akt eine Braut bitter weinen sehen, ob um die Jungfrauschaft oder die Zöpfe, vermag ich nicht zu sagen. Früher durfte die junge Frau das Haar nicht wieder wachsen lassen. Jetzt ist man von diesem Brauch abgewichen. Ich habe wiederholt junge Frauen gesehen, die das Haar eingeflochten unter der Haube trugen, aber als Zöpfe, mit dem daran hängenden Bande, dürfen sie es nicht tragen.
Erst, wenn man näher bekannt geworden mit den Sitten und Eigentümlichkeiten eines nationalen Lebens, begreift man manches, was einem anfänglich fremd und bedeutungslos erschien. Man sieht, wie inniglich so manches Formale mit dem Gemütsleben des Volkes verwachsen ist. Erst dann tritt das Symbolische so mancher Gebräuche klarer hervor. Das weinende Mädchen belehrte mich, daß es sich hier um ein tief ethisches Moment handelte, da es sein Liebstes, einen werten Teil seines Selbst, auf dem Altar der Ehe zum Opfer bringe, und ich begriff die Tränen und den Ernst der Handlung, den ich bis da nicht darin gesucht hatte. In neuerer Zeit legte mancher die kostbare Landestracht ab und nahm städtische Kleidung an. Die alten reichgeschnitzten und kunstvoll ausgelegten Möbel verschwanden an vielen Stellen, um neueren Formen Platz zu machen, die nicht immer in den verbliebenen Rest des Alten sich harmonisch einfügten. Dagegen muß nicht unberücksichtigt bleiben, daß verbesserte Schulen, die auf eine allgemeine und höhere Bildung hinarbeiten, solche Änderungen und Abweichungen von dem Althergebrachten rechtfertigen. Gesang-, Bürger- und Kriegervereine zeugen von dem Streben nach einer höheren geistigen Entwicklung, die nicht immer mit dem Festhalten an nationaler Eigenheit vereinbar ist. Der Fortschritt ist eben ein Weltgesetz, das, ähnlich der Meeresflut, keine Hemmnis kennt. Es werden nicht viele Jahre verfließen, bis alle die nationalen Eigentümlichkeiten verschwunden sind.
An Neuengamme grenzen im Süden Altengamme und Kirchwärder. Der größere Teil beider Landschaften zieht sich am Ufer der Elbe hin. Doch finden

sich auch manche Gehöfte an den, das Land durchziehenden Armen des Flusses.
Die Elbe bietet hier eine Kette der reizendsten Strom- und Uferlandschaften. Das weite, beschilfte Vorland, das sich in Folge der Windungen des Stromes, an manchen Stellen gebildet, die kleinen Inseln, die sich hier und da über den Wasserspiegel erheben, die Bollwerke und Anlegeplätze und endlich die Stockwerke zur Eindämmung desselben, die sich oft weit in ihn hineinschieben, sie alle sind geeignet, daß sich der Vordergrund von der dürftig verschwindenden Ferne kräftig abhebt.
Durch zahllose kleine Fahrzeuge ist der Fluß belebt, die den Verkehr zwischen

Elbe bei Altengamme

den beiden Ufern vermitteln, vornehmlich aber durch die großen oberländer Kähne mit den riesigen Segeln, die stromabwärts segeln oder von Schleppdampfern stromaufwärts gezogen werden. In der Bucht von Altengamme wird der Lachsfang viel betrieben und ich hatte mehrere Male Gelegenheit zu sehen, wie diese mächtigen Tiere, deren Länge oft 3 - 4 Fuß beträgt, im Schleppnetz gefangen werden. Man behauptet, daß seit Einführung der Dampfschifffahrt der Fang sehr abgenommen hat. Doch mögen auch wohl andere Ursachen mitwirkend sein. Als früher Brauer und Zuckerbäcker die bei ihrem Gewerbe entstehenden Abfälle in den Strom fließen ließen, weil man eine Verwendung derselben nicht kannte, wurden diese zur Lockspeise für die Fische, die sich in solcher Zahl einfanden und gefangen wurden, daß ein Gesetz ihre Verwendung regeln mußte.
Kirchwerder ist zumal durch den Zollenspieker bekannt geworden, wo früher der Elbzoll erhoben wurde und wo eine Fähre für Wagen sich befindet. Der Zollenspieker war eine herrschaftliche Pachtung. In meiner Jugend war Seedorf der Pächter, später mein Freund Kubelcke, der hier ein trauriges Ende fand.
Kirchwerder ist bedeutend durch Geflügelzucht. Hühner, Enten und Gänse werden hier in großer Zahl gemästet und auf den Markt in Hamburg gesandt.
In den letzten Jahren wurden regelmäßige Dampfschifffahrten zwischen

Zollenspieker

Hamburg und Zollenspieker eingerichtet, die in der besseren Jahreszeit sonntäglich viele Gäste dieser reizenden Örtlichkeit zuführen. Viele Stunden habe ich am Zollenspieker unter den mächtigen Linden gesessen und mich des herrlichen Strombildes erfreut. Man wird des reizenden Eindruckes nicht müde. Die weite, stets bewegt schimmernde Wasserfläche, der erfrischende Hauch, der von ihr herüberweht, das köstliche Spiel der Farbe in Luft und Strom, der reiche Klang aller vom Wasser herübertönenden Geräusche. Dies stimmt zu einem Gesamtbilde, das man immer mit Entzücken in sich aufnimmt. Zum Rückweg nach Bergedorf wählt man den Heerweg, dessen erster Teil Himmelsweg heißt, wohl weil er zur Kirche und zum Begräbnisplatz führt. Auf dem Kirchhof stand eine alte vielhundertjährige Eiche, die wie ich hörte, leider in neuester Zeit gefällt ist. Es ist damit wieder ein Zeuge aus früherer Zeit verschwunden. Wenn es so fort geht, wird man wohl nach hundert Jahren sich vergeblich nach solchen Merkmalen einer urkräftigen Vergangenheit umsehen. [...]

Will man den Heerweg nicht gehen, so führt auch ein Fußweg durch die Felder nach Neuengamme hinüber, doch ist er für den Unkundigen nicht ohne Gefahr, wegen der mit den Kühen weidenden Stiere. Zum Westen liegt Neuengamme an Reitbrook, Curslack und Allermöhe. Beide ziehen sich als einfache Reihe von Gehöften am Ufer des Elbwassers hin, der hier den Namen Dove Elbe führt. [...]

Fähre in Reitbrook

Nach und nach hatte sich das gesellige Leben für mich angenehmer gestaltet, ich machte neue Bekanntschaften, knüpfte andere, die die Verhältnisse zeitweilig unterbrechen, wieder an, so daß ich mich über das Zwingende in meiner Lage mehr und mehr beruhigte. Zumal hatte ich in Kubelcke einen Freund gewonnen, der mir nicht nur in seiner Persönlichkeit sehr sympathisch war, sein Haus war die Gemütlichkeit selbst, der Anziehungspunkt aller jungen Leute, selbst fremd Ankommende waren bemüht sich dort einführen zu lassen. Es bildete gleichsam den Sammelplatz, wohin man sich wandte, wenn man etwas Gemeinsames zu unternehmen beabsichtigte oder wohin man ging, um zu hören, was los sei, wobei man sich etwa beteiligen könne, seine disponible Zeit genußreich anbringen.

Das Bergedorfer Gesellschaftsleben

Ernst Kubelcke war aber auch der Mann, um Freund vieler zu sein. Er war ein ruhiger liebenswürdiger Charakter, gefällig und entgegenkommend, Feind allen Streites, stets aufgelegt, wenn es darum geht etwas zu unternehmen. Ein großer Damenfreund, aber dabei ein sittlicher guter Mensch, der gern einen Kuß von jugendlich frischer Lippe nahm, aber sicher nicht die Schranke des Erlaubten überschritten hätte. Er führte ein naturgemäßes Leben, Luft und kalte Waschung waren ihm Bedingung des Wohlseins. Er sah frisch und rosig aus, hatte einen kräftigen Körper und einen heiteren Sinn. In ihrer Art ebenso liebenswürdig und gewiß jedem sympathisch war seine Mutter Madame Kubelcke. Eine kleine runde, ebenfalls rosig frisch aussehende Frau mit noch anmutigen Zügen und so freundlich leuchtenden Augen, daß einem ihr gegenüber ganz wohl ward. Sie liebte ihren Sohn leidenschaftlich und war stets bemüht, ihn zufrieden zu stellen, obgleich seine Wünsche nicht immer in dem Geleise blieben, das eine ordnungsliebende Hausfrau als notwendig betrachtet. In solchem Fall nahm sie ihr kaninchengraues Umschlagtuch hervor und empfahl sich, das Reich ihrem Sohn überlassend.
Noch eine dritte Persönlichkeit gehörte zum Hauswesen, mit der wir Besucher oft zu machen hatten, die ebenso bereit und entgegenkommend war wie ihre Herrschaft, Kathrin, die langjährige Köchin der Frau Kubelcke. Sie war eine kleine dralle Person, stets sauber und ordentlich gekleidet, mit angenehmen, aber ernsten Zügen, über die erste Jugend hinaus. Sie war Köchin, Bote, Vertraute, Agent und noch vieles sonst in einer Person, ein unentbehrliches Requisit im Hause Kubelcke.
Brach der Sonntag an, so konnte man verschiedene junge Leute zu Kubelcke gehen sehen, entweder für den Nachmittag etwas zu bereden oder es galt nur, eine kleine Promenade für den Nachmittag mit befreundeten Damen zu machen oder endlich, es war schlechtes Wetter, dann ging man zum Billard und schließlich wieder zu Kubelcke, um dort den Abend in heiterem Kreise zu verplundern oder es fanden sich einige Whist-Partien.
Für gewöhnlich lebten wir recht müßig. Das Bier damaliger Zeit, sogenanntes Lagerbier, war ein jämmerliches Produkt, das nur von Arbeitern und im Haushalte genossen ward. Im Wirtshause oder wo sonst Bekannte zusammen-

kamen, trank man eine Flasche Wein, auch in kälterer Jahreszeit wohl ein Glas Grog. An besonderen Festtagen, wie Altjahr-Abend, Fastnacht oder Ostern, oder wenn jemand den Drang oder die Verpflichtung fühlte, seinen Geburtstag zu feiern, ward eine Bowle gebrauet und beim heiteren Rundgesang blieb man oft bis tief in die Nacht hinein beisammen.

Ich erinnere mich eines solchen Festes, zu dem eine besonders zahlreiche Gesellschaft sich eingefunden hatte. Da waren außer den Stammgästen noch Dr. Baumgarten, der Verlobte von Betty Radust, der später das Unglück hatte, bei einer Fahrt nach Hamburg seinen Trauring zu verlieren und dadurch seine Braut mitverlor. Anton Oelerich, ein Kraftmensch, der es liebte, in den Strudel des Mühlwassers zu springen, zwei Thomann aus Wittenburg, gleichfalls fesche Kerle. Ich selbst hatte meinen Freund Heinrich Radelfahr eingeführt.

Die Gesellschaft hatte sich bei der Bowle schon tüchtig erhitzt und mochte wohl das Bedürfnis empfinden die latente Wärme loszuwerden oder richtiger: in Kraft umzusetzen, kurz einer der Thomänner machte den Vorschlag einen Ringkampf zu entrieren. Der Vorschlag ward mit Jubel aufgenommen, nur warnte Dr. Classen vor Beulen und geschundenen Nasen. Diesen zu begegnen, stürmten einige hinaus, um vom Nachbarn Winter einige Garben Stroh zu holen. Diese wurden auf dem Fußboden ausgebreitet und wie die Gladiatoren betraten die Paare den Kampfplatz. Bald war das Lokal in einem furchtbaren Zustand, nicht weniger die Kämpfer. Zerrissene Westen und Halsbinden, Kratzwunden und geschundene Schienbeine zeigten sich überall als Preis des Sieges. Es war ein wildes Stimmengewirr. Jeder rühmte sich seiner Kraft und seiner Gewandtheit. Die Wärme hatte sich nicht nur in Kraft, sie hatte sich auch in frohen Jubel umgesetzt. Nur einer saß zusammengekauert in einer Ecke: mein Freund Heinrich Radelfahr. Er weinte bitterlich und brachte immer nur dieselbe Phrase heraus: „Es ist zu traurig!“ Alles Zureden war umsonst, der Inhalt der Bowle, der bei allen Heiterkeit und Übermut hervorgerufen, bewirkte bei ihm den Gegensatz, er kämpfte mit einem Weltschmerz, der sich in Tränen Luft schaffte.

Und dies alles ertrug die Frau Kubelcke mit rührender Duldung. Sie war zwar nicht sichtbar, wenn solche Orgien gefeiert wurden, aber sie hatte doch am anderen Tage das Schlachtfeld wieder abräumen und säubern zu lassen. Und auch Kathrin fügte sich still und ohne Murren in das Unvermeidliche.

In Dr. Classen, einem Jugendbekannten, der anfänglich Apotheker war, dann aber Medizin studierte und sich als Arzt in Sande niederließ, fand ich einen sehr angenehmen Gesellschafter. Er verkehrte ständig im Kubelckeschen Hause. Die Frau Kubelcke liebte ihn fast wie ihren Sohn. Er war mein treuer Genosse beim Botanisieren, brachte mir auch die Grundlage der Chemie in seiner urkomischen Weise bei, war ein heiterer Gesellschafter, der, unerschöpflich in allerlei Schnurren, Madame Kubelcke oft zu Tränen lachen machte. Er ward gern von der alten Dame zu Rate gezogen, denn er war im Besitz vieler brauchbarer Rezepte, verstand einen vortrefflichen Kartoffelsalat und einen fein pikanten Heringsalat zu bereiten, kochte Fruchtsäfte und war ihr behilflich, wo er konnte.

Ich hatte schon Gelegenheit der Madame Kubelcke als einer sehr unentschlos-

senen Natur zu gedenken und fand diese Eigenschaft wirklich in hohem Grade in ihr entwickelt. Ich war oft Zeuge urkomischer Unterhaltungen. Unvergeßlich aber wird mir der nachstehend geschilderte Vorgang sein. Nach langem Bedenken hatte sie sich endlich entschlossen einen Hut zu kaufen. Es kam darauf zu folgender Szene:
Madame Kubelcke: „Ernst, et ward wol nich anners, ick mut mir mon en neen Hoot köpen. Schrödern het ock nülich segt, min ol Blau wer all to slecht."
Ernst Kubelcke: „Ja, Mudder, köp du di een."
Madame Kubelcke: „Wenn ick man wüß, wat ick für een nehmen süll. Bi Betty Rodust vörn Finster stahn schöne Hoothaufe. Wat meent Se dato, Herr Doktor?"
Dr. Classen: „Ick, Madame Kubelcke, ick wür mi gliek een köpen, en Hoot mackt den ganzen Minschen, un en recht lustigen schafft ick mi an."
Madame Kubelcke: „Dat's all schön. Wolln Se nich mit mi gehen, Herr Doktor?"
Allgemeines Gelächter
Dr. Classen: „Nee, dato dög ich nich, ick heff noch min Lewsdag keen Fruenhoot köft. Schicken's man Kathrin hen un laten's welk to Utwahl holen, denn wölt wi wol en goden mang rutfinnen."
Madame Kubelcke: „Dat is ok dat Best, denn kann man sick ordenlich befinnen un se kieckt en nich immer up de Finger." Kathrin wird abgesandt und kommt bald mit mehreren Hüten zurück.
Madame Kubelcke: „Kiecken's, Herr Doktor, dat's aber en feinen Hoot! Purr, de kost aber Geld, und düsse is ok schön, ick glöw, de steit mi am besten, aber ick meen, Dr. Classen, he is for mi to jung."
Dr. Classen: „Ach wat, Madame Kubelcke, son jung Fru as Se, de kann noch allens drägen."
Madame Kubelcke: „Seggen's nich so, Herr Doktor, aber düsse griete, wenn da man en paar Blomen up wären, he süt to naacke ut."
Dr. Classen: „De best is egentlich düsse, de het en feine Klär, von de een Siet süt he grön, un von de anner rot ut, ick meen, de sind ganz na de Mood hin, son hen ick nülich in Hamburg sehn."
Madame Kubelcke: „O ne, Doktor, de is so emfindlich, de kann keen Sünnschien verdrägen."
Dr. Classen: „Gewiß kann de Sünnschien verdrägen, un he süt ock na wat ut, den möt's nehmen, Madame Kubelcke, un keen annern."
Madame Kubelcke: „Mi bangt bi den Hoot, he ist to schön."
Dr. Classen: „Dat gifft sick, wenn ick mi een utsöcken süll, ick nehm keen annern as düssen."
Madame Kubelcke: „Ja, nu weet ick gar nich mehr, wat ick denn egentlich soll, ick mag gar nich erst seggen, ween ick am lewsten mag. "
Dr. Classen: „Den ollen Grisen, den könt's noch ün twintig jahr köpen, den is Betty gewiss gern los."
Madame Kubelcke: „Ach Gott, wat is doch en Leiden, wenn man de Wahl het."
Dr. Classen: „Dat meen ick nich, een Leiden is, wenn man keen Geld het un sick en Hoot köpen mut, dat hef ick all beleft. No, ick will man erst mal na Peter Heitmann un mi en paar Cigarren holen." Er geht zur Tür hinaus.

Madame Kubelcke setzt einen der Hüte auf und tritt vor den Spiegel. „Ernst, nu sag du mi, wat du meenst."
Ernst Kubelcke: „Mudder, lat mi tofreden, du hest ja hört, wat de Doktor segt het."
Madame Kubelcke seufzt tief, dann ruft sie Kathrin. „Na, Kathrin, de segt, ick sall den grönroden nehmen, bring de annern man wedder hen und seg Betty, mi wär bang, he künn keen Sünnschien verdrägen." Kathrin legt schweigend die Hüte in den Korb und geht ab. Der 2. Akt des Dramas spielt 14 Tage später. Madame Kubelcke steht inmitten der Stube und hat den Hut in der Hand. Sie besieht ihn sehr niedergeschlagen von allen Seiten und reibt an einigen Stellen mit dem Taschentuch. „Du, Ernst, hei is ganz fleckig worden, ick bün letzt Abends damit na Kieswedder wesen, da mut he en par Drüppen Regen kregen hebben. Kiek, överall hett he helle stellen un da is just, as ob dat Grön ut das Rot herauf kamen wär. Du, mein Gott, wat fang ick an, ick bün doch en rechter Unglücksminsch!"
Ernst Kubelcke: „Ach, Mudder, lat em man erst drög sin, dat vertreckt noch."
Madame Kubelcke: „Wat sullt man nich, Ernst, he is ja ganz drög."
Dr. Classen kommt in die Tür. „Feinen Hoot, Madame Kubelcke, heff ick gliek seggt, dat wär de best."
Madame Kubelcke: „Ja, schönen Hoot, da kieken's mal, de ganze Hoot is pläckerig, blot willt da en paar Regendröppen upkamen sünt."
Dr. Classen: „Laten's mal sehn, ja wahrhaftig, is just as ob dat Grön über dat Rot löpen wär."
Madame Kubelcke: „Wat fang ick nu damit an? Hawen Se mi man nich to den ollen bunten Hoot raden, dem Grisen hart gewiss nix dahn."
Herr Classen: „Ach wat, dat mut ja noch wegtobringen sien, da up det Köppels is am dullsten. Hebt Se nich en beten Eau de Cologne?"
Madame Kubelcke: „Du, mein Gott. Se wöllt da doch nich mit Eau de Cologne up, de hew ick mi all mal en schön Band mit verdorben." Madame Kubelcke bringt Eau de Cologne und Dr. Classen betupft damit eine Stelle am Kopf des Hutes.
Madame Kubelcke schreit: „Ach, Herr Dokor, Herr Doktor, dat löpt ja all ut. Kieken's mal, dat gift en groten roten Krink, den kriegt Se gar nich wedder weg. Ach, min schönen Hoot, wat bin ick doch unglücklich."
Dr. Classen: „Man still, so geit nich. Er steht nachdenkend da, den Hut auf der Hand. Nu is mi all klar, so haren wi et man glieck macken süllt. Von Natt is kamen, Natt mut ek ock wedder god maken." Er geht an die Tür und ruft: „Kathrin bring mal en Emmer frisch Water un en Swamm."
Madame Kubelcke: „Ick bitt Se um alles in de Welt, wat wölt Se nu maken, Se seht doch, Herr Doktor, he kann nich mal Eau de Cologne verdrägen, un Se wölt da mit Water up." Kathrin hat einen Eimer mit Wasser und einem Schwamm gebracht.
Dr. Classen: „Is doch keen Pumpenwater?
Kathrin: „Nee, et is ut de Bill." Dr. Classen taucht den Schwamm ins Wasser und macht damit einen Versuch an dem Hut. Dann nach kurzem Nachdenken, ergreift er entschlossen den Hut bei den Bändern und senkt ihn in das Wasser,

unter fortwährendem Protest von Madame Kubelcke. Als er ihn nach mehrmaligem Untertauchen wieder herauszieht, läuft eine mißfarbige Flüssigkeit ab, von der man nicht sagen kann, ob sie grün oder rot ist, und der Hut zeigt ein Bild gänzlicher Zerstörung. Auf die drei anwesenden Personen aber übt der Akt die verschiedenste Wirkung aus. Während Dr. Classen den Hut mit bedenklicher Miene betrachtet, etwa wie einen hoffnungslosen Patienten, wälzt sich Ernst Kubelcke vor Lachen auf dem Kanapee und Madame Kubelcke jammert, während ihr die hellen Tränen über die Backen rinnen. Endlich bricht sie in die Klage aus. „Se sünd an allens schuld, Herr Doktor. Erst rad Se mi, dat ick den ollen schönen Hoot nehmen sall un segt, dat he Sünnschien verdrägen kann, un as he da pläckerig is, da kommt se mit Er ollen Mittel un veraast een ganz. Wär ick doch nich so unklog west un har up anner Lüt Rat mi verlaten. Wat wär ick nu glücklich, har ick den Griesen nahm."
Dr. Classen hat sich nunmehr von seinem Schreck erholt. Er läßt den Hut wieder in den Eimer fallen und bricht in ein schallendes Gelächter aus. Dann sagt er: „Sien Se man still, ick loop geschwind na de Apteek un hol dat rechte Mittel, dann sall he wol god werden."
Er geht zur Tür hinaus, Madame Kubelcke aber steht vor dem Eimer in dem der Hut nun ganz untergesunken ist. Sie wagt ihn nicht anzurühren, bevor Dr. Classen nicht sein letztes Mittel daran versucht hat. Nach einiger Zeit kommt Dr. Classen zurück. Er trägt in seiner Hand den grauen Hut, mit Blumen verziert, und ruft triumphierend: „Hier is de Grise, nu is allens wedder god." Madame Kubelcke lächelt unter Tränen und meint, das sei der Hut, der ihr stehe, der könne Regen und Sonnenschein vertragen. Ernst Kubelcke aber meint, er habe die Erfahrung gesammelt, daß man ein tüchtiger Arzt für Menschen und doch einem kranken Hut gegenüber ratlos sein könne.
Viele frohe Stunden habe ich im Kubelckeschen Hause verlebt. Ich fühlte mich dort so heimisch, fast wie zu Haus. Ernst war mir sympathisch und die alte Dame stets die Liebenswürdigkeit selbst. Noch sehe ich sie im Geiste, wie sie mir mit freundlichem Gesicht entgegenkam, wenn sie mich um die Planke bei Minten hatte biegen sehen, wie sie mich bei der Hand faßte und auf einem Stuhl neben ihrem Sessel niederzog. Immer hatte sie dann diese oder jene Frage bereit, denn neugierig war sie wie alle Frauen, aber harmlos wie wenige. Es lag etwas so Wohltuendes in diesem gemütlichen Geplauder, das einzufädeln und weiterzuspinnen nicht jedem gegeben ist, sie aber besaß es im hohen Grade.
Der große Jan Krogmann, der ein leichtsinniges Verhältnis mit einer jungen hübschen Pensionärin von Betty Rodust, Minna Hinke, eingegangen war und gänzlich aussichtslos, endlich das Törichte seines Schrittes selbst zugestehen und das Verhältnis wieder lösen mußte, war in Bergedorf unhaltbar geworden und mußte dasselbe mit Schimpf verlassen.
Der an seine Stelle rückende neue Gehilfe bei Schneider hieß Hermann Würger. Auch er faßte bald festen Fuß im Kubelckeschen Hause, denn er war ein gemütlicher Kerl, der die hier herrschende Stimmung vollkommen zu würdigen wußte. Er kam mit neuen Ideen an, hatte ebenfalls zu allem Möglichen Lust und für vieles Geschick. Zumal interessierte er sich für Feuerwerkerei, und wußte auch bald andere für seine Liebhaberei zu erwärmen, so daß

Webskys Lehrbuch der Kunstfeuerwerkerei bald von Hand zu Hand wanderte. Wie bei allem, war auch hierbei Ernst Kubelcke der eifrigste. Er richtete gleich eine Kammer zum Laboratorium ein, wo von denen, die freie Zeit hatten, gearbeitet ward, zumal waren es Kubelcke, Würger, Kampf und ich, die dort tätig waren und bald lag ein Haufen von Raketen, Schwärmern, Leuchtkugeln und Kanonenschlägen als fertiggestellter Vorrat da.
Keiner dachte an die Gefahr, die mit solcher Beschäftigung verbunden ist und an das Ungesetzliche unseres Verfahrens. Erst beim Trocknen von Leuchtkugeln, das wir in Ermangelung eines regelrechten Trockenofens, in einer Pfannkuchenpfanne über Kohlenfeuer vornahmen, wobei die mit sehr explosiver Mischung von Schwefel und Chlorkalium versetzten Strontium- und Beryllsalze explodierten und Kubelcke und Kathrin im schönsten bengalischen Feuer dastanden, wurden wir auf das Bedenkliche unseres Tuns aufmerksam. Dennoch arbeiteten wir tapfer weiter. Es mußte zum 19. Oktober, dem damals hoch gefeiertem Siegesfest *(Völkerschlacht bei Leipzig mit Sieg über die Franzosen am 18/19. Oktober 1813)*, ein glänzendes Feuerwerk abgebrannt werden. Unter dem Glanztitan war eine große, von Kubelcke nach eigener Intention angefertigte Rakete von vierfacher Dimension der gewöhnlichen, von der wir alle uns Ungeheuerliches versprachen. Als aber am Festabend die verschiedenen Stücke unter großem Beifall des reich versammelten Publikums abgebrannt waren und nun als Schluß und Gipfelpunkt unserer Leistungen das Raketen-Monstrum angezündet ward, fuhr es mit ungeheurem Geprassel eine Strecke horizontal durch die Luft, wandte sich dann, schoß herunter und bohrte sich einen halben Fuß tief in den Acker, eine furchtbare Feuergabe ausspeiend, die Wilhelm Kampf zu Boden warf.
Beschämt stand Kubelcke da, er hatte Websky übertrumpfen wollen und sah nun ein, daß man, um erfolgreicher Erfinder zu sein, die Gesetze, mit denen man zu rechnen hat, gründlich studieren muß.
In Würger hatte die Gesellschaft ein sehr brauchbares Mitglied gewonnen. Er war ein ruhiger, sittlicher und harmloser Mensch, der oft ein ergötzliches Phlegma, eine Pomadigkeit entwickelte und bei dem die gedehnte, oft schleppende Sprache den Kontrast mit seiner kräftigen, jugendlich frischen Gestalt noch erhöhte. Er war aus der Nähe von Glückstadt gebürtig, wo sein Vater Pastor zu St. Margarethen an der Elbe gewesen. Würger hatte eine gute Schulbildung genossen und neigte vorwiegend den exakten Wissenschaften zu. Auch der Vater trieb in seinen Mußestunden Mechanik, richtete selbst Fernrohre und andere Instrumente her und hatte auch die Söhne, als sie noch Knaben waren, in manchen Fertigkeiten, wie Drechseln und Gläserschleifen unterrichtet. Er hatte viel Anziehendes für mich. Ich trat ihm bald näher und er wurde heimisch im Hause meiner Mutter. Seit er in der Schneiderschen Apotheke angestellt war, fanden sich dort fast jeden Abend Freunde und Bekannte ein. Jeder hatte Würger gern und der alte Anton Josua David, der lange keinen respektablen Gehilfen hatte bekommen können, freute sich, in Würger einen solchen gefunden zu haben und gestattete ihm gern etwas größere Freiheiten als üblich war. Auch mit den übrigen Gliedern der Familie, mit Frau Anna und den Töchtern, stand Würger in bestem Einvernehmen. [...]

Aus dem Dr. Bülowschen Institut, das damals auf seiner Höhe stand und fünf Hilfslehrer beschäftigte, traten die Kandidaten Kunze und Koch, sowie der Musiklehrer Carl Deppermann in unseren Kreis. Kunze war ein gemütlicher Mensch, von riesigem Körperbau und etwas brutalen Verhältnissen, so daß wir scherzend ihm sagten: „Kunze, Sie sind zu spät geboren, eine Frau, die zu Ihnen paßt, gehört der Vergangenheit, dem Zeitalter der Nibelungen an." Dabei war er so gutmütig und bescheiden, daß man ihn lieb haben mußte.
Koch dagegen war ein selbstbewußter heiterer Geselle, durch und durch Musiker, der auf jeden Kreis, in den er trat, einen gedeihlichen Druck ausübte. Die Natur hatte ihn besonders unschön gebildet. Auf dem breitschulterigen Torso saß eine mächtige Kugel als Kopf. Durch die mehr als vollen Backen und die breite gewölbte Stirn, erschienen die Augen, obgleich sie stark gewölbt waren, tief zurückliegend. [...]
Carl Deppermann, der im Institut als Lehrer der Botanik, des Klavierspiels und elementarer Fächer wirkte, war wohl der Sprache nach ein Thüringer. Er war etwas unter Mittelgröße, lebhaft und beweglich, von angenehmer Gesichtsbildung, in deren Zügen leicht zum Ausdruck kam, was sein Inneres bewegte. Er hatte zu jener Zeit eine stille Liebe zu einer Freundin meiner Schwestern, unserer Nachbarin Maria Behn, und war in seinen Mitteilungen oft im Zweifel, ob es ihm gelingen werde, Gegenliebe zu finden. Er war ein tüchtiger Musiker und habe ich ihm manchen genußreichen Nachmittag zu danken, wenn wir in Begleitung Würgers, nach Bellevue zum Kaffee gegangen waren und er auf dem dortigen recht guten Piano die damals neuesten Sachen vortrug. Wir pflegten häufig dahin zu gehen und während wir den damals noch recht sandigen Weg zur Restauration hinanstiegen, kam uns gewöhnlich schon der Wirt derselben, der alte ehrliche Lackmann, entgegen. Stets heiteren Angesichts, rieb er sich vergnügt die Hände, sobald er uns erreichte, während sein üppiges graues Haar in dem auf der Höhe selten ruhenden Winde gleich einer Aureole sich aufbäumte. Fast immer begrüßte er uns dann mit den Worten: „Sei'n Sie willkommen, meine Herren. Der Herr Senator ist auch schon da und wartet, er fürchtete schon, Sie kämen heute nicht."
Ein sehr liebenswürdiges Mitglied unseres Kreises war Rudolf Visbeck, Kandidat der Theologie und Hauslehrer beim Bürgermeister Dr. Lamprecht. Ein schmucker Mann, groß und stattlich, mit stets jovialer Miene, ein fideler Gesellschafter und dabei ein tüchtiger Gelehrter. Er stand, als ich ihn kennenlernte, sehr fraglich zur Theologie, neigte mehr zur wissenschaftlichen Forschung und hoffte im Lehramt sein Lebensglück zu finden. Wie ich später erfahren habe, hat sich sein Hoffen nicht verwirklicht. Er hat ein Pfarramt angenommen und ist später Superintendent in der Nähe von Bremervörde geworden. Er war ein Hauptträger unserer lustigen Feten, unerschöpflich in burschikosen Liedern, die er durch seine behäbig komische Persönlichkeit trefflich interpretierte. Ich bin viel mit ihm spaziert und lernte ihn mehr kennen als mancher andere.
Durch ihn ward ich in die Hegelsche Philosophie eingeführt und waren es vornehmlich Werke von Erdmann und Rosenkranz, die ich durch ihn kennenlernte. Obgleich ein freier unbefangener Geist, hatte er doch nicht ganz mit dem

Christentum gebrochen, sondern erkannte in demselben ein gesetzlich im Weltplan Liegendes. Eine große Verehrung hatte er vor dem Alten Testament, das er eine Fundgrube großer Gedanken, tiefer Weisheit und poetischer Schönheit nannte. Manche besondere Stelle, von der er behauptete, daß sie im Text der Lutherschen Übersetzung ungenügend sei, hat er mir aus dem Urtext übertragen, so Stellen aus dem Jesaja und dem Buch Ruth.
Er paßte wenig in seine Stellung und klagte oft, daß er leeres Stroh dreschen müsse. Die Köpfe der Lamprechtschen Kinder waren eben dies inhaltsleere Stroh. Er teilte sein Geschick mit vielen talentierten und geistvollen Menschen, deren Anlage und Neigung sie auf andere Bahnen hinweist und die die Verhältnisse des Lebens verurteilen, in dem für sie öden Wege unverdrossen weiterzugehen.
Damals kam auch Theodor Hoppe, mein späterer Schwager, von Bremen, wo er in der Herold und Walstabschen Buchhandlung die Lehrzeit durchgemacht hatte und dann in das Geschäft der Gebr. Berendsohn in Hamburg eingetreten war. Er war fast sonntäglich in Bergedorf, wo noch seine Mutter lebte. Da seine Geschwister meine Mitschüler gewesen, war es natürlich, daß ich bald näher mit ihm bekannt wurde und er ein recht häufiger Gast in unserem Hause ward. Er ward sicher mehr nur von meinen Schwestern als von mir angezogen, dem er stets unsympathisch geblieben. Früh hatte er das Leben von seiner laxen Seite kennengelernt, wozu eben Bremen mit seiner Pietisterei und gleichzeitigen Frivolität der geeignete Boden war und er liebte es, sich dieser Kenntnis zu rühmen, wodurch er mir widrig ward. Er war in mancher Beziehung eitel, obgleich eine steife gedrechselte Haltung mit etwas X-Beinen seiner Persönlichkeit nicht als Vorzüge angerechnet werden konnten. An den Sonntagen, wo er kam, brachte er ein Pack neuer Noten mit, um mit meiner Schwester Lieschen vierhändig zu spielen. Er mag damals wohl schon eine Neigung für sie gefaßt haben, seine Lebensverhältnisse lagen aber so, daß an eine Verlobung nicht zu denken war. Als er seine Stellung bei Gebr. Berendsohn verließ, kam er in das Geschäft von Koppelsohn in Reval, wo er sich bald eine ziemlich gesicherte Stellung zu schaffen verstand. In ihm vereinigten sich zwei, sich fast widersprechende Eigenschaften. Er war eigennützig und verschwenderisch, freilich verschwenderisch zumal da, wo es seiner Passion galt, deren er manche hatte und unter denen das Spiel wohl obenan stand.
Durch Hoppe lernte ich noch den Russen Georg Liekisch kennen, durch diesen wieder seine Quartett-Genossen, den Dresdner Baron von Ledwitz und zwei Stuttgarter, die Herren Pfeifer und Stöckeln. Alle vier waren liebenswürdige Männer. Liekisch ein schmucker Mensch mit etwas slawischer Gesichtsbildung, das Haar, das blond und schlicht herabhängend à la Muschik *(Mann vom Bauernstande)* nach damaliger Mode getragen ward, unterzog er einer besonderen Kultur. Während der Nacht ward es im Netz getragen und nach innen gerollt, um während des Tages seine Form zu behalten. Manche tragen es bis auf die Schultern herabreichend.
Am meisten zog mich der junge von Ledwitz an, der jüngste Sohn aus einer alt adeligen Familie, der sich dem Kaufmannsstande gewidmet hatte, während alle

Brüder Militärs waren. Seine Gestalt machte den Eindruck des Zarten, Kränklichen, der noch durch eine tiefe, dunkle Stimme verstärkt ward. Er hatte ein weiches Gemüt und war im hohen Grade begabt, wofür mir ein Abschiedsgedicht, das er mir bei seiner Abreise sandte, den vollen Beweis lieferte. Er tat mir sehr leid als ich ihn scheiden sah, denn ich hatte ihn wirklich lieb gewonnen und schätzen gelernt. Er ging nach Madras, und ich habe trotz seines Versprechens zu schreiben, nie etwas wieder von ihm gehört. Er wird sicher bald darauf gestorben sein.
Ein anderer meiner Bekannten, Karl Schuhmacher, ging ebenfalls nach Indien. Er hatte das Glück Associé in einem dortigen bedeutenden Handelshause zu werden, und lebte, als er nach drei Jahren zum Besuch wieder bei uns war, in der Hoffnung, in einigen Jahren so viel erworben zu haben, um unabhängig in der Heimat leben zu können. Sein Hoffen täuschte ihn, er starb nach einem Jahr zu Kalkutta.
Wohl nie vereinigten sich alle drei vorstehend aufgezählten jungen Leute zu einem größeren Zirkel, wenn auch alle mehr oder weniger mit einander bekannt waren, so lagen doch ihre Interessen und ihre Lebensstellung zu verschieden, als darauf zu rechnen gewesen wäre. Auch die Verkehrsmittel jener Zeit waren einem regen Verkehr nicht günstig. Wer nicht ein Reitpferd bezahlen konnte oder, im Verein mit anderen, einen Wagen nehmen, war auf den Reisewagen oder die eigenen Füße angewiesen, wollte er, von Hamburg aus, Gesellschaften in Bergedorf besuchen. Es geschah dies trotzdem, denn manche der auswärtigen jungen Leute waren wohlhabend oder standen in einträglicher geschäftlicher Stellung. Der reiche Kranz hübscher junger Mädchen, den Bergedorf in jener Zeit besaß, ließ manchen willig Beschwerden ertragen und Opfer bringen, um einige Stunden in liebenswürdiger Gesellschaft zu verleben.

Die Einweihung von Frascati

Die größte Gesellschaft fand ich bei Einweihung des neuerbauten Frascati versammelt, wo ein in Bergedorf nie gesehener Luxus sich entfaltete. Die großen hohen, reich dekorierten und parkettierten Räume, ein vollkommen neues luxuriöses Mobiliar, eine glänzende Tafel, brillante Erleuchtung, überreiche Bedienung, der mit Glas überdachte Garten neben dem Speisesaal mit seinem farbigduftenden Inhalt, das alles wirkte in einem Gesamtbild wirklich entzückend. Auf den bescheidenen Sinn mancher, an die primitiven Verhältnisse Bergedorfs Gewöhnten, mochte dasselbe geradezu betäubend wirken. Daß man aber unter dem Eindruck solcher Erscheinung sich bald in die geeignete Stimmung hineinfand, bewies die respektable Anzahl geleerter Champagnerflaschen, die am Schlusse die Tafel füllten. Man war in einer frohen Aufregung, man gratulierte sich wie zum Anbruch einer neuer Aera, und vergaß in seinem Rausch, wie viele glücklich genossene Stunden man eben jenen einfachen, heute vielleicht zu Grabe geläuteten, Verhältnissen verdankte.
Es war auch nur ein kurzer blendender Traum gewesen. Bald versank die ganze Herrlichkeit wieder im Strome neuerer Verhältnisse und fast ruinenhaft standen die Stätten jener glänzenden Feste, bis sie im Abbruch endlich ganz verschwanden.

An dem eben erwähnten Festabend lernte ich auch Prinz und Gerlach kennen, damals noch junge, ziemlich aussichtslose Männer, die später eines der bedeutendsten Modemagazine in Hamburg gründeten; Auch Alexander Sachs, den Gründer des großen Schirmgeschäftes, dessen Filialen heute noch in Berlin den besten Ruf genießen, endlich Heinrich Heins, der im Verein mit Schamper das große Schulzsche Geschäft am Gänsemarkt übernahm, aber nicht halten konnte, darauf nach Mexiko ging und ein Vermögen erwarb. Bei ihm lernte ich die vortreffliche Schauspielerin Fräulein Wilhelmi kennen, eine reizende, höchst liebenswürdige Dame. [...]

Ausflüge an die Elbe

Sobald der Frühling kam, besuchte ich Geesthacht und die am jenseitigen, dem linken Ufer der Elbe liegenden Ortschaften. Der Weg nach Geesthacht ist die alte Poststraße und war vor Anlage der Chaussee, des tiefen Sandes wegen, schwer passierbar. Auf der rechten Seite trifft man Besenhorst, ein unbedeutendes Dorf, von dem der Volkswitz sagt, daß die Pfannekuchen dort nur auf einer Seite gebacken werden, weil sich die Häuser nur an einer Seite des Weges hinziehen. Geesthacht lag damals und liegt auch jetzt noch in einer Sandwüste, so recht in die Flußdünen hineingebaut. Es hat an sich keine Reize, wohl aber hat der Strand recht hübsche Partien, wozu das hohe Ufer einerseits, der hier recht breite Strom andererseits wesentlich beitragen. An manchen Stellen sind Steindämme und Flechtwerke, so genannte Stukken, in denselben hineingeführt, um die Strömung abzulenken und das Ufer gegen den übermächtigen Andrang zu schützen. Auf der Höhe hinter dem Orte liegt die Glasfabrik des Herrn Meyer. Der Vorgänger desselben, Warnke, versuchte die Anlage eines Weinberges. Doch hat derselbe wieder eingehen müssen. Jetzt liegt in der Nähe die Dynamit-Fabrik von Nobel, die schon wiederholt durch Explosionen hat von sich reden machen. Von den Höhen oberhalb Geesthacht hat man eine weite umfassende Aussicht. Sie zählt zu den schönsten auf der lang sich hinziehenden Uferwand.

Auf der Höhe bei Geesthacht

Ufer oberhalb Geesthacht

Geesthacht hat für mich noch ein besonderes Interesse, da mein Großpapa Stoffert hier eine Landstelle besaß und mein Vater hier seine Knabenjahre verlebte. Es war ein unglücklicher Gedanke für einen der Landwirtschaft gänzlich unkundigen Mann, sein Geld in solches Unternehmen zu stecken und dies zumal in Geesthacht, wo ein erbärmlicher Acker es nur dem geschicktesten Landwirt ermöglicht mit Nutzen zu wirtschaften. Der Erfolg bestätigte diese Behauptung, die Familie hat hier einen namhaften Teil ihres Vermögens verloren.

Elbe bei Drennhausen

Von den Elbinseln, Wilhelmsburg

Das gegenüberliegende Marschacht ist eine am Ufer des Stroms sich hinziehende, wenig bietende Ortschaft, mehr schon Drennhausen, Elbsdorf und Stove, die ein stark beschilftes Vorland mit recht malerischen Partien haben. Eine der interessantesten Touren, die ich aber erst nach Eröffnung der Eisenbahn unternahm, war eine Streiferei über die Elbinseln. Ich ging am Reiherstieg hinab bis Harburg streckenweise durch Weiden von Wilhelmsburg, prächtige Perspektiven, deren letztes Glied oft die Stadt mit ihrem Turm bildet.

Am Reiherstieg

Schon am Reiherstieg sind die üppigen Schilfbrüche für den Maler von hohem Interesse. Priele, die sich abwärts zweigen, sind die Brutstätten zahlloser Wasservögel. Der Fluß ist auf das Mannigfaltigste belebt. Bald trifft man kleine oder größere Werften, bald Bagger, die den Elbstrom vor Versandung schützen, zahllose kleine Fahrzeuge sowie Dampfboote vermitteln die Verbindung Harburgs mit Hamburg. Überall ein reges Leben, das stets daran erinnert, daß man sich an einem der wichtigsten Verkehrswege befindet.

Harburg ist landschaftlich ziemlich uninteressant. Die abwärts des Stroms liegenden Höhen besuchte ich in den späteren Jahren. Von Harburg ging ich am linken Ufer des Elbarmes bis Neuland, ließ mich dann nach Spadenland übersetzen und wanderte durch üppiges Weideland, nur selten durch ein Gehöft unterbrochen, nach Tatenberg. Erst an der Gose-Elbe, dann an der Dove Elbe aufwärts nach Ochsenwärder, Reitbrook und die Curslacker Schleuse zurück nach Bergedorf.

Von den Elbinseln, Tatenberg

Die Tour war eine sehr genußreiche. Vortreffliches Wetter begünstigte mich, so daß ich mich der mannigfachen Reize dieses üppigen Landstrichs ungetrübt erfreuen konnte. Überall neben der freien schönen Natur, die fleißige Arbeit des Menschen. Hier mächtige Deiche, die den Strom bändigen und die Frucht vieljähriger Tätigkeit gegen seine rohe Gewalt schützen. Mühlen und Schütze, die den Zu- und Abfluß der Binnengewässer regeln und sie schließlich dem Hauptstrom zuführen.

Auf den Feldern und Weiden überall beschäftigte Menschen. Am Ufer Fischer, die ihre Netze trocknen. Vor den Türen der Häuser Weiber und alte Männer bei

der Arbeit, um die schadhaft gewordenen Netze wieder zu bessern. Und dieses alles in reizendem Kontrast mit den vorwiegend horizontalen Linien des flachen Landes und dem dominierenden Grün des Bildes.
Man muß die Inseln quer durchwandern, um den vollen Eindruck dieses eigenartigen Bildes zu empfangen, zu dessen Vollendung noch der Duft des Wassers, der vielfältige Schrei der Vögel und das Spiel des Lichtes auf der weiten Fläche als notwendige Zutaten gehören. [...]

Die Großeltern Stoffert

Es war bei meiner Mutter ein altes Herkommen, daß während der Sommermonate meine Großeltern Stoffert auf einige Wochen zu Besuch kamen. Sie lebten in sehr mäßigen Verhältnissen, bewohnten eine kleine Etage am Borgesch und war es deshalb für sie gleichsam eine Reise in die Sommerfrische, wenn sie nach Bergedorf zogen.

„Großmutter Stoffert", Sophie Elisabeth Stoffert geb. Gourbandt, um 1810

„Großvater Stoffert", Emanuel Stoffert, um 1810

Wir Kinder freuten uns auf den Besuch, weil wir die „Kleine Großmutter", so wird sie im Gegensatz zur Großmutter Wübbe, die die „Große Großmutter" war, genannt, wirklich lieb hatten und weil der „Kleine Großvater", wie er gewöhnlich von uns bezeichnet war, immer so viele Schnurren erzählte und großen Ulk machte.
In der Küche meiner Mutter wurden aber, bevor der Besuch eintraf, schon allerlei uns wohlbekannte Anstalten gemacht. Sie wiederholten sich alljährlich,

wie etwas, das notwendig zum Besuch gehörte. Da ward gehackt, um eine Schüssel Heringssalat herzurichten, die mit einem buntfarbigen Stern von gehackten Eiern, Rote Beete und Gurken verziert. Auf dem Frühstückstisch nicht fehlen durften Fische und Aale, oder Neunaugen wurden in Sauer gekocht und mit Lorbeerblättern, Zitronen und Petersilie fein verziert. Kaviar hatte Lange aus Hamburg besorgt, auch scharfen alten Käse, wenn möglich solchen, auf dem die Maden spazieren gingen. Endlich, als wichtigstes Element des Frühstückstisches Danziger Goldwasser, ein Schnaps, auf den mein Großpapa viel hielt und von dem auch die Großmama nippte, wenn sie sich auch stets den Anschein gab, als folge sie nur ungern Väterchens Aufforderung.

In den ersten Jahren meines Erinnerns kamen sie mit dem Reisewagen, später, als die Großmutter kontrakter geworden, schickte ihnen meine Mutter einen Wagen.

Mit ihnen zog eine dritte Persönlichkeit ein, die ebenfalls klein, aber desto anspruchsvoller war: Leschke, ein Löwenpudel der kleinsten Art, oder wie meine Großmama Stoffert ihn mehr französisch nannte, Legki. Er war der Abgott der beiden Alten, die ihn in einer Weise verzogen, daß er eine wahre Plage der Gesellschaft ward.

Hatten sie sich erst in ihrer neuen Lage zurecht gefunden, dann verliefen die Tage ruhig und gleichmäßig. Bis auf eine Ausfahrt in die Vierlande ward nichts besonderes unternommen. Sie beanspruchten auch nichts, da jede Bewegung der Großmutter Beschwerde machte.

An dem einen Fenster, in dem weiten, mit Haartuch überzogenen Lehnstuhl meiner Mutter, hatte der Großpapa seinen Platz, ihm gegenüber an dem anderen Fenster, die Großmama, neben ihr auf einem Stuhl und einem, eigens mitgebrachten weichen Kissen, Legki.

Die Passage, das heißt alles, was sich auf der Straße bewegte, Hühner und Katzen nicht ausgeschlossen, zu beobachten, gehörte zu dem Interessantesten für meine Großmutter und bot oft Stoff zu endlosen Fragen. Neugierde war eine der ausgeprägtesten Eigenschaften der Kleinen Großmutter und oft war ich Zeuge von Gesprächen wie das folgende.

Es kommt ein Mann, der einen Sack über die Schulter geschlagen trägt und der unschlüssig in der Mitte der Straße stehen bleibt. Meine Großmutter sieht hinaus und sagt mit leidenschaftlicher Heftigkeit zu meiner neben ihr sitzenden Mutter: „Maria, Maria! Sieh doch den Mann, wer ist das?"

Mutter (sehr ruhig): „Ick weet nich, Mutter, de is wol ut Verlannen."

Großmutter: „Was mag er in dem Sack haben?"

Mutter: „He het wol wat to verköpen."

Großmutter: „Sieh doch, Maria, er ist nach der Behnschen gegangen." Mutter schweigt.

Großmutter: „Maria, er hat den Sack geöffnet, er holt Küken heraus."

Mutter: „Ach ja, Mutter, ick geh all, de is von de Horst, von den hef' ick ok all Küken köft."

Großmutter: „Hat er viele Küken? – Sie doch, er geht auf den Hof und die Behnsche geht mit ihm, was mögen sie da wollen?"

Mutter: „He slacht die Küken wohl glick."

Großmutter: „Sieh doch, Maria, der Behn geht auch hinaus, was will der nun dabei?“ Mutter schweigt.
Großmutter: „Kauft die Behnsche oft Geflügel?“
Mutter: „Ja, dat will se wol.“ Meine Mutter wird hinausgerufen, während mein Großpapa in die Tür tritt.
Großmutter (ganz alteriert): „Väterchen, die Behnsche hat Küken gekauft und der Mann hat sie auf dem Hof gleich geschlachtet. Der Behn ist auch dabei.“
Großpapa zwinkert mit den Augen: „So, Alte? Da werden sie uns wohl morgen zu Gast bitten. Hast Du auch feine Garderobe mitgebracht, Mütterchen?“
Großmutter, immer noch nach drüben blickend: „Ach, Väterchen, sieh doch, da kommen sie wieder herein, nun gehen sie in die Stube.“
Großpapa: „Ich muß wohl hinüber und zusehen, was sie darinnen machen?“
Großmutter sieht beleidigt auf ihr Strickzeug und schweigt. Verstohlen aber wirft sie über die Brille hin unablässig Blicke zu Behn hinüber. Das war eine der kleinen Szenen, wie sie sich während der Anwesenheit meiner Großeltern vielfach abspielten und die oft von überwältigender Komik waren.
Durch aufmerksames Beobachten war meine Großmutter bald über die Persönlichkeiten in unserer Nachbarschaft so weit orientiert, daß sie deren Tun mit Interesse folgen, oft selbst die Zwecke ihres Handelns erraten konnte. Wenn ein Mädchen etwas verdeckt unter einem Tuch trug, mußte es wohl ein Brot sein, das zum Bäcker getragen ward. Ebenso über andere zu gewisser Tageszeit vorübergehende Personen wußte sie sich bald durch Fragen Auskunft zu verschaffen. Kam aber die gegenüber wohnende Schrödersche zu ungewöhnlicher Tageszeit mit dem Umschlagtuch heraus, oder der Polizist Bartelmann rannte in Hast über die Straße, dann war es aus mit dem Prognostizieren und in peinlicher Unruhe begann das Fragen.
Mein Großpapa Stoffert neigte nach der entgegengesetzten Seite. Auch er war ein scharfer, aber stiller Beobachter, dagegen ein eifriger und lebhafter Erzähler. Münchhauseniaden, wohl teils selbst erlebt oder erdichtet, würzen seine Unterhaltung, wenn es ihm, bei vorgerücktem Alter auch nicht selten begegnete, daß er Anekdoten oder Begebenheiten, die man schon oft von ihm gehört, wieder erzählte. Er war ein überaus lebhafter Geist, ein scharfer Verstand und von einer leichten Auffassung des Lebens, daß selbst trübe, ja tragische Momente nicht im Stande waren seinen Humor zu ertöten. Ich habe es oft erlebt, daß er nach Mitteilung tief tragischer Begebenheiten, plötzlich zu einer Schnurre überging, die den Zuhörer in die entgegengesetzte Stimmung riß. Mir ist dieser Teil seines Wesens ein Rätsel geblieben und bin ich mehr geneigt, eine wirklich tiefe Empfindung zu bezweifeln. Aber eine große Volubilität des Geistes ließ ihn sich in die verschiedenen Lebenslagen mit Leichtigkeit finden und hat ihn über manche Hindernisse hinweg getragen, die andere zum Sturz bringen. Mein Großvater Stoffert war so unterhaltungsbedürftig, daß er, wenn sich sonst keine Gelegenheit fand, die Kunden im Geschäft, zumal den weiblichen Teil, derangierte. Er konnte sich dann bei solcher Unterhaltung so amüsieren, daß er noch lange hinterher den Genuß daran hatte und anderen den Inhalt ebenfalls mitteilte.
Das Verhältnis der beiden Alten war ein wirklich rührend zärtliches. Wenn man

sah, mit welcher Aufmerksamkeit mein Großpapa seine Frau behandelte, wie er unausgesetzt bemüht war, ihren Wünschen und Bedürfnissen entgegenzukommen, wie die Unterhaltung während des ganzen Tages sich in Frohsinn und Freundlichkeit bewegte, so mußte man seine Freude über ein so inniges Verhältnis haben. War die Großmutter für einige Zeit unsichtbar geworden, so hatte er keine Ruhe. Er schob die Zeitung weg, nahm die Brille ab und ging einige Zeit im Zimmer auf und ab. Erhielt er nach Umfrage keine Auskunft über den Verbleib der Großmutter, dann ging er auf die Suche und es währte nicht lange, da kam er mit ihr angezogen. Er war ihr Beistand in allem, zumal auch ihre Kammerjungfer, da ihre Kontraktheit solche oft erforderte. So schnürte er sie stets und es ereignete sich der komische Fall, daß mein Onkel Adolph eines Tages mit einer Tabakdose erschien, auf deren Deckel ein Bild sich befand, das ganz dem Bild entsprach, wie mein Großpapa seiner Frau das Korsett zumacht. Derselbe alte gepuderte Mann, dieselbe kleine runde schwarzäugige Frau. Mein sonst so lustiger Großpapa war stumm und machte ein langes Gesicht. Die Personen im Bilde waren so frappierend ähnlich, daß er nur darüber nachdachte, wer ihn könnte belauscht haben. Da ihr Schlafzimmer gegenüber einer Mansardenstube im Gasthof „Stadt Hamburg" lag, so nahm er an, er könnte einmal die Rouleaus zu schließen vergessen haben und ein dort übernachtender Maler sie belauscht haben. Es hielt sie lange in Aufregung, mir aber schien das Bild ganz ohne Beziehung.

Das Frühstück war ein Kultus. Ein Vergnügen zu sehen, wie mein Großpapa, der in allem so mäßig war, von jeder der Delikatessen etwas nahm, es so nahm, daß man sich sagen mußte, das hat, obgleich er nur wenig ißt, den „Vollgenuß der Speise". Die Großmutter Stoffert war weniger wählerisch, sie liebte auch eine derbe Hausmannskost. Da sie bei ihrem einfachen Haushalt, ohne Dienstboten, sich aus einem Speisehaus beköstigen ließen, war ein Tisch, wie ihn meine Mutter zu solcher Zeit bot, ein Hochgenuß und sie geizten nicht mit ihrem Lobe. Aber pikant mußte alles sein. Wo nicht genug geschehen, halfen sie mit Pfeffer, Senf, Salz und Essig ihrem Geschmack entsprechend nach. Kaum verlief ein Frühstück, wo nicht mein Großpapa die vortreffliche Wirkung des Danziger Goldwassers gepriesen hätte und gern erzählte er, daß er schon den einjährigen Kindern Krumen, in Goldwasser getaucht, gegeben habe. Vielleicht deshalb ist das ganze Geschlecht der Stofferts so klein geblieben. Es traf sich wiederholt, daß ihr Besuch just in die Zeit fiel, wo die Visitations-Behörde in Bergedorf war und mit ihr verschiedene junge Rechtsgelehrte. Unter diesen befand sich ein junger Dr. Amsinck, eines jener 22 Kinder, für die der Vater ein eigenes Gartenhaus mußte bauen lassen. An diesem hatte mein Großpapa einen treuen Gesellschafter, da er wenig beschäftigt war, auch meine Mutter einen dankbaren Gast. Nur Legki hatte auch auf ihn einen unversöhnlichen Haß und wies jedes Bemühen der Annäherung mit Zähnefletschen zurück. Legki war wichtig bei dem Besuch der Großeltern, wollte man die Alten nicht verletzen, wußte man ihren Liebling mit Nachsicht zu behandeln, eine Rücksicht, die unserem Gefühl durchaus nicht entsprach. Das Schönste von ihrem Teller gab meine Großmutter diesem kleinen Ungeheuer, das oft kaum die Schnauze hineinsteckte und sich mit einer ausgesprochenen Gering-

schätzung abwandte. Wie gern hätte ich ihm dann den Pelz vollgeschlagen, doch solche gerechte Wallungen waren aussichtslos. Und dennoch bot sich einmal die Gelegenheit. Wenn meine Großeltern Stoffert, um ihr Mittagsschläfchen zu halten, die Treppe hinaufstiegen, pflegte er auf der Jagd hinter den Katzen voranzulaufen. So hatte er sich eines Tages in seiner Verfolgung auf den Boden verirrt und die Alten standen ängstlich und riefen uns um Hilfe. Die leisteten wir dann auch, aber erst, nachdem wir ihm eine tüchtige Lektion gegeben hatten und erklärten sein Geschrei damit, daß er Dresche von den Katzen bekommen habe. In großer Angst war mein Großpapa, wenn er ihn draußen spazieren führte und die Bergedorfer Köter kamen, um seine Bekanntschaft zu machen, dann ward Heinrich Sänger gerufen, der mußte die Plebejer fortjagen. Meine Großmutter hatte wieder andere Sorgen um ihn. Sei es in Folge veränderter Diät, sei es aus Mangel an Bewegung, sei es habituell, kurz, er hatte Unterleibsbeschwerden, drehte sich oft, mit dem Hinterteil auf der Erde schleifend, im Kreise herum. Meine Großmutter vertraute uns geheimnisvoll an: Legki leide an Obstruktionen. Dann ward schnell Schwefel ins Trinkwasser gestreut und mit Spannung der Wirkung des Medikaments entgegengesehen.
Meine Großeltern waren ruhige Leute, mit denen man in Frieden leben konnte. Nur mit ihrer Schwiegertochter Doris konnten sie sich durchaus nicht verständigen. Auf welcher Seite die Schuld lag, konnte ich damals nicht beurteilen, weil ich meine Tante nicht kannte. Als ich sie aber später kennenlernte, war ich sehr geneigt, ihr die Schuld des Zwiespalts beizumessen.
Sie hatten vier Söhne. Die drei ältesten waren in Kurland geboren, der jüngste in Hamburg. Wilhelm, der Erstgeborene, starb als Studiosus jurde an einem Beinleiden. August, der zweite Sohn, der Mann der Doris, war lange Jahre Associé in einem Bankgeschäft. Mein Vater, Adolph Friedrich Stoffert war der dritte Sohn. Der jüngste Sohn Rudolf war anfänglich Wechselmakler, dann der 1. Direktor der Vereinsbank in Hamburg. Auf die Onkel August und Rudolph werde ich im Verlaufe dieser Aufzeichnungen Gelegenheit haben, zurückzukommen. Jedes Mal, wenn der Besuch der Großeltern endete und sie wieder Abschied nahmen, hatten wir das Gefühl, mit zwei gemütlichen Menschen einige Wochen angenehm verbracht zu haben. Sie liebten meine Mutter aufrichtig und auch uns Kindern waren sie sehr zugetan. Nur mir konnte mein Großpapa es nicht vergeben, daß ich mindestens einen Kopf größer geworden war als er und daß er, wenn wir stehend miteinander sprachen, zu mir hinaufsehen mußte. Er sagte deshalb auch wiederholt: „Der Fritz gehört gar nicht zu uns, weiß Gott, woher der so lang geworden ist." Mein Großpapa Wübbe dagegen sagte mit Befriedigung: „Is man god, dat de Jung nich so'n Knirps bleben is, de Deerns hört ja gar nich to uns." So erwartete ich Lob und Tadel, ohne solche verdient zu haben.
Seine Heiterkeit und Spannkraft haben meinen Großpapa Stoffert nicht verlassen. Bis an sein Lebensende war er bei frischer Geisteskraft. Als er schon fast 90 Jahre alt, manches Jahr nicht mehr in Bergedorf gewesen war und ich ihn in seiner Wohnung am Borgesch besuchte, fand ich ihn sorgfältig angezogen, mit blank gewichsten Schaftstiefeln auf dem Sofa sitzend. Im Laufe der Unterhaltung erzählte er die alten Schnurren und hüpfte noch in der Stube

umher, wie zehn Jahre zuvor. Es war kurz vor seinem Ende. Die Großmutter hat ihn lange überlebt. Sie zog später zu ihrem Enkel, dem Sohn von Doris. Ein gespanntes Verhältnis mit meinem Cousin verhinderte, daß ich sie wieder gesehen. Die Gräber beider befinden sich auf dem Hammer Kirchhof.

Der Lohgerber Martin Groth

Zu den Personen, die im Hause meiner Mutter verkehrten, und die mir ein größeres Interesse abgenommen, gehörte Martin Groth. Er war seines Geschäftes ein Lohgerber und ein intimer Freund meines Vaters gewesen. Nach dessen Tode ward er Vormund für mich und meine Schwestern. Fast täglich kam er zu uns ins Haus. Er hatte seine Gruben auf dem Gerberhof vor dem Holstentor und trat immer auf Augenblicke bei uns ein, wenn er von der Arbeit zurückkam.

Meine Mutter hielt viel von ihm, als einem biederen, durchaus rechtlichen Mann von festen Grundsätzen. Groß und von starkem Gliederbau hatte seine Gestalt, selbst in der Arbeitskleidung, etwas Imponierendes, mit dem die freundlichen Züge, der gemütliche Ton in seiner Stimme und die urkomische Ausdrucksweise fast im Widerspruch standen.

Er plauderte gern mit meiner Mutter. Aber nie habe ich gehört, daß er auch nur mit einem Wort meines Vaters Erwähnung getan hätte, und doch wußte ich, daß er ihn leidenschaftlich gern hatte, aus einer Äußerung zu mir: „Jung, war Du man so as dien Vadder, denn warst Du good, en betern hat nich geben,“ ersah ich, wie er ihn verehrt hatte. Ich habe damals nicht tiefer darüber nachgedacht, mußte aber später diesen eigentümlichen Umstand auf Rechnung eines Feingefühls setzen, das man bei dieser derben Persönlichkeit kaum voraussetzen konnte.

Sans-gêne *(ungeniert)* trat er mit seinen großen Gerberstiefeln, in deren Falten zuweilen noch Reste der Lohe verblieben waren, und dem von der Arbeit fettblanken Beinkleid in die Stube und setzte sich, nach herzlicher Begrüßung, neben meine Mutter und nie habe ich gemerkt, daß diese daran Anstoß genommen hätte. Der Fleck, den die feuchten Sohlen auf dem Fußboden zurückgelassen hatten, ließ sie einfach fortwischen. Sie öffnete nicht einmal das Fenster, um nach seinem Fortgange den Lohe-Geruch, der fast das ganze Haus durchdrang, hinauszulassen. Es war ihr eben von seinem Besuch Untrennbares. Sie achtete ihn hoch und erzählte mir mit Befriedigung, wie er, ein eifriger Jäger und häufiger Jagdgenosse meines Vaters, denselben nur an Sonntagen begleitet, jede Aufforderung am Arbeitstage aber bestimmt abgelehnt habe.

Er war so frohgemut, daß er den Widerwärtigkeiten des Lebens stets die Phrase entgegensetzte: „Na, lat musen.“ Sie war auch in unserem Kreis heimisch. Leider war dem Armen ein sehr trüber Lebensabend beschieden, wohl in Folge seines Berufes litt er an rheumatischen Schmerzen, die sich zuletzt so steigerten, daß er fast gelähmt war. Da ich zu jener Zeit eine große Elektrisiermaschine besaß, versuchte ich, leider vergeblich, ihm durch den elektrischen Strom Linderung zu verschaffen. Er starb an seinem Übel. Er war eine biedere Kraftnatur, wie sie immer seltener wird. [...]

Der Amtschirurg Pott

Eine der originellsten Persönlichkeiten, mit denen ich in jener Zeit verkehrte, war der Amtschirurg Pott, der Nachfolger des in meinen Jugenderinnerungen geschilderten Franz Michel Voigt. Er war der Sohn einer Bergedorfer Familie, hatte Chirurgie studiert und sich ein tüchtiges Wissen angeeignet. Ein großer schmucker Mann mit dunklem Haar, lebhaften Augen und raschen Bewegungen deutete sein ganzes Wesen, Unternehmungslust und Entschlossenheit an. Diese Eigenschaften kamen ihm bei Ausübung seines Berufes sehr zu statten und durch glückliche Kuren führte er sich in seine amtliche Stellung ein.
Vielfach bot sich dann bald, bei Anlage der Eisenbahn, wo Unglücksfälle in Menge vorkommen, wo Amputationen und ähnliche Operationen häufig notwendig wurden, Gelegenheit Beweise seiner Geschicklichkeit zu geben. Es waren, dem Althergebrachten gegenüber, seine Kurverfahren ein großer Fortschritt. Unter dem Einfluß neuerer Anschauungen ging er rationell zu Werke, schritt energisch ein, wo er überzeugt war, daß die Natur unvermögend sei, sich selber zu helfen. Da aber, wo er ihrer Heilkraft vertrauen konnte, half er nur unterstützend nach. Dies Verfahren entsprach auch seinem humanen Sinn, den er Leidenden der unbemittelten Klasse gegenüber oft glänzend bestätigte.
Ich habe viel mit ihm verkehrt und ist er auch nicht eben mein Freund gewesen, so war er mir doch ein lieber Bekannter und gern gesehener Gesellschafter, denn sein heiteres Gemüt, die Leichtigkeit, ja Leichtsinnigkeit, mit der er das Leben, selbst in seinen schwierigen Lagen, auffaßte, zogen mich, der ich ernster veranlagt war, eigentümlich an und hatten ihren besonderen Reiz. Von mehr als lebhaftem Temperament konnte er, ohne jähzornig zu sein, oft bei geringem Anlaß auffahren und ganz aus dem Häuschen kommen. So erinnere ich, daß wir mit Burmester und Berens Schach à quatre spielten. Er ward mein Eda und spielte dies, allerdings schon durch große Komplikation aufregende Spiel mit solcher Leidenschaft, daß er einmal, als er glaubte, ich unterstützte seinen Spielplan nicht genug, aufsprang, alle Figuren zusammenraffte und sie mir mit den Worten: „Wenn Sie so spielen, hol der Deibel die ganze Geschichte“ entgegenwarf.
Trotzdem konnte man ihm nicht böse sein. So schnell wie sie gekommen, war auch die Aufregung verraucht und er war wieder der gutmütige Mensch wie zuvor. Beim Spiel verlieren, verstimmte ihn immer. Kam er nach einer unglücklichen Whistpartie nach Haus und Netty, sein kleiner Terrier, kam ihm freundlich entgegen, so nahm er ihn auf den Fuß und warf ihn in eine Ecke. War er aber im Spiel glücklich gewesen, dann liebkoste er Netty, wenn er ihm entgegenkam und konnte nicht Schmeichelworte genug finden. Häufig ritten wir zusammen aus. Entweder begleitete ich ihn auf seinen Landtouren oder er begleitete mich, wenn ich geschäftlich weiter ins Land hinaus mußte. Wolters „St. Petersburg“ hielt damals zwei kleine Ponys, die wir bei solcher Gelegenheit mieteten. Leidenschaftlich wie bei allem, war er auch ein wilder Reiter, und ich erinnere, daß er auf dem Wege nach Curslack ein Weib vom Deich herunterritt, abstieg, Pflaster auf die Schürfwunden legte und den schimpfenden Mund mit Geld stopfte. Ein Zerwürfnis mit dem Physikus Dr. Hartung erreichte einen so

hohen Grad, daß er sich zu Tätlichkeiten hinreißen ließ, infolgedessen sein Amt niederlegte und nach Nordamerika auswanderte. Dort hatte er, der so manches Glied amputierte, selbst das Unglück, nach einem Sturz vom Pferde, ein Bein zu verlieren. [...]

Zur Militärparade nach Lüneburg

Um diese Zeit fand ich auch Gelegenheit Lüneburg kennenzulernen, wohin ich eine Tour mit meinem Nachbarn Hermann Heitmann und dem Zollverwalter Goos von Sande unternahm. Das norddeutsche Bundesheer war dort in einer Stärke von 40.000 Mann versammelt, hatte ein Lager bezogen und Übungen abgehalten. Eine große Parade sollte den Schluß des ganzen militärischen Schauspiels bilden. Diese zu sehen, war der Grund unserer Reise. Bei schlechtestem Wetter unternahmen wir die Tour, es wehte ein heftiger Nordwest und schwere Regenschauer hatten die Wege fast grundlos gemacht. Es war auf dem offenen Wagen recht ungemütlich. Durchfroren kamen wir bei Zollenspieker an, wo, des heftigen Windes wegen, die Fähre nur langsam arbeitete, so daß wir froh waren, nach stundenlangem Aufenthalt uns endlich auf dem Wege nach Winsen zu befinden. Wir hatten gehofft, hier frühstücken zu können, wurden jedoch in unserer Erwartung sehr enttäuscht. Bei dem ungeheuren Menschenandrang waren alle Vorräte aufgezehrt. In einem Landhause erhielten wir endlich etwas grobes Brot mit Butter und einen Schnaps.
Auf der Strecke von Winsen bis Lüneburg bewegte sich eine Völkerwanderung und zahllose Gespanne gestatteten nur langsames Vorwärtskommen. Noch am

Kloster Lüne, bei Lüneburg

Nachmittag erreichten wir Lüneburg, wo wir auf Armerdings bemühen im Hinterhaus eines Ausspanns dürftiges Logis fanden. Armerding hatte das Lager schon besucht und konnte, nachdem wir uns restauriert hatten, uns als Führer dienen. Leider floß der Regen in Strömen. Wir zogen durch die langen Lagergassen und ich fing an, die Soldaten zu beneiden, die sich an den Lagerfeuern teils recht wohnlich eingerichtet hatten. Der Eindruck des Lagers blieb hinter meinen Erwartungen zurück. Sah man auch die langen Zeltreihen, das bunte Treiben vor den Zelten, so fehlte es doch an einem Überblick, ein Bild des Gesamten konnte man nicht gewinnen. Bei der feuchten, schweren Luft konnte der Rauch nicht entweichen und hüllte alles in einen trübgrauen Flor, ohne eine wirklich malerische Stimmung zu erzeugen. Die Luft war so kalt geworden, daß wir mit erstarrten Händen dastanden und gern an den Lagerfeuern einen Platz gesucht hätten. Ziemlich verstimmt traten wir im Dämmerlicht den Rückweg nach Lüneburg an. Dort mußten wir unsere gänzlich durchnäßten Kleider am Ofen trocknen und im tiefsten Negligée in der Gaststube hocken. Es war ein sehr ungemütlicher Zustand und ich freute mich, als wir endlich schlafen gingen.

Der Tag, an dem die große Parade der 40.000 Mann des norddeutschen Bundesheeres stattfinden sollte, brach stürmisch und mit heftigen Regenschauern an, so daß wir uns schon besorgten, das Schauspiel möchte, des schlechten Wetters wegen, unterbleiben. Als wir jedoch die Mecklenburger Garde-Dragoner, von welchen eine Anzahl im Ausspann einquartiert war, ausrücken sahen, machten wir uns ebenfalls zeitig auf den Weg, um einen Platz zu erlangen, von dem wir das imposante Schauspiel genügend würden sehen können.

Die Wege auf dem Manöverfelde waren schier grundlos, doch arbeiteten wir uns bis zur Anhöhe durch, auf der die Fürsten und höchsten Militärs Posto gefaßt hatten. Hier sah ich Ernst August, den König von Hannover, in roter Husaren-Uniform, schon ein alter Mann mit schneeweißem Haar, aber stramm zu Pferde, den jüngsten, den Herzog Wilhelm von Braunschweig in schwerer Husaren-Uniform, den Großherzog von Mecklenburg, preußische, englische, russische und österreichische Prinzen und Generäle. Es war ein farbiges und leuchtendes Bild, als ein flüchtiger Sonnenschein all' diese bunten, von Gold und Silber strotzenden Uniformen streifte.

Etwa um 11 Uhr begann der Vorbeimarsch. Endlose Züge von Infanterie, Kavallerie und Artillerie zogen vorüber und auch dem weniger militärisch Gesinnten drängte sich doch oft ein Ruf der Bewunderung beim Anschauen dieser herrlichen Regimenter auf die Lippen.

Vornehmlich imponierten mir die Hannoverschen Gardekürassiere in ihrer weißen, rot bordierten Uniform und dem prächtigen Musikcorps, die Braunschweiger Schwarzen Husaren und die Mecklenburger Gardedragoner, deren Pferde zu den schönsten zählten, von denen, die hier versammelt waren. Trotz der oft einfallenden Regenschauer und des stets wachsenden Sturmes, hielten die Fürsten, ohne zu wanken, aus. Selbst der alte Ernst August ließ kein Mißbehagen in seinem Gesicht wahrnehmen, obgleich der Regen in Strömen an ihm herunter rann.

Nach Beendigung des militärischen Schauspiels kehrten wir in unsere Kneipe zurück, nahmen ein frugales *(bescheidenes)* Mahl ein und eilten nach Hoopte, zurück, um bei dem zu erwartenden Andrange, rechtzeitig an der Fähre zu sein und auf baldige Überfahrt rechnen zu können. In dieser Erwartung sahen wir uns jedoch arg getäuscht. Um die Fähre war bereits, obgleich es noch Dämmerlicht war eine solche Menschenmenge versammelt, daß weder an eine Überfahrt, noch an ein Unterkommen zu denken war. Alle Räume der zunächst liegenden Häuser waren vollständig besetzt, denn um vor dem stets wachsenden Sturm Schutz zu finden, drängte alles in die Zimmer, selbst ohne Hoffnung, einen Platz zum Sitzen oder Liegen zu finden. Um das Maß der Verlegenheit voll zu machen, erklärten die Fährleute bei dem immer noch wachsenden Sturm, weitere Überfahrt nicht wagen zu wollen. So blieb die Aussicht eine kalte, stürmische Nacht im Freien zubringen zu müssen. Nachdem ich mühsam etwas trockene Semmel für schweres Geld erworben, suchte ich mit meiner Reisedecke eine Stelle in einer Remise und war so glücklich, dort einen geschlossenen Wagen zu finden, dessen Besitzer wohl ebenfalls seine Abfahrt bis zum nächsten Morgen hatte verschieben müssen. Hier war ich gegen Sturm und Regen geschützt und ward erst, als es tagte, von dem Kutscher aus meinem Schlaf geweckt.

Meine Reisegefährten hatten auf einem Heuboden Platz gefunden und fanden sich mit ziemlich steifen Gliedern ein. An den obligaten Morgen-Kaffee durfte nicht gedacht werden. Inzwischen hatte sich der Sturm soweit gelegt, daß an eine Überfahrt ohne Gefahr konnte gedacht werden und in katzenjämmerlicher Verfassung erreichten wir das andere Ufer. Erst bei Benig Harden, an der Kirchwärder Kirche, konnten wir unseren gesunkenen Lebensgeistern durch heißen Grog und kräftige Butterbrote wieder aufhelfen.

Die Herrenmühle in Lüneburg

Von Lüneburg selbst hatte ich in der oben geschilderten bewegten Zeit wenig gesehen. Doch besuchte ich es später und fand dort viele reizende und interessante Punkte. Die altersgraue Stadt hat noch manches wohlerhaltenes Bauwerk, das den Geist und die Eigenart früherer Bauten zeigt. So das Rathaus, die Herrenmühle, ein alter Turm am Ufer der Ilmenau, manche Privathäuser, die noch die früher üblichen Vorbauten und die schindelgedeckten Treppen, die in den zweiten Stock führen, zeigen, und deren unregelmäßige Fensteranordnung von dem Stil der Neuzeit so gründlich abweicht.

Der Arzt Dr. Klöpper

Einer der interessantesten Menschen, deren Bekanntschaft ich in meiner Jugend zu machen, Gelegenheit hatte, war der Dr. Klöpper, ein Arzt, der, nachdem er in Hamburg und Lübeck praktisch tätig gewesen, sich in Bergedorf niedergelassen hatte. Das alte Organistenhaus am Kirchhof („*Hasse-Haus*") erwarb er und versah es mit einem, seinen Bedürfnissen entsprechenden Anbau.
Schon dieser Anbau zeugte von einem originellen Wesen. Es war ein rundes turmartiges Gebäude, das nur ein Zimmer enthielt und durch eine Tür mit dem alten Hause in Verbindung stand. Die Form dieses Anbaues war den alten Zinnen gekrönten Warttürmen nachgebildet und ward von der Frau Doktor, seiner runden Gestalt wegen, in ihrer eigentümlichen Ausdrucksweise „mein Runtuntel" genannt, welche Bezeichnung von uns allen angenommen ward. In dieser Wohnung lebte das Ehepaar ziemlich isoliert.
Der Doktor, dessen ich in meinen Jugenderinnerungen schon gedacht, war ein so eigentümlicher Mensch, daß ich es mir nicht versagen kann, an dieser Stelle noch manches über sein Wesen und Leben nachzutragen.
Eine erfolgreiche und lohnende Praxis in den beiden oben genannten Städten hatte ihm einen Ruf als Arzt verschafft, der weit über den Rayon *(Bezirk)* hinausreichte, und es kamen, als er bereits in Bergedorf wohnte und eigentlich zu praktizieren aufgehört hatte, noch häufig Kranke aus weiter Ferne, die seine ärztliche Hilfe in Anspruch nahmen. Er durfte eigentlich in Bergedorf keine Praxis betreiben, weil er sich einem Examen des Physikus Dr. Janssen nicht hatte unterwerfen wollen, da er, als ein sowohl in Hamburg als auch in Lübeck konzessionierter Arzt, dasselbe für überflüssig erachtete. Im Übrigen hielt er den Physikus, der ein Arzt nach der alten blutentziehenden Schule war, für einen dummen Kerl, der nicht imstande sei, ihn auf seine Fähigkeit zu examinieren. Nun war allerdings seine Auffassung der Krankheit, wie des Heilmittels eine solche, daß er im Examen des Dr. Janssen schwerlich würde bestanden haben. Kein wissenschaftliches Schema engte seine Diagnose ein. Keinem Arzneibuch entnahm er die Formeln für seine Heilmittel. Treues aufmerksames Studium der Natur, die Erfahrung einer langjährigen vielseitigen Praxis, waren seine Leiter und was neuerdings so wesentlich betont wird, von dem aber zu jener Zeit niemand eine Ahnung hatte, eine gewisse hypnotische Kraft mochte ihm eigen sein und teil an seinem glücklichen Wirken haben.
In seinem Hause lebte er sehr einfach, wenn auch mit den Genüssen, die eine wohlgestellte Familie der besseren Stände sich zu gestalten pflegt. Er hatte

seine Frau in Hamburg kennengelernt, wo sie Haushälterin bei einem alten Junggesellen gewesen, dessen Hausarzt der Doktor war. Das freundschaftliche Verhältnis des alten Herrn zu seiner Haushälterin hatte zur Folge, daß er dieselbe zur Universalerbin einsetzte und daß sie, nach dem Tode ihres alten Freundes, die Frau des Dr. Klöpper ward. Hatte Dr. Klöpper auch immer eine einträgliche Praxis gehabt, so hätte er doch schwerlich ein namhaftes Vermögen erworben, da eine ungewöhnliche Sorglosigkeit und eine übergroße Freigiebigkeit ihn das Geld nicht zusammenhalten ließ. Nach dem Vermächtnis konnte das Ehepaar sorglos leben, und die Frau Doktor verstand es besser als ihr Herr Gemahl, Ordnung in den Finanzen zu halten.
Es war ein eigentümlich verschiedenes Ehepaar. Er ein schöner, fast ideal gebildeter Mann, eine schlanke hohe Gestalt, deren Kopf viel Ähnlichkeit mit dem Schillers hatte. Sein Gesicht war edel, sein Auge lebhaft, die Nase groß, leicht gebogen, der Mund fein gebildet, zeigte leider in seinen Winkeln oft einen bräunlichen Anflug von Tabak, den er reichlich kaute. Er war sehr kurzsichtig und machte deshalb oft den Eindruck, als ob er mit gekreuzten Sehachsen blicke. Auch ging er in Folge dessen gebückt und sah stets vor sich nieder. Seine Kleidung war reinlich, aber nachlässig, ohne deshalb unordentlich zu sein. Das Halstuch zum Beispiel, lose umgeschlungen ließ den Hals bis zur Grube sichtbar sein. Die Beinkleider waren oft so kurz, als sei er aus denselben hinausgewachsen. Die Mütze war ohne Schirm. Man sagte, die Frau Doktor habe ihn abgetrennt, weil er zu oft an der unrechten Stelle gesessen habe. Er rasierte sich, doch war der Bart oft acht bis vierzehn Tage alt, ehe er wieder unter dem Messer fiel. Das Kopfhaar schlicht und so lang, daß es bis auf die Schulter herabfiel.
Die Frau Doktor war der schroffe Gegensatz ihres Mannes. Eine mittelgroße robuste Dame, beleibt, wenn auch wohlgebildet, doch ohne Veredelndes in ihrem Wesen, machte sie den Eindruck einer ländlichen Persönlichkeit, die von der Kultur einen gewissen Schliff erhalten hatte. Aber eine große Menschenfreundlichkeit und Güte sprach sich in ihren derb angelegten Zügen aus, und die freundlichen Augen, um die sich beim Sprechen kleine Faltenbüschel bildeten, und der Mund mit den etwas vollen Lippen hatten etwas so Gewinnendes, daß man sofort für sie eingenommen ward. Ein Gefühl, das sich bei näherer Bekanntschaft noch steigerte.
Sie war stets auf's Sorgfältigste gekleidet, nicht luxuriös, sondern einfach, sauber. Alles machte den Eindruck peinlichster Ordnung. Das mangelnde Haar war durch ein gut gearbeitetes Toupet ersetzt, das für ihre Jahre wohl etwas zu dunkel geraten war und unter der zuweilen eine feine graue Locke hervorsah. Machte die ganze Figur auch nicht den Eindruck geringer Herkunft, so deutete doch ihre Sprache, die ein Gemisch von Hochdeutsch, Mecklenburger und Hamburger Plattdeutsch war, unzweideutig darauf hin. Es war ein Hochgenuß diesem Konglomerat verschiedener Dialekte zuzuhören, die in ungestörtem Fluß sich friedfertig ergänzten. Sie war eine überaus humane Frau und, gleich ihrem Manne, selbstlos bedacht, anderen, zumal Armen, hilfreich zu sein. Wiederholt bin ich Zeuge gewesen, daß sie Kranken, die der Doktor unentgeltlich behandelte, noch für längere Zeit täglich Speisen sandte, die zu ihrer

Heilung nötig waren, die aber bei der obwaltenden Dürftigkeit nicht von den Betreffenden beschafft werden konnten.

Ich habe der Neigung des Doktors für vergleichende Sprachforschung in meinen Jugenderinnerungen schon gedacht. Viele Male habe ich seinen Definitionen, denen ich, bei mangelnder Kenntnis der betreffenden Sprache, nicht folgen konnte, geduldig zugehört, weil ich ihn nicht kränken wollte, und dann bewundert, wie er sich so ganz in seinem Stoff verlor, fast sprach, ob er allein sei und nur zum Schluß, mit raschem Aufblick seiner freundlichen Augen, fragte: „Nicht wahr, Sie haben mich verstanden?" Er war so befangen in seiner Neigung, von seinem Stoff so eingenommen, daß er sehr häufig die Verhältnisse und Personen ganz unberücksichtigt ließ und an Orten seine Vorträge hielt, wo es am wenigsten angebracht war. So habe ich ihn in der Gaststube der „Stadt Hamburg" vor einem aus lauter Spießbürgern bestehenden Auditorium, in einer bis zur Nebeldicke mit Tabakrauch gefüllten Atmosphäre, über den griechischen Eros und den römischen Amor reden hören, bis fast alle Gäste sich still davongemacht hatten. Es fiel ihm aber gar nicht ein, wie den Davongeschlichenen wohl dusselig im Kopf sein mochte, war ihm doch die Sache klar, das genügte.

Weil ich seinen Mitteilungen, wenn auch mit Teilnahme, doch auch mit Rücksicht folgte, ihn nicht merken ließ, wenn ich nicht verstanden hatte oder seine Ansichten nicht teilen konnte, glaubte er, mich für seine Sache erwärmt, in mir einen Genossen seiner Forschungen gefunden zu haben.

Ich war damals vielleicht 18 Jahre alt *(1835)* und er meinte, es sei noch nicht zu spät, um alles nachzuholen, was mir zum Studium der alten Sprachen nötig sei. So glaubte er, mich für die Bildung neuer Schriftzeichen gewinnen zu können, in denen sich Laut und Stamm der verschiedenen Sprachen einigen ließen. Seine Gedanken waren in diesem Punkt Vorläufer des späteren Volapük *(Welthilfssprache)*. Indem seine Bestrebungen immer zurück auf die Wurzel der Sprache gerichtet waren, vergaß er, daß dieselbe ein Entwicklungsprodukt der Menschheit ist und nicht ein ursprünglich Vollendetes, das nur im Laufe der Zeit zersplittert und getrübt worden war. Am logischen Erfassen des Stoffes fehlte es ihm. Er war ein Phantast und Mystiker, der abgetrennt von den Erfahrungen neuerer Wissenschaft, seine eigenen Wege ging. Als ich ihm Reichenbachs „Odische Gedichte" gab, die damals neu erschienen waren, war er entzückt, sie entsprachen seinem Wesen, das vom Übernatürlichen, Unerklärten angezogen ward.

Er lebte mit seiner Frau glücklich und in Frieden, so daß das Verhältnis nie Anlaß zum öffentlichen Gerede gab. Bis ein Ereignis eintrat, das ihn für lange Zeit zum Stadtgespräch werden ließ. Er war schon über 70 Jahre, als er eines Tages mit den Worten zu seiner Frau ins Zimmer trat: „Liebe Frau, der Herr hat unser Haus gesegnet. Es ist uns ein Mägdlein geboren." Anfänglich stand die Frau Doktor sprachlos, dann fuhr sie auf: „Das hast Du getan, sakramentscher Hund, und das wagst Du mir so gleichmütig zu sagen?" Doch der gerechte Zorn war bald verraucht. Die Herzensgüte hatte gesiegt. Sie verzieh ihrem Mann, behielt das Mädchen im Hause, pflegte es, bis es wieder hergestellt war und sorgte auch später für Mutter und Kind. Es war ein Akt größter Selbstent-

äußerung, einer Humanität, wie sie der höchsten Bildungsstufe zur Ehre gereicht hätte.
Sie starb einige Jahre nach diesem Vorfall und der Doktor heiratete das frühere Dienstmädchen und hat noch manches Jahr in glücklicher Ehe mit ihr gelebt. Er ward sehr alt, man sagt fast hundert Jahre. Nach seinem Tode wohnte die Witwe in dem Hause mit dem „Runtuntel", das ihr Eigentum geblieben war. Der Doktor hatte, soweit es ihm möglich gewesen, den Fehltritt seines Alters gutgemacht.

Mangel an geistiger Tätigkeit

Um diese Zeit *(etwa 1835)* begann ich in fortlaufender Reihe, wenn auch nicht tagebuchartig, kleine Aufzeichnungen zu machen, die ich, soweit es sich dabei um Persönlichkeiten handelte, mit unbedeutenden, mehr Contourartigen Federzeichnungen versah.
Da ich den Gebrauch der Tusche, auch die kleinen technischen Bedingungen zu solcher Arbeit nicht kannte, wurde dieselbe, bei aller Feinheit doch roh, denn auch die Tinte damaliger Zeit, die aus dem Pulver bereitet ward, sowie die erst in Aufnahme kommenden Stahlfedern, waren für solchen Zweck ganz ungeeignet. Sonderbar erscheint es mir jetzt, daß ich, da mir doch das Landschaftliche so lieb war, und ich fortwährend Touren in die Umgebung machte, auch schon durch meine botanischen Exkursionen darauf hingewiesen sein mußte, nie daran dachte, landschaftliche Studien zu machen. Ich quälte mich mit figürlichen Sachen, selbst Porträts, die doch eine viel bedeutendere Fertigkeit erfordern.
Freilich leitete der tägliche Umgang mit dem Publikum zunächst daraufhin. Doch mußte ich dabei vornehmlich meinem Gedächtnis vertrauen, da von einem Studium nach der Natur nicht die Rede sein konnte. Diesem Umstande schreibe ich es aber ganz besonders zu, daß sich mein Gedächtnis für nur einmal gesehene Objekte in glücklicher Weise ausbildete und daß es mir bald gelang, ein geschlossenes Bild vor meinem geistigen Auge zu fixieren. Diese Fähigkeit ist mir später beim Studien-Malen sehr nützlich gewesen und muß ich sie auf diese primitive Tätigkeit zurückführen.
So entstand eine Reihe kleiner Skizzen, die die bezüglichen Persönlichkeiten oft in derb wahrer Zeichnung, oft in karikierter Weise wiedergaben, bald dem kleinen Stadtklatsch folgten, dann wieder in ersten Zügen das Charakteristische hervorhoben. Da der Text dieser Aufzeichnungen mit voller Rücksichtslosigkeit behandelt war, konnten sie nur für mich selbst geschrieben bleiben und durften nicht in fremde Hände geraten. Die Extravaganzen des Bürgermeisters Hinsche, des Amtsschreibers Hartung, des Ratmann Schlebusch, der Gebrüder Biehl, des Dr. Janssen, der Frau Hartig, des Fräulein Louise Schmidt und vieler anderer fanden in meinem Journal eine Stelle. Dieser intime Charakter meiner Arbeit veranlaßte mich später, als ich für längere Zeit meinen Wohnort wechseln mußte und das gesammelte Material nicht unter Verschluß halten konnte, alles, sowie auch ein Heft Gedichte, zu verbrennen. Ein Entschluß, den ich später bitter bereut habe, da ich mich in diesen, wenn auch

stilistisch und zeichnerisch wertlosen Arbeiten, eines Materials beraubte, auf das ich oft und gerne zurückgegriffen hätte.
Je mehr ich mich in diese kleinen Arbeiten vertiefte, umso mehr empfand ich die Lücke, die der unterbrochene Schulunterricht in mir zurückgelassen hatte. Immer wieder traten Momente ein, wo ich recht unzufrieden mit meinem Lose, eine Änderung meiner Lage herbeiwünschte. Hörte ich dann meine Mutter und meine Schwestern, die ohne mich nicht glaubten fertig werden zu können, da beruhigte ich mich wieder und trug mein Joch geduldig weiter. Das aber war das mir selber Peinliche, daß ich mir nicht mit Bestimmtheit sagen konnte, für was ich mein jetziges, mir so peinliches Verhältnis hätte vertauschen mögen. Eine ausgesprochene Neigung für einen bestimmten Beruf hatte ich nicht, konnte ich nicht haben, da mir das Leben, außer meinem Geschäft, zu fremd war. Musik, Zeichnen, Literatur, Botanik, das alles waren mir liebe Beschäftigungen, aber dennoch würde ich gezögert haben, hätte ich mich für eine derselben als Lebensberuf entscheiden sollen. Ich war aber kein ausgesprochenes Genie, dem schon eine Bahn durch seine Anlage vorgezeichnet ist. Ich war mehr allgemein veranlagt, konnte nach mancher Richtung ausweichen und dort nützlich verwendet werden. Schließlich kam ich dann auch zu der Einsicht, daß es nur der Mangel des Geistigen in meiner Beschäftigung sei, der mich so anöde, und daß mein Verlangen nur nach geistiger Beschäftigung ziele, ohne eine bestimmte Form dafür finden zu können. So war es sicher, ich würde da gewiß meine Stelle ausgefüllt haben, wo man eine selbständige geistige Arbeit von mir gefordert hätte, die meinen Fähigkeiten und meinen Kenntnissen entsprochen hätte. Mein Los war das von so vielen Unzufriedenen. [...]

Großmutter Wübbe als Witwe

Meine Großmutter Wübbe hatte nach dem Tod ihres Mannes ein kleines Haus in der Kirchenallee vor dem Steintor gekauft, die Schwiegertochter, die bereits Witwe geworden, mit den zwei Töchtern zu sich genommen und ihrem Haushalt einen ökonomischen Zuschnitt gegeben.
Als des Großvaters zweite Frau war ihr Erbteil nicht groß gewesen. Ihr Sohn, Heinrich Lopau, hatte schon den größten Teil in Anspruch genommen, nachdem sein eigenes väterliches Erbteil längst verschwunden war. Durch den Verkauf eines sehr wertvollen Brillantschmuckes und eine dafür erworbene Leibrente, die bei dem hohen Alter der Großmutter einen hohen Zins ergab, gewann sie ein ausreichendes Einkommen. So verlebte sie ihre letzten Jahre im glücklichen Beisammensein mit Damen, die ihr die liebsten waren. Ich glaube wohl, daß sie keine besondere Inklination für ihre Schwiegertochter hatte und haben konnte, da diese durchaus ungebildet war, in ihrem Wesen ausgesprochen den Typus niederer Herkunft zeigte, wenn sie auch deren praktischen Sinn gerechterweise anerkannte. Früher selbst ein Dienstmädchen, waltete sie mit Strenge als Herrin und geriet dadurch zuweilen in Kollision mit der Großmutter, die je älter sie ward, immer milder und nachsichtiger wurde.
Die Enkelinnen dagegen genossen die ganze Liebe der Großmutter, zumal war es die ältere Anna, ihr Ebenbild, die auch geistig ihr am ähnlichsten, leider kör-

perlich verkrüppelt war, zu der sie sich hingezogen fühlte. Sie war starken Geistes und vom scharfen Verstande, während die jüngere Friederike wohlgebildet, aber wenig tatkräftig und selbständig war, in ihrem Wesen etwas Verschüchtertes und Unsicheres zeigte.
Ich war während der letzten Jahre, die meine Großmutter hier verlebte, oft bei ihr, habe viele Stunden dort mit ihr verplaudert, deren Geist bis zum letzten Tage frisch und kräftig blieb, die teil an allem nahm, was die Welt bewegte, deren Gedächtnis vortrefflich war, die vorurteilsfrei auf der Höhe der Zeit stand und sich des Fortschrittes freute, wie sie der Vergangenheit gerecht zu werden wußte. Sie war mir stets eine ehrwürdige, erhabene Erscheinung und als ich in den letzten Stunden an ihrem Sterbebett stand, als ihr Geist schon umflort war, die Hände krampfhaft zitternd mit dem Bettuche spielten, da fühlte ich, daß eine liebe Freundin, eine zweite Mutter, von mir zu scheiden im Begriff war. Ich habe ihr Gedächtnis hochgehalten, wie es einem solchen Verhältnis entsprach.
Noch in ihren letzten Lebensjahren lernte ich sie so recht hoch schätzen. Mit seltenem Geschick wußte sie so manche Klippe zu vermeiden, die der Schwiegertochter etwas herrisches Wesen und oft triviale Auffassung der Lebensverhältnisse bildeten. Nur einem scharfen Verstande konnte es gelingen, die Mitte zu finden zwischen Festhalten an dem für notwendig Erkannten und tolerantem Nachgeben, wo solches ohne Schaden geschehen konnte. Bis zum letzten Tage, wo ihre Kraft erlahmte, hat sie die Leitung des Haushalts fortgeführt, wenn auch die Ausführung in der Hand der Schwiegertochter lag, und es verstanden, in milder Form ihren Bestimmungen Achtung zu erzwingen. Meine Großmutter hieß mit vollem Namen: Cristina Margaretha Friederike Wübbe, verwitwete Lopau, geborene Schmalfeldt, geboren am 3. Januar 1763, gestorben am 25. Dezember 1850.

Die Geschäfte in der Kolonialwarenhandlung

In dem Leben in meinem elterlichen Hause hatte der Tod meines Großvaters Wübbe keine besondere Änderung hervorgerufen. Unsere Hoffnung, daß nach dem Tode desselben unser finanzielles Verhältnis sich bessern werde, ging nicht in Erfüllung. Zwar behielt meine Mutter ihr Besitztum, aber sie schuldete den Brüdern jedem noch 3.000 Mark, also eine Summe von 12.000 Mark. Unvorsichtige Auktionskäufe, weit über den Bedarf des Geschäftes hinaus, hatten das Lager zu solcher Höhe gesteigert. Freilich verzichteten die Onkel, wohl im Bewußtsein, daß sie zumal dies Verhältnis verschuldet, auf eine Verzinsung des Kapitals. Aber wir blieben doch unter dem Druck solcher Abhängigkeit, und es war ein glückliches Gefühl, als wir mit der Zeit einen Teil der Summe abtragen konnten.
Die Geschäftslage war damals eine eigentümliche. Das überseeische Engros-Geschäft in Eisen wie in anderen Waren hatte einen argen Rückschlag erfahren. Große Verluste waren an der Tagesordnung. Handelshäuser von drüben, zumal von den südamerikanischen Staaten, veranlaßten deutsche Fabrikanten und Kaufleute, Sendungen nach dort, wo angeblich großes Begehren nach den frag-

lichen Artikeln sein sollte, zu machen. Traf die Ware dort ein, so hieß es, es sei plötzlich eine Überfüllung des Marktes und die Ware unverkäuflich. Entweder war dies, durch vielseitig veranlaßte Sendungen wirklich der Fall, oder es war nur eine Pression, um den Preis der Ware zu drücken. So blieb manche Sendung, nach drüben bestimmt, in Folge ungünstiger Berichte, in Hamburg liegen, um eine bessere Konjunktur abzuwarten und gelangte endlich, wenn solche nicht eintrat, in den Auktionssaal, wo sie à tout prix verkauft ward. Es war dies eine sehr verführerische Gelegenheit, gute Ware zum Spottpreis zu erwerben, aber auch unnötig sein Lager zu vergrößern und sein Betriebskapital zu verringern. Da Onkel Adolph, als in Hamburg ansässig und Gefallen daran findend, viele solcher Einkäufe besorgte, ohne die nötige Fachkenntnis zu besitzen, so konnte es nicht ausbleiben, daß neben vielem Brauchbaren, eine Menge Ladenhüter sich einfanden. Als ich später selbst solche Einkäufe besorgte, erkannte ich, wie vorsichtig man auf diesem unsicheren Boden sein mußte, um vor Betrug und Übervorteilung gesichert zu sein.

Das Geschäft war fast ganz in den Händen der Juden. Tändler und Konsorten bildeten einen Ring, der die brauchbarsten Sachen ankaufte und sie hinterher unter sich versteigerte, Gewinn und Verlust gemeinsam trug. So blieb nur das noch übrig, was dieser Ring nicht verwerten konnte und hieran selbst beteiligte sich die Machination, so daß ich bald einsah, es sei auf diesem Gebiet kein Nutzen mehr zu erzielen, jeden Auktionskauf einstellte und nur noch direkt bezog.

Um die Weihnachtszeit hatten wir eine Ausstellung von Spiel- und Galanteriewaren, wozu ursprünglich die Auktionskäufe von Onkel Adolph geführt hatten. Unser Wohnzimmer ward ausgeräumt und rings in demselben, Borde und Tische aufgeschlagen, auf denen die Sachen zur Ausstellung kamen. Onkel Adolph rückte 14 Tage vor Weihnachten ein, um die Ausstellung zu bewerkstelligen, denn es war einmal angenommen, daß dies keiner besser verstehe. Als Knabe bestaunte ich dies alles und zumal seine Geschicklichkeit, dies so glänzend zu arrangieren. Später erkannte ich, daß er drei volle Tage zu dem gebrauchte, was an einem Tag fertig zu bringen sei, und daß die Ausstellung ihm mehr Unterhaltung als zweckliche Beschäftigung sei. Es entsprach eben sein Tun auch hier ganz seinem Naturell und seiner Gewohnheit.

Als das kindliche Interesse an diesen Dingen bei mir geschwunden war, als ich bereits selbst dabei mitzuarbeiten hatte, da empfand ich den gründlichen Widerwillen, ja Ekel, vor diesem Teil unseres Geschäftes und ich verwünschte jedes Jahr die Weihnachtszeit, um dieser mir verhaßten Zugabe willen. Gern hätte ich meine Mutter zu veranlassen gesucht, das Weihnachtsgeschäft aufzugeben, wenn es nicht einen unverhältnismäßigen Gewinn abgeworfen, den wir nicht zu entbehren im Stande waren. Somit hieß es ausharren. Eine interessante Seite hatte die Sache aber doch. Sie gab vielfach Gelegenheit wahrzunehmen, wie das Kind noch im Erwachsenen weiterlebt, nur heraustritt, wenn ihm dazu Anlaß gegeben wird. Wie mein Onkel Adolph bei Aufstellung des Doms, wie die Ausstellung kurzweg genannt ward, eine Benennung, die von den runden Krambuden am früheren Hamburger Dom herrührte, sich an dem Spielzeug kindlich freuen konnte, so war es bei vielen Personen der Fall, nicht immer

kindlich oft kindisch. Wie mancher kaufte nicht im Sinne des Kindes, sondern in seinem, weil er sich im Geiste als spielend mit dem Ding gedacht. War dann die Aufstellung fertig, dann wurden am ersten Sonntagabend alle Kinder frei hereingelassen, und es begann der Ulk, denn Onkel Christian war inzwischen eingetroffen, um das Opus seines Bruders zu bewundern und benutzte die Gelegenheit, um mit den Kindern gehörigen Radau zu machen. Am nächsten Morgen entführte er dann per Reisewagen den drei Tage schmerzlich vermißten Bruder.
Als ich später selbst das Geschäft übernahm, war mein Erstes, alle Spiel- und Galanteriewaren P. & C. Meyer zu überlassen, der die Ausstellung in ähnlicher Weise fortgeführt hat.

Besuch in Uelzen

Der Einladung meines Schulfreundes Ferdinand Hoppe, der zum Kaufmannsstande übergegangen war, und sich in Uelzen verheiratet hatte, führte mich zunächst nach Lauenburg, einer Ortschaft, die zu besuchen, ich später noch oft Gelegenheit gefunden.
Die kleine Stadt liegt hart am rechten Ufer der Elbe, da wo die Stecknitz in dieselbe fällt und bietet viele recht malerische Motive. Nicht nur von der Höhe der steilen Ufer, in die ein Teil der Stadt malerisch eingebaut ist, überall wo sich die Straßen terassenartig hinaufziehen, findet man reizende Punkte. Das linke Elbufer, Lauenburg gegenüber, ist flach. Erst in weiter Ferne erblickt man sanfte Höhenzüge. Von dem Schloß, das auf der Höhe liegt, ist nicht viel Interessantes zu sagen. Es stammt aus dem 12. Jahrhundert und ward um die Zeit erbaut, wo Bardowick und auch die Artlenburg zerstört wurden. Sehr

Am Ufer der Elbe bei Lauenburg

Elbe bei Marschacht

Gefängnisturm in Lauenburg

Straße in Lauenburg

An der Elbe bei Lauenburg

wahrscheinlich lieferten die Trümmer dieser Burgen das Material zu dem Bau des Schlosses. Bezeichnend für die Lage Lauenburgs sind die molenartigen Steindämme aus schweren Granitblöcken und die mächtigen Pfahlwerke, die sich überall am Ufer finden und die zum Teil in den Strom hinaustreten. Sie sind bestimmt, zur Zeit des Eisganges die am meisten gefährdeten Stellen des Ufers gegen den Andrang des Flusses zu schützen und an den teilweise stark zersägten Pfahlwerken sieht man, wie die Eisschollen an ihnen gearbeitet haben. Am Ufer fand ich manche Partie und bedauerte nur, daß ich all' dies Schöne nicht wenigstens flüchtig skizzieren konnte.
Im oberen Teil des Ortes interessierte mich zumal ein alter Turm, jetzt als Gefängnis benutzt, mit hoch angebrachter Sonnenuhr, und das Portal der Kirche, reich an schönen Motiven, aber zum Teil wohl einer späteren Zeit angehörend, obgleich eine Inschrift auf das Jahr 1169 zurückweist und einen Anhaltschen Fürsten, Bernhard, als Erbauer nennt.
Uelzen war ein wohlhabender Ort. Sein gesellschaftliches Leben ein reges, aber von eigentümlichen Ton. Ich fand die verschiedenen Stände vertreten, Beamte, Geistliche, Kaufleute und Gewerkleute, nur Militär fehlte. Uelzen hatte keine Garnison. Auf einem Ball, den ich dort mitzumachen Gelegenheit hatte, trat mir das Eigenartige des hannoverschen Wesens lebhaft entgegen. Geziertheit in Sprache und Benehmen bei den Damen, selbst bei älteren. Derbe, oft knotige Cordialität bei den Männern. Im allgemeinen aber eine Ungeniertheit, die mit dem prüden Wesen der Damen wieder im schneidenden Widerspruch stand und ein artig Teil von Frivolität in sich schloß. Ein Küßchen in Ehren schien die Devise der Gesellschaft und überließ man sich seinem Gefühl mit ziemlicher Ungezwungenheit.
Die Umgebung von Uelzen zeigt vornehmlich den Charakter der Lüneburger Heide. Sanfte dünenartige Hügel, zum größten Teil mit Heide bedeckt, weidende Schafherden, tief ausgefahrene Wege, hier und da ein Lupinenfeld als Einleitung zur Kultur. An Stellen auch Versuche zur Berieselung. So zeigte sich mir dieser Strich hannoverschen Landes und mutete mich nicht sehr einladend an, wie sehr mir auch Hoppe Uelzen und seine Umgebung als ganz vortrefflich pries.

Eine stürmische Schiffsreise nach Helgoland

In diese Zeit ungefähr fiel auch eine Tour nach Helgoland, zu der ich von meinen Onkeln Adolph und Christian eingeladen ward. Es konkurrierten damals zwei Dampfschiffahrts-Gesellschaften und überboten sich an Billigkeit. Das Schiff der einen Gesellschaft, die Henriette, war ein größeres Boot. Das Boot der anderen, die Elbe, war klein und alt. Da aber meine Onkel den Kapitän der Elbe, Blohm, kannten, wählten sie dieses Boot. Der geringe Preis lockte, das Boot war stark besetzt.
Früh schon verließ das Boot die Landungsbrücke am Pinnas. Die Gesellschaft war sehr animiert, wenn auch das Wetter zu wünschen übrig ließ. Es war frisch und ein heftiger Nordwest schien beständig am Wachsen. Trotzdem war anfänglich alles auf Deck.

Das Wetter war unbeständig, bald blickte die Sonne durch einen Spalt der rasch vorüberfliegenden Wolken, dann wieder trat ein kurzer Sprühregen ein. Je näher wir der Elbmündung kamen, um so unruhiger ward das Boot. Bei Freiburg hob es schon recht merklich den Bug und begann jene komplizierten Schaukelbewegungen zu machen, von denen Kopf und Magen so sehr affiziert werden. Einige Passagiere verschwanden von Deck und es entwickelten sich lebhafte Diskurse über die erprobtesten Mittel gegen die Seekrankheit: Der eine empfahl Enthaltsamkeit, zumal Meiden konsistenter Speisen. Ein anderer das Gegenteil: kräftiges Beefsteak und ein Glas Porter. Dieser einen straffen Gurt, jener das Lösen der Kleider. Jeder glaubte an die Unfehlbarkeit des von ihm empfohlenen Mittels.

Wir hatten Cuxhaven noch nicht passiert, als ein alter Seemann mit einem Stoß Waschkummen im Arm auf dem Vordeck erschien, sachkundig sich die einzelnen Passagiere betrachtete und bald hier, bald dort vor einem derselben eine Schüssel hinstellte. War es sein Scharfblick, war es eine Art Suggestion? Ich bemerkte, daß er selten irrte. Der Betroffene befand sich bald in der Not-wendigkeit, das verhängnisvolle Geschirr zu benutzen.

Die Henriette, die eine kräftigere Maschine führte und eine Stunde früher in Cuxhaven angekommen war, sahen wir aus der See zurückkehren und vor Anker gehen, ebenso einen französischen Postdampfer. Dies gab natürlich denen, die noch auf dem Deck und mobil waren, zu denken. Als sie bemerkten, daß der Kapitän keine Notiz von diesen Warnzeichen nahm, wandten sie sich an ihn mit der Frage, ob unter den obwaltenden Umständen die Tour auch gefährlich werden könne, in welchem Fall sie ihn baten, ebenfalls in Cuxhaven zu bleiben oder sie dort auszuschiffen. Kapitän Blohm wies alle ängstlichen Fragen zurück und bemerkte kurz, daß er für die Sicherheit des Bootes und der Passagiere verantwortlich sei. Somit blieb nur übrig, sich in das Unvermeidliche zu finden.

Als das Schiff in die offene See hinausfuhr, war schon der größte Teil der Passagiere seekrank, manche in einem Zustand, daß sie von der disponiblen Mannschaft mußten in die Kajüten gebracht werden. Ich konnte es mir nicht versagen, einen Blick in dieselben zu werfen. Es war ein schauerliches Bild. Wüst durcheinander lagen dort auf den Sofas Männer und Frauen, denn an eine separate Kabine für die Damen war bei der großen Zahl derselben und den beschränkten Verhältnissen des Bootes nicht zu denken. Die Schranken der Etikette waren gefallen. Ein Bekannter von mir, Herr Philippi, lag wie tot auf dem unsauberen Fußboden, alle Viere von sich streckend, so daß die eine Strippe seines Beinkleides zerrissen und dasselbe fast bis zum Knie hinaufgestreift war. Eine Dame, die ich ebenfalls kenne, Frau Ramsdon, eine stattliche schöne Frau, lag besinnungslos, mit ganz geöffnetem Korsett, auf dem Sofa, bleich wie eine Tote. Hier saß auch mein Onkel Christian mit einem Gesicht, bleich wie Quarkkäse. Nachdem ich vergeblich versucht, Herrn Philippi auf die Beine zu helfen, fand ich es geraten, diesen gefährlichen Ort, in dem eine entsetzliche Atmosphäre herrschte, zu verlassen. Eben war ich im Begriff, die Treppe wieder hinaufzusteigen, als eine herabkommende junge Dame den ganzen Inhalt ihres Magens über dieselbe ausschüttete.

Als ich wieder auf dem Vordeck ankam, hatte sich das Bild bedeutend geändert. Wir waren zur „Roten Tonne“, einem Signal für die Schiffahrt gelangt, jener bedenklichen Stelle, wo sich die Wellen unter dem Einfluß der Elbmündung und des dieser vorgelagerten Watts, heftig brechen. Das Schiff machte eine geradezu unwillige Bewegung, gleich einem bockenden Pferde und stieß, von den kurzen unregelmäßigen Wellen hin- und hergeworfen, so heftig, daß dem tückischen Gespenst der Seekrankheit hier die letzten Widerstrebenden in die Arme sanken. Wir waren nur noch vier Passagiere auf dem Deck. Alle übrigen waren verschwunden. Bald jedoch war dieser kritische Punkt überwunden. Das Boot passierte das Feuerschiff, eine Art Lotsenstation, und kam nun in ruhigeres Wasser. Freilich bezeichnet hier ruhig nicht eine stille wellenlose See, im Gegenteil, es steigerten sich dieselben mehr und mehr, aber es war Regelmäßigkeit in die Bewegung gekommen. Inzwischen war die Dämmerung eingetreten und der aufgehende Mond sah zuweilen trübe durch einen Wolkenspalt. Der Wind aber schien stetig im Wachsen. Ich hatte hinter einem Hühnerkasten, an dem ich eine eiserne Stange bemerkt, Halt und einen möglichst sicheren Platz gefunden. In meinen Mantel gehüllt, konnte ich den Sprühwellen, die zuweilen über das Boot hingingen, schon Trotz bieten.
Mein Onkel Adolph hatte in der Nähe des Schornsteins einen Platz gefunden, der jedoch weniger wasserfrei war, da der Bug des Schiffes oft tief in die heranrollenden Wellen eintauchte und dadurch das halbe Deck überspülte. Immer mächtiger und riesiger bäumten sich die Wellen und es war ein herzbeklemmender Anblick, wenn das kleine Boot von einem hohen Wellenkamm abwärts in die Tiefe schoß oder im Wellental überall von haushohen Wellen umgeben war, so daß es den Anschein hatte, als würde das Schiff von ihnen begraben werden. Nachdem ich mich aber überzeugt hatte, daß es selbst die gefahrdrohendsten überwand und ihren schaumigen Kamm erkletterte, ward ich ruhig und konnte mich dem Genuß des überaus imposanten Schauspiels voll hingeben. Der Mond war inzwischen hinter fliehendem schweren Gewölk verschwunden, dagegen tauchte in weiter Ferne das Licht des Leuchtfeuers von Helgoland auf, das der Bewegung des Schiffes entsprechend, einer Rakete gleich, sich hob und senkte. Eben fragte ich einen vorübergehenden Seemann über dasselbe, als ich ein furchtbares Krachen wahrnahm, als sei ein wesentlicher Teil des Schiffes fortgerissen. Bei der heftigen Bewegung desselben wagte ich nicht, meinen Platz zu verlassen, machte mich aber resigniert auf mein nahes Ende gefaßt.
Bald erfuhr ich dann auch, daß eine Welle die Bedeckung des rechten Rades fortgerissen. Da ich die Bedeutung dieses Teiles am Schiffe nicht kannte, glaubte ich anfänglich, dasselbe werde nun wohl allmählich der Zertrümmerung verfallen sein. Gottlob war diese Befürchtung grundlos. Wir kämpften uns glücklich durch den Wasserschwall und gelangten um 12 ½ Uhr des Nachts an die Düne vor Helgoland, wo wir Anker warfen. Alsbald nahten kräftige Boote, um die Passagiere ans Land zu setzen. Doch konnte dies nur mit wenigen geschehen. Die Mehrzahl derselben, unter ihnen alle Frauen, mußte der Seekrankheit wegen, die Nacht an Bord bleiben.
Da alle Wohnungen im unteren Teil der Insel besetzt waren, blieb uns nur übrig, mitten in der Nacht, die große Treppe hinanzusteigen, um im oberen Teil

ein Unterkommen zu suchen. Bald gelang uns dieses, wir fanden ein freundliches Logis. Noch unter dem Einfluß der heftigen Bewegung, der wir so viele Stunden waren ausgesetzt gewesen, schwankte ich beim Gehen im Zimmer und ein dumpfer Druck an der Stirn blieb bis zum dritten Tag.
Der Sturm hatte sich inzwischen gelegt, so daß am nächsten Morgen die See sich in ruhigen langen Wellen bewegte. Die Sonne schien freundlich und als ich über die weite Wasserfläche hinaussah, konnte ich mir kaum einreden, daß dies dasselbe wilde Meer sei, das uns gestern mit Tod und Verderben bedrohet.
An der Brustwehr traf ich eine Gruppe Helgoländer, die über unsere gestrige Fahrt sich unterhielten und offen aussprachen, daß sie die kleine alte „Elbe" für verloren angesehen, da bei einem solchen Wetter selbst kräftigere Schiffe Bedenken trügen in See zu gehen und allgemein ward die Ansicht laut, man werde den Kapitän Blohm zur Rechenschaft ziehen.
Auf den stürmischen war ein heiterer Tag gefolgt. Am leicht bewölkten Himmel strahlte die Sonne in vollem Glanz, so daß es uns möglich war, die interessantesten Stellen der Insel zu besuchen. Im oberen Teil der Insel, wo kaum ein Strauch vorkommt, bietet sich eben nichts Interessantes, dagegen ist der Besuch des Strandes, zumal der Grotten, überaus lohnend. Von den Erzeugnissen des Meeres, die die Flut hier abgesetzt, wimmelt der Boden und gern hätte ich, der ich zum ersten Mal Gelegenheit fand das Meer zu sehen, meine Taschen mit allen möglichen Dingen gefüllt. Doch mußte ich mich auf einige besonders interessante Dinge beschränken und mehr Sorge tragen, den Eindruck des Gesamtbildes in mir zu fixieren.
Die Insel besteht aus Toneisenstein, in den die Flut mächtige Grotten gewaschen hat, die nicht nur die wunderbarsten Formen bilden, sondern auch in den glänzendsten Farben strahlen. Rot ist vorherrschend, doch finden sich alle Farben vertreten, vom lichtesten Gelb bis zu Asphaltbraun hinab, vom lichtesten Grün bis zum tiefsten Oliv. Selbst Streifen von tiefem Grau und feinem Blau durchziehen die farbenprächtigen Wände. Überall bemerkt man, wie das mürbe Gestein unter dem steten Angriff des Wassers sich zerklüftet und zerbröckelt. Locker in seiner Textur, setzt es dem Einsickern nur geringen Widerstand entgegen. Der Frost läßt die eingedrungenen Flüssigkeiten gefrieren und sprengt die wenig zusammenhaltenden Massen auseinander. So geht die Insel ihrem Untergange langsam, aber sicher entgegen, ihr Verschwinden ist nur eine Frage der Zeit.
Den Nachmittag benutzten wir zu einer Rundfahrt um die Insel, eine recht lohnende Partie, bei der man so manchen Teil dieser eigenartigen Felsbildung zu Gesicht bekommt, den man auf andere Weise nicht erreichen kann.
Das Konversationshaus war damals der Mittelpunkt des gesellschaftlichen Verkehrs. Hier saßen wir und auch am Abend sahen wir dem Tanz zu, der für die Badegäste arrangiert war. Von der englischen Oberherrlichkeit sahen wir nichts. Sie dehnte sich wohl nicht über die zu kurzem Besuch hier eintreffenden Sommergäste aus.
Auch der nächste Tag, der unserer Rückfahrt, war ein ausgezeichnet schöner, wenn auch der Wind, der immer noch Nordwest geblieben, an Stärke wieder zugenommen hatte. Die See ging in langen ruhigen Wellen, doch mußte ein Teil

der Passagiere wieder die Kajüte beziehen und für einige Zeit unsichtbar werden. Von den diesmaligen Passagieren fiel mir besonders die große Tragödin Sophie Schröder auf, die mit allen Zeichen der Seekrankheit in dem verzerrten Gesicht dastand, unter jedem Arm einen weißen Seidenpinscher haltend. Sie war damals schon eine sehr betagte Dame.
Die Rückfahrt ging ohne Unfall vor sich. Der Schaden am Radkasten war schon auf Helgoland gebessert worden und so zogen wir dann siegesfroh in den Hamburger Hafen wieder ein.
Der Kapitän wurde, wie vermutet, zur Rechenschaft gezogen. Doch muß er wohl verstanden haben, triftige Gründe für sein Handeln vorzubringen. Von einer Strafe ist nicht die Rede gewesen, doch waren die Tage der altersschwachen „Elbe" gezählt.

Die Söhne der Großeltern Stoffert

[...] Das Leben im Hause der Onkel *(Rudolph Emanuel Stoffert und Carl August Stoffert)* war ein recht reges. Es verkehrten dort viel junge Leute, zumal Mädchen im Alter meiner Schwestern, denn die Tante liebte es, stets von einer jüngeren Gesellschaft umgeben zu sein. Oft wurden kleine Feten gegeben und man kargte bei solcher Gelegenheit nicht. Zumal war es Onkel Rudolph, der höchst freigebig sowohl in betreff des Haushaltes, wie spezieller Geschenke war. An den Sonntagmorgen gingen wir gern nach Hamm hinauf, zu „Gusstübel", um zu Kegeln, abends aber zum „Letzten Heller", wo dann bei günstigem Wetter zu Abend gegessen ward. Es waren reizende Momente, wenn unsere kleine Gesellschaft, wohl zehn bis zwölf Personen zählend, an rasch improvisierter Abendtafel in dem prächtigen Park Platz genommen, wo, fern vom Geräusch der Stadt, auch die leisen Stimmen der Natur zur Geltung kamen, während der Mond leuchtend durch die Wipfel sah, um unserer Stimmung die rechte Weihe zu geben. So verflossen in lebhaft fröhlichem Gespräch wohl Stunden, und der Wächter hatte oft schon seine Runde angetreten, wenn unser Zug in animiertem Gespräch heimkehrte.
Allerliebste Damen lernte ich dort kennen, die Töchter des Weinmaklers Frank, die in der Nähe wohnten, die Fräulein Mary und Henriette Möller vom Grasbrook, Fräulein Lotze und Hanchen Amberg. Manche dieser Damen wohnten wochenlang im Hause. Zumal war es Hanchen Amberg, von der ich mich in hohem Grade angezogen fühlte. Sie war ein feines, sehr edel gebildetes Mädchen, etwas blaß, mit dunklen Augen und fast blauschwarzem Haar, einem selten fein geformten Fuß und entsprechend schönen Händen. Ihr Wesen war bescheiden, ohne verschüchtert zu sein. Ihre Sprache entsprach einer gründlichen Bildung und ihre Unterhaltung, immer etwas reserviert, zeichnete sich durch Vielseitigkeit und richtiges Urteil vor dem gewöhnlichen Geplauder aus. Sie war stets auf das Sauberste gekleidet, liebte helle Farben in geschmackvoller Zusammenstellung bei einfacher Anordnung. Ich war oft so glücklich, sie bei den abendlichen Spaziergängen führen zu dürfen und fühlte mich schmerzlich berührt, wenn ihr Besuch endete. Dann erschien mir das Haus seines Hauptreizes beraubt.

Auch manche andere Bekanntschaft machte ich im Stoffertschen Hause, so die des Kornmaklers Boldemann, einer der ehrenwertesten Männer der Hamburger Börse, der mich durch sein offenes, biederes, kraftvolles Wesen außerordentlich anzog, des Kandidaten Wichern, des Begründers des Rauhen Hauses und der Stadtmission, des Kandidaten Hermann Röpe, seines treuen Gefährten. Beide Herren waren mir durchaus unsympathisch. Abgesehen von ihrem orthodoxen Standpunkt stieß mich ihr Wesen ab, in dem etwas Verschleiertes, Verkapptes zu finden war. Da meine Onkel die Schulkollegen der Herren waren, standen sie mit ihnen auf vertrautem Fuß, so daß es, bei der Unduldsamkeit der Missionare, oft zu heftigen Debatten kam.
Wohl mehr, um dem Sohn einen direkten Anhalt in einem Altersgenossen zu verschaffen, lebte ein junger Lorenzen aus Kappeln als Pensionär im Hause. Er bekleidete die Stelle in einem Hamburger Kaufmannshause. Er war ein echter Nordlandtypus, blondhaarig und hoch, im Übrigen aber ziemlich nüchtern. Ob die Eltern mit Aufnahme des Fremden in ihren Familienkreis das erreichten, was sie bezweckt hatten? Ich bezweifele es.
Schon im Verlaufe unserer Bekanntschaft hatte ich zuweilen das Gefühl, daß der Umgang im Hause der Verwandten keine Dauer haben werde. Ihr wankelmütiges Verhalten so manchen Freunden gegenüber, berechtigte mich zu solcher Befürchtung. Die zeitweilige, oft geschraubte Liebenswürdigkeit meines Onkel Rudolph war mir unbehaglich. Die Haltung der Tante, die oft die größten Widersprüche enthielt, bei hingebender Zärtlichkeit, lauerndes Mißtrauen, das geheime, nicht zu erkennende Motive ahnen ließ und zur Vorsicht mahnte. So kam ich nie zu einem ruhigen Genuß, wie ihn uns der Umgang mit seelisch gleich gestimmten Personen gewährt, bei denen wir Offenheit, keine Hintergedanken voraussetzen.
Wäre ich harmloser in dieses Verhältnis gekommen, so wäre mir manches auch vielleicht harmloser erschienen, ob es das in Wirklichkeit auch nicht war, es hätte mich wenigstens ruhiger gelassen. Unter dem Einfluß der großelterlichen Erzählungen aber, zumal ihrer Abneigung gegen die Schwiegertochter, kam ich schon mit Voreingenommenheit an und betrachtete jedes Vorkommnis auf seine Übereinstimmung mit jenen Berichten.
Wie ich gefürchtet, so kam es, der Bruch trat ein, wenn auch unter eigenartigen Umständen. Meine Mutter hatte von vornherein eine ganz entschiedene Abneigung gegen die Tante Doris. Waren es auch hier die Mitteilungen der Großeltern, die sie gegen dieselbe einnahmen, widerstand dem offenen geraden Wesen meiner Mutter das intrigante der Tante. Kurz, oft schon bemerkte ich mit Besorgnis den gereizten Ton, der in der Unterhaltung beider auftrat.
Da fügte es sich, daß an einem Sonnabendnachmittag, wo meine Mutter ein großes Scheuerfest noch nicht beendet hatte, sich auch wohl nicht in einem gesellschaftlichen Kostüm befand, der Wagen der Tante vorfuhr, die unerwartet, in Begleitung einer fremden Dame, zum Besuch kam. Heftig, wie meiner Mutter Naturell, wenig im Stande, sich zu beherrschen, zeigte sie sich eben nicht erfreut über den ihr unbequemen Besuch. Als ihre Haltung etwas schroff wurde, zog ich sie in ein Hinterzimmer und beschwor sie, sich doch soviel zu beherrschen, wie es der Anstand und ihre Stellung als Frau vom Hause erfor-

dere. Die Sache verlief dann auch schließlich besser, als zu erwarten stand, man trennte sich in aller Freundschaft. Zum Unglück befand sich während unseres Gespräches bei offenem Fenster der Kutscher der Tante auf dem Hof des Nachbarhauses, wo er mit seinem Wagen hielt, hörte alles und hatte nichts Eiligeres zu tun, als nach Rückkehr das Gehörte seiner Herrin mitzuteilen.
Es würde dieser Umstand unwahrscheinlich sein, wenn er nicht durch die Stellung der Tante zu ihren Dienstboten sich erklärte, die jederzeit an einer Intimität litt, wie sie sonst das Verhältnis zwischen Herrin und Bedienung ausschließt.
Von dem Tage ward seitens der Onkel jede Beziehung abgebrochen, ohne daß wir den Zusammenhang ahnten. Erst nach langer Zeit erfuhren wir, ich weiß nicht, auf welchem Nebenwege, denselben und wußten ja nun, woran wir waren. [...]

1839 reiste Friedrich Stoffert mit dem Dampfboot von Hamburg nach Magdeburg und von dort weiter mit der Eisenbahn über Köthern, Halle, Leipzig nach Dresden. Mit dem Dampfboot ging es weiter über Tetschen nach Böhmen zum Schloß Dux.

Freunde und Bekannte

Das Leben im Hause gestaltete sich inzwischen immer besser für mich. Ich gewann mehr Einfluß im Geschäft und konnte manche Änderung treffen, die bis da die Zustimmung Burmesters nicht gefunden hatte, der aber nun meinen Ansichten mehr Beachtung schenkte. So gingen wir daran, einen Verschluß des Ladens herzustellen, wodurch der bis da herrschende Zug bedeutend aufgehoben ward. Ich habe immer in gutem Einvernehmen mit ihm gelebt und bin ihm, der selbstlos so viele Jahre in seiner Stellung wirkte, zu großem Dank verpflichtet. [...]
Manche Veränderungen waren im Laufe der Jahre auch in meinem Umgange eingetreten. Wilhelm Kampf war aus Bergedorf fortgegangen und hatte sich in Ahrensburg als Färber etabliert. Daniel Burmester, der Apotheker, gab die Stelle in der Müllerschen Apotheke auf. Von den Lehrern waren viele in die Heimat gegangen, denn es nahte die Zeit, wo die Kämpfe in den Herzogtümern begannen, die Freie Bewegung in ganz Deutschland eine Aufregung hervorgerufen hatte, deren großartige Folgen durch Jahrzehnte sich hinziehen sollten.
Auch in engerem Kreise unserer Familie trat ein einschneidendes Ereignis ein. Theodor Hoppe, dessen ich bereits früher gedacht, hatte nunmehr in der Koppelsohnschen Buchhandlung in Reval eine sichere Stellung gewonnen, die es ihm ermöglichte, einen eigenen Herd zu gründen. Er kam nach Deutschland, um sich mit meiner Schwester Lieschen zu verloben.
Es war bei Gelegenheit einer Ausfahrt. Wir hatten im Jahnkeschen Garten in Reinbek das Abendbrot eingenommen, als er mich bei Seite nahm und mir seine Absicht mitteilte. Nicht ganz im Klaren über seine Verhältnisse, hielt ich es für meine Pflicht, ihm klar und unumwunden die unsrigen mitzuteilen, ihm zu sagen, daß meine Schwester wohl eine Aussteuer, aber nichts Bares mitbe-

komme. Ich fügte hinzu, daß das, was wir geredet, unter uns bleiben werde, wenn er einer pekuniären Hilfe nicht entbehren könne und er seinen Antrag dann ja auf eine spätere Zeit verschieben könne. Er aber meinte, auch ohne dies fertig werden zu können. Somit ward dann die Verlobung veröffentlicht. Meine Schwester beschaffte ihre Aussteuer und nach einem halben Jahr kam Theodor Hoppe wieder und holte seine Frau nach Reval. Ob meine Schwester in dieser Ehe mehr Freude oder mehr Leid gefunden, ist mir nie klar geworden. Am Kindersegen hat es nicht gefehlt und in ihren Briefen hat meine Schwester keine Klage ausgesprochen. So will ich dann trotz der Antipathie gegen meinen Schwager annehmen, daß er es verstanden, seine Frau glücklich zu machen.

Auch von den Freundinnen meiner Schwestern war manche inzwischen verheiratet. Marie Burmester an Wilhelm Kampf, Elise Kampf an den auffallend häßlichen und schon bejahrten Baumeister Maak in Hamburg. Sie starb schon nach wenigen Jahren ihrer Ehe.

Caroline Lindenberg an einen Verwandten Christern auf Grünhof, auch sie starb schon nach wenigen Jahren im Kindbett. Bertha Lindenberg an einen Kaufmann Grasmeier in Sankt Thomas, wo sie am gelben Fieber gestorben. Auch Maria Behn ward Frau Deppermann.

Das mich am nächsten berührende Ereignis war jedoch die Verlobung meiner Schwester Gretchen mit dem Apotheker Hermann Würger, mit jemandem, den ich stets aufrichtig lieb gehabt und geschätzt hatte. Waren auch seine Verhältnisse nicht so, daß auf eine sofortige Verbindung konnte gerechnet werden, so waren dieselben doch nicht hoffnungslos. Überdies stand Hermann Würger noch während des Schleswig-Holsteinischen Befreiungskrieges unter dem Gewehr, machte 1850 die Schlacht bei Idstedt und andere Kämpfe mit und wirkte schließlich als Feldapotheker in Wandsbek.

In diesem Jahr *(1850)* trat das für mich wichtigste Ereignis meines Lebens ein: meine Verlobung. Mit meinem künftigen Schwager Schinkel, der Schulfreund meiner Onkel und Jugendbekannter meiner Mutter gewesen, war ich schon viele Jahre früher bekannt. Er besuchte uns gelegentlich bei einer Fußtour in Bergedorf. Er war damals in Hamburg etabliert, ging dann später nach Rußland und trat in das Geschäft von Forsch in Moskau ein, schließlich in das Geschäft von Philip Blessig in St. Petersburg und heiratete die Tochter desselben. [...]

Der Beginn einer Liebe

Ich hatte wohl von Paul Schinkels Rückkehr nach Deutschland erfahren, gesehen hatte ich ihn aber noch nicht, als ich ihn eines Tages mit Onkel Adolph an der Börse traf. Wir begrüßten uns als alte Bekannte und im Laufe des Gesprächs lud er uns ein, den Kaffee bei ihm zu nehmen, um seine Frau und Schwägerin kennenzulernen.

Wir nahmen diese Einladung gerne an und gingen nach Mittag von der Alster, wo die Onkel damals wohnten, nach Pöseldorf hinunter. Schon an der Gartenpforte kam uns ein frisches, im vollen Reiz jugendlicher Anmut prangendes Mädchen entgegen, stellte sich mir als die Schwägerin Schinkels vor und begleitete uns, um uns ihrer Schwester zuzuführen.

Diese war einer schon bejahrtere Dame, wenigstens zehn Jahre älter als die Schwester, mit stark grauem Haar, markanten, keineswegs schönen Zügen, aus denen jedoch Güte und Wohlwollen sprachen. Beide hatten in ihrer Sprache den fremden Anklang, den ich schon von meinen Großeltern Stoffert kannte. Nun kam auch Paul Schinkel hinzu und bald saßen wir in lebhaftem Gespräche im Garten am Kaffeetisch. Es war ein köstlicher Sommertag. Strahlend schön leuchtete die Sonne am wolkenlosen Himmel und gern entsprachen wir der Aufforderung Paul Schinkels, auch für den Abend seine Gäste zu bleiben. Nach dem Kaffee proponierte er eine Tour nach Eppendorf, wo just an dem Tage Jahrmarkt war.

Es war selbstverständlich, daß ich der Schwägerin Schinkels meinen Arm bot und so hatte ich im vollen Maße das Vergnügen, mich ihrer naiven Frische und frohgemütlicher Lebhaftigkeit zu freuen. Sie war ein kleines, sehr wohlgebildetes Wesen, dem blaue Augen, ein freundlicher Mund, weiche Formen, mehr helles als dunkles Haar, seinen vorwiegend sanften Ausdruck verliehen. Ich konnte mich an dieser lieblichen Gestalt nicht satt sehen, hörte mit dem größten Interesse ihrem unbefangenen natürlichen Geplauder zu, das sich so treffend und harmlos über alles, was uns umgab, verbreitete und das so verschieden war von dem gezierten, abgemessenen Geschwätz der gewöhnlichen Gesellschaft.

Als wir tiefer in das Marktgewühl eindrangen, war sie entzückt von dem deutschen Volksgetriebe, das zu beobachten sie zum ersten Male Gelegenheit fand und fester packte sie meinen Arm als uns das stärker werdende Menschengewoge von einer Seite zur anderen warf, ohne daß ihre gute Laune darunter gelitten. Bei den offenen Zelten, von denen Straußsche Walzer herü-

Elisabeth (Betty) Blessig, Daguerreotypie 1851

berklangen, äußerte sie: „Ach, da möchte ich auch einmal tanzen!" Ich bedauerte, ihren Wunsch nicht erfüllen zu können, da unter den obwaltenden Verhältnissen solches zu bedenklich sein würde.
Erst spät verließen wir Pöseldorf. Von der Familie Schinkel bis zum Fährboot geleitet und freundlich zu baldiger Wiederkehr eingeladen, fuhren wir dann an dem herrlichen Sommerabend über die Alster zurück, von dem einsamen Onkel Christian schon ängstlich am Ufer erwartet.
Oft war ich während des Sommers dort zu Besuch, ebenso die Familie Schinkel in Bergedorf. Es entspann sich ein so freundschaftliches Verhältnis, daß mir etwas fehlte, wenn wir uns längere Zeit nicht gesehen hatten. Als der Herbst gekommen war, da wußte ich, daß mein Lebensglück an dem Besitz des Mädchens hing, das schon am ersten Tag unseres Bekanntseins einen so tiefen Eindruck auf mich gemacht, daß ich mit jedem Tage, wo ich es wieder gesehen, mehr schätzen und lieben gelernt hatte. Überdachte ich dann so manchen freundlichen Ausspruch, das Wohlwollen, das mir unverkennbar entgegengebracht war, da kam ich zu der Überzeugung, daß ich keinen ungünstigen Eindruck mußte hervorgerufen haben. So wagte ich dann eines Abends, wo ich in Pöseldorf eingeladen war, ihr meinen Antrag in brieflicher Form beim Abschiede zu machen.
Es war eine schlaflose Nacht, die ich verbrachte. Ich hatte nicht unterlassen, in meinem Brief zu betonen, daß ich nur imstande sein werde, meiner Frau ein bescheidenes Los zu bieten. Konnte nicht aber diese freie Darstellung meiner Lage das in großen Verhältnissen aufgewachsene Mädchen bedenklich machen? Da half mir dann mein logisches Denken über den Punkt hinweg: Ist sie nicht stark und bereit, dein bescheidenes Los mit dir zu teilen, dann hat sie dich nicht so lieb, wie du sie und es kann nur ein Glück sein, wenn die Verbindung unterbleibt, die nicht imstande wäre, die Feuergrube zu bestehen, zu der die Fährnisse des Lebens in der Ehe so oft Veranlassung geben.
Meine Besorgnis war unbegründet, ich sollte nicht lange in Ungewißheit bleiben. Es war kaum 8 Uhr, als Paul Schinkel schon an der Alster erschien, mir den Entschluß seiner Schwägerin mitteilte, mich als zukünftigen Schwager begrüßte und mich bat, um 11 Uhr nach Pöseldorf zu kommen, wo ich erwartet werde.
Die Szene, die nun folge, läßt sich nicht beschreiben, sie darf selbst nicht beschrieben werden, wenn wir sie nicht des Nimbus berauben, den sie bis in unser spätes Alter behält.
Auch Mielchen Schinkel kam mir mit einer Freundlichkeit entgegen, die mir

unzweideutig zeigte, daß ich in ihrem Familienkreise willkommen sei. Nicht weniger erfreut waren meine Mutter und meine Schwestern, als ich, zurückkehrend, ihnen meinen Entschluß mitteilte.
Bald machten nun die gesellschaftlichen Pflichten sich geltend, die stets einem solchen Ereignis auf dem Fuße folgen. Verlobungsvisiten wurden gemacht, zu denen meine Betty einen äußerst geschmackvollen Anzug sich hatte machen lassen und für die auch ich meinen Schneider arg in Tätigkeit gesetzt hatte. Dann folgten Einladungen von solchen, bei denen wir einen Besuch gemacht hatten. Noch einmal hielt ich es für richtig, einen Versöhnungsversuch zu machen, indem ich auch in Hamm mit meiner Braut zum Besuch vorfuhr und meine Karte abgeben ließ. Der Groll der Tante aber war noch nicht besänftigt, unser Besuch ward nicht angenommen und erleichterten Herzens fuhren wir weiter. Ledern und langweilig waren manche der Feten, die zu unserer Ehre gegeben wurden. Die Menschen, denen wir dort begegneten, waren zum großen Teil uns fremde und gleichgültige Menschen. Eine Ausnahme davon machten die Abende im Bartelschen Hause. Dort war ein reges geistiges Leben, Musik und Literatur waren in gleicher Weise gepflegt. Der alte Herr war Sammler von naturhistorischen und numismatischen Seltenheiten. Bei ihm habe ich eine Kollektion großer goldener russischer Krönungsmünzen gesehen, wie man sie wohl selten zusammen findet und die sicher ein hohes Interesse und einen großen Wert hatten.
Die Seele des Kreises aber war Frau Bartels, eine liebenswürdige, hoch begabte, geistig rege Dame, deren Unterhaltung stets neue Genüsse bot. Sie besaß nicht nur ein reges Empfinden für alles wirklich Schöne, sie wußte ihrer Ansicht auch in guter Sprache den geeigneten Ausdruck zu geben. Die Abende im Bartelschen Hause bleiben für mich von großer Anziehungskraft.
Während des Winters machte ich natürlich wöchentlich meine Besuche in Pöseldorf, obgleich ich mich zu jener Zeit recht krank fühlte. Es wäre mir nicht möglich gewesen anzugeben, wo es mir fehlte und doch bedurfte es oft meiner ganzen Seelenkraft, um mich aufrecht zu halten.
Auf den Mai des kommenden Jahres ward die Hochzeit festgesetzt. Während Betty und Mielchen eifrig an die Beschaffung der Aussteuer gingen, entwarf ich Pläne über den Neubau unseres Hauses. So, wie es war, entsprach es den Ansprüchen nicht, die künftig an unsere Wohnung gestellt würden. Das Lager, das teils die offenen Räume des Hauses einnahm, müßte ins Hinterhaus verlegt werden und für eine gute Flucht bewohnbarer Zimmer gesorgt werden.
Bald hatte mir Paul Schinkel mitgeteilt, daß Betty selbständiges Vermögen besitze.
So war es dann nicht erforderlich, daß wir unser Hauswesen in dem beschränkten Verhältnis weiterführten. Für meine Mutter und meine Schwester mietete ich eine Wohnung in der Peter Smithschen Gärtnerei, die mitten in dem herrlichen Blumenparquet einen reizenden Aufenthalt hat.
Unser altes Haus, das im Fundament fest war, brach ich bis zum Parterre ab, baute eine schöne reelle Etage und ein Halbgeschoß, die all unsern künftigen Bedürfnissen vollständig entsprachen. Freilich konnte mit dem Umbau erst im Frühling begonnen werden.

Gärtnerei Smith, um 1894 *Quelle: Privatarchiv*

In der Mitte der Gasthof „Stadt Hamburg". Links daneben das Haus der Familie Stoffert, Große Straße Nr. 7. Im Erdgeschoss wurde die Kolonialwarenhandlung betrieben. Foto um 1880
Quelle: Museum für Bergedorf und die Vierlande

Es war ein kritischer Punkt. Das alte Haus war in Fachwerk gebaut, durfte aber nach einer neuen Bauordnung nur massiv wieder aufgebaut werden. Da nun auf einem Fachwerkunterbau massiv nicht weitergebaut werden konnte, des Geschäftes wegen das Haus aber nicht ganz niedergerissen werden konnte, so lag darin ein Dilemma, aus dem nicht herauszukommen war. Da half mir mein alter Freund und Gönner, der Ratmann Schlebusch, der mit Hilfe seines Sohnes, des Procurators, das scheinbar Unmögliche erwirkte. Er verhalf mir auch zu einer reizenden Sommerwohnung, indem er mir für sehr mäßigen Preis einen Flügel im Restaurant Bellevue vermietete, fünf Zimmer nebst einer Küche. Hier wollte ich vor der Hand mein Nest bauen, die Flitterwochen und die schönsten Sommermonate verleben. [...]

Hochzeit und Einzug in Bellevue

Rasch war der Winter vorübergegangen, die Zeit unserer Hochzeit rückte immer näher. In unserer Sommerwohnung, im Bellevue, war alles neu gestrichen, teils tapeziert worden, und alles zu unserem Einzug bereit. Im Parterre unseres Wohnhauses war die Wohnstube, die wir ja täglich benutzen wollten, ebenfalls neu gestrichen und mit einer feinen rosagebänderten Tapete versehen worden. Unser Mobiliar, soweit es die Räume erforderten, war ebenfalls fertiggestellt.

Das Aquarell von Friedrich Stoffert zeigt das Wohnzimmer in Bellevue mit Blick auf Bergedorf, um 1851. Im unteren Teil des Fensters sind die Türme des Bergesdorfer Schlosses und der Kirche St. Petri und Pauli angedeutet. Foto: Birgitta Schenz

Auf den Trödel eines Polterabends kamen wir überein, zu verzichten. Wir waren beide solcher Fadoise *(Albernheiten)* vollkommen abgeneigt. Unsere Hochzeit fand im Hause Schinkels statt, bestand einfach in der Trauung und einem darauf folgenden Mittagessen. Die Traurede hielt der Pastor Mönckeberg auf ausdrücklichen Wunsch meines Schwagers, obgleich dazu eigentlich der Pastor Faas in Eppendorf berechtigt war, da die Braut in dessen Sprengel wohnte. Ich fand den Herrn, der wohl meinem Schwager zu vernünftig dachte, mit dem üblichen Obolus ab, da es mir, bei meinen Anschauungen, durchaus gleichgültig sein konnte, wer die Rede hielt. Wir atmeten auf, als alle die lästigen Formalitäten hinter uns lagen.
Die Zahl der Gäste beschränkte sich auf die nächsten Verwandten: Meine Mutter, meine Schwester, mein Onkel Nicolaus, Onkel Adolph und Onkel Christian. Paul Schinkels Geschwister Gottfried und Heinrich, sowie Tante John, die Schwester von Paul Schinkel, bereits Witwe. Außerdem war der Pastor zur Tafel geladen.
Gegen 6 Uhr hielt der Wagen an der Pforte, der uns in unser künftiges Heim führen sollte. Es war kein schmerzlicher Abschied, den Betty vom Haus ihrer Schwester nahm. Ich hatte das Vertrauen meiner Braut schon in so vollem Maße gewonnen, meine Mutter und Schwester deren ganze Liebe. So siedelte sie in Verhältnisse über, die ihr eine freudige Lebensstellung versprachen. Mit großer Zuneigung hing sie an den Kindern ihrer Schwester, doch tröstete sie mein Versprechen, daß sie den ältesten, Andreas, einen Jungen von fünf Jahren, wenn sie es wünsche, zum Besuch haben könne.
Es war ein herrlicher Frühlingsabend, als wir im Dämmerlichte vor unserer neuen Behausung hielten, wo unsere treue Anna, die uns meine Mutter überlassen, mit freudestrahlendem Gesicht entgegenkam und uns in unsere schön geschmückte Wohnstube führte, wo schon der Tee bereitgestellt war. Da saßen wir nun beieinander in unserem neuen eigenen Heim, das Herz voll freudiger unbekannter Empfindungen. Als wir schon schlafen gehen wollten, klang noch ein vierstimmiger Gesang aus der Ferne zu uns herüber. Ein Ständchen, das mir das Quartett Behrens, Fischer und die beiden Harmsen brachte. Es waren selige Wochen, diese sogenannten Flitterwochen. Mein Geschäft besorgte der alte Burmester. Ich brauchte mich des Morgens deshalb nicht zu beeilen in die Stadt hinunterzugehen, konnte mit meiner Frau, wenn wir Kaffee getrunken, in den Wald gehen, der Bettys ganzes Entzücken war. Dort, auf ihrer Lieblingsbank, saßen wir und ich las ihr Geibelsche Lieder, die sie vor allem liebte. Ich werde diese glücklichen Stunden nie vergessen. Sorglos sahen wir den Tag verfließen, ebenso sorglos den nächsten kommen. Es trübte noch kein Leid den wolkenlosen Himmel unseres Glücks.
Hatten wir den Zauber der Morgenfrühe genossen, dann gingen wir zusammen hinunter oder Betty kehrte noch bei meiner Mutter ein, irgendwelche häusliche Angelegenheit mit ihr zu bereden. Um 11 Uhr ward gefrühstückt, natürlich in dem Stil, wie es Betty gewohnt war. Oft war dann Harmsen unser Gast, mit dem ich, seit er aus der Schweiz zurückgekommen, näheren Umgang wieder aufgenommen, zuweilen auch Dr. Hartung, wenn ihn sein Weg eben vorüber führte. Er schien großes Gefallen an Bettys natürlichem Wesen zu finden.

Es ist eine Freude, einen neu eingerichteten blitzblanken Hausstand zu sehen, zu sehen, wie sich die junge Hausfrau in ihrem Reich glücklich fühlt, wie sie mit jedem Tage mehr sich einlebt, sicherer hingeht, wie sich der Stolz ihrer neuen Stellung erst schüchtern, dann immer bewußter ausbildet, wie sie täglich mehr Freude an dem empfindet, was ihr bis da größtenteils fremd gewesen, es wert und interessant geworden, seit es ihr Eigentum ist.
Und Betty war eine jener glücklichen Persönlichkeiten, die den Ehrgeiz des Schaffens haben, die nicht rücken, bis sie das, was ihrer Stellung und ihrem Wirkungskreis angehört, vollkommen sich zu eigen gemacht haben. So lernte sie kochen, schneidern, plätten, häkeln und anderes. Alles betrieb sie mit dem ganzen Ernst und ersichtlicher Freude.
Es war eine ideale Zeit, diese erste unseres ehelichen Lebens. Wie entzückt waren wir, wenn wir am Morgen durch den taufrischen Wald gingen, am Waldende, wo ich eine Bank hatte setzen lassen, uns dem vollen Genuß der herrlichen Natur hingaben und unter solchem Eindruck gegenseitig unser Glück priesen. Ebenso, wenn wir nach Mittag wieder von der Stadt hinaufstiegen, auf unserem Balkon unseren Kaffee einnahmen und uns nicht satt sehen konnten an dem reizenden Bilde der im Abendnebel und Sonnenstaub gefüllten Niederung. Es war ein Kapitel unseres Lebens, an dessen Stirn Bettys Lieblingsstrophe aus den Geibelschen Liedern:

„Wenn die Sonne hoch und heiter
lächelt, wenn der Tag sich neigt.
Liebe bleibt die goldene Leiter,
darauf das Herz zum Himmel steigt!“

hätte gesetzt werden können.
Das Verhältnis Bettys zu meiner Mutter war das denkbar beste. Sie liebten sich wirklich wie Mutter und Tochter. Betty war nicht glücklicher als bei ihr und meine Mutter sprang schon freudig auf, wenn sie Betty an der Gartenpforte erscheinen sah. Auch zu meiner Schwester Gretchen fand Betty ein freundschaftliches Verhältnis.
Es war eine ganz eigentümliche Seite in dem Wesen Bettys, daß sie eine besondere Freude an dem Detail-Geschäft hatte. Mich überraschte dies, denn ich hatte geglaubt, sie, die in großen Verhältnissen aufgewachsen, müßte mit Geringschätzung auf diesen kleinen Kram herabsehen. Es war just das Gegenteil der Fall, sie mochte es nicht missen und als ich in späteren Jahren einmal die Bemerkung machte, daß es doch wohl besser wäre, wenn wir das Geschäft aufgäben und ein kleines ländliches Besitztum erwürben, sprach sie sich ganz entschieden dagegen aus und betonte, daß sie das Geschäft gern habe. Sie verstand es merkwürdig, sich alle Menschen geneigt zu machen, mit denen sie in Berührung kam und dieses, ohne daß sie darum bemüht gewesen wäre. Man liebte sie allgemein. Die alten Weiber, die Handel treibend vor die Tür kamen, verstanden sie trotz ihres fremden Dialektes. Sie war so bereit, alle Klagen anzuhören, allen zu helfen, daß ich zuweilen aufmerksam sein mußte, damit man ihre Güte nicht mißbrauchte. Als ich ihr, nachdem sie etwas heimisch geworden, vorschlug, sie in einige der angesehenen Familien einzuführen, wies sie solches entschieden zurück. Sie wollte nur ihr häusliches

Glück. Auch reizte es sie wenig, was sie von den Verhältnissen der betreffenden Familien erfahren. Bei öffentlichen Vorstellungen lernte sie später Madame von Holten und deren Tochter kennen und zu der letzteren hatte sie eine aufrichtige Zuneigung. Auch Minna Harmsen, eine allerliebste Rheinländerin, sah sie zuweilen und hatte sie gern.

Ich hatte in meinen Mußestunden während meines Aufenthaltes in Bellevue wieder meine Federzeichnungen aufgenommen, auch, angeregt durch die reizende Natur, kleine Versuche in Aquarell gemacht. Bei einem solchen sah mich eines Tages Harmsen und sprach sich sehr wegwerfend über mein nutzloses Bemühen aus: „Dat's dummes Tüch, dat kannst man wegsmieten, da kümmt doch nix na. Küp du di man Oelfarben un fang damit an, dit is Pütterkrams!"

Er hatte recht, unbewandert in der Technik der Aquarelle kam nichts danach, und wenn ich auch nicht sogleich seinem Rat folgte, so doch nach einigen Wochen, so daß ich, als der Herbst kam, schon begonnen hatte, mit Oelfarben zu malen. Da war die so lange schlummernde Lust plötzlich mit aller Kraft in mir erwacht. Ich widmete alle übrige Zeit dieser Beschäftigung und noch während des Baues ließ ich im Halbgeschoß einen Raum mit Oberlicht einrichten, wenn auch nicht groß, doch ausreichend als Atelier für einen Dilettanten. Als er ihn zuerst sah, war Harmsen außer sich vor Entzücken über das schöne Licht.

Während des Sommers war ich natürlich zu sehr von meinem neuen Verhältnis in Anspruch genommen, als daß ich mich dauernd meiner Beschäftigung hätte hingeben können. Besuch in Hamburg, Besuch von Hamburg wechselten und jede Stetigkeit fehlte in dem geteilten Haushalt.

Wir hatten uns trotzdem während der Sommermonate in Bellevue so eingelebt, daß wir es zum Herbst ungern verließen. Wohl zog unser neueingerichtetes Heim, das mit seinen schönen geräumigen Zimmern einen gemütlichen Aufenthalt versprach, uns mächtig an, aber all die uns so lieb gewordenen Plätze, die Zeugen unseres Glücks, der ersten Zeit unseres ehelichen Lebens gewesen, mußten wir jetzt doch lassen. Der frische balsamische Odem freier ungetrübter Natur wohnte dort in der engen Straße nicht und manchmal noch sollten wir uns danach zurücksehnen, wenn es uns unter beklemmenden Verhältnissen dort unten recht schwül geworden war.

Manche komische Szene war dann auch in unserer luftigen Wohnung vorgekommen, und wir konnten uns darüber freuen, wie die Kinder. So als eines Sonntags gegen Mittag ein so tolles Wetter eintrat, daß ein Hinabgehen zum Mittag unmöglich war. Da mußte dann unser alter gemütlicher Lackmann *(Wirt im Bellevue)* uns ein Mittagessen improvisieren. Schinken, Spiegeleier und einige Fleischpasteten bildeten das Menue und er in seiner weißen Konditorkleidung, mit der mächtigen Haarkrone und dem kindlich harmlosen Lachen, servierte selbst sein Präparat.

Aber auch in unserer Gefangenschaft ward uns die Zeit nicht lang. Wir musizierten, spielten die Elegie von Ernst, Walzer von Joseph Lanner und lasen unsere Liebesbriefe, die uns nun, als überwundener Standpunkt, recht komisch erschienen.

Am drolligsten war jedoch unsere nächtliche Inspektion, als wir uns von

Dieben bedroht glaubten. Betty hatte mich geweckt und auf ein seltsames Geräusch aufmerksam gemacht, das sie schon einige Zeit beunruhigt hatte. Ich überzeugte mich bald, daß dasselbe aus dem Balkonzimmer herüberkam und klang es, als ob jemand mit der Feile am Schloß arbeite.
Ich stand auf und ohne mich anzukleiden nahm ich das Rapier *(Degen)* von der Wand, um mich nach dem Urheber des ominösen Geräusches umzusehen. Das aber wollte Betty nicht zugeben, wenigstens nur unter der Bedingung, daß sie mich begleite. So tappte sie dann ebenfalls in Hemd und Pantoffeln hinter mir her. Horchend standen wir an der Tür des Zimmers, wo augenblicklich alles still war. Da trat das Geräusch mit ganzer Kraft wieder ein. Ich riß die Tür auf und sah nun, daß das Fenster halb geöffnet war und vom Zuge leise bewegt ward, wobei der schaukelnde Fensterhaken sich kreischend in der Öse bewegte. In lustigem Glucksen traten wir den Rückzug an, um die letzten Stunden der Nacht sorglos und in Ruhe zu verschlafen. Auch die oft während der Nacht gehörten schweren Schritte dicht unter unseren Fenstern beunruhigten uns nicht mehr, seit wir uns überzeugt, daß sie von Leuten herrührten, die unter dem Schutz der Nacht eine Tracht Holz aus dem nahen Walde holten.

Die Hochzeitsreise

Gegen den Herbst verließen wir unsere gemütliche Sommerwohnung und bezogen das nun fertig gewordene Haus in der Stadt. Bevor wir uns jedoch in unseren neuen Räumen fest niederließen, unternahmen wir noch eine Reise, die gleichsam unsere Hochzeitsreise bilden sollte. Obgleich Betty wenig Lust dazu zeigte, beredete ich sie doch, weil ich glaubte, ein Versprechen halten zu müssen, daß ich gegeben, als ich dafür stimmte, daß wir nach der Trauung, dem Usus entgegen, richtig in unsere Wohnung zogen und nicht während der Flitterwochen in der Welt umherschwärmten.
Die Tour bot nicht die Genüsse, die wir uns davon versprochen hatten und wiederholt äußerte Betty während derselben: „Warum sind wir nicht in unserer schönen Wohnung geblieben?"
Das erste Ziel unseres Ausfluges war Köln. Der Rhein an dieser Stelle imponierte uns wenig, wohl aber der Dom, dessen äußere Schönheit noch von der inneren übertroffen wird. Der Eindruck ist ein so überwältigender, daß ich glaube, jeder Besucher, mag er auch angehören welcher Geistesrichtung immer, muß zu einer unwillkürlichen Andacht gezwungen werden. Im übrigen ließ Köln uns kalt. Weniger Bonn, das schon recht reizend am Rein gelegen ist und sowohl schöne Promenaden wie einen prächtigen Blick auf das Siebengebirge besitzt. Der Besuch von Godesberg ward für mich verhängnisvoll, da ich, ominöses Wortspiel, im Anschauen des Drachenfels, einen heftigen Drachenschuß bekam, und nur auf Bettys Arm gestützt nach Bonn zurückkehren konnte. Bei schwerem Regenwetter fuhren wir am nächsten Morgen mit dem Dampfboot stromauf. Nur auf Augenblicke streifte ein Sonnenstrahl den Drachenfels, dann hüllte sich die ganze Landschaft wieder in Staubregen. Nachdem wir in Mannheim kurze Rast gehalten, eilten wir weiter nach Heidelberg. Hier hatten wir einen heiteren Tag, besichtigten das Schloß und

das Neckartal. Letzteres bildete bis da den Glanzpunkt unserer Tour. Von Heidelberg wandten wir uns zurück nach Thüringen, immer gefolgt von Regenwetter. In Gotha tagte eine Naturforscherversammlung. Von hier machten wir im Verein mit einer Familie aus Königsberg eine Tour nach Wilhelmsthal, Liebenthal, Schwarzburg und Eisenach. Immer in strömendem Regen.

Nach dem Besuch der Wartburg waren wir genötigt in Eisenach zu bleiben, da sich Betty so unwohl fühlte, daß an ein Weiterreisen nicht zu denken war. Drei Tage mußte sie das Bett hüten, Erkältung tobte in allen Gliedern. Sobald sie sich wieder wohl fühlte, eilten wir nach Haus zu kommen und Betty meinte: „Wenn es Dir Vergnügen macht, reise Du gern. Ich verzichte für immer darauf!“ Und so ist es gekommen. Auch mir war die Reise ein zweifelhafter Genuß gewesen. Fast immer schlechtes Wetter, die Sorge um Betty, die für Fußtouren nicht gemacht war, die oft das Ungemütliche des Wirtshauslebens mit ihrer Häuslichkeit verglich, dann wieder klagte, daß sie durch ihre Unzufriedenheit mir die Freude an der Reise schmälere. Kurz, es kam für uns beide zu keinem wirklichen Genuß.

Die Folgen der Reise ließen Betty selbst nicht zu einem ungetrübten Genießen des neuen Heimes kommen, denn kaum hatte sie sich in den gemütlichen Räumen eingelebt, da zeigten sich die Symptome einer ernsten Krankheit. Ich säumte nicht Dr. Hartung kommen zu lassen, der dann auch alle Anzeichen eines heftigen Schleimfiebers konstatierte. Es kam eine trübe Zeit, viele Nächte verflossen in Sorge und Unruhe. Bei dieser Gelegenheit zeigte sich so recht der Wert unserer treuen Anna, die mit Umsicht das Hauswesen besorgte und dabei der kranken Herrin nach besten Kräften hilfreich war. Ich aber erprobte mein Talent als Krankenwärter, achtete am Tage auf alle Verordnungen und besorgte während der Nacht die Spirituslampe für die nötigen Medikamente. Dr. Hartungs Bemühen und Bettys kräftige Natur überwanden dann auch in nicht zu langer Zeit das Übel und nun erst konnten wir uns unserer neuen Einrichtung voll freuen.

Diese Einrichtung war wirklich für Bergedorfer Verhältnisse Aufsehen erregend. Schöne Teppiche, Geschenke von Philipp und Wilhelm Blessig, lagen in unserm Wohn- und Eßzimmer. Ein schönes Piano hatte Philipp geschenkt, ein reiches vollständiges Silberbesteck Forsch, ein schönes englisches Tafelservice Wilhelm Blessig, eine prächtige Setzuhr die drei Onkel Wübbe, Paul Schinkel einen kupfernen Samowar und ein Kaffeeservice. Schöne Decken, köstliches Leinenzeug vervollständigten diese Einrichtung, an der wir täglich von neuem unsere Freude hatten.

Auch mein kleines Atelier hatte ich mir neu eingerichtet und fing an, unter Harmsens Anleitung tapfer zu malen. Der alte Burmester, der einen recht tüchtigen Menschen zur Seite hatte, überhob mich der direkten Tätigkeit im Geschäft und Betty freute sich über meine Beschäftigung, sie saß oft stundenlang mit ihrer Arbeit bei mir. Es kamen noch schöne Herbsttage, so daß ich einige Versuche im Freien machen konnte. Bald aber überzeugte ich mich, daß mir technisch das Zeug dazu fehlte und ich begann nach Harmsens Bildern zu kopieren, um für den nächsten Sommer die nötige Fertigkeit zu erlangen. [...]

Friedrich Stoffert reiste gemeinsam mit dem Apotheker Hermann Würger, dem späteren Ehemann seiner Schwester Gretchen, nach Sachsen. Sie besichtigten dort verschiedene Apotheken, die zum Verkauf angeboten wurden; ein Geschäft kam jedoch nicht zustande.

Einige Zeit darauf lenkte Hasche unsere Aufmerksamkeit auf das Geschäft des verstorbenen Apothekers Petersen in Klütz in Mecklenburg. Da Onkel Adolph auch hier als Beistand Hermann Würgers eintrat, verzichtete ich darauf, an der Inspektion teilzunehmen, war aber freudig überrascht, als ich vernahm, daß das Geschäft glücklich zum Abschluß gekommen sei. Die Apotheke war gut, aber nicht bedeutend, auch der Kaufpreis verhältnismäßig ziemlich hoch. Da Hermann Würger in Rostock sein Examen gemacht, stand der Übernahme des Geschäfts nichts im Wege und die Heirat fand bald darauf statt. Für Betty war die Trennung von meiner Mutter und Schwester eine schwere Zeit und nur die größere Inanspruchnahme im eigenen Haushalt half ihr über dieselbe leichter hinweg. Sie trennten sich unter der Zusage eines baldigen Besuches, eine Zusage, die nicht sobald in Erfüllung gehen sollte.

Nachwuchs stellt sich ein

Um die Mitte des Sommers 1852 sah Betty ihrer Entbindung entgegen, der leider recht betrübende Umstände vorausgingen. Eine Entzündung der linken Brustdrüse, die sich im siebten Monat herausbildete, verursachte ihr namenlose Schmerzen, die sich erst milderten, als die Geschwulst in Eiterung übergegangen war. Leider war bei der vollhüftigen Natur Bettys und dem sich stets steigernden Milchzufluß an eine Bewältigung des Unheils vor der Entbindung nicht zu denken und lag eine große Gefahr für Mutter und Kind in dem steten Säfteverlust. Die vernünftige Behandlung Dr. Hartungs und die manuelle Geschicklichkeit des Chirurgen Pott, der durch zirkuläre Einpflasterung die Eiterung zu beschränken wußte, brachte Betty große Erleichterung. Auf Wunsch Dr. Hartungs wurde noch Dr. Wasmann, eine Autorität in Frauenleiden, auch Schinkels Dr. Reusche zu Rate gezogen, jedoch ohne Erfolg. Auch sie vertrösteten auf die Entbindung. Für diese ward von Dr. Hartung, der selbst nicht Geburtshilfe übte, Dr. Gätjens in Hamburg in Vorschlag gebracht, da ich zu dem Trunkenbold Dr. Biehl kein Vertrauen hatte. Es war eine schwere Zeit, auch für mich eine Zeit der Aufregung und Angst. Die Hebamme war schon einen Tag vergeblich beschäftigt gewesen, als der Arzt eintraf. Gegen Morgen fand die Entbindung statt. Leider kam das Kind tot zur Welt. Es war ihm die Nabelschnur um den Hals geschlungen und hatte es erdrosselt. Wer die getäuschte Erwartung einer Mutter bei einer toten Erstgeburt kennt, wird den Schmerz Bettys verstehen. Es war ein sehr wohlgebildetes, trotz des bedeutenden Säfteverlustes, kräftiges, gut genährtes Mädchen. Wohl empfand ich den ganzen Jammer mit, der Bettys Gemüt bewegte, mich aber tröstete das Bewußtsein, daß nun das Übel schwinden werde, das so bedrohlich für ihr Leben gewesen war.

Und so war es, sie erholte sich rasch und vollständig. Zwar blieb die arg ver-

letzte Brust noch lange Zeit empfindlich, aber sie heilte vollständig aus und ist nie wieder schmerzhaft gewesen. Es war die erste trübe Erfahrung, die wir in unserem jungen Eheleben machen mußten, leider nicht die letzte.
Ohne nennenswerte Ereignisse verfloß das Jahr. Im Juli des folgenden Jahres ward uns ein Knabe geboren und nun konnte sich Betty ihrer Mutterfreude ungeschmälert überlassen. Es war ein prächtiger, kräftiger Junge, der vom ersten Atemzuge energisch Anspruch an das Leben stellte, schrie mit einer kräftigen Stimme und mit Anstand sein Zuckerwasser trank. Ich hatte diesmal Dr. Nölting aus Allermöhe zur Entbindung engagiert und fühlte sich Betty ganz sicher in seiner Behandlung. Er genoß auch als Geburtshelfer eines großen Rufes. Auf den Rat Dr. Hartungs nährte Betty das Kind etwa vier Wochen mit der einen Brust, die früher kranke war unfähig geblieben, um diese vor Wiedererkrankung zu bewahren.
Den ganzen Komplex neuer glücklicher Empfindungen zu schildern, den der Besitz des ersten Kindes hervorruft, unterlasse ich. Was so viele Millionen Eltern geglaubt, daß es kein Kind gäbe, das an Lieblichkeit dem ihren gleiche, das haben auch wir wohl geglaubt und glücklich war Betty, als nach einigen Monaten Dr. Hartung erklärte, er habe noch keinen so prächtigen Jungen gesehen. Und er gedieh, mit rührendem Eifer wachte Betty über ihn, ward nicht müde mit einer Umsicht und Gewissenhaftigkeit für ihn zu sorgen, die mich anfänglich frappierte, die ich mir aber dann aus den Erfahrungen erklärte, die sie bei den schinkelschen Kindern gesammelt hatte.
Es ward nun ein Kindermädchen, Marie, eingestellt, das entgegen den trüben Erfahrungen, die man mit dieser Klasse der Dienstboten gewöhnlich macht, ihre Pflicht in vollem Maße erfüllte und unser Vertrauen wie unsere Zuneigung in gleichem Maße erwarb. War Betty bis da schon ihr Haus der liebste Aufenthalt gewesen, von nun ab war es ihr ganzes Glück und sie war so sinnreich, ihre Freuden sich daraus zu entwickeln, daß ich sie nicht wenig darum beneidete.
Wohl lernte auch ich bald, unter ihrer Anleitung, meinen Jungen regelrecht anzufassen, bildete meinen Blick aus für alle die Reize und Besonderheiten unseres Kindes. Ich glaube aber, daß ich Betty darin oft nicht genug getan. Wir Männer sind einmal in diesem Bereich keine Schwärmer, auch wohl weniger voreingenommen in unserem Urteil.
Die Taufe unseres Jungen war natürlich ein Ereignis. Zu Gevattern hatten wir Mielchen Schinkel, Onkel Nicolaus und Großmutter Stoffert gebeten. Sie war aber auch in sofern ein Ereignis, als uns der Pastor Holm, ein arger Mistfink, eine Szene machte, indem er die Taufrede benutzte, um mir, dessen Freisinn er kannte, den Text zu lesen, als er in seiner Ansprache an den Täufling, ihm empfahl, nicht der Vernunft zu vertrauen, nicht dem Irrtum zu verfallen, als ob in der Pflege der Kunst und der Wissenschaft eine Befriedigung zu finden sei, die nur der aufrichtige Glaube an Christus gewähre und gewähren könne.
Die Rede war in so scharfem Ton gehalten, daß mein Onkel Nicolaus, der weder besonders religiös noch philosophisch angehaucht war, den Ausspruch tat: „Jung, den Kerl wür ick nich wedder nehmen, wenn et noch mal nödig is“
Unser Junge erhielt nach Bettys Lieblingsbruder den Namen Robert.

Am 9. Februar 1855 ward uns ein zweiter Knabe geboren, ebenfalls kräftig und anscheinend gesund. Dennoch sollten wir uns desselben nicht lange freuen. Wir hatten ihn Arnold getauft und er gedieh so gut, daß er nach Verlauf eines Jahres schon begann, zu laufen und einzelne Wörter zu sprechen. Da aber stellte sich in der linken Gesichtshälfte und auf dem Kopf ein Ausschlag ein, der allen angewandten Mitteln spottete, sich stets weiter verbreitete, in den Gehörgang eindrang und im April 1856 den Tod herbeiführte.
Es war dies ein harter Schlag, der uns traf, Betty um so heftiger, als sie wieder guter Hoffnung war. Hier lernte ich ihre seltene Geistesstärke so recht schätzen. Im Bewußtsein, daß sie rücksichtlich ihres Zustandes, sich keiner großen Aufregung hingeben dürfe, überwand sie, deren ganzes Leben vornehmlich in den Kindern pulsierte, beim Verlust ihres Lieblings, dem sie so viel Sorge, so manche Stunde der Nacht geopfert, ihren Schmerz in wirklich staunenswerter Weise und Selbstbeherrschung.
Recht tief betrübt saßen wir in den ersten Tagen da, war es doch in kurzer Zeit die zweite Kinderleiche, die wir das Haus verlassen sahen. Fand Betty in so trüber Zeit die Haupttröstung in der Sorge um ihren Haushalt, in ihrem Robert und in der Hoffnung für die Zukunft, so suchte ich in Mußestunden mein Atelier auf, flüchtete zu der mir immer lieber werdenden Beschäftigung und fand darin Trost und Ablenkung.

Die erste Studienreise in den Harz

Schon im Sommer vorher hatte ich eine Studienreise in den Harz gemacht, da ich mich soweit durchgearbeitet glaubte, nun eine solche mit Nutzen unternehmen zu können. [...]

Straße in Quedlinburg

Aus dem Bodethal

Diese Reise führte Friedrich Stoffert über Quedlinburg, Harzburg, Ilsenburg und Werningerode bis in das Bodetal.

Ich beschleunigte meine Rückreise und war froh, wieder nach Hause zu kommen. Wohl hatte ich mich der schönen Natur gefreut, die auch vom malerischen Standpunkt mein ganzes Interesse erweckte, aber das Gefühl, das, was ich eigentlich beabsichtigte, nicht erreicht zu haben, wirkte so deprimierend, daß es mir den Genuß wesentlich verkümmerte. Ich hatte eingesehen, daß ich der mir gestellten Aufgabe nicht gewachsen war. Mir mißfiel alles, was ich gemacht hatte und Harmsens und Bettys Urteil lautete nicht besser.
Glücklich war ich, alles wohl anzutreffen. Beide Jungen waren fix, denn zu dieser Zeit war Arnold noch frei von dem Leiden, an dem er später zugrunde ging und auch Betty sah frisch und blühend aus.

Krankheit

Im Juni des folgenden Jahres ward unsere Liesabeth geboren. Es war eine schwere Zeit, denn die Geburt mußte künstlich herbeigeführt werden. Dennoch verlief alles gut. Das Kind kam gesund zur Welt und auch Betty erholte sich recht bald von den ausgestandenen Schmerzen.
Nun war die Lücke wieder aufgefüllt, die der Tod Arnolds in unserem kleinen Kreis gelassen. In der Sorge um das Neugeborene minderte sich wohl der Schmerz um den Verlorenen, denn es war Bettys Wesen, sich ihrer Pflicht

jederzeit vollkommen hinzugeben, ihr ganzes Denken und Sorgen für dieselbe einzusetzen.
Im Spätherbst desselben Jahres überfiel mich ein typhöses Fieber, an dem ich lange zu leiden hatte und dem ich bald zum Opfer gefallen wäre. Ich war mit Harmsen zum Zeichnen nach Wentorf gegangen, fühlte mich aber während unseres Daseins plötzlich krank, daß ich ihn bat, mit mir zurückzukehren. Ich war dann auch kaum zu Hause angekommen, als mich ein so heftiger Schüttelfrost packte, daß ich nicht stehen konnte. Betty brachte mich zu Bett und es stellten sich bald die heftigsten Milzschmerzen ein. Da ich in den letzten Jahren nur homöopathische Mittel gebraucht hatte, blieb ich bei diesen, nahm gegen den Schmerz fleißig Acunit, wonach sich derselbe immer auf Stunden verlor. So vergingen Tage, ohne daß sich mein Zustand gebessert hätte. Auch Mittel, die mir der Homöopath Dr. Krüger in Hamburg sandte, blieben wirkungslos. Fieber und Milzschmerz aber steigerten sich. Da faßte Betty gegen mein Wissen den Entschluß, einen Arzt kommen zu lassen. Ich weiß nicht mehr, warum sie nicht Dr. Hartung, sondern Dr. Ruben nahm. Es war aber vielleicht zu meinem Heil, denn er kam, er sah und tat nichts, gewiß das Beste, was er tun konnte. Ich befand mich bei seiner Ankunft schon im Stadium zeitweiliger Besinnungslosigkeit, so daß ich von dem, was um mich vorging, nur das Empfinden des Traumlebens hatte. Endlich verließ mich das Bewußtsein ganz und wochenlang habe ich so, bald still träumend, bald phantasierend dagelegen.
Nur ganz langsam erholte ich mich, war auch mein Bewußtsein wiedergekehrt, meine Kraft war so vollständig geschwunden, daß ich nicht im Stande war, den Arm von der Decke zu heben, mein Nervensystem so irritiert, daß ich das leiseste Geräusch schmerzhaft empfand.
Beim ersten Erwachen fand ich Betty an meinem Bett sitzend. Unausgesetzt war sie um mich beschäftigt gewesen, hatte Tag und Nacht in ihrer Pflege und Sorge um mich nicht geruht, alles selbst getan, jede Hilfe, die sich ihr angeboten, zurückgewiesen. Ich war noch so schwach, daß der Arzt jeden Besuch untersagte. Als nach Wochen der alte Burmester zuerst in mein Zimmer kam, konnte ich seine Stimme nicht ertragen und war mir der Tabakgeruch, den seine Person ausstrahlte, unerträglich. Als noch manche Woche später Harmsen kam, um sich nach mir umzusehen, mußte ich ihn bald bitten, seinen Besuch abzubrechen, seine tiefe Baßstimme war mir peinlich *(schmerzte mich)*. Dennoch kam ich, wenn auch langsam, doch stetig weiter. Endlich konnten die Kinder in die Stube gelassen werden. Robert keck und stramm, Liesabeth auf der am Boden ausgebreiteten Decke kriechend. Mit dem Vor- und Nachspiel waren wohl vier Monate während meiner Krankheit verflossen.
Als dann die ersten Frühlingstage kamen, da konnte ich an Bettys Arm zur Knick Allee gehen und mit jedem Tag etwas weiter, bis ich endlich unseren Garten erreichte, der am Arm der Bille lag, der sich hinter der Bleiche hinzieht. Hier hatten eben die Weidenkätzchen sich entfaltet und ihr süßer Honigduft erfüllte die Luft. Zahllose Bienen umschwärmten die Blüten und ihr Gesumme war mein Entzücken. Wie rein ist doch das Empfinden eines Genesenen, eines gleichsam Neugeborenen.

Urlaubsreise nach Klütz und an die Ostsee

Unter Bettys unausgesetzter Pflege und der kräftigenden Luft des sich entwickelnden Frühlings erholte ich mich nun bald und vollständig. Und als der Sommer seinen Einzug gehalten hatte, da beschlossen wir zu meiner vollständigen Festigung, einen Besuch in Klütz bei meiner Schwester Gretchen zu machen und damit ein Seebad in Boltenhagen zu verbinden. Betty sollte mit den Kindern bei meiner Schwester wohnen, ich dagegen wollte an den Strand ziehen.

Klütz in Mecklenburg

Es war ein fröhliches Wiedersehen, meine Mutter natürlich entzückt von den Kindern, Betty freudig stolz, sie ihr mit all' ihren Vorzügen vorführen zu können. Wir hatten Klütz noch nicht gesehen und waren angenehm überrascht von dem reizenden Idyll, das wir fanden. Der Flecken ist unbedeutend, die Apotheke aber, ist reizend einem Teich gegenüber gelegen, die Straße umstanden von schönen Linden, das Haus umgeben von einem wohlgepflegten Frucht- und Gemüsegarten, ist nicht neu, gehört aber zu jenen gemütlichen Wohnungen, in denen man sich sofort heimisch fühlt. Alle Räume, bis auf einige Schlafzimmer, liegen Parterre, gehen ineinander und bieten dadurch eine große Bequemlichkeit. Und bald überzeugten wir uns, wie glücklich meine Mutter, meine Schwester und auch Schwager Hermann Würger sich hier fühlten. Ihre neue Heimat bot Verhältnisse, als wären sie für sie geschaffen. Ungeniert einerseits und ohne einen unangenehmen Umgang, nahmen sie in dem kleinen Ort eine angesehene Stellung ein.
Nachdem ich einige Tage in Klütz geblieben, zog ich nach Boltenhagen, wo ich

im Strandhotel bei Wichmann Logis fand. Es war für die Saison noch früh, im Hotel waren bis da nur zwei Gäste, ich zog als dritter ein. Aber der Präpositus Barnewitz aus Mecklenburg und der Dr. med. Wendt aus Lauenburg waren angenehme Gesellschafter. Bald rückte noch ein vierter Gast ein, der Pastor Schönherr aus Boitzenburg, ebenfalls ein jovialer Herr.
Das Bad war noch sehr frisch, das Wasser hatte nur +9° Reaumur *(7,2° C)*, so daß ich die ersten Male wie zerschnitten wieder herauskam, obgleich ich wohl nur 1 Minute darin geblieben war. Trotzdem befand ich mich vortrefflich und fühlte mit jedem Bade mehr, wie gut es mir tat.
Ich wohnte hoch, mein Zimmer lag an der Galerie, so daß ich das Meer zu allen Tageszeiten ungestört beobachten konnte. Meinen Apparat hatte ich mit mir genommen, und da ich meine ersten Studien vom Balkon aus machen konnte, wurden sie besser als alle bisherigen. Ich konnte mir die nötige Zeit nehmen, war ungestört und konnte selbst, wenn meine Arbeit unterbrochen worden, sie bei günstiger Gelegenheit wieder aufnehmen.
Bald machte ich die Bekanntschaft einiger Logis-Nachbarn: Herr Engel und Familie aus Magdeburg, Herr Morgenstern, ebendaher, Fräulein Weiss, die Tochter eines Malers aus Berlin. Vor allen interessant aber waren die Fräulein Koch, Töchter des Bürgermeisters in Gadebusch. Beide waren liebenswürdige naive Mädchen, mit denen ich mich manche Stunde unterhalten habe. Das Wirtshausleben befriedigte nicht. Die Bedienung war mangelhaft, das Essen zu Zeiten recht schlecht, sogenannter Goldbutt bildete zu oft das Stammgericht, das Fleisch war gewöhnlich erbärmlich, Gemüse fehlte fast immer, es schien man, wie fast überall, als Nebensache zu behandeln. Oftmals ging ich nach Mittag nach Klütz hinauf und blieb dann dort bis zum Dämmerlicht. Von Betty und Robert wurde ich dann immer mit Jubel empfangen und ich mußte all die kleinen Schnurren berichten, wie sie sich in allen Badeorten abzuspielen pflegen, ging es am Abend aber wieder fort, dann brachten mich alle bis an die Ecke bei Wagner, auch wohl noch ein Stück auf den Weg. Robert aber sagte ununterbrochen mit kläglicher Stimme „A dieu, Papa!“, während ihm die langen Tränen über die Wangen liefen.
Betty war glücklich über ihren Aufenthalt bei Mutter und Gretchen, freute sich, in der freien Natur mit den Kindern leben zu können, keine häusliche Sorgen zu haben und dies alles sprach sich jedes Mal, wenn ich von Boltenhagen kam, in ihrem freudestrahlenden Gesicht aus. Und es waren auch wirklich herrliche Sommertage, der Himmel fast immer wolkenlos, die Luft warm bei mäßiger Bewegung. Das waren Verhältnisse, die den Aufenthalt in der Nähe des Meeres begünstigten, denn die Nähe der See bemerkte man schon in Klütz, obgleich dasselbe eine Stunde vom Strande entfernt liegt, zumal bei nordöstlichem Winde ist es bemerkbar, wo man auch zu Zeiten das Rauschen der Brandung hört.
Bevor ich Boltenhagen verließ, besuchte ich noch die Ortschaften, die direkt am Strand liegen wie Tarnewitzerhagen und Hafthagen. Dann zog ich, nachdem ich die bestimmte Anzahl Bäder genommen, nach Klütz hinauf, wo mir mein Schwager Hermann Würger ein Zimmer einräumte. Nun verlebte ich im Kreise meiner Lieben noch eine Reihe schöner Tage. Dabei unterließ ich nicht,

Schleuse bei Tarnewitzerhagen

fleißig nach der Natur zu malen. Goldbeck, Grundshagen, Hof zum Felde, Christinenfeld und Oberhof boten Stoff genug und hatte der Charakter der Gegend viel Anziehendes und fest Ausgesprochenes. Eine Unzahl von Motiven bot sich dem Maler. Ein großes Hindernis war mir der lästige Öl-Apparat, den ich oft stundenweit schleppte und der, wenn auch praktisch, viel zu schwer war. Hätte ich damals schon verstanden, in Aquarell zu arbeiten, wäre mein Bemühen erfolgreicher gewesen und heute besäße ich noch die

Arpshagen

Christinenfeld bei Klütz

Bockmühle bei Klütz

ansehnliche Reihe Studien, die nun alle untergegangen, weil sie auf grundiertem Papier gemalt waren, das brüchig ward und zerbrach.

Verschiedentlich besuchte ich mit meinem Schwager Hermann Würger die Pächter der Umgebung, mit denen er gute Freundschaft hält. So hatte ich Gelegenheit, die üppige Lebensweise dieser Herren kennenzulernen. Eines Nachmittags waren wir zu dem alten Stumpe auf Christinenfeld gegangen und trafen dort just zur Vesper ein. Da ward dann aufgetragen, als ob man den Tag noch gar nichts gegessen hätte und als wollte man sich wenigstens für den Rest desselben versorgen. Doch sollte diesem Vesperbrot nach wenig Stunden noch ein Abendessen folgen, das ihm ganz entsprach. Schinken, Wurst, Eier, Spickgans und dicke Schafmilch bildeten das schwere Geschütz, das unsere Mägen siegreich bekämpfen sollten. Dabei saß der alte Herr gelähmt im Armstuhl, während sein Verwalter Böbs, der spätere Pächter von Elmenhorst, die Honneurs machte. Die riesigen Quantitäten der Speisen, die einem, der Landessitte gemäß, aufgelegt wurden, war ich nicht imstande zu bewältigen. Noch tagelang habe ich mit der Regulierung meines gestörten Magens zu schaffen gehabt. Der alte, jetzt gelähmte Herr war einst ein tapferer Kämpe *(Kämpfer)* bei den Turnieren gewesen, die ein früherer lustiger Graf von Bothmer seinen Vasallen, den Pächtern, veranstaltete. Er verstand es, den Becher, der eine Flasche Champagner faßte, auf einen Zug zu leeren, ein Kunststück, vor dem alle übrigen zurückschreckten. Nun saß er als Invalide sinnend im Lehnstuhl und sein gleichmütiges Lächeln ließ nicht ahnen, ob Freude oder Reue über seine Taten seine Seele bewegte.

Im allgemeinen fand man auf den Gütern die gleiche luxuriöse Lebensführung. Ich war bei Russau auf Großenhof, bei Blank auf Parin, bei Horn in Goldbeck, überall ein ähnliches Bild. Ich glaube auch wohl, daß die Herren recht gut gestellt sind. Die Pacht muß dem Durchschnittsertrag entsprechen. Ist sie zu hoch, so besteht der Pächter nicht, zum Nachteil des Verpächters. Dieser hat aber selbst ein Interesse an einer proportionalen Pacht. Ein Faktor aber, von dem das Wohl und Wehe abhängig bleibt, ist das Wetter. Ihm ist ja leider, trotz regelrechter und fleißiger Bewirtschaftung, mancher Landwirt zum Opfer gefallen.

Bothmer ist ein Majorat *(dem ältesten Sohn zustehendes Erbgut)*, das zeitweilig an eine Seitenlinie der Familie der Grafen Rantzau übergegangen, nun aber an die Grafen Bothmer zurückgefallen ist. Das Haupt- und Wohngebäude bildet ein einfacher Flügelbau, dem Stil nach aus der Mitte des vorigen Jahrhunderts stammend. Der Hauptteil ist von der gräflichen Familie bewohnt, in den Flügelbauten wohnt die Bedienung und befinden sich Räume für die Administration. Die Grafschaft war lange Jahre unter Administration, die Verschwendung der Gräfin hatte den Güterkomplex derart verschuldet, daß man genötigt war, den Grafen unter Kuratel zu stellen bis sich das Vermögen wieder entsprechend gesammelt habe. Spätere Majoratsherren haben sparsam gewirtschaftet, so daß das Kuratel schon seit längerer Zeit wieder aufgehoben ist. Während ich in Boltenhagen lebte, kam jener unter Kuratel gestellte Graf Bothmer allmorgendlich zum Kaffee ins Strandhotel. Ich hatte wiederholt Gelegenheit, mich mit ihm zu unterhalten, fand in ihm einen liebenswürdigen, sehr gebildeten alten Herrn, dem ich gern zuhörte. Er war früher in der Forstwirtschaft tätig gewesen, lange Zeit in den Ostsee-Provinzen lebend, hatte er ein bewegtes und reiches Leben hinter sich. Sein Sohn, Graf Felix, führte ein rüdes Leben und starb früh. Er heiratete die Tochter des Admirals Jahmus, ein uneheliches Kind der schönen Marianne in Eimsbüttel. Sie war ein überaus schönes Weib, von feinstem Reiz und fürstlicher Haltung. Sie lebt noch heute an einem der kleinen thüringischen Höfe, wo sie Ehrendame

geworden. Der Graf starb jung an den Folgen seines ausschweifenden Lebens.
Mein Schwager Hermann Würger genoß in Klütz eines sehr guten Rufes und großer Freundschaft, er verdiente aber auch beides. Nach einer sehr wenig befriedigenden Tätigkeit seines Vorgängers konnte dieser gewissenhafte und pünktliche Mann umso mehr sich des Vertrauens und der Achtung seiner Mitbürger erfreuen. Er fühlte sich auch glücklich in seinem Wirkungskreis, ward von jederman geliebt und selbst vom Grafen in freundlichster Weise und mit Auszeichnung behandelt. Die Bezeichnung „Onkel Würger“, unter der er in späteren Jahren allgemein bekannt war, zeugt für seine Popularität und das gemütliche Verhältnis, in dem er zu seinem Publikum stand.
Und auch meine Mutter und Schwester hatten sich vollständig in dem neuen Verhältnis eingelebt. Meine Schwester hielt Umgang mit der Familie des Pastors, der Ärzte und des Lehrers sowie mit manchen Pächterfamilien und fühlte sich darin befriedigt. Sie hatte keine Kinder, fühlte sich deshalb aber nicht unglücklich. Ich glaube, sie, sowie mein Schwager entbehren dieselben nicht.
Meine Mutter führte dagegen ein stilles, ganz ihrem bescheidenen, anspruchslosen Wesen entsprechendes Leben. Sie hatte ihre eigenen Wohnräume, saß stets arbeitend am Fenster oder in der Laube, sich der vorübergehenden Kinder freuend, die sie durch kleine Leckerbissen an sich zu gewöhnen wußte, so daß sie, vorübergehend, stets Augen links oder rechts machten, um zu sehen, ob ihre Freundin am Fenster oder in der Laube saß. Wo meine Mutter gelebt, da hat sie diesem Herzensbedürfnis sein Genüge zu verschaffen gewußt. Schon die vor den Laden kommenden Kinder waren ihre Freunde, später die Söhne ihres Hauswirts, James und George Smith. Hier nun hatte sie wieder einen entsprechenden Kreis von kleinen Freunden gefunden, den sie, der sie glücklich machte. Ich werde das liebliche Bild nie vergessen, das sich so oft beim Sonnenuntergang plastisch darstellte, wenn die Herden, zurückkehrend, zur Tränke gingen oder die Heu- und Getreidewagen vorüberfuhren und wir in dem, am Rande des Teiches, unter den tiefschattenden Linden, errichteten Zelt, das Abendbrot einnahmen.
Sonnenstaub, der Duft des Heues, das im Abendlicht glitzernde Wasser des Teiches, in dem die Tiere tieffarbig und kräftig sich abhoben, die scheu entfliehenden Enten, die jubelnd am Ufer stehende Kinderschar, der nach der Schwemme aufmerksam blickende Jacky, das alles verschmolz harmonisch und vereinigte sich zu einem reizenden Gesamtbild. Ob ich die Reize der Örtlichkeit, nachdem das Gewese in andere Hände gekommen, wohl wieder finde? Ich glaube kaum.
Der Eindruck, den wir in solcher Art empfangen, ist viel komplizierter, als wir gewöhnlich annehmen. Er setzt sich nicht nur aus den verschiedenen Teilen eines solchen Bildes zusammen, die alle in demselben Verhältnis zueinander stehen müssen, um entsprechend zu wirken. Dieselben Lichtbedingungen, dieselbe Tages- und Jahreszeit, dieselbe Gemütsstimmung sind erforderlich. Deshalb stehen wir später oft enttäuscht vor Verhältnissen, die uns einst entzückten. Vielleicht nur kleine Lichtunterschiede genügten, diesen Mißlaut hervorzurufen, vielleicht auch befanden wir uns in einer Stimmung, die nicht der

entsprach, mit der wir einst an den Gegenstand herantraten. Man kann dreist den Ausspruch wagen: Der Eindruck, den uns eine Komplikation von Dingen oder Verhältnissen hervorruft, ist ein Unikum. Nie wird derselbe in seiner Totalität wiederkehren. Nur nach dem Maße der Feinfühligkeit werden wir unter ähnlich wiederkehrenden Verhältnissen mehr oder weniger uns befriedigt fühlen.
Ich habe mit Betty Klütz nicht wieder besucht. Unsere häuslichen Verhältnisse verhinderten uns stets daran, doch war ich später einmal mit Robert und auch allein dort.

Der Schwager Paul Schinkel

Gegen den Herbst begann unsere Liesabeth zu zahnen und während Robert mit größter Leichtigkeit diesen Prozess durchgemacht hatte, begann sie zu kränkeln. Recht bedrohliche Erscheinungen stellten sich ein, so daß wir besorgt zu Dr. Ruben schickten. Als er kam, lag das Kind schon in Krämpfen, wühlte mit dem Kopf in den Kissen und phantasierte. Tagelang schwebten wir in Angst und Sorge. Als ich mich der Anwendung von Calonel widersetzte, die der Arzt verschrieben, erklärte er, ohne dasselbe für das Leben des Kindes nicht einstehen zu können. Die Pulver waren gegeben und wirkten so günstig, daß wir unsere Liesabeth bald außer Gefahr wußten. Die Zahnbildung verlief fortan regelrecht und ohne Störung.
Bevor ich in meinen Erinnerungen weitergehe, muß ich noch eines zurückliegenden Vorganges gedenken, der auf unser Verhältnis zur Familie Schinkel von bedeutendem Einfluß war. Das Vermögen, welches Betty mit in die Ehe gebracht, war in dem Geschäft von Wilhelm Blessig, dem Halbbruder von Betty, verblieben, das derselbe nach dem Austritt vor Forsch und Schinkel allein besaß. Die Verzinsung mit 6% und 5% war so hoch, daß ich keinen Grund fand, es nicht dort zu lassen. Da traten 1855 die politischen Verhältnisse ein, die später zum Krimkrieg führten. Das Verhalten der verbündeten Mächte war so drohend, daß ich Paul Schinkel, der die Verhältnisse in Rußland genau kannte und der selbst dort noch einen Betrag stehen hatte, fragte, ob auch irgendwelche Gefahr für das Kapital Bettys vorhanden sei. Er stellte jede Gefahr in Abrede und sagt mir zur Beruhigung, daß er selbst ja dort noch Beträge stehen habe. Es verflossen Wochen, der russische Goldkurs sank immer mehr. Die verbündeten Flotten legten sich vor Kronstadt. Es gewann den Anschein, als sollte es zu einer Blockade, wenn nicht gar zu einem Bombardement St. Petersburgs kommen. So erhielt ich eines Tages einen Brief von Paul Schinkel, in dem er mich ersuchte, zu einer Besprechung in sein Comptoir zu kommen. Ich folgte seiner Aufforderung und er trat mir mit den Worten entgegen: „Nun würde ich Dir doch raten, das Geld herüberzuziehen!" Erstaunt sah ich ihn an, dann sagte ich in gereiztem Ton: „Nun, wo der Kurs so gesunken ist, daß wir einen Verlust von 5.000 Mark haben, rätst Du mir Herüberzuziehen, während Du mir, als es noch ohne Verlust geschehen konnte, abgeraten hast!" Er verfärbte sich etwas, dann sagte er brüsk: „Ich bin nicht allwissend. Wenn Du mir Vorwürfe machen willst..." und dabei wies er mit

unzweideutiger Handbewegung nach der Tür. Ich folgte sofort dieser Aufforderung, da ich über die Sachlage nicht mehr im Unklaren war. Mein Erstes war, daß ich, trotz des ungünstigen Kurses, den ganzen Betrag bei Wilhelm Blessig kündigte. Es kam nicht zu dem Gefürchteten, jede Demonstration gegen Kronstadt und St. Petersburg unterblieb. Der Kurs aber hob sich, trotz des später abgeschlossenen Friedens nicht mehr.
War ich durch Paul Schinkels Behandlung schon schwer verletzt, so war ich empört, als ich später erfuhr, er habe sein Geld bei guter Zeit herübergezogen. Es blieb also nur die Vermutung übrig, daß er besorgt war, sein Geld nicht zu bekommen, wenn beide großen Beträge gleichzeitig gekündigt würden oder er wollte Wilhelm Blessig schonen, indem er zu verhindern suchte, daß ich das Geld in so kritischem Augenblick dem Geschäft entzog. Daß ich ihn, als sich die ersten Wolken am politischen Horizont zeigten, gebeten hatte, falls er sein Geld herüberziehe, gleichzeitig das unsere zu kündigen, schien er ganz vergessen zu haben oder wollte sich dessen nicht mehr erinnern. War Betty bis da noch schwankend in der Beurteilung seines Charakters gewesen, jetzt war sie überzeugt und manches Moment der Vergangenheit trat jetzt erst in das richtige Licht.
Nachdem, was zwischen uns vorgefallen, konnte von einem freundschaftlichen Verhältnis zu meinem Schwager fortan nicht mehr die Rede sein. Dies sah Betty ein. Da ich aber wußte, in wie intimen Verhältnis die Schwestern immer gestanden, konnte ich nicht wünschen, daß dies durch mein Zerwürfnis mit Paul Schinkel eine Änderung erfahre. Ich bat Betty deshalb, ihre Besuche dort fortzusetzen. Sie war mir dankbar für solche Rücksicht. Ihre gute Meinung von Paul Schinkel, soweit sie noch vorhanden gewesen, war für immer dahin.

Zeichenunterricht

Als ich von meiner Reise nach Klütz zurückkehrte, kam mir Harmsen mit der Nachricht entgegen, daß er beim Studienmalen die Bekanntschaft eines Hamburger Malers gemacht, der bereit sei, wöchentlich zum Unterricht nach Bergedorf zu kommen, vorausgesetzt, daß wir beide daran teilnähmen, weil sonst die Sache für ihn nicht lohnend sei. Natürlich war ich gern dazu bereit, da ich schon lange das Bedürfnis nach einer guten geregelten Technik empfunden. Unser Lehrer war Lorenzen, ein schon bejahrter Herr, der früher auf der Kunstschule in Kopenhagen seine Studien gemacht hatte und nun in Hamburg ansässig war. Engherzig wie sein Wesen, war seine Malweise, aber von einer seltenen Gewissenhaftigkeit. Seine Bilder wurden gern gekauft, aber nur von solchen, die kleine, fein gemalte Bilder, großen kühnen Konceptionen vorziehen. Alle seine Bilder waren der Umgebung Hamburgs entnommen, gleichsam landschaftliche Porträts, treue Kopien seiner Studien.
Nun ward der Apparat seiner Malweise entsprechend hergerichtet und unter seiner Führung ging es hinaus zum Studienmalen. Bald saßen wir im Börnsener Hohlweg, bald in Wentorf, dann auch wohl in den Lohbrügger Sandbergen. Er liebte kleine, einfache Motive, Partien in feinem, mehr kaltem Licht entsprachen seinem Geschmack. Unter seiner Anleitung wurden wir zuerst mit dem

Gebrauch des Kobaltblaues bekannt, einer Farbe, die wir, wie auch Neapelgelb, bis da nicht besessen, und die er seine Lieblingsfarben nannte. Bald erkannten wir, daß mit ihnen Wirkungen hervorzubringen, die gewissen, reizenden Stimmungen entsprachen, für deren Darstellung sie unentbehrlich erschienen. Urkomisch war es, den derben, bestimmt arbeitenden Harmsen unter der Leitung des bedenklichen, kleinlichen Lorenzen zu sehen. Unausgesetzt fanden Kollisionen zwischen ihnen statt, aber bei der harmlosen und gutmütigen Natur Harmsens und dem sanft nachgiebigen Wesen Lorenzens nahmen so kleine Differenzen nie einen herben Charakter an. Er stand ganz unter dem Pantoffel seiner Frau. Als er sich einmal bei Wegräumen eines Zweiges arg in die Hand geschnitten, rief er kläglich aus: „Ach, was wird nun meine Frau sagen. Da werde ich schön Schelte bekommen!“ Der Ausruf war bezeichnend für das Verhältnis.
Eine unmäßige Zeit nahmen, wenn wir an's Ziel gekommen waren, die Vorbereitungen in Anspruch. Fielen wir mit Eifer auf unsere Arbeit, dann hieß es immer: „Eilen Sie doch nicht meine Herren, nur den Couleur scharf ansehen. Ich sage Ihnen, der Couleur ist die Seele des Dinges. Er wird immer zu sehr vernachlässigt!“ Lachten wir dann, wenn er dann wohl zehnmal die gezogene Linie wieder fortwischte, so sagte er resigniert: „Sie werden es mit der Zeit schon einsehen!“ In bezug auf mich war sein Ausspruch richtig. Ich habe die Wichtigkeit des Couleurs immer mehr erkannt. Harmsen blieb der ungebändigte freie Geist, dem es gleichgültig war, ob die Linie so oder anders verlief, wenn das Ganze nur dem entsprach, was er sich gedacht, er gewollt hatte.
Kamen wir dann von unseren Touren zurück, da wartete Betty schon mit dem Essen und bei einem Glase Wein wurden unsere Abenteuer ihr mitgeteilt und sie konnte sich darüber so harmlos freuen, hatte so viel Teilnahme für unsere Interessen, daß uns dieselben dadurch noch werter wurden. Selbst auf den alten, trockenen Lorenzen übte ihr reizvolles Wesen einen solchen Einfluß, daß er mir eines Tages mit dem Ausdruck der vollen Überzeugung sagte. „Haben Sie aber eine vortreffliche Frau gefunden!“
Durch Lorenzen ward ich mit dem Kunsthändler Ulmann bekannt, erlangte eine Reihe wertvoller Bilder zum Kopieren, so zum Beispiel normännische Veduten von Hognet, Landschaften von Carl Kukuk, Kaufmann, Dubdury und anderen. Ich kopierte sie mit Nachdenken und hatte dadurch einen wesentlichen Nutzen. Nun entstanden Bilder, die sich auch als verkäuflich erwiesen. Wir fanden einen Kommissionär, der gleichzeitig eine Rahmenfabrik hatte und durch den es uns gelang, das was wir fertig hatten, wenn auch zu sehr mäßigem Preis, zu verkaufen. Wohl nur der kleinere Teil unserer Arbeiten blieb in Hamburg, die Mehrzahl derselben ging nach Amerika, wohin sie von Schiffskapitänen genommen wurden, die mit unserem Kommissionär Kessler ohnehin in Geschäftsverbindung standen.
Ausstellungen gab es damals nicht, der Kunstverein, eine geschlossene Gesellschaft, hatte in den Sälen der Börse eine Ausstellung, zu der aber nur Mitglieder Zutritt hatten. Das vermittelnde Glied zwischen den Künstlern und dem Publikum, war auf ein kleines Maß beschränkt. Es gab nur zwei Kunsthändler, außer Ulmann, Commentar und Novaletto, der Nachfolger von

Ulmann. Deshalb waren Kommissionäre, wie Kessler, sehr geschätzte Leute. Auch die Zahl der Künstler war gering. Die Gebrüder Gensler, Harm, Kaufmann, Vollmer, Ruths, Solten, Eibe, Artmanns, Georg und Marcus Haeselich, Lorenzen, Schneider und Hasche waren die bekanntesten.
Unter solchen Verhältnissen war es leichter möglich zu verkaufen als jetzt, wo der Maler Legion ist, wo man jedem Backfisch, mit dem man nichts anzufangen weiß, Pinsel und Palette in die Hand drückt.
Wir waren dann auch so glücklich, alles zu verkaufen, was wir fertig gearbeitet hatten. Allerdings hing im Kesslerschen Lokal oft eine ganze Reihe unserer Bilder, schließlich aber verschwanden sie doch und wir zogen unsere Gelder ein. Die Preise waren klein, 30 Mark, 40 Mark bis 80 Mark, waren die gewöhnlichen. Was keinen Beifall gefunden, ging auch wohl noch niedriger fort. Der Gewinn war nicht groß. Uns aber, die wir nicht darauf angewiesen, genügte er. Er war uns auch ein Sporn, auf dem Wege rastlos weiter zu streben, den wir betreten hatten.
Bald sollte unser kleiner Kreis noch um ein Mitglied vermehrt werden. Der Schwager des Dr. Lamprecht hatte sich in Bergedorf niedergelassen. Emil Janssen war in Neapel geboren, der Sohn französischer Eltern, ein gentiler, fein gebildeter Mann. Er war vorwiegend Porträtmaler, traf gut, aber malte zu tief, untertuschte die Schatten seiner Bilder mit Terra di Siena. Der klare rotbraune Ton durchdrang bald die übertragenen Farben und gab den Bildern das Ansehen, das man spöttisch mit dem Wort „Braunkuchen" zu bezeichnen pflegte. Im Aquarell aber schuf er Reizendes. Er hatte dies Genre in Neapel geschäftlich geübt, so es, ehe die Photographie entstand, Sitte war, Gestorbene in Aquarell malen zu lassen. Er behandelte solche Bilder in leichter französischer Manier und coloristisch mit feinem Geschmack. Er war ein gemütlicher Mann, der manche Stunde bei mir im Atelier gesessen und dessen Unterhaltung mir viel Vergnügen machte. Ich schätzte sein Urteil, wenn ich auch nicht mit allem einverstanden war, was er selber geschaffen. Auch musikalisch war er tüchtig, blies speziell Flöte sehr gut. Er verzog später, als er durch das Fallissement *(Zahlungsunfähigkeit)* eines Neapeler Bankhauses einen Teil seines Vermögens verloren hatte, nach Stade, wo er nicht lange darauf gestorben ist. Auch Nonnenkamp, der mit ihm befreundet war, lernte ich kennen, einen tüchtigen feinsinnigen Maler.

Verwandtschaftsbesuche

Im Verlaufe des letzten Jahres lernte ich noch manche Verwandte Bettys kennen. Jane, die Frau Wilhelm Blessigs, war mit all' ihren Kindern bei uns, sie machte eine Reise in deutsche Bäder. Eine schöne stattliche Frau, von angenehmem Wesen, gefiel sie mir sehr, obgleich mein Urteil, wie fast bei allen Verwandten, durch Paul Schinkels Kritik schon getrübt war. Eine der Töchter, ein Mädchen von etwa 14 Jahren, ich weiß ihren Namen nicht mehr, fand ich auffallend schön. Jane war aus einer englischen Familie und zeigte im Umgang noch manches Nationale.
Auch Sophie und ihr Mann machten uns einen Besuch. Sie war eine reizende

Dame, Betty sehr ähnlich, aber größer und schlanker, auch lebhafter in ihren Bewegungen. Sie war mir sehr sympathisch und hätte ich es gern gesehen, wenn ihr Besuch nicht so kurz gewesen wäre. Sie trug sich sehr geschmackvoll, wenn auch nicht luxuriös, obgleich sie sich zur Zeit in guten Verhältnissen befanden. Ich kannte ihr wechselvolles Leben und war es mir interessant, sie daraufhin zu beobachten. Sie war sehr jung, gegen den Wunsch der Mutter, an den Kaufmann Böthlingk verheiratet und hatte mit ihm treu alle die Phasen seines unsicheren geschäftlichen Lebens durchgemacht. War er mehrfacher Millionär und fuhr er in glänzender Equipage, machte er ein exquisites Haus, hielt eine Reihe Dienerschaft, so war sie die salongewandte Dame, die solchen Verhältnissen vollkommen entsprach. War sein Stern gesunken, war es zum Krach gekommen, hatte er alles verloren, mußte sie eine Etage beziehen, Equipage und Dienerschaft abgeschafft werden, dann ging sie leichten Sinnes daran, der Kinder Kleider und die eigenen selbst zu fertigen, mit nur einem Dienstboten zu wirtschaften und all die kleinen Pflichten des Haushalts auf sich zu nehmen. Und es fehlte ihr nicht an Geschick, gleich Betty wußte sie sich in alles zu finden, es bald mit der nötigen Gewandtheit zu handhaben. Sie liebte den Wohlstand, aber sie konnte ihn entbehren, gefaßten Mutes und zufriedenen Sinnes schritt sie dann durch die Straßen, durch die sie wohl kurze Zeit zuvor in glänzender Equipage gefahren war.
Böthlingk war eine eigentümliche Persönlichkeit. In seinem Wesen lag nichts Angenehmes aber Kraft sprach aus allem, aus dem gedrungenen Bau seiner Glieder, der mächtigen Stirn, dem lebhaften Auge und der tiefen sonoren Stimme, die die Bank vibrieren machte, auf der er sprechend saß. Er war einer jener Menschen, denen das Gewöhnliche nicht genügte, denen nicht das Ziel allein, denen auch die Wege dahin Bedeutung haben. Er liebte die Extreme, nahm keinen Anstand, alles auf eine Karte zu setzen, hielt das Wagnis für den höchsten Reiz des Lebens. So sprach er sich mir gegenüber aus, als ich ihm sagte, daß der Kaufmannstand keinen Reiz für mich habe. Das Interesse beginnt eben dann erst, wenn der Weg auf der schmalen Höhe dahin führe und rechts und links der Abgrund gähnte. Diesem Grundsatz entsprechend war dann auch der Verlauf seines Lebens, mehrere Male war er Millionär, andere Male völlig arm.
Noch heute ist mir der Tag ihres Besuches klar erinnerlich. Es war ein prächtiger Sommertag. Betty hatte in unserem kleinen Garten den Kaffee serviert unter den Bäumen, während auf dem kleinen Rasen unsere Kinder spielten. Solche Augenblicke ermöglichen oft einen tieferen Einblick in das Seelenleben und rührend war es mir zu sehen, wie Betty bemüht war, die Reize ihres kleinen bescheidenen Heimes zur vollen Geltung zu bringen. [...]
Kaum ein Jahr nach diesem Besuch kam die Nachricht von Sophiens Tod. Sie hatte mit ihrem Mann eine Schweizreise gemacht und dabei ein Leiden sich zugezogen, an dem sie rasch zu Ende ging. Für Betty, die ihrer Schwester in aufrichtiger Liebe zugetan, war dies ein harter Schlag, um so härter, als sie fast gleichzeitig eine liebe Jugendfreundin, Martha Amburger, verlor.

Die Geburt der Tochter Nina

Im Jahr 1857, am 21. September, ward uns unsere Nina geboren, leicht und glücklich, ein prächtiges Mädel, von der ersten Stunde ihres Lebens Bettys ganze Freude. Den Namen wählte Betty im Andenken an ihre Tante Nina Forsch in Moskau.

Kaum eine geringere Freude als wir selbst, hatte der alte Burmester an unseren drei Kindern. Er liebte sie und war nicht glücklicher, als wenn er sich mit ihnen beschäftigen konnte. Er hat um den Verlust unseres Arnold gewiß ebenso sehr getrauert wie wir. Er war auch sein Pate gewesen.

Robert, Elisabeth und Nina Stoffert, um 1864

Auch von meiner Schwester Lieschen mit ihrer Familie hatten wir einen Besuch. Ich freute mich, meine Schwester wiederzusehen. Sie hatte sich, wie es mir schien, ganz in die russischen Verhältnisse hineingelebt, war glücklich über ihre Kinder und sprach keine Klage aus, und doch fand ich in ihrem Gesicht einen schmerzlichen Zug, den ich früher nicht bemerkt hatte. Die Kinder waren eine schlimme Zugabe zu dem Besuch, da sie, nach deutschem Begriff, unerzogen waren, sich, zumal unserem Dienstboten gegenüber, viel herausnahmen. Diese, an solche Tourmentationen *(Quälereien)* nicht gewöhnt, die der untertänige russische Diener wohl in Ordnung findet, wehrten sich, und es kam selbst dahin, daß der Hausknecht auf eine brutale Behandlung, dem einen der Mädchen eine Ohrfeige gab. Natürlich war mein Schwager sehr entrüstet, als ich ihm bemerklich machte, die Ohrfeige sei richtig verdient. In Rußland, meinte er, würde man ihn dafür züchtigen.

Lieschen hatte bereits fünf Kinder, einen Sohn und vier Töchter. Der Besuch währte nicht lange. Da wir eine so große Familie nicht logieren konnten, hatten sie in „Stadt Lübeck" Wohnung genommen. Es war das letzte Mal, daß ich meine Schwester sah. Sie starb vielleicht fünf bis sechs Jahre darauf an einem krebsigen Leiden im kräftigsten Alter.

Die zweite Studienreise in den Harz

Friedrich Stoffert unternahm im Jahr 1858 seine zweite Studienreise in den Harz. Seine Maltechnik war inzwischen so gut geworden, dass er mit der Qualität seiner Bilder aus dem Oberharz sehr zufrieden war. Die Reise dauerte fünf Wochen. Am Tag des Herbstmarktes kehrte er nach Bergedorf zurück.

Ruine Questenburg am Harz

Umzug der Onkel Wübbe nach Bergedorf

Meine Onkel waren, nachdem sie ihr Haus an der Alster günstig verkauft hatten, nach Bergedorf gezogen. Zuerst wohnten sie an der Wentorfer Chaussee, nachdem aber das Haus verkauft worden, zogen sie in die Wohnung von Wiehe, darauf zu Wiebeck und endlich zu dem Tischler Boldte, bei dem sie bis zu ihrem Fortzuge gewohnt haben. In der letzten Wohnung fühlten sie sich, glaube ich, am wohlsten. Hier begannen sie auch den Garten zu bearbeiten, wozu ihnen Boldte volle Freiheit gelassen, und Gefallen an Blumenzucht zu finden. Natürlich waren sie oft unsere Gäste und Betty verstand es vortrefflich, die Wirtin zu spielen, freute sich, wenn ihre Gäste möglichst viel aßen und die Onkel sorgten redlich dafür, daß Betty in solcher Freude nicht getäuscht ward. Kleine Störungen erlitt das Zusammensein stets durch Reibungen, die zwischen Onkel Christian und Burmester stattfanden. Onkel Christian hatte eine entschiedene Abneigung gegen Burmester, der doch nichts tat, eine solche zu rechtfertigen. Ich glaube, er konnte es ihm nicht verzeihen, daß er ein sehr belesener Mann und ein korrekter Denker war, auch nicht schwieg, wenn er jemand auf einem „Faulen Pferd" fand, was Onkel Christian oft passierte. Gewöhnlich ward solcher Wortkrieg erst durch Onkel Adolphs Machtspruch zu Ende gebracht.
Betty hatte die Onkel gern und war in jeder Weise bemüht, ihnen gefällig zu

sein, ertrug ihre verschiedenen Eigenarten mit so viel Rücksicht, daß ich mich oft tief dadurch beschämt fühlte. Eigentlich konnte solches nur von Onkel Christian gelten, denn Onkel Adolph war ein verträglicher Mensch, der nur durch seinen Bruder zuweilen mit sich selber uneins ward. Er war dem anderen gleichsam Vater und Mutter. Ich glaube, der hätte nicht ohne ihn leben können. Bezeichnend für das Verhältnis ist folgendes: Onkel Adolph hatte in jüngeren Jahren sich einem schönen wohlhabenden Mädchen, Doris Groth, sehr genähert, so daß man allgemein glaubte, es werde zu einer Verbindung kommen. Als meine Mutter sich beifällig darüber aussprach, fuhr Onkel Christian wütend mit den Worten auf: „Was soll dann aus mir werden?“ Und in diesem fast kindlichen Abhängigkeitsverhältnis ist er sein Leben lang geblieben, ist seinem Bruder in vielen Lagen des Lebens ein Hemmnis gewesen, hat selbst einen nicht günstigen Einfluß auf dessen Wesen ausgeübt, denn es ist nur zu wahr, daß man in unausgesetztem Umgang mit denselben Personen, sich einen Teil von deren Eigenart aneignet.

Bettys Tod

Im Jahr 1860 sah Betty gegen den Frühling ihrer Entbindung aufs neue entgegen. Die Verhältnisse lagen für das bevorstehende Ereignis recht ungünstig. Nölting war Arzt am Werk- und Armenhaus in Barmbeck geworden. In Bergedorf waren nur zwei junge unerfahrene Geburtshelfer, von denen der eine schon in seiner kurzen Praxis viel Unglück gehabt hatte. Dr. Ruben durfte als Entbindungsarzt nicht praktizieren und Dr. Hartung war überhaupt nicht Geburtshelfer. Betty selbst glaubte mit der Hebamme fertig zu werden, da Ninas Geburt so leicht und ohne jede Hilfe vor sich gegangen war.

An dem Tage vorher sah ich Betty schon früh am Fenster mit dem Nähen von Kinderkleidern beschäftigt. Als ich ihr mein Befremden darüber aussprach, sagte sie: „Ich muß das noch beschaffen, man kann nicht wissen, was eintreten kann.“ Um Mittag legte sich Betty zu Bett und ließ die Hebamme holen. Der Tag verlief ziemlich ruhig, auch die Nacht. Erst gegen Morgen traten stärkere Wehen ein und Betty hatte während des Vormittags viel zu leiden. Dennoch befremdete mich solches nicht, da jeder Geburtsakt immer sehr zögernd vor sich gegangen war. Um 4 Uhr nach Mittag erklärte mir die Hebamme, die Wehen würden zu krampfartig, wir müßten einen Arzt haben. Auf meine Frage riet sie zu Dr. Andresen in Reinbeck, dem auch Betty zustimmte. Sofort machte ich mich auf den Weg, und um keine Zeit zu verlieren, benutzte ich den Eisenbahndamm, auf dem ich in fliegender Hast nach Reinbeck eilte. Ich traf den Doktor zu Haus. Er ließ sogleich anspannen und fuhr mit mir zurück. Ich war froh, ihn getroffen zu haben und hoffte das Beste. Ich wußte, daß er mehrere Frauen in Bergedorf bereits entbunden hatte. Es verflossen nun Stunden der Angst und Sorge. Es war längst Nacht geworden, ohne daß ein wesentlicher Fortschritt bemerklich war. Als ich nach längerer Abwesenheit um 12 Uhr wieder ins Zimmer trat, sagte mir der Doktor, daß er noch etwas warten und dann die Zange anlegen wolle, weil die Krampfwehen Betty zu sehr mitnähmen. Ich war keine halbe Stunde fort, als ich von oben laut nach mir rufen

hörte. Freudig eilte ich hinauf in der Erwartung, das neugeborene Kind zu finden. Schreckliche Enttäuschung, stattdessen fand ich Betty besinnungslos. Das Kind war noch nicht geboren. Ich nahm ihren Kopf in meinen Arm, sah mit Schrecken, wie sie immer bleicher ward und hörte, wie sie leise fragte: „Was ist das?“ Ohne mich zu besinnen, eilte ich fort und lief zu Dr. Ruprecht, der fast neben uns wohnte, weckte ihn und bat ihn, sofort zu kommen. Als ich zurückkam, war alles zu Ende, Betty nicht wieder zu Bewußtsein gekommen. Dr. Ruprecht kam sogleich, aber es war keine Hilfe mehr möglich. Eine Uteralblutung hatte dem Leben Bettys ein Ende gesetzt.
Wie es für die höchste Freude keine Worte gibt, so auch für die finstersten Momente des tiefsten Schmerzes. Ich war starr, ich hatte keine Worte und keine Tränen, ich war fast unfähig zu denken. Das erinnere ich noch, daß ich dem Dr. Andresen, als er mir Tröstendes sagen wollte, entgegnete: „Ich Unglückseliger, daß ich Sie auch gerufen habe!“
Als es zu tagen begann, eilte ich zu den Onkeln, ihnen mein Unglück mitzuteilen. Sie waren starr bei meiner Mitteilung. In mir aber löste sich die Spannung, die fast bis zur Unerträglichkeit sich gesteigert hatte, ein Tränenstrom erleichterte mich und lenkte meinen Schmerz in die natürliche Bahn. Die Erschütterung, die ein so jäher Tod unserer Lieben hervorruft, ist furchtbar. Sie macht uns fast unempfindlich gegen alles Übrige, mechanisch vollbringen wir manches, ohne mit unserem Denken dabei zu sein. Deshalb sind mir die Einzelheiten der folgenden traurigen Tage fast aus dem Gedächtnis entschwunden.
Zum Begräbnis waren Schinkels und Philipp, der zufällig in Hamburg war, gegenwärtig. Wir alle folgten der Leiche, es war ein dunkler regnerischer Tag. Mir tat er wohl, es war mir, als trauere alles mit mir.
Unter dem Einfluß alten Aberglaubens brachte mir Frau Malchau den Trauring, den sie der Toten vom Finger gezogen und sah mich erschrocken an, als ich ihr in etwas herben Ton befahl, den Ring sofort wieder an den Finger zu stecken. Was kümmert mich alter Aberglaube, was schreckte mich, wäre ich doch mit Freuden Betty gefolgt, mit der mir alles Glück und alle Freude geschwunden schien.
Es war nun eine Leere eingezogen, die mich bei jedem Schritt angähnte. Immer wieder trat der furchtbare Gedanke an mich heran, daß ich, wenn auch unschuldig, doch mittelbar das Werkzeug zu Bettys Tod gewesen sei. Ich quälte mich mit Vorwürfen, fragte mich, ob ich nicht auch andere Maßnahmen hätte treffen müssen, und als einige Tage darauf mich Dr. Andresen besuchte, um mir das Unabweisliche des Unglücks wissenschaftlich klar zu machen, hörte ich ihm nur zerstreut zu. Für mich, der ich Betty in ihrer Gesundheit und rosigen Frische gekannt, gab es keine Notwendigkeit des Todes. Ich suchte nur nach äußeren Ursachen, innere konnte ich nicht anerkennen.
Wer einmal einsam an der Leiche einer geliebten Toten gestanden, in der sein ganzes Lebensglück pulsierte, der hat den dunklen Fittich rauschen hören, auf dem der Engel der Vernichtung naht, um ihn selbst ins Reich des ewigen Vergessens zu entführen. Wohl dem, dem in solchen finsteren Augenblicken das Bewußtsein der Pflicht nicht abhanden gekommen, die sich als treue

Freundin zu ihm gesellt, um ihm neuen Mut und neue Kraft des Lebens zu verleihen. Hatte ich bis da mit stillem Schmerz auf meine Kinder gesehen, nun trat ihr Recht gebietend an mich heran, ich fühlte, es war das Einzige, was ich noch für Betty tun konnte, mich denen mit ganzer Liebe und Sorge zu weihen, die ihr Teuerstes gewesen, sollte fortan die Aufgabe meines Lebens sein. Als ich mich einigermaßen gefaßt, zog ich mich den größten Teil des Tages in mein Atelier zurück. Dort waren meine Kinder um mich, spielten mit Dingen, die sie interessierten, hämmerten, schlugen Nägel in den Fußboden unterhielten sich, wie es ihnen gefiel. Sie hatten ja keine Ahnung von dem unersetzlichen Verlust, den sie erlitten.

Der Tod des Geschäftsführers Burmester

Kaum hatte ich mich einigermaßen beruhigt, da trat eine neue Sorge an mich heran. Mein alter Burmester begann ernster zu kränkeln. Hämorrhoidalleidend war er immer gewesen, hatte Rheumatismus im ganzen Körper gehabt. Nun aber zeigte sich eine solche Entartung des ersteren Leidens, daß Dr. Hartung eine Überführung ins Hamburger Krankenhaus für notwendig erachtete. Mit Besorgnis sah ich ihn fortgehen und diese Besorgnis war nicht unbegründet, denn Dr. Hartung hatte mir mitgeteilt, daß das Leiden krebsiger Natur sei.
Jetzt trat eine Zeit mehrfacher Sorge für mich ein. Ich mußte dem Geschäft wieder ganz mich widmen, mußte die Kinder der Obhut Malchaus überlassen und in Gedanken mich fortwährend mit meinem alten Burmester beschäftigen. Es schien nun, als ob ich auch den verlieren sollte, zu dem ich so lange in dem vertrautesten Verhältnis gestanden hatte. Er war nicht nur mir ein treuer Freund gewesen, auch meiner Mutter hatte er als Rat und Stütze zur Seite gestanden, war in schweren Zeiten ihr von unschätzbarem Wert gewesen, hatte selbstlos das Gedeihen unserer Familie als seine Lebensarbeit betrachtet. Wie viele Stunden hatten wir zusammen in ernster Unterhaltung verbracht, mit ihm konnte man über alles reden. Er war ein Autodidakt im besten Sinne des Wortes. Seinen Unterricht hatte er in der Kirchenschule zu St. Katharinen genossen, immer unverdrossen an seiner Ausbildung gearbeitet und es wirklich zu einem tüchtigen Wissen gebracht, soweit es ihm in seiner eingeschränkten Lage möglich war. Er scheute keine Kosten uns gute, selbst teuere Bücher anzuschaffen, wie sie seinem Interesse entsprachen. So waren die astronomischen Werke von Littrow und Mädler in seinem Besitz. Er las französisch und besaß viele französische Bücher. Auch in der neueren schönwissenschaftlichen Literatur war er durchaus bewandert. Er war ein großer Liebhaber der Blumen. Auch in diesem Fach besaß er gute Bücher. Bosse war oft seine Lektüre. In seinem Zimmer hatte er sich durch doppelte Fenster eine Art Treibhaus en miniature hergerichtet, wo er solche Sachen barg, die keine Kälte vertragen können. Unseren kleinen Garten hatte er derart mit Sommerblumen und Perennen *(mehrjährige Pflanzen)* geschmückt, daß derselbe eine Art Ruf erlangt hatte. Viel Mühe gab er sich mit dem Einsammeln und Sortieren der Samen, von denen er meinen Onkeln abteilte und stolz war, ihr Lehrer in der Blumenzucht zu sein. Die Anfänge dieser Liebhaberei datierten aus einer weiter zurücklie-

genden Zeit, wo er von meinem Großpapa die ersten Samen erhalten hatte.
Er war in seinen Anschauungen frei, achtete weder Kirchliches noch Christliches, hielt aber an einer Fortdauer der Seele fest auf kosmischer Basis. Einst sagte er mir, das Problem der Fortdauer der Seele ist nicht gelöst und wird auch wohl nicht gelöst werden. Wir aber wollen das Übereinkommen treffen, daß der, welcher von uns am ehesten stirbt, dem anderen ein Zeichen geben soll, wenn solches möglich ist. Es war recht bedauerlich, daß dieser geistigen Bedeutung nicht sein Körperliches entsprach. Er war nicht schmutzig, aber nicht sorgfältig in seinem Äußeren, weshalb er auch oft bei Betty, die seine großen Verdienste in vollem Maße anerkannte, Anstoß erregte. Sie sah es nur ungern, wenn er die Kinder an sich zog, denen er so von Herzen gut war, denn sie meinte dann jedes Mal, den Tabakgeruch an ihnen wahrzunehmen, von dem allerdings der ganze Mensch durchdrungen war. Oft habe ich mich bemüht besänftigend Betty zuzureden, umsonst, wie große Selbstbeherrschung sie auch sonst zu üben imstande war, wie bereitwillig sie auch jeden meiner Wünsche zu erfüllen strebte, an diesem Punkt scheiterte beides, sie war ein zu großer Feind des Tabaks.
Als Burmester nach einiger Zeit zurückkehrte, war sein Schicksal besiegelt. Zwar war die Wucherung durch die Operation beseitigt worden, doch es hatte sich ein Nierenleiden ausgebildet, das rasch sein Ende herbeiführte. Es war gegen Ende des Oktobers, als er bettlägerig ward, Delirien sich einstellten und er in Bewußtlosigkeit starb.
In der letzten Zeit seiner Krankheit, wo er der Pflege in größerem Maße bedurfte, zeigte sich so recht der Wert unserer Anna, die nun bereits 14 Jahre im Hause war. Treu, wie zu Bettys Zeit, war sie auch nach deren Tod bemüht, mit ganzer Hingabe für das Hauswesen zu sorgen. Nun übernahm sie auch noch freiwillig die Pflege Burmesters bis zu seinem Ende. Und es war keine leichte Aufgabe mit dem deliriösen Kranken fertig zu werden, zumal für sie, deren Sinnesart sanft und weich war, während doch in solchen Zuständen oft ein energisches Eingreifen Not tut.
Eine eigentümliche Episode fiel zusammen mit den letzten Augenblicken des Sterbenden. Es war 10 Uhr am Abend seines Todes. Ich war bei ihm, der besinnungslos und ruhig dalag, als ich hinausgerufen ward, es sei ein Herr da, der mich sprechen müsse. Als ich ins Wohnzimmer trat, fand ich Herrn G., einen bei der Eisenbahn Angestellten. Ohne große Einleitung gestand er mir, er habe einen Kassendefekt von 1.200 Mark und sei unter der Hand benachrichtigt, daß am nächsten Morgen eine Revision stattfinden werde. Er bitte mich um ein entsprechendes Darlehen. Ich sagte ihm, in welcher Verfassung ich mich augenblicklich befinde, wie ich überdies über einen solchen Barbetrag nicht verfüge und wies ihn an Leute, von denen ich wußte, daß sie große Kapitalien flüssig hielten. Er lehnte diesen Rat jedoch kalt und entschieden ab und sagte, daß ihm dann nur noch Selbstmord übrig bleibe. Aufgeregt, wie ich war, packte mich solche Alternative vielleicht mehr, als unter gewöhnlichen Verhältnissen. Ich sagte ihm, daß ich bereit sei, einen Teil der fraglichen Summe zu geben, falls es mir gelinge, noch andere Freunde und Bekannte zu gleicher Leistung zu bestimmen. Er ging und ich eilte zu Happenhagen, den ich gut kannte, und teilte

ihm die Angelegenheit mit. Er war sofort zu gleichem Beitrag bereit und übernahm das weitere Bemühen. Noch vor Eintreffen der Revision hatte G. die erforderliche Summe.

Wenige Stunden, nachdem ich zurückgekommen, hatte mein alter Freund geendet. Es war in einem halben Jahr die zweite Leiche, die ich aus meinem Haus entließ. Noch blühten einige der Blumen, die er geliebt und gepflegt hatte. Wir legten sie ihm in den Sarg und auf sein Grab pflanzten wir Rosen und Deutzien, die er gezogen hatte.

Durch den Tod Bettys war mein Nervensystem in bedenklicher Weise erschüttert. Die andauernde Sorge um Burmester steigerte noch die Erregung, so daß ich mich mit jedem Tag kränker fühlte. Ich ging stets wie im Taumel hin, ein unaufhörliches Sausen in den Ohren, Schlaflosigkeit, Mangel an Appetit, brachten mich immer mehr herab. Dr. Hartung riet zu kalten Abwaschungen in rigoroser Art, dann als dadurch die Aufregung nur gesteigert ward, zu Speckeinreibung am warmen Ofen. In meinem Zustand war vieles, was mich an den vor nahe fünf Jahren durchgemachten Typhus erinnerte. Ich hatte unausgesetzt Fieber und als Onkel Adolph eines Tages kam, um nach mir zu sehen, teilte ich ihm mit, daß ich entschlossen sei, in die Wittmaksche Anstalt in Wandsbek zu gehen. Er versuchte wohl, mich von der, nach seiner Ansicht exzentrischen Idee zu bekehren, ich aber blieb fest in meinem Vorsatz und tat sofort Schritte, um schleunigst einen Geschäftsführer zu erlangen.

Es kam nun eine der schrecklichsten Nächte meines Lebens. Wüst im Kopf, die Sorge um meine Kinder und mein Hauswesen im Herzen, mußte ich an den Abschluß meiner Bücher gehen, um sie dem neuen Disponenten in gehöriger Ordnung übergeben zu können. Gegen Morgen war ich fertig, ich konnte das Eintreffen meines Geschäftsführers erwarten. Nachdem er gekommen, ich ihn genügend über alles instruiert hatte, auch meinen Lehrling Heinrich Brüggemann, der sehr tüchtig war, in eindringlicher Weise auf seine Pflicht verwiesen, bereitete ich mich zur Abreise. Der Eindruck, den der Angekommene auf mich machte, war kein günstiger. Trotz der guten Zeugnisse, die er vorweisen konnte, war ich gegen ihn eingenommen. Er hatte rote Haare, und noch stand ich unter dem Einfluß von Dr. Andresens roten Haaren, so daß ich mich zusammennehmen mußte, nicht einem Vorurteil zu verfallen, dessen Feind ich stets gewesen war. Ich sollte mich nicht getäuscht haben, trotz der günstigen Zeugnisse war Mouton ein gemeiner Schuft.

Der Abschied von meinen Kindern war das Schwerste, was ich zu überwinden hatte. Wohl wußte ich, daß Frau Malchau und das Kindermädchen Marie Hitscher zuverlässige Menschen waren, sie waren aber doch immer nur Mietlinge. Mein Onkel Adolph brachte mich zur Bahn. Ich bat ihn, ein wachsames Auge über meine Kinder und mein Geschäft zu behalten, und sein Versprechen war mir ein wesentlicher Trost.

Schrothkur in Wandsbek

Die Heilanstalt Wittmaks in Wandsbek vertrat das von dem Bauern Schroth in Lindewiese entworfene und in die Praxis eingeführte Heilsystem. Ich hatte die fliegenden Blätter, die Wittmak von Zeit zu Zeit den Hamburger Tagesblättern beizugeben pflegte, gelesen und die Kurmethode als richtig erkannt. Ich ging also mit dem Vertrauen der Überzeugung in die Anstalt.

Es dämmerte schon stark, als ich in Wandsbek eintraf. Das trübe Herbstwetter, der scharfe Wind, der durch die fast entlaubten Bäume am Wege pfeifend fuhr, die braunen Blätter, Nachtvögeln gleich, an den flackernden Laternen vorüberjagte, das alles stimmte mich so elegisch und als ich an die dunkle Tür des niedrigen Hauses trat, fühlte ich mich gänzlich lebensmüde. Wittmak selbst öffnete mir die Tür und führte mich in sein Comptoir, ich kam unangemeldet. Seltsam, es war als ob die von einem grünen transparenten Schirm bedeckte Lampe mir neue Hoffnung weckte und mich beruhigte. Er war ein großer, ziemlich hagerer Mann. Sein Gesicht trug fest ausgesprochene Züge, die Augen waren dunkel und stark beschattet, die Stirn frei, das Haar dunkel und schlicht anliegend, seine Kleidung salopp. Der erste Eindruck war ein günstiger. Wir standen uns gegenüber, während er mich prüfend fixierte. Nur wenige Fragen schienen ihm nötig, dann schien es so, als ob er sich über meinen Zustand klar wäre. Darauf führte er mich in die Gesellschaftsräume, zwei nebeneinanderliegende, ziemlich geräumige Zimmer im Parterre. In dem hellerleuchteten Raume saßen ungefähr zehn bis vierzehn Kurgäste beisammen. Er stellte mich den Anwesenden vor und nannte mir die einzelnen Namen: Madame John, Herr John, Frau Maszmann, Herr Justizrat Glien, Herr Aerstedt, Herr von Berg, Herr Dr. Hoppe, Frau Tornesch und andere, deren Namen ich vergessen habe. Während ich mich an einem der Tische niederließ, sagte der alte Justizrat: „Sie haben auch gutgetan, hierher zu kommen, Sie sehen ja förmlich grün aus!" Es war just um die Trinkzeit. Fast alle Anwesenden hatten ein Glas heißen Moselwein vor sich und in der Mitte jeden Tisches stand ein Korb mit Semmeln, denen tapfer zugesprochen ward. Als man auch mir ein Glas Wein brachte, beanstandete ich dasselbe, indem ich die Befürchtung aussprach, es könne bei meinem Zustande die Erregung noch steigern. Aber lachend wies man von allen Seiten solche Besorgnis zurück und ich trank getrost das Glas bis auf den letzten Tropfen aus.

Auch Wittmak, der inzwischen hereingekommen war, beruhigte mich, indem er sagte, der nasse Umschlag, den ich schon die Nacht bekommen werde, bringe alles in Ordnung. Und es war so, schlief ich auch nicht die ganze Nacht, so doch einen großen Teil derselben und konnte einigermaßen gestärkt wieder aufstehen.

Es begann nun der einförmige Train der Kur. Das Frühstück bestand in ziemlich konsistentem Kakao, zu dem man übertägige Semmel essen konnte, soviel einem beliebte. Um 1 Uhr war Mittag für diejenigen, die noch nicht in die strengere Kur eingetreten waren, schon weiter Fortgeschrittene bekamen Hülsenfrüchte als Brei, wie Erbsen, Bohnen, aber auch Buchweizen, Gerste und Hafer. Solche aber, die sich in strenger Kur befanden, kamen gar nicht an den Tisch. Sie waren durchaus auf Semmel angewiesen und diesem Umstand verdankte die Heilmethode den Spottnamen „Semmelkur".

Mit Leichtigkeit fand ich mich in alle Bedienungen der Kur. War ich doch appetitlos angekommen und fand bald am Erbsenbrei und ähnlichen Speisen vielen Geschmack, sie schmeckten mir selbst besser als sie mir je geschmeckt hatten. Noch einmal kam ich nach Bergedorf und kehrte beruhigt in die Anstalt zurück, da ich alles anscheinend in guter Ordnung gefunden. Erst im März sollte ich mein Haus wiedersehen, da mich heftige Krisen monatelang daran verhinderten.

Bald ward ich mit den einzelnen Gästen näher bekannt, lernte sie schätzen oder auch meiden. Von allen Anwesenden zog mich Frau Maszmann am meisten an. Sie war eine kleine, zarte Gestalt, sehr proportional, mit feinen lebhaften Zügen, einem gebildeten Geist und regem Gefühl. Viele Stunden habe ich in engerem Verkehr mit ihr zugebracht. Wir lasen miteinander oder wir unterhielten uns, in der Burenallee auf- und abgehend, über ernste Fragen des Lebens, oder sie saß mit ihrer Arbeit neben mir, wenn ich schrieb oder zeichnete. Starke Blutverluste hatten ihre Gesundheit untergraben und ein nicht glückliches eheliches Verhältnis das Weitere getan. Sie erregte meine ganze Teilnahme. Ihre Mitteilungen trugen den Stempel der Wahrheit und zeigten mir eines jener unglücklichen Lebensverhältnisse, wo die Ehe eine Fessel ist, an der der Betreffende sich wund reibt, und wovon er sich zu befreien nicht imstande ist. Sie hat mir eine warme Zuneigung entgegengebracht, mich gepflegt, als ich wochenlang nicht aufstehen konnte, meine Wunden verbunden, als ich unter den furchtbarsten Furunkeln zu leiden hatte. Es war mir oft ein herbes Gefühl, wenn ich so freundschaftliche Eingabe nicht ebenso warm erwidern durfte. Daß auch ich ihr ein Trost in ihrem Seelenleiden gewesen, erkannte ich, als sie beim Abschied weinend mir eine Perle gab, als ein Erinnerungszeichen an gemeinsam ausgestandenes Leid und gegenseitig gespendeten Trost.

Frau John aus Dappenhuden litt an einem Hautübel und war fast ganz auf's Sofa angewiesen. Sie war jung verheiratet, eine liebenswürdige Dame, mit der ich mich viel und gern unterhalten. Herr John, der Schwiegervater der eben Genannten, zog mich nicht an, er war ein Renomist, der Weinagent Aerstedt, ein Däne, ein falscher Geselle. Herr von Gundlach war ein Adliger, ein anspruchsvoller Mensch, der sich schon seit zehn Jahren in den verschiedensten Anstalten herumtrieb, und den man oft in die Grenzen des Schicklichen zurückweisen mußte. Justizrat Glien war langweilig, dagegen der Dr. Hoppe ein sehr interessanter alter Herr, der seinen „Fritz Reuter" stets zur Hand hatte und viel zur guten Stimmung beitrug. Der junge von Berg spielte sehr hübsch die Zither und fertigte reizende kalligraphische Arbeiten. Frau Tornesch und andere Personen waren bedeutungslos.

Nomineller Arzt der Anstalt war Dr. Alexander in Altona, der auch einmal die Woche pflichtschuldig erschien. Faktischer Arzt war Wittmak, der seinerzeit bei Schroth in Lindewiese geheilt war und unter dessen persönlicher Anleitung das Heilverfahren studiert hatte. Manche Ärzte, die vorurteilsfrei der Sache gegenüberstanden, kamen zu Zeiten in die Anstalt, so Dr. Paulsen in Billwärder und Dr. Dunker in Kirchwärder.
Wittmak schenkte mir eine besondere Aufmerksamkeit, weil ich seinen Erzählungen aufmerksam und seinen Explikationen mit Verständnis folgte. Er lebte nur in dem erwählten Bereich, sah darin eine heilige Lebensaufgabe, der er sich genug widmete. Er besprach oft mit mir den Kurgang der einzelnen Kranken und die Erscheinungen, die dabei zu Tage traten. Da ihm eine tiefere, selbst ausreichende medizinische und chemische Kenntnis fehlte, war sein Urteil zuweilen falsch oder getrübt. So kam es vor, daß er kristallinische Harnstoffgebilde für Blasengries erklärte, Ausscheidungen stark ammoniakalischer Natur für im Körper zurückgehaltene Knoblauchreste. Da das Heilverfahren im wesentlichsten ein symptomatisches war, hatten solche Fehlgriffe nicht die hohe Bedeutung, die man ihnen unter anderen Verhältnissen beilegen könnte. Und trotz solcher kleiner Irrtümer waren die Heilerfolge eminent. Der Dr. Hoppe zum Beispiel ward von seinem Gehörleiden völlig befreit. Es bildete sich während der Krisen im Gehörgang ein Abszess, der zur Eiterung kam, worauf die Heilung erfolgte.
Ein Förster, der an einem vieljährigen Magenleiden krank in die Anstalt gekommen war, verließ geheilt, mit einer Gewichtszunahme von 20 Pfund, die Anstalt. Eine alte Frau, deren Hände bei Ankunft von Gicht ganz zusammengebogen waren, konnte jetzt wieder mit völlig biegsamen Händen stricken und nähen. Diese und ähnliche Heilungen hoben nicht nur den Mut der Anwesenden, sie trugen auch den Ruf der Kurmethode in weite Ferne. Oft, wenn wir zusammensaßen, sprach er sich hoffnungsfreudig über die Zukunft des Unternehmens aus, pries die Wahrheit und Einfachheit des Prinzips und sah schon im Geist die Methode als Siegerin über alle Heilweisen dastehen.
Das Verfahren, wie es in Wandsbek zur Anwendung kam, war allerdings einfach, aber zu schematisch. Mit wenig Änderung blieb der Kurgang derselbe. Packung, mehr oder weniger trockene Diät, waren die Hauptfaktoren. Von einer wissenschaftlichen Diagnose war wohl wenig die Rede. Wie Schroth, war auch Wittmak von der Wahrheit und Zweckmäßigkeit der Heilweise so durchdrungen, daß er den Gedanken an Fälle, wo dieselbe nicht anwendbar sei, gar nicht aufkommen ließ.
Das Prinzip gliederte sich etwa wie folgt:

- Alles Kranksein ist Störung im Stoffumsatz.
- Solche Störung äußert sich entweder durch vermehrten oder verminderten Stoffumsatz.
- Der Körper hat naturgemäß das Bestreben, solche Störungen zu beseitigen. Zeichen solcher Bestrebungen ist das Fieber.
- Dem Fieber hat der Naturarzt die größte Aufmerksamkeit zu schenken, es zu mindern, so im Übermaß der Körper zugrunde geht, es zu fördern, wo die Energie des kranken Organismus mangelt.

• Als Mittel, das übermäßige Fieber zu mindern, dienen die nassen Packungen und eine entsprechende Diät.
• Als Förderungsmittel dagegen erwärmter Moselwein und entsprechend trockene Diät.
• Wo verminderter Stoffumsatz stattfindet, haben sich fast immer Ablagerungen gebildet, unter denen das eine oder andere Organ vorwiegend erkrankt ist. Durch die Diät, welche eine höhere Körperwärme zur Folge hat, und entsprechende Umschläge werden solche Ablagerungen gelöst, zerlegt und in die Ausscheidungswege übergeführt.

Dies war der einfache Grundriß des Heilsystems, das selbst dem Laien verständlich war und mit dem ganzen Feuer der Orthodoxie eines Überzeugten vertrat Wittmak dasselbe.

Immer tiefer geriet ich in die Kur. Schon hatte ich das Stadium der Breigerichte erreicht, bald bekam ich nur Semmel und nicht einmal jeden Tag Wein. Mein Befinden war wesentlich gebessert, aber mein Gemüt litt sehr. Da traten kritische Erscheinungen hinzu, die mich ganz niederwarfen. Mein Körper bedeckte sich mit Beulen, nach dem Ausspruch Dr. Alexanders verhaltene Vakzine, mein Darm schuppte ab und es zeigten sich Andeutungen von Skorbut, so daß ich ernstlich um einen Rückgang der Kur bat. Wittmak ging willig darauf ein und suchte mich mit dem Segen solcher Krisen zu trösten, deren Wert ich freilich nicht geneigt war anzuerkennen. Nur langsam kam ich wieder zu mir und erst nach Wochen durfte ich es wagen, ins Freie zu gehen.

Kaum fühlte ich mich etwas wohler, da erhielt ich die Nachricht, daß Robert an den Masern erkrankt sei, die damals in Bergedorf stark grassierten. Man hatte Dr. Hartung die Behandlung übergeben und fragte an, was weiter geschehen solle. Unter dem Einfluß Wittmaks ließ ich die beiden Mädchen mit Marie Hitscher nach Wandsbek kommen, um sie zu schützen und im Fall der Erkrankung kurgemäß zu behandeln. Immer mehr lockerte sich in solcher Weise mein häusliches Verhältnis und war ich auch einerseits beruhigt, die Kinder bei mir zu wissen, so war es mir doch wieder ein unheimliches Gefühl, sie unter lauter Kranken zu sehen. Als daher die Masern auch heftig in Wandsbek auftraten, meines Wärters Kinder ebenfalls daran befallen wurden, entschloß ich mich rasch und schickte sie mit dem Kindermädchen zurück. Kaum waren sie zu Hause angekommen, da erkrankten beide an den Masern. Doch war deren Verlauf ein milder und bald erhielt ich die Nachricht von ihrer völligen Wiederherstellung.

Ich hatte mir jeden Besuch von Freunden und Verwandten während meines Aufenthalts in der Anstalt verbeten. Nicht Schwager Schinkel, mit dem ich mich übrigens einige Jahre vor Bettys Tod, ihr zuliebe, ausgesöhnt hatte, noch meine Onkel, auch nicht Johann Harmsen, haben mich dort besucht. Ich wollte mein Martyrium still und für mich durchmachen. Nur Rudolf Kufeke, der Sohn meines Nachbars, kam zu Ende der Kur einmal zu mir. Ich hatte mich in Tagen meines Glücks oft mit ihm unterhalten und mich oft über seinen scharfen Verstand und sein richtiges Urteil gefreut. Er hatte die fliegenden Blätter Wittmaks auch gelesen, kannte das Prinzip und wollte nun mündlich die Bestätigung des dort Ausgesprochenen hören.

In den letzten Wochen hatte ich mich viel mit Wittmak unterhalten, hatte nicht nur einen klaren Blick und tiefere Einsicht in die Heilweise, sondern auch in den Betrieb und das Geschäftsergebnis erhalten, wie es sich seit dem Bestehen der Anstalt ergab. Ich hatte ihre Vorzüge und ihre Schwächen genau kennengelernt, auch Wittmak selbst, in seinen ungeschminkten offenen Mitteilungen. Wittmak war ein guter Mensch, Humanität der Grundzug seines Wesens. Er war oft uneigennützig bis zum Äußersten. Er hatte einen klaren Blick, nicht nur betreffs seiner Kranken, auch in allgemeinen Verhältnissen. Aber er hatte einen Fehler, der viele seiner guten Eigenschaften wieder aufhob. Er liebte den Wein mehr als recht. Neben dem leichten Moselwein zu Kurzwecken, hielt er einen feinen Hochheimer aus der Kellerei von Falk in Mainz, dem er fleißig zusprach und zu dem er auch einzelne Kurgäste zuweilen einlud.
Seine Mittel waren klein, dadurch waren ihm die Hände gebunden. Er konnte manchen Plan zur Erweiterung und Vervollständigung seines Unternehmens nicht durchführen, ward dadurch verstimmt und in seiner Tatkraft gelähmt. Die Heilweise war zu neu, als daß er auf die Unterstützung wohlhabender Gönner rechnen durfte, die Anstalt aber zu klein, um namhafte Überschüsse zu ermöglichen und der unbeträchtliche Gewinn schmolz unter Wittmaks Liberalität und Selbstlosigkeit leicht zusammen. Manche der Mängel entsprangen aus dem Fehlen einer tüchtigen Hausfrau, die ordnend und überwachend das Hauswesen beherrscht. Das Fröhliche fehlte oft, die Sauberkeit überall, an eine gründliche Reinigung der verschiedenen Räume ward nie gedacht. Auf den Dielen der Gesellschaftszimmer liefen im Zuge oft die Staubballen umher. Die Räume rochen stets, bei ungenügender Lüftung, penetrant nach altem Tabakrauch. Tafelgedeck und Gardinen trugen die Farbe des Überlebten.
Da Wittmak oft Gelegenheit gehabt hatte, mein lebhaftes Interesse für die Sache wahrzunehmen, legte er mir eines Abends sein ganzes geschäftliches Verhältnis klar auseinander und machte mir zum Schluß den Antrag, sein Compagnon zu werden. Er wußte, daß ich über Mittel verfügte und meinte, wir müßten zusammen das Schloß Wandsbek erwerben, das damals zum Verkauf stand und für solchen Zweck ganz geeignet sei. Ich war im ersten Augenblick betroffen, aber die Idee zündete doch insoweit bei mir, daß ich ihm versprach, die Sache in Überlegung ziehen zu wollen. Nach einigem Nachdenken wurde mir bald klar, daß ich bei den vorstehend geschilderten Eigenschaften Wittmaks keine Verbindung mit ihm eingehen durfte. Zugleich aber tauchte die Idee in einer anderen Form vor mir auf. Nicht in dem niedrigen von der stinkenden Wandse durchrieselten Wandsbek, an einem freien luftig hochgelegenen Ort müßte ein solches Unternehmen begründet werden.
Diese Ansicht teilte ich Wittmak bei unserem nächsten Zusammensein mit, und wie ich erwartet hatte, zeigte sich auch in diesem Falle der noble Charakter desselben. Er stimmte ganz meiner Ansicht bei, bestärkte mich in derselben, indem er nicht sein eigenes Interesse, sondern nur die Ausbreitung einer Wahrheit vor Augen hatte, der er sein Leben geweiht hatte.
Ich war nun soweit hergestellt, daß ich zum Besuch nach Bergedorf fahren konnte. Es war im April und ein herrlicher Frühlingstag, als ich nach fast fünf Monaten Abwesenheit mein Heim und meine Kinder wiedersah. Ich fand alles

in guter Ordnung, meine Kinder waren frisch und munter und das Glück, alles wiederzusehen, von dem ich mit so geringer Hoffnung Abschied genommen, hob meine Stimmung zu freudiger Erregung. Ich fühlte mich wie neugeboren, mein Empfinden war so rein, wie es vielleicht nie zuvor gewesen.

Pläne für eine Kuranstalt in Bellevue

Den Nachmittag machte ich mit Kufeke einen Spaziergang ins Gehölz. Als ich an Bellevue, das im Frühlingssonnenglanz dalag, vorüber kam, trat sein Bild als Kuranstalt vor meinen Geist. Zum ersten Mal ward mir die Größe des Gedankens klar, hier eine Anstalt zu errichten, die dem Prinzip diene, dessen Wahrheit ich erkannt, der ich Gesundheit und neue Lebenskraft dankte. Hier in der frischen, freien, von Tannenduft gewürzten Luft, fern vom Getriebe des großstädtischen Lebens, unter sorgsamer hingebender Pflege, müßten die Armen gesunden, denen unter falschen Lebensverhältnissen und ärztlichen Mißgriffen, Mut und Hoffnung zum Leben verloren gegangen. Ich sprach, von meinem Gefühl überwältigt, in warmen Worten Kufeke meinen Wunsch aus, und sonderbar, sofort sagte er: „Ich habe ganz dasselbe gedacht. Lassen Sie uns das Unternehmen zusammen durchführen." Ich entschied mich an dem Tage noch nicht, bat ihn aber, mich noch einmal in Wandsbek zu besuchen, um meinen Entschluß zu hören und möglicherweise Näheres zu bereden.
Auch Wittmak sprach ich nach meiner Rückkehr meine Gedanken aus und lebhaft unterstützte er meinen Plan, meinte selbst, wenn erst durch das ganze Land Heilanstalten dieser Art entständen, müßte es um den Gesundheitszustand des Volkes bald besser stehen.
Als Kufeke kam, war ich mit mir im Klaren. Wenn er die Administration des Geweses übernehmen wollte, als Leiter der Anstalt fungieren, wenn wir einen tüchtigen, der Sache geneigten Arzt gewinnen, Bellevue pachtweise übernehmen könnten, wollte ich mit einem größeren Kapital das Unternehmen begründen, einen entsprechenden Teil müsse auch er zu meiner Sicherheit einschießen. Wir einigten uns in allen Teilen. Er war bereit, die Bäckerei, er wirkte im Geschäft seines Vaters, aufzugeben, sich ganz der Sache zu widmen und 6.000 Mark einzuschießen. Ferner wollte er versuchen, Dr. Dieck, einen jungen Arzt, der die Tochter des Redakteurs der Eisenbahnzeitung Ed geheiratet, für unseren Zweck zu gewinnen und in dem Schwiegervater ein Organ für unser Unternehmen, endlich sich wegen der Pachtung Bellevues unter der Hand umhören.
Bald darauf verließ ich Wandsbek mit aufrichtigem Dankgefühl, ich hatte meine Gesundheit wiedergewonnen, war geistig wieder gekräftigt und empfand das unabweisbare Bedürfnis fleißiger Betätigung.
Befriedigte mich bei Rückkehr auch mein häusliches Verhältnis, denn Frau Malchau hatte alles soweit ich es beurteilen konnte, in guter Ordnung gehalten. Das Aussehen meiner Kinder war frisch und gesund und mit Sorgfalt waren sie gekleidet. In meinem Geschäft sah es weniger günstig aus, vieles war anders, nicht besser, als ich es verlassen und Moutons Persönlichkeit war mir noch unsympathischer als früher. Doch tröstete ich mich, der Sache ja fortan

wieder näher zu sein und sie wohl wieder in das rechte Fahrwasser treiben zu können.

Ich ging nun daran, meinen Plan zu verwirklichen, pachtete von Schlebusch Bellevue, das bis da an den Restaurateur Sutter vermietet war, für 1.500 Mark jährlich. Darauf sprach ich mit Dr. Dieck, in dem ich einen nüchternen, ziemlich schweigsamen Menschen kennenlernte, einigte mich mit ihm unter Feststellung folgender Punkte:

- Eines Fixums von 1.500 Mark jährlich.
- Einer Renumeration *(Vergütung)* von jedem Kranken.
- Keine medikamentöse Behandlung in der Anstalt.
- Das Schrothsche Heilverfahren als Grundlage, Erweiterung nur im Bereich des Naturheilverfahrens.
- Täglich zweimaliger Besuch der Kranken, morgens und vor Abend und sonst, wenn erforderlich.
- Erwerbung gründlicher Kenntnis der Heilweise und zu dem Ende einen Monat Aufenthalt in der Anstalt des Dr. Kadner in Dresden.

Gegen diesen letzten Punkt stemmte sich Dr. Dieck, indem er meinte, ein klar ausgesprochenes Prinzip könne man auch aus Büchern erlernen. Erst als er merkte, daß dieser Punkt eine conditio sine qua non sei, fügte er sich darin.

Grundriß von Bellevue

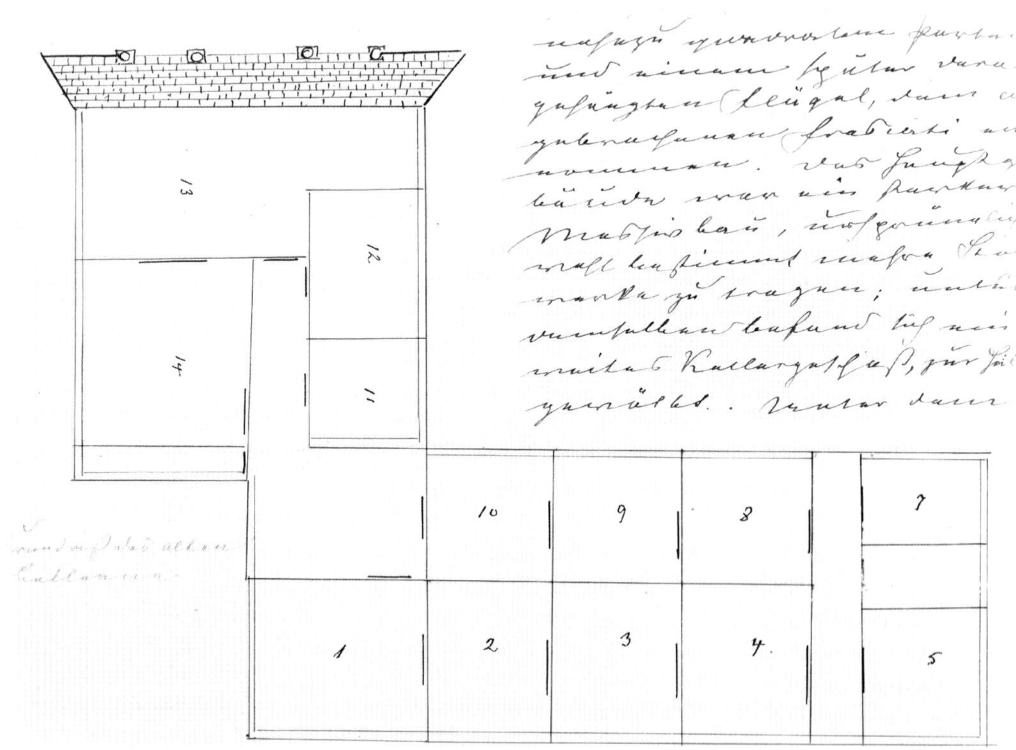

Da wir von vornherein nach dem System Dr. Steinbucher, eine Erweiterung der Kurmethode geplant, so entschloß sich Kufeke zu Dr. Schreber in Leipzig zu reisen und dort einen Kursus für Heilgymnastik durchzumachen. Somit war die Bahn geebnet und wir konnten an's Werk gehen.

Bevor jedoch Kufeke und Dr. Dieck abreisten, vereinigte ich zu einem Mittagsmahl, sozusagen einem Zweckessen, die Vertreter und Förderer des Heilverfahrens. Zu den Anwesenden zählten die Folgenden: Wittmak, Dr. Alexander, Dr. Paulsen. Dr. Dunker, Dr. Dieck, Gehrke, Ed, Kufeke, ein Redakteur der Reform, dessen Namen ich vergessen. Wir waren im ganzen zwölf bis vierzehn Personen. Die Stimmung, die in der kleinen Versammlung herrschte, berechtigte zu freudiger Hoffnung für unser Unternehmen.

Während Dr. Dieck und Kufeke fortreisten, ging ich daran, Bellevue seiner künftigen Bestimmung gemäß einzurichten. Das Gewese bestand aus einem nahezu quadratischen Parterre und einem später davor gehängten Flügel, dem abgebrochenen Frascati entnommen. Das Hauptgebäude war ein starker Massivbau, ursprünglich wohl bestimmt, mehrere Stockwerke zu tragen. Unter demselben befand sich ein weites Kellergeschoß, zur Hälfte gewölbt. Unter dem sehr leicht gebauten Flügel befanden sich Stallungen für wenigstens 30 Pferde. Mein erstes war, dies Erdgeschoß zu Wohnräumen einzurichten. Ich gewann so fünf Zimmer für einen mir völlig nutzlosen Pferdestall, denen gegenüber noch kleine Gelasse für Wirtschaftszwecke. Ich hatte nun 15 bewohnbare Räume, von denen manche mit zwei Kranken belegt werden konnten, so daß die Anstalt 20 bis 25 Personen aufnehmen konnte.

Während meines Aufenthalts in Wandsbek hatte ich manche Erfahrung gesammelt, die mir bei Einrichtung meines Geweses von Nutzen war. Vornehmlich war ich bemüht, eine gewisse Isolierung dadurch herbeizuführen, daß ich jedes Gerät, wie Gläser, Tassen, Kannen, Messer, Gabeln und Waschgeschirre mit einer Nummer versah, so daß der Kranke während seiner Anwesenheit in der Anstalt sein eigenes Geschirr und seine bestimmte Nummer hatte. Es schien mir dies nicht nur diskret, sondern auch notwendig, wollten wir nicht von vornherein auf manche Krankheiten, bei denen die Gefahr der Übertragung nicht ausgeschlossen ist, verzichten. Alle gepolsterten Mobilien waren mit gestreiftem Leinendamast überzogen, das Mobiliar der Kurzimmer hellholzfarben lackiert.

Während Dr. Dieck in Dresden war, hatte Dr. Kadner ihn aufgefordert, in die Redaktion des von ihm geleiteten und ihm gehörenden Blattes „Die Natur" einzutreten. Er war dazu bereit, wenn die Anstalt mit gleichen Rechten und Pflichten sich dabei engagiere. Er bat mich, wenn ich dem beipflichtete, auf einige Tage nach Dresden zu kommen, um das Nähere zu besprechen und auch gleichzeitig Dr. Kadner kennenzulernen. Ich säumte nicht, dieser Aufforderung nachzukommen, weil ich von solcher Annäherung die günstigsten Folgen erwartete. In Dr. Kadner fand ich einen kleinen, echt sächsischen Herrn, nicht eben von imponierendem Aussehen. Zu laut in seinen Ansichten und dabei Prinzipienreiter. Seine Frau und Schwägerin waren liebenswürdige Damen.

Bereitwillig zeigte er mir alle Einrichtungen seines Institutes, unter denen sich viel Praktisches fand. Nur die Umgebung des Hauses war zu steril. Am Nachmittag tranken wir den Kaffee auf der Terrasse. Am Abend hatte Dr. Kadner eine Versammlung der Anhänger des Naturheilverfahrens einberufen und begrüßte er die Anwesenden mit einer kurzen Ansprache. Worauf Dr. Dieck in längerer, recht fließender Rede den Segen des Naturheilverfahrens darlegte. Beide Vorträge begeisterten mich nicht, mir waren noch die flotten, wichtigen Artikel Wittmaks in der Erinnerung. Das Publikum schien mir fast ausschließlich dem Handwerker- und Arbeiterstande anzugehören. Es lieferte, wie so oft, auch hier den Beweis, daß Wahrheiten, die auf Entsagung und Selbstentäußerung rechnen, immer zunächst von den Geringen, den Enterbten ergriffen, wenn auch nicht immer voll begriffen werden, von ihnen gehegt und getragen, bis sie sich ihr Existenzrecht, wenn auch erst nach Jahrhunderten, erworben haben. Wir hatten den Pakt wegen des Blattes abgeschlossen und ich kehrte befriedigt zurück, um so mehr, als es mir schien, daß Dr. Dieck, nachdem er die Sache am eigenen Leibe erfahren, mehr Meinung für dieselbe gefaßt habe.

Bald nachdem ich von Wandsbek zurückgekehrt war, besuchte mich Harmsen. Meine Absicht war bereits ins Publikum gedrungen und er kam, um sich danach zu erkundigen. Als ich ihm die Wahrheit des Gerüchtes bestätigte, sagte er in seiner derben, treuherzigen Weise: „Minsch, Minsch, wat fangst Du an, kuum böst Du wedder up de Been, nu wullt Du von neen int Geschirr gahn, un mit soon paar Kezadels, mit soon ollen Kufke. Bedenk Di doch man erst, dabie kannst Du Din Geld loswarden, Du must de Zech betalen, wenn's nich geiht. Wat willt Du Dien Tied un Din Geld för de Minschen hergeben, doot se för Di wat? Ick will mi schön bedenken, för so wat is nix as Undank."

Ich aber sagte ihm, daß ich alles reiflich überlegt habe, daß ich der Sache eigentlich ferner bliebe, allerdings mit einem Teil meines Vermögens das Unternehmen fördern würde, daß Kufeke gleichfalls 6.000 Mark einzahle und die Betriebsverwaltung ganz übernehmen werde. Daß ich ruhig in meinem Hause bleibe, nur die Buchführung und Überwachung des Geschäftes mir vorbehalten habe. Er aber schüttelte den Kopf und sagte: „Warüm hest Du mi dat nich fröher seggt, ick wull Di wol davon afbrögt hebben!" Und als wir darauf in mein Atelier gingen, wo noch die letzte unvollendete Arbeit, wie ich sie vor fünf Monaten verlassen, auf der Staffelei stand, da sagte er mit weichem Tonfall: „Und dat wullt Du nu all so laten? Hes Du ganz vergeten, wat wi glücklich west sind, wenn wi tosam los wären? Nee, Du büst en groten Narr, dat Du son Kram anfangst. Kannst et so god hebben, hest keen Sorgen, büst wedder gesund, kannst malen, sovel du wullt, wat wär ick glücklich, kunn ick et so hebben!"

Ich gestehe, daß mir fast wehmütig bei seiner Rede ward, daß ich aber mich und ihn damit tröstete, daß ich ja persönlich nur wenig bei der Sache werde beteiligt sein, nur soweit, als es zum Gedeihen des Unternehmens und meiner Sicherheit notwendig sei.

Bei meiner Anwesenheit in Dresden verhalf mir Dr. Kadner dazu, für den Wärterdienst der Anstalt das Ehepaar Göhler und den unverheirateten Wärter Werner zu engagieren. Eine tüchtige Köchin Louise hatte ich bereits gemietet.

Das Ehepaar Göhler erwies sich im Laufe der Zeit als überaus brauchbar und zuverlässig. Sie hatten eine gute Schule in der Irrenanstalt zu Kolditz durchgemacht. Werner konnte ich nicht lange behalten, weil er sich mit dem Ehepaar Göhler nicht stellen konnte. Louise, ein üppiges und wohlgebautes Frauenzimmer, eine tüchtige Arbeitskraft und sehr brauchbar als Köchin, sollte auf das Schicksal der Anstalt nicht ohne Einfluß bleiben.
Durch geeignete Annoncen in den namhaftesten Tagesblättern Norddeutschlands war der Eröffnung der Anstalt genügend vorgearbeitet. Vielfache Anfragen und selbst Anmeldungen lieferten dafür den Beweis. Außerdem hatte ich in einzelnen Blättern populäre Aufsätze veröffentlicht, die, wenn auch nicht direkte Reklame für die Anstalt, so doch Propaganda fur die Kurweise im allgemeinen machten.

Die ersten Kurgäste, 1861

Ich glaube, es war am 1. Juli 1861, als ich an einem köstlichen Sommertage die Anstalt eröffnete. Gegen Mittag trafen die ersten Gäste ein, es waren die Herren Unbescheiden und Lorenz. Ersterer, früher Besitzer des weltbekannten Austernkellers, kam mit einem Spanischen Magenkatarrh. Er mochte wohl den Delikatessen seines Büffets selbst zu sehr zugesprochen haben. Lorenz hatte ein Weißwarengeschäft engros, er litt an Hämorrhoidalen Stockungen.
Selbstverständlich war die ganze Situation mir in ihrer Neuheit recht fremd und unbequem und wunderte ich mich über die Sicherheit, mit der Kufeke den Gästen gegenüberstand, dem die Sache doch noch fremder war als mir, der ich seit fünf Monaten in einem ähnlichen Getriebe gelebt hatte. Er tat nicht zu viel, aber genug, um die Aufmerksamkeit und das Vertrauen der Kranken zu gewinnen. Ich bemerkte, daß er seine Zeit wohl benutzt hatte, um sich nicht nur in das Prinzip, sondern auch in die Geschichte des Kurverfahrens hineinzuarbeiten. Ich verließ recht befriedigt am Abend Bellevue.
Nur kurze Zeit blieb der Bestand der Kranken auf zwei beschränkt. Bald rückten andere ein und die Anfragen häuften sich mit jedem Tage, so daß wir mit Grund unserem Unternehmen ein gutes Prognostikon stellen konnten. Dr. Dieck ging schweigend, mit ewig mißvergnügtem Gesicht, seinen aus wenig Haaren bestehenden Schnurrbart zupfend, seinen Gang, Kufeke dagegen ward mit jedem Tag sicherer, als das Zentrum der Gesellschaft. Die Wärter erwiesen sich ganz ihrer Aufgabe gewachsen und auch die Köchin leistete das Gewünschte.
Neben meiner ziemlich ausgedehnten Korrespondenz war ich einen namhaften Teil des Tages in der Anstalt, zu der es mich, wie der Krankenbestand wuchs, immer mehr hinzog. Harmsens Befürchtungen schienen wahr zu werden. Ich hatte seit meiner Rückkehr von Wandsbek noch keinen Pinsel angefaßt. Untersuchungen und Analysen, Führung des Journals, Revision der Defekte, dies alles nahm eine bedeutende Zeit in Anspruch. Dazu kamen öftere Fahrten nach Hamburg, teils zu Besorgungen für den Betrieb, teils in Veranlassung von Anfragen, die mündliche Erörterung forderten.
Gleich Wittmak hatte ich mich ebenfalls mit Falk in Mainz in Verbindung

gesetzt, bezog von ihm die kleinen, zum Kurgebrauch nötigen Moselweine, nebenbei einige feinere Sorten, um sie vorkommenden Falls bei Besuchern zu verwenden.
Trotz der vielen Sorgen und der steten Wachsamkeit, die der Beruf erforderte, fühlte ich mich doch wohl und gehoben und fand manchen Augenblick, wo ich mit wirklicher Befriedigung um mich sah. Ich kannte ja die Reize des Aufenthaltes aus früherer Zeit, wo ich die glücklichsten Tage meines Lebens hier verlebt, deren Abglanz auch heute noch auf mich zurückzustrahlen schien und auch mein Tun freudiger und zugleich ernster fassen ließ. Bei schönem Wetter lagerten Kufeke und ich oft im Schatten der großen Eiche, nahe der Gartenpforte, lasen Moleschott, Liebig, Steinbucher, Rauch und sonst auf unsere Aufgabe bezügliche Autoren. Oft hatte ich Gelegenheit, das wirkliche Interesse, den klaren Blick und das richtige Urteil Kufekes zu bemerken und war es mir deshalb befremdend, bei Dr. Dieck eine erklärte Abneigung gegen Kufeke wahrzunehmen, der er sich nicht scheute, mir gegenüber Ausdruck zu geben. War mir schon die Haltung Dr. Diecks Kufeke gegenüber unerquicklich, so berührte es mich umso unangenehmer, wenn ich Göhler und Frau und auch Werner in ziemlich nichtachtender Weise von ihm sprechen hörte, Göhler selbst in etwas verfänglicher Weise.
Gegen den Herbst kam Herr C. L. Nagel, Müller und Mühlenbauer, aus Hamburg in die Anstalt, um über die Heilbarkeit eines asthmatischen Leidens seiner Tochter Rücksprache zu nehmen. Da ich aus der Wittmakschen Anstalt wußte, wie wirksam sich die Kurweise in solchen Leiden erwiesen, auch wir

Karl Ludwig Nagel, um 1850

Louise Nagel, um 1861

selbst schon einige Erfahrungen gemacht hatten, konnte ich ihm nur zureden. Er sandte mir die Kranke, sie bezog Zimmer 11.
Es war ein junges, schlankes Mädchen, deren Habitus, neben schwächlicher Konstitution, große Reizbarkeit zeigte. Die Zeichnung dunkel, die Farbe ziemlich bleich, die Pupille ungewöhnlich erweitert, die Sprache etwas gedämpft. Es waren bis da nur alte Damen in der Anstalt, die Frau Stadthauptmann Zachau und Frau Landstallmeister Krüger, auf die ich sie verwiesen und denen ich sie vorstellen mußte.
Ich war zuweilen, wenn Kufeke besondere Veranlassung hatte, den Abend in Bergedorf zuzubringen, in seiner Vertretung bis zu seiner Rückkehr in Bellevue geblieben. Er war wieder einmal dort und ich saß lesend in seinem Zimmer. Es war alles schon zur Ruhe gegangen, als ein ungestümes Wetter eintrat, der Regen in Strömen herabfloß und der Wind brausend durch die Wipfel im Walde fuhr. Als Kufeke um 11 Uhr, wie es gewöhnlich geschah und wie es beredet war, noch nicht zurück war, schob ich sein Ausbleiben auf das schlechte Wetter. Gegen 12 Uhr hatte sich das Wetter geklärt, Kufeke aber war noch nicht zurück. Um 2 Uhr endlich kam er, ohne Kopfbedeckung, die Kleider in Unordnung und beschmutzt, völlig betrunken. Als wir allein waren, machte ich ihm die schwersten Vorwürfe, wies ihn darauf hin, wie unvereinbar solche Aufführung mit der von ihm übernommenen Aufgabe sei und sprach ihm mein Mißfallen in den schärfsten Worten aus. Nur mit beleidigenden Gegenreden beantwortete er meine gerechten Vorwürfe, er war keines reelen Gedankens fähig. Sorgenvoll verließ ich die Anstalt. Was sollte geschehen, wenn jemand während der Nacht seiner Hilfe bedürfte. Bevor ich ging, ermahnte ich Göhler doppelt wachsam zu sein, der mit verständnisvollem Lächeln sagte, daß er auf solche Fälle schon vorbereitet sei. Es sei nicht das erste Mal, daß solches vorkomme. Das war genug, ich hatte meinen Entschluß gefaßt, ein Zusammengehen mit Kufeke war fortan ausgeschlossen. Entweder mußte er oder ich das Feld räumen. Diese Alternative stellte ich ihm am nächsten Morgen. Er war aber weder zu dem einen noch zu dem anderen bereit und wies jeden Ausgleich höhnisch zurück. Dies brachte mich anfänglich aus der Fassung. Da fiel mir ein, Ruppenhagen zu Rate zu ziehen, mit dem ich befreundet war und auf dessen Gewandtheit ich sehr vertraute. Er machte mir Hoffnung auf einen Ausgleich. Wie ich später erfuhr, hatte Kufeke durch ihn das Geld erhalten. Ich machte mich anheischig, den Betrag sofort zurückzuzahlen und versprach Ruppenhagen 500 Mark, wenn er den Austritt Kufekes ohne weitere Entschädigung werde bewerkstelligt haben. Schon am nächsten Tage war die Sache in Ordnung. Er schied ohne weitere Ansprüche aus. Ich atmete auf, von einem Menschen befreit zu sein, der mein ganzes Unternehmen fraglich gemacht hätte.
Nun war ich nach einer Richtung gesichert, dafür aber lag fortan auf mir die ganze Last und Sorge des Geschäfts. Da ich nicht sofort einen Ersatz haben konnte, war es nötig, daß ich in die Anstalt zog, um nun selbst die Betriebsleitung zu übernehmen. Nun war meine Absicht, der direkten Leitung ferner zu stehen, durchkreuzt und ich hatte das Gefühl, als würde ich in einen Strudel gezogen. Mit schwerem Herzen tat ich den Schritt und die Glückwünsche

Dr. Diecks und Anderer über die vollzogene Trennung konnten mich nicht trösten und beruhigen. Bald sollte ich erfahren, wie notwendig die Trennung gewesen war. Nun traten Göhler und Frau, die geschwiegen, solange Kufeke ihr Vorgesetzter war, mit Enthüllungen hervor, die mir die Augen über die Zustände öffneten, die ich in meinem Vertrauen zu ihm nicht für möglich gehalten hatte. Ein unsittliches Verhältnis mit der Köchin, ein flotter Konsum der feinen Weine bewiesen, wie er seine Stellung gefaßt und benutzt hatte. Natürlich ward die Köchin sofort gewechselt.

Umzug nach Bellevue

Ein Wohnen in der Stadt, wie bis da, war nun ausgeschlossen. Ich mußte in die Anstalt ziehen, richtete mir Zimmer 10 zum Schlaf- und Wohnzimmer ein und behielt Nr. 1 zum Comptoir und Betriebszimmer. Freilich war ich nun wieder von meinen Kindern getrennt, aber schon in letzter Zeit hatte ich oft ganze Tage fortsein müssen.
In der Anstalt aber ging alles besser. Ich trat in nähere Beziehung zu den Kranken, gewann in höherem Grade ihr Vertrauen und lernte ihre Bedürfnisse richtiger schätzen. Inzwischen hatte sich die Anstalt gefüllt. Manche Räume waren selbst doppelt besetzt und zahlreiche Anmeldungen konnten nicht sofort berücksichtigt werden. Wohl trat der Wunsch an mich heran, dem Geschäft eine größere Ausdehnung zu geben, aber auch die Besorgnis, immer tiefer in eine Angelegenheit zu geraten, für die ich wohl mit meiner ganzen Überzeugung eintrat, die aber doch noch sehr mit der Zeitströmung zu kämpfen hatte.
Bis da waren nur Schwerkranke, von den Ärzten lange vergeblich Behandelte, in die Anstalt gekommen oder von ihnen als unheilbar Betrachtete zu uns gesandt worden, in der Hoffnung, daß wir ihnen ein seliges Ende bereiten würden. Manche schon hatten die Anstalt geheilt verlassen. Andere befanden sich entschieden in der Genesung. Freilich kamen auch Fälle vor, wie Herr Unbescheiden, wo es an moralischer Kraft fehlte, um den Bedingungen einer rigoroseren Kur zu entsprechen, aber diese wenigen Fälle zählten nicht, den vielen teils brillanten Heilungen gegenüber.
Nach dem Ausscheiden Kufekes hatte ich die Gymnastik übernommen, die einen integrierenden Teil unseres Kurverfahrens ausmachte. Jeden Morgen um 10 Uhr trat die ganze mobile Kurgesellschaft an, um gemeinschaftlich diese Übungen vorzunehmen. Es kamen dabei recht komische Szenen vor, wenn die alten Damen sich bemühten, den durch viele Jahre der Ruhe steif gewordenen Körper in die verlangten Stellungen und Bewegungen zu bringen. Bei solchen Anstrengungen passierte der alten dicken Landstallmeisterin einmal etwas Menschliches, das eine solche Heiterkeit erregte, daß an eine Fortsetzung der Übung nicht gedacht werden konnte.
Ich hielt es bei der geringen Zahl der anwesenden Damen für meine Aufgabe zu ihrer Unterhaltung etwas beizutragen. Ich las mit ihnen Verschiedenes und sah bald, daß mein Bemühen dankbar aufgenommen ward. Diese kleinen Unterhaltungen fanden in dem von der Frau Stadthauptmann bewohnten Zimmer Nr. 8 statt.

Eine neue Liebe

Bei dieser Gelegenheit trat ich dem Fräulein Nagel näher und gewann deren Vertrauen, so daß sie sich bei vorkommender Gelegenheit lieber an mich, als an Dr. Dieck wandte. Im Bewußtsein meiner Pflicht und dem Bestreben mich rückhaltslos meinen Kranken zu widmen, ahnte ich nicht, daß neben diesem Vertrauen noch andere Gefühle sich entwickeln könnten. Im längeren Zusammensein konnte ich jedoch darüber nicht mehr im Zweifel sein und konnte zugleich ihr liebenswürdiges Wesen immer mehr schätzen. Wie Freundschaft Freundschaft weckt, Zuneigung Zuneigung hervorruft, so geschah es auch in diesem Fall. Eines Tages hatten wir eine Unterhaltung, an deren Schluß unser Verhältnis sich entschieden hatte.

Wohl stand mir die Gefahr desselben lebhaft vor Augen. Der Altersunterschied. Louise Nagel war 17 Jahre alt, ich 44 Jahre. Sie hatte eine schwache Konstitution, die den Anstrengungen eines Berufes, wie ich ihn aufgenommen hatte und fortführen mußte, nicht gewachsen war. Ich war Witwer, hatte drei kleine Kinder, dürfte ich wagen, denselben eine so junge, unerfahrene Mutter zu geben? Würde ich mich nicht in finanzielle Verlegenheiten stürzen, wenn ich im Falle der Wiederverheiratung die gesetzlichen drei Vierteile an meine Kinder absetzten müßte? Das alles sagte ich unumwunden, stellte die ganze Gefahr solcher Verhältnisse unverschleiert in das richtige Licht. Selbst, daß ich noch unter dem Einfluß genossener Liebe, durchlebter Trübsal stehe, verschwieg ich nicht. Als ich sie aber alle diese Bedenken nicht achten sah, bereit jede Fährnis des Lebens mit mir zu tragen, als sie in rührenden Worten gelobte, daß ihr meine Liebe heilig sei, sie aber bemüht sein werde, mich meine Trübsale vergessen zu lassen, da empfand auch ich, daß mir an ihrer Seite ein Lebensglück von neuem erblühen werde, das ich glaubte, für immer begraben zu haben.

Lange noch blieb unser Verhältnis verschwiegen, da ich es für den Erfolg der Kur notwendig erachtete, bis wir von Seiten der Familie zu einer Erklärung veranlaßt wurden und ich in den Kreis der Familie als künftiges Mitglied eingeführt ward.

Die Kämpfe zu verstehen, wie sie solche Verhältnisse im Gemütsleben hervorrufen, muß man sie durchlebt haben. Freude und Schmerz mischen sich so innig miteinander, vereinigen sich zu einem wehmütigen Gefühl, das unsere Brust bedrückt und uns zu keinem reinen Empfinden kommen läßt. In solchen Seelenschmerzen half mir Louises sinnige Teilnahme und verschaffte mir zugleich einen Einblick in die Tiefe ihres Gemüts.

Bald hatte ich alle Glieder der Familie kennengelernt. Den Vater Louises kannte ich bereits. Sein ehrliches und doch so geistvoll humoristisches Wesen hatte mich beim ersten Begegnen ganz gewonnen. Ich lernte ihn immer mehr lieben und schätzen, je öfter ich ihn sah. Weniger sympathisch war mir die Mama. Interessant der Schwestern seltsam verschiedenes Wesen: Helene lebhaft, feurig, bestimmt, für alles einen korrekten Ausdruck findend, Mathilde ein schwärmerisch, romantisches Geschöpf, unklar und unschlüssig, jedem Guten und Schönen zugeneigt ohne tiefere Erkenntnis, Marie spirituell, exzentrisch, tatkräftig und klar in ihrem Urteil, durchweg praktisch. Auch deren Mann, meinen zukünftigen Schwager, lernte ich bald kennen. Er zeigte ganz den Typus der Hamburger Kaufleute und imponierte mir nicht. Von den beiden Brüdern gab ich August den Vorzug.

Erweiterung der Kuranstalt

Bald entschloß ich mich nun zur Vergrößerung der Anstalt. Zu dem Ende mußte sie mein Eigentum sein. Deshalb säumte ich nicht, mit Schlebusch über den Erwerb in Unterhandlung zu treten. Ohne viele Schwierigkeiten einigten wir uns. Der Kaufpreis war 35.000 Mark, die Anzahlung 5.000 Mark, der Rest blieb 10 Jahre unkündbar stehen bei 4% Zins.
Ich erwarb mit dem Territorium, das bis da zu dem Restaurant gehörte, alle bis da verpachteten kleinen Gärten, nördlich, neben der Fahrstraße, bis zum Krüßschen Gewese, dem Küchengarten einerseits bis zum Doktorberg, andererseits gegen Westen, wo die Gärten sich von den Grandgruben trennten. Es war eine Fläche, groß genug, darauf einen entsprechenden Park anzulegen. Hiermit säumte ich nicht, während ich beschäftigt war, den Plan für den Neubau zu entwerfen, ließ ich durch Peter Möller, mit Zuhilfenahme von zwanzig Arbeitern, die ganze Fläche durchrigolen *(tief umgraben)* und die Einteilung sowie die Anlage der Bosketts *(Ziergebüsche)* beschaffen. Da sich an Stellen mächtige Schichten humusreicher Erde fanden, ließ ich dieselbe so verteilen, daß das Terrain in allen Teilen durchaus kulturfähig ward. Die 20 Fuß dicke Grundschicht aber lieferte vorzügliches Material zur Herrichtung der Wege. Aus meinem Knickgarten nahm ich eine ansehnliche Zahl von jungen

Bellevue zur Zeit des Ankaufs

Obstbäumen, die ich selbst veredelt, ebenfalls vom Hofe des Stadthauses ein Glashaus, das ich vor mehreren Jahren zu Topfobst hatte ausführen lassen, und nun im Küchengarten wieder aufstellen ließ, um darin Wein und Topfobst zu ziehen.

Das nötigste von allen aber war die Anlage eines Brunnens, da Bellevue bis da den Hauptbedarf an Wasser einer schon von Schlebusch angelegten Zisterne entnehmen mußte. Zu dem Ende wurden Bohrungen unternommen, die aber zu keinem Resultat führten. Es war schon vergeblich ein Schacht bis zu 120 Fuß Tiefe geführt. Da ward mittels einer Wünschelrute eine Stelle bezeichnet, wo dann auch bei 100 Fuß Tiefe ausgiebig Wasser gefunden.

Bevor ich an den Ankauf des Geweses ging, hatte ich versucht Schwager Schinkel und Philipp Blessig für meine Sache zu erwärmen, um sie zur Teilnahme aufzufordern, um, entsprechend dem Zeitgeist, ein größeres Unternehmen zu begründen, als es meine Mittel erlaubten. Aber beide fanden Grund zu einer Ablehnung. Schinkels Prinzip war es nicht, sich bei solchen Sachen zu beteiligen. Falls ich das Unternehmen auf Aktien begründe, werde er wohl eine Aktie nehmen, vorausgesetzt, daß sie nicht zu hoch sei. Blessig lehnte ab mit den Vorgaben, daß er 10% mit seinem Geld machen müsse, ein Zins, den ich ihm gesichert nicht zusagen könne.

Noch einen Versuch machte ich, indem ich den vielfachen Millionär John Henry Schröder, der durch sein Schröder-Stift bewiesen hatte, daß er humanen Zwecken Namhaftes zu opfern bereit sei, eine ausführliche Darlegung des von mir geplanten Unternehmens brieflich zusandte und ihn bat, dasselbe zu unterstützen. Indem ich mich bereit erklärte, von der etwa 200 Zimmer umfassenden Anstalt, einen entsprechenden Flügel der unentgeltlichen Aufnahme von Unbemittelten vorzuhalten. Ich wies darauf hin, wie das Entstehen einer so großen Anstalt, der Ausbreitung des so segenreichen Kurverfahrens förderlich sein würde. Nach einiger Zeit erhielt ich in wenigen Worten eine Absage mit der Begründung, daß ihm der Stoff zu fern liege. Ich hatte solche wohl erwartet, denn das Unternehmen diente nicht der Verbreitung pietistischer Ideen, war nicht durch Pfaffen befürwortet, es wollte ja nur den Armen, den Mittellosen, Gesundheit schaffen. Im Schröder-Stift wird gebetet und finden nur solche Aufnahme, deren Familien im Geruch der Frömmigkeit stehen.

Somit war ich auf mich selbst verwiesen, und fast erleichtert atmete ich auf, als alle Illusionen zerronnen waren, hatte ich doch fortan nur mir selber Rechenschaft zu geben, konnte ohne Rücksicht die Wege gehen, die ich für die richtigen erkannte.

Im Anschluß an den vorhandenen Teil stellte ich den Neubau, verlängerte den Korridor und gewann nun noch 17 Zimmer, in denen, wenn es sein mußte, noch etwa 30 Personen untergebracht werden konnten. Die obere Etage und das Halbgeschoß wollte ich selbst mit meiner Familie bewohnen, denn nun erkannte ich, daß fortan in Bellevue mein Heim sein werde. Gleichzeitig richtete ich ein Badehaus ein, baute in Verbindung mit demselben eine große Zisterne, in die das Wasser von den weiten Dachflächen zusammenfloß, und sorgte durch die Anlage einer Wasserheizung für eine gleichmäßige Erwärmung der Zimmer und Korridore. Durch Peter Smiths Vermittlung bezog ich aus

England den Heizkessel und das Röhrensystem, da es in Deutschland noch keine Fabrik für dasselbe gab.
Noch im Herbst kam der Bau unter Dach. Im nächsten Sommer ward er schon bewohnt und im Herbst konnte ich mit meiner jungen Frau meinen Einzug halten. Zwar konnten die Zimmer infolge des schnellen Baues nicht tapeziert werden, waren sämtlich mit Leimfarbe gestrichen, aber die angemeldeten Kranken wollten nicht warten, alle Räume waren bald bezogen, und es hat sich kein Nachteil daraus ergeben. Die kurgemäße Behandlung beugte wohl etwaigen Störungen durch die Ausdünstung vor, auch zum Zweck des Trocknens ward die Heizung früh in Tätigkeit gesetzt.
Schon im ersten Jahr ergab das Geschäft einen guten Gewinn, jedoch wurde derselbe natürlich in die Baukosten überführt, da dieselben die Veranschlagung ziemlich weit überstiegen.

Nachdem unsere Verlobung publiziert worden, verließ Louise die Anstalt und bezog ein Zimmer in meinem Stadthause, wo bereits Frau Luhmann aus Büchen, infolge Überfüllung der Anstalt, ein Logis bekommen hatte. Gegen Frühling ging sie in's Elternhaus zurück, wo sie leider wieder am Asthma zu leiden hatte. Ich besuchte sie bei einem solchen Anfall und kehrte recht verstimmt zurück, da ich erkannt hatte, daß hier ein tiefes Leiden vorlag, gegen das unsere Heilweise sich als unwirksam erwiesen.
Auf den Mummenschanz des Polterabends hätten wir beide gern verzichtet, doch mußten wir dem Usus schon dies Opfer bringen, um nicht Unzufriedenheit hervorzurufen. Die Hochzeit fand im Spätherbst statt. Die Eltern Louises hatten das Diner bei Juhnke in Reinbek bestellt.

Hochzeit mit Louise Nagel

Die Trauung vollzog Pastor Hermann aus Vierlande, der just als Kurgast in der Anstalt sich befand. Alle zur Zeit in der Anstalt Anwesende waren zu denselben geladen. Die Traurede war einfach und vernünftig, beleidigte nach keiner Richtung. Neben den beiderseitigen Familien waren meine Freunde, die Vormünder meiner Kinder, Julius Behrens und Johannes Harmsen, geladen. Das Diner war vortrefflich, nicht nur die Speisen selbst, sondern auch die Herrichtung der Tafel und die Bedienung. Als ich am Abend mit Louise in unser neues Heim einkehrte, alles geordnet und dem Zweck entsprechend eingerichtet fand, atmete ich auf. Das ganze Wirrsal von Verhältnissen schien für immer hinter mir zu liegen.
Wie glücklich, daß der Mensch den Schleier der Zukunft nicht lüften kann, wie würden ihm die glücklichsten Momente des Lebens vergällt, die reinsten Freuden getrübt werden. Hätte ich an jenem Abend die lange Leidenskette übersehen können, die sich von ihm durch neun Jahre hinausziehen sollte, ich glaube, ich wäre mutlos zusammengebrochen.

Neuerungen im Kurbetrieb

Bald nachdem ich mich von Kufeke getrennt, kam Rappenhagen zu mir, um mich wegen Verwendung eines Herrn in meiner Anstalt zu befragen. Derselbe hatte in einem eingegangenen Geschäft als Buchhalter fungiert, war jetzt stellenlos und befand sich in arger Notlage. Er empfahl ihn als einen redlichen und fleißigen Arbeiter, den er mir aufrichtig empfehlen könne. Da ich nun schon die Absicht gehabt, mir ein Substitut zuzulegen, der mich in Fällen der Verhinderung allseitig vertreten könnte, so engagierte ich Johannes Lender und Frau. Sie bezogen Nr. 1 als Wohnstube und Nr. 12 blieb Comptoir. Lender hatte die Buchführung und Überwachung des wirtschaftlichen Teils der Anstalt, wenn ich infolge der jetzt vielseitig zugefallenen Beschäftigung verhindert war. Frau Lender besorgte die Küche und das Hauswesen. Als Louise später die Wirtschaftsführung übernahm, zog Frau Lender in die Stadt und endigte ihre Beziehung zur Anstalt. Lender dagegen verblieb in seiner Stellung als Buchhalter. Er war ein pflichttreuer, aber beschränkter Mann, der oft fehl-

griff, vielleicht in bester Absicht. Madame war eine kokette Dame, eitel und selbstbewußt, die gern noch die Jugendliche spielte, während sie doch längst über die Zeit der Blüte hinaus war und ihren Mann arg unter dem Pantoffel hatte. Sie hatten einen Sohn, einen Spätgeborenen, schwach und an den Füßen etwas verkrüppelt. Dieser spielte die Rolle des enfant terrible, wenn er während der Mittagstafel in der Saaltür erschien und in urkomischen Ausdrücken seine Bedürfnisse ankündigte. In sehr determinierter Weise hieß es dann: „Johannes, geh mal hin und besorg das Kind!" und Johannes folgte willig solcher Weisung.
Um jene Zeit war Julius Schuberth aus Leipzig in der Anstalt. Er war früher Impresario Ole Bulls *(1810-1880, Norwegischer Violinist und Komponist)* bei seiner Tournee in Amerika gewesen. Seine Erlebnisse bildeten, wenn auch etwas geschmückt, einen reichen Unterhaltungsstoff. Er geigte auch recht gut und spielte oft mit der Frau Lender. An einem flechtenartigen Hautübel leidend, hatte er schon viele Ärzte gebraucht, war vergeblich in Cannstadt und anderen Anstalten gewesen. Wir waren so glücklich, ihn völlig herzustellen und danken diesen Erfolg einer Kombination des Schrothschen Systems mit heißen Lohe-Bädern. Er verließ in dankbarster Stimmung die Anstalt. [...]
Die heißen Lohe-Bäder, die bei Schuberth und anderen in Anwendung kamen, waren eine Erfindung des Gerbers Dittmann in Ludwigslust. Um mich von der Wirksamkeit der so hochgepriesenen Bäder zu überzeugen, reiste ich nach Ludwigslust und sprach dem Inhaber der Badeanstalt meine Absicht aus, im Falle seine Erfindung das leiste, was sie verspreche, das Geheimnis käuflich zu erwerben. Hierzu war er nicht bereit, wohl aber sich mit mir dahin zu einigen, an einigen Tagen der Woche seine Bäder selbst in der Anstalt zu verabreichen. Dittmann war eine plumpe, protzige Persönlichkeit, grobe Züge, eine rauhe, selbstbewußte Sprache, würden abstoßend gewirkt haben, wenn nicht eine gewisse Gutmütigkeit ihm aus den Augen geleuchtet hätte. Sehr richtig bemerkte er, daß ich nur ein Urteil über seine Bäder gewinnen könne, wenn ich sie an mir selbst erprobt habe und erbot er sich bereitwillig, mir ein solches anstellen zu lassen. Gern ging ich auf solches Anerbieten ein. In einem ziemlich engen, ruppigen Raum stand eine kleine Zinkwanne, in der sich warmes Wasser von 32° Reaumur *(40° Celsius)* und gemahlene Eichenlohe befand, so daß der Inhalt eine braune, unklare Jauche bildete. Er war selbst mein Badewärter, entkleidete mich, und als ich ihm beim Eintauchen meine Besorgnis aussprach, das Bad möchte zu heiß sein, sagte er: „Es wird noch um 3° Reaumur heißer. Seien Sie unbesorgt, es geschieht Ihnen kein Schaden." Drei Stunden verblieb ich in dem allmählich auf 35 ° Reaumur gesteigerten Bad. Stieg die Erregung zu hoch, so erfolgte eine kalte Übergießung und zeitweilig ein Trank aus einer schaumigen Lohelösung. Als ich nach drei Stunden dem Bad entstieg, war es mir, als ob sich mein Körper zu einem Teil erneuert habe. Kaum je habe ich mit solchem Genuß eine Tasse Kaffee getrunken, als nach diesem Bade.
Die tief eingreifende Wirkung der Bäder war unverkennbar, wenn auch die Rigorosität derselben, besonders betreffs der Dauer, manche Modifikation erfahren mußte, sollten sie als Heilapparat in unser System eingereiht werden. Unserem Übereinkommen gemäß, kam Dittmann an gewissen Tagen in die

Anstalt. Wir konnten ihn aber, seines rücksichtslosen Wesens wegen, nicht lange behalten und mußten den Pakt wieder lösen. Die Bäder aber hatten uns zu gute Dienste geleistet, weshalb ich bemüht war, die Zusammensetzung zu erforschen. Er war vorsichtig gewesen, hatte jedes Mal die ganze Badeflüssigkeit selbst beseitigt, so daß eine Analyse der Flüssigkeit ausgeschlossen war. Nach manchen vergeblichen Versuchen fand ich jedoch, daß das Geheimnis seiner Bäder in einem Aufschließen der Inhaltsstoffe der Lohe durch Alkalien bestehe. So gaben wir dann daraufhin die Bäder mit demselben Erfolg und konnten sie nun, den Verhältnissen entsprechend, modifizieren. Flechten, Syphilis, Bein- und Armgeschwüre, Stockungen in der Blutzirkulation und viele andere Zustände sind von uns mit Zuhilfenahme der Bäder oder der Umschläge von Lohe-Dekokt *(Abkochung, Sud)* geheilt worden und haben sich diese selbst bei sehr veralteten Leiden als hilfebringend erwiesen.
Einen eigenartigen Besucher empfing ich in den ersten Jahren des Unternehmens; nämlich den Naturschwärmer Ernst Wehner. Er stellte sich mir als der Repräsentant einer „Regeneration der verkommenen Menschheit und deren Zurückführung in natürliche Bahnen“ vor. Sein Aussehen war allerdings sehr natürlich: ruppig und schmutzig, mit langem verwilderten Haar, eigentümlicher Fußbekleidung, mit Bart und offenem Hemd war seine Erscheinung wenig empfehlend. Seine Rede war selbstbewußt und etwas gewalttätig. Er war bemüht, mich zur Annahme seiner Grundsätze zu gewinnen und verließ Bellevue ziemlich mürrisch als ich mich dazu wenig geneigt zeigte. Neuerdings haben Kneipp und Dr. Lehmann manches von ihm in ihren Heilapparat aufgenommen.
In den ersten Jahren ihres Bestehens hat die Anstalt gutes Geschäft gemacht. Im dritten Jahr ergab sich ein Überschuß von 10.000 Mark. Leider verschlang das in der Konstruktion verfehlte Haus den größten Teil des Gewonnenen.
Eine andere und recht bedenkliche Tatsache war die Abneigung der Kranken gegen den Dr. Dieck. War es sein lethargisches Wesen, war es sein mürrisches, gelangweiltes Auftreten, was sie nicht gewinnen konnte, war es ihre Abneigung gegen einen Arzt überhaupt, nachdem fast alle die traurigsten Erfahrungen mit einem solchen gemacht hatten, ich weiß es nicht. Tatsache war, daß sie es gern vermieden, auf ihren Zimmern zu sein, wenn die Besuchszeit kam und dann oft hinterher mir ihre Klagen vorbrachten. Diese unverkennbaren Zeichen mangelnden Vertrauens machten mich unruhig und sah ich schon damals mit Besorgnis auf den weiteren Verlauf unseres Kontraktes, dessen Dauer auf fünf Jahre festgestellt war.
Es lag ein mehrfacher Zwiespalt in dem Wesen des Dr. Dieck. Er war Arzt einer Naturheilanstalt und doch noch Anhänger des medikamentösen Verfahrens, das er in seiner Privatpraxis zur Anwendung brachte. Er war also kein ganzer Naturarzt, nicht ein solcher aus Überzeugung. Er liebte den Gewinn, den ihm seine Stellung brachte, aber nicht die damit verbundenen Pflichten. Er wäre lieber selbst Besitzer der Anstalt gewesen, als deren besoldeter, abhängiger Arzt. Als solcher hätte er die Sache gemächlich und nach seinem Geschmack betreiben können. Kränklich von Jugend auf, mochte ihm wohl die geringe Inanspruchnahme selbst zu lästig sein. Endlich kam noch hinzu, daß kleine

Konflikte betreffs Behandlung und Aufnahme der Kranken nicht ausbleiben konnten. Wenn mir an meinem Geburtstage die in der Anstalt anwesenden Kranken ein Geschenk machten, einmal zwei schöne Orangenbäume, ein anderes Mal einen silbernen Pokal, und mir bei solcher Gelegenheit ihre Anerkennung meines Bemühens in ihrem Interesse aussprachen, so ärgerte ihn dies, da sie ihm bei ähnlicher Gelegenheit keinerlei Beachtung schenkten. Als ich endlich gar, durch die Wärter aufmerksam gemacht, genötigt war, ihm ein unflätig rücksichtsloses Benehmen vorzuwerfen, trat der erste Grad einer Entfremdung ein, die leider immer mehr werden sollte.

Die Geburt Emanuels

Louise fand sich mit feinem Geschick sehr bald in ihre neue Stellung. Freilich war sie jung und ohne Erfahrung und konnte auf das Vertrauen der größtenteils älteren Damen keinen Anspruch machen, aber sie war doch oft eine geschickte Vermittlerin zwischen ihnen und mir, auch war sie jederzeit bereit, ihre sekreten Wünsche entgegenzunehmen.
1863, am 13. November, ward uns das erste Kind geboren. Louise hatte die Zeit ohne Unfall überstanden und war glücklich in ihrer Mutterschaft. Schon einige Zeit vorher ward eine Wirtschafterin engagiert, zugleich ein Lehrling, um das Personal ohne große Kosten zu stärken. Leider mußten beide in nicht gar langer Zeit ihre Stelle wieder lassen. Fräulein Schnorr sowie ihr Lehrling Julchen zeigten sich einer Vertrauensstellung unwürdig und so ging es wiederholt.
Nicht besser ging es mit den Wärtern und Wärterinnen, Köchinnen und Küchenmädchen, deren Zahl, bei der Ausdehnung der Anstalt, bedeutend gestiegen war. Es hätte einer drakonischen Strenge bedurft, um diese sittenlosen, teils verwilderten Geschöpfe in Ordnung zu halten. Nur Göhler und Frau blieben durch alle Jahre treue, zuverlässige Menschen, auf die man unter allen Umständen rechnen konnte, waren sie auch von kleinen Schwächen nicht frei, so konnte man ihnen doch nur das Zeugnis überaus brauchbarer Heildiener ausstellen.

Kuralltag in Bellevue

So verflossen Jahre des wechselvollen Lebens, der anregendsten Tätigkeit. Die Kranken kamen und gingen, zum größten Teil geheilt, wieder fort. Allerdings trafen auch solche ein, die, als moralische Schwächlinge, in keiner Anstalt geheilt werden, die nur Mut und Ausdauer in sybaritischem *(schwelgerischem)* Lebensgenuß zeigen. Leute mit vieljährigem Magenkatarrh, deren Zunge das Aussehen von Handschuhleder hatte, die aber bei aller Geschmacklosigkeit nicht ablassen konnten, ihrem Gaumen immer auf's Neue verderbliche Opfer zu bringen. Man lernt die Menschen verachten, wenn man Gelegenheit hat, Exemplare zu beobachten, wie den Dr. Bühring aus Schwerin, der an vieljährigem Magenkatarrh leidend, die Anstalt nach wenigen Tagen wieder verließ, weil ihm der leichte Moselwein, der ihm kurgemäß gereicht ward, nicht mundete. Er verlangte, wenn auch gegen hohen Preis, feine Rheinweine, an die er gewöhnt sei. Wir waren damals zu gewissenhaft und prinzipientreu, um kulante Geschäftsleute zu sein, sonst hätten wir seinem Verlangen nachgegeben, sein Geld genommen und das durch die starken Weine erzeugte Fieber durch Packungen herabgestimmt.

Ebenso komisch wie bedauerlich war es, den Gerichtsrat Kolter mit fein, an Silberfädchen hängender Serviette, wie zu einer kulinarischen Hauptschlacht gerüstet, mit verdrossener Miene vor der Schüssel mit Erbsenbrei zu sehen. Auch er verließ nach wenig Tagen die Anstalt, deren Kur er für zivilisierte Menschen zu barbarisch erklärte.

Andere entliefen zeitweise der Anstalt, um fern derselben zu Kneipen oder in schlechten Häusern einer Leidenschaft zu frönen, deren Folgen sie eben in die Anstalt geführt hatten.

Leute aus Rio, Guinea, Surinam und anderen überseeischen Regionen, wo der Europäer unter der südlichen Sonne sich allen Genüssen in überreichem Maße hingibt, kommen zu uns, um die verlorene Gesundheit wiederzuerlangen. Knochenauftreibungen, eiterige Drüsen, Leberkrankheiten der hartnäckigsten Art und ähnliche Leiden hatten sie oft viele Jahre mit sich geschleppt und wollten sie nun in wenigen Wochen beseitigt haben. Oft waren sie kaum von der Bedeutung und Gefahr ihrer Leiden zu überzeugen und nur die während der Kur auftretenden Ausscheidungen, durch welche die Tücher oft rot und schwarz gefärbt wurden, und denen dann gewöhnlich Milderung der Leiden folgte, brachten sie zur Einsicht. Solche Erscheinungen werden noch heute von dem gewöhnlichen Arzt geleugnet und er schüttelt ungläubig, hochmütig den Kopf, wenn wir ihm sagten, solche Ausscheidungen bestehen zum Teil aus lange aufgespeicherten Mineralgiften aus Silber, Merkur, Eisen, wie sie der Allopath zur Unterdrückung der Krankheitssymptome verwendet.

Jenen obengenannten verkommenen Schwächlingen gegenüber, die fast alle den höheren Ständen und dem männlichen Geschlecht angehörten, zeichnen sich andere durch mutiges Entsagen, Folgsamkeit und Ausdauer aus. Leute, wie Schieler aus Eutin, Mand und Hart, ebendaher, waren lange in der Anstalt, machten regelrecht ihre Kur und verließen dieselbe völlig geheilt. Dankbriefe, die von ihnen viele Jahre später an mich eintrafen, bestätigten die Dauer der wiedergewonnenen Gesundheit. Wenn ein so Geheilter nach Monaten die Anstalt frisch, gesund und mit neuem Lebensmut verließ, dies waren Momente der Freude und des Hochgefühls, die viele Stunden der Mühsal und der Sorge aufwogen.

Freilich fehlte es auch nicht an der Kehrseite, wenn trotz allen Mühens, bei aller Vorsicht und Anstrengung das Leiden jeder ärztlicher Kunst, auch der unsrigen, spottete, wenn wir die Armen rettungslos dem Ende entgegengehen sahen und nicht imstande waren, dem Fortschreiten ihrer Leiden Einhalt zu tun. So starb der junge Wulf an Lungenblutung, Döring an krebsiger Verengerung des Magenmundes, Frau Koch an Uteralfibroid, Ecke an Hodenkrebs. Es waren schwere Stunden für mich, wenn solche Fälle eintraten. Der Dr. Dieck ging gleichgültig seinen Weg. Er fand sich nicht veranlaßt, die letzten Stunden am Lager der Sterbenden zuzubringen. Das überließ er mir. Auf meine dahin gerichtete Forderung, antwortete er einfach: „Wozu? Ich kann hier ja nichts mehr nützen.“ Wie viele Nächte habe ich durchwacht, wo Schwerkranke augenblickliche Hilfe forderten, oder wo ich in Erwartung einer solchen, keinen Schlaf finden konnte. Große Hilfe leistete mir Göhler in solchen Zeiten, er war mir unverdrossen zur Seite, kannte keine Ermüdung, zeigte nie den geringsten Unwillen, selbst, wenn die Anforderungen zuweilen über unsere Kräfte gingen.

An den Gestorbenen ward regelmäßig eine Sektion vorgenommen, die betreffenden Organe der Leiche entnommen und in Spiritus verwahrt. Nach der Sektion der Leiche von Frau Koch, die spät stattgefunden hatte, ereignete sich ein eigentümlicher Vorfall. Es mochte wohl 11 Uhr sein, Göhler war beschäftigt, den Leib der Leiche zu schließen, und ich leuchtete ihm. Da setzte sich ein Käuzchen auf den Flügel des geöffneten Fensters und ließ seinen klagenden Ruf erschallen. Göhler schrak zusammen und sah sich um. Er war ganz bleich geworden. Dann sagte er mit einer Stimme, wie resigniert: „Das gilt mir, der Vogel ruft mich.“ Als ich ihm seinen Wahn auszureden versuchte, sagte er: „Das kenne ich, das habe ich in Colditz erlebt.“

Seine Befürchtungen waren grundlos gewesen. Er blieb gesund und noch jahrelang treu im Dienst. Sehr wahrscheinlich hatte der Leichengeruch den Vogel angelockt, der in der Nähe sein Nest hatte und den wir gewiß schon oft des Abends, wenn auch nicht in solcher Nähe, rufen hörten.

Der Ruf der Anstalt war dank meiner unablässigen Annoncen und den teils brillanten Heilerfolgen bereits weit hinausgedrungen. Aus den verschiedenen Ländern kamen Anfragen. So unter anderen eine aus Jütland, wo die Schwester eines Gutsbesitzers mich aufforderte, nach dort zu kommen, um zu beurteilen, ob ihr Zustand sich für eine Behandlung nach unserem System eigne.

Da ich den Norden der Herzogtümer noch nicht kannte, auch hoffte, eine Kranke für die Anstalt zu gewinnen, folgte ich der Aufforderung bereitwillig. Es war im Jahr 1864, zur Zeit, wo die österreichischen Truppen bis in Jütland standen. Auf den Bahnhöfen wimmelte es von Militär der verschiedensten Waffengattungen. In Altona sah ich den Feldmarschall von Gablenz. Er war eine ritterliche Gestalt mit etwas romantischem Anflug. Ich sah viele Stabsoffiziere und sonstige Anhängsel großer Armeen. Wiederholt speiste ich an der Wirtstafel fast nur mit Offizieren.

Hatte ich auch Holstein zum Teil schon kennengelernt, von Schleswig sah ich noch nichts. Es war mir daher sehr interessant, als ich auf dem Rücken der sandigen Erhebung, die sich in der Mitte des Landes von Süden nach Norden hinzieht, meinen Weg nehmen konnte.

Weite Moore dehnen sich zu beiden Seiten aus, oft malerisch von Kanälen und Brüchen durchzogen. Überall schilfgedeckte Hütten, teils mit massigen Schornsteinen. Alles zeigt die Technik auf der niedrigsten Stufe. Aber es ist eine Farbenfülle in dieser sumpfigen Region ausgebreitet, wie ich sie nur wieder auf den Mooren bei Oderbrück am Fuße des Brockens gefunden habe. Rumex *(Ampfer)*, Carex *(Stegge)*, Typha *(Rohrkolben)*, Butomus *(Blumenbinse)*, das alles vereint sich zu einem vielfarbigen Gesamtbild. Auf den kurzgrasigen Flächen stehen zahllose Schichten tiefbraunen Torfs, hin und wieder eine wei-

dende Herde schmutzigweißer Schafe. Sowie man der Küste näher kommt, prächtiges Rindvieh der Marschrasse. Sowie man mehr nach Norden kommt, ändern sich auch die Baulichkeiten, bis endlich die weiten Gehöfte mit der Steinmauerumwallung auftreten, die geradezu kleinen Festungen gleichen.
In einem solchen Hause mit ihren drei Brüdern, sämtlich unverheiratet, wohnte Fräulein Johannsen. Das Haus machte einen durchaus soliden Eindruck, alles war ordentlich und sauber, wenn auch die Luft, die mir beim Eintritt entgegenschlug, muffig und verbraucht war. Der weite Vorraum war mit Fliesen belegt, alles Holzwerk darin schwer und massig. In dem Wohnzimmer herrschte Holztäfelung vor, an Stellen waren Kacheln eingefügt, deren Farbe fein, dem massigen Ofen gleich, dunkeloliv war. Alles Holzwerk stand in tiefbrauner Farbe, so auch das schwere Gebälk der Decke. Der niedrige Raum ward durch viele Fenster von zwei Seiten hell und gemütlich erleuchtet, so daß die dunkle Färbung des Zimmers durchaus nicht trist und unfreundlich wirkte.
Es waren bei meinem Eintritt nur männliche Personen anwesend, von denen, wie es schien, nur einer Deutsch verstand. Die Unterhaltung untereinander ward nur Dänisch geführt. Nach einer oberflächlichen Mitteilung des Deutsch redenden Herrn war der Zustand der fraglichen Kranken der Art, daß das ganze Hauswesen darunter litt. Fortwährend wechselnde Laune, zähester Eigensinn und jähzorniges Aufbrausen machte alle Berechnung zu Schanden und die Brüder zu Zeiten völlig ratlos. Ärztliche Hilfe hätte sich bis da durchaus nutzlos erwiesen, auch war solche seit längerer Zeit nicht mehr in Anspruch genommen. Auf meine Frage, ob die Schwester günstigsten Falles bereit sei, in die Anstalt zu kommen, antwortete der Bruder bejahend. Darauf ward die Kranke gerufen. Es war ein kleines, ziemlich vertrocknetes, etwa fünfzigjähriges Frauenzimmer, blond mit lichtblauen Augen, einem bösen, mißtrauischen Blick und welken Zügen. Zögernd trat sie mir entgegen, sich wie zum Schutz an eine ältere Begleiterin anlehnend. Da sie nicht Deutsch sprach, konnte ich mich nicht direkt mit ihr unterhalten, sondern nur durch Vermittlung der sie begleitenden Frau. Alle Antworten auf meine Fragen bestätigten meine anfängliche Vermutung, daß ich es mit einer hochgradig Hysterischen zu tun hatte.
Ich bat sie, ihr Herz behorchen zu dürfen, zu welchem Zweck das Mieder von schwarzem Tuch geöffnet werden mußte, wozu sie sich erst nach langem Zögern und einer Unterhaltung mit ihrer Umgebung verstand. Ihr Herz schlug regelmäßig, doch schien ihr Brustkorb eng, vielleicht verkümmert, doch wagte ich nicht, um eine Untersuchung desselben anzuhalten, da mir dieselbe sicher nicht wäre gestattet worden. Da kein Grund vorlag, ihre Aufnahme in die Anstalt zu verweigern, redete ich ihr zu, wenn ich auch bei so entschiedenem Eigensinn wenig Hoffnung auf Erfolg hatte.
Ich war von Hadersleben per Wagen gekommen. Es lag mithin nahe, mir eine Erfrischung anzubieten. Der Deutschenhaß, der damals unter dem Einfluß politischer Ereignisse in voller Blüte stand, ließ solches aber nicht zu. Nachdem ich mit den Brüdern unter Zustimmung der Kranken, die Zeit von deren Ankunft beredet hatte, machte ich mich auf die Rückreise.
Noch einmal zogen die interessanten Bilder an mir vorüber, die durch ihre

großartige Öde so eigenartig wirkten. Hier und da auf der weiten Fläche eine dünenartige Erhebung, sanfte Hügel mit kurzer Begrasung, Moorflächen, in deren Lachen oft eine üppige vielfarbige Vegetation auftritt. Hier und da eine Moorhütte oder eine Schafherde, zuweilen selbst eine Erdhütte mit Heideplaggen gedeckt. In weiter Ferne sanfte Höhenzüge, das sind die Elemente, aus denen sich die Bilder dieser Landschaft zusammensetzen.
Meine Befürchtungen waren nicht grundlos gewesen. Die Kranke, gewohnt ihre Umgebung durch ihre Launen zu mißhandeln, glaubte dies auch in der Anstalt fortsetzen zu können. Anfänglich setzte sie den Verordnungen einen passiven, dann einen tätlichen Widerstand entgegen, so daß die Klagen der Frau Göhler kein Ende nahmen. Eines Tages ward ich heftiger Kongestionen wegen, zu ihr gerufen. Ich fand sie mit gerötetem Gesicht und in ziemlicher Aufregung. Ich verordnete Kompressen im Nacken und zwischen den Schultern und Waschung der Schläfen. Als ihr dies klargemacht wurde, bellte sie mich Dänisch an und ergriff mich bei der Hand, um mich aus der Tür zu zerren. Jetzt schien mir der Augenblick gekommen, ihren Eigensinn zu brechen, wollte ich nicht meine Autorität für immer einbüßen. Ich packte sie und trug sie in ihren Lehnstuhl und befahl der Frau Göhler, sofort die Kompresse anzulegen. Fast unter Krämpfen der Eigensinnigen mußte diese Prozedur ausgeführt werden. Sie war der Schlußakt gewesen. Am folgenden Tag ließ Fräulein Johannsen die Koffer packen und reiste, mit Zurücklassung des Restes ihres pränumerando *(im Voraus)* gezahlten Monatsbetrages, wieder in die Heimat.
Hysterische Frauen zählten immer zu unseren schlimmsten Patienten. Man mußte eine gewisse, oft mit der Kur nicht vereinbare Rücksicht mit ihnen nehmen, die nur zu leicht von ihnen als Schwachheit gedeutet und mißbraucht ward. Wenn dieses chamäleonartige Übel bei gesellschaftlich höher gestellten Personen auftritt, ist es wohl eine erklärliche Folge unnatürlicher Verhältnisse. Wenn es sich aber bei Personen bäuerlichen Standes findet, deren ganze Lebensweise und Beschäftigung unter Verhältnissen verläuft, die wir zu den gesundheitsfördernden zählen, da ist man um einen ursächlichen Grund, wie fast um ein Heilmittel verlegen. Es blieb oft nichts übrig, als solche Zustände als geistige Korruption aufzufassen und demgemäß zu behandeln. Wir haben Kranke dieser Art aus beiden Gesellschaftsschichten gehabt und die Wahrheit dieser Voraussetzung durch den Erfolg bestätigt gefunden. Nur ein determiniertes Auftreten, eine unnachgiebige Festigkeit half, wo alle diätetischen Mittel und sanftes Zureden versagt hätten.
Ein solcher Fall war der der Frau Doktor Wehlich aus Hamburg, die bei ihrer Ankunft vom Wagen in die Anstalt mußte getragen werden, die der Kur den möglichsten Widerstand entgegensetzte, oft zu den nötigen Applikationen mußte gezwungen werden, und erst nach Überzeugung der Nutzlosigkeit ihres Widerstandes, sich in das Unvermeidliche fand und genas. Oft, wenn sie behauptete vor Jucken keinen Umschlag nehmen zu können, ließ ich denselben doppelt feuchten. Wenn das Zappeln trotzdem nicht verschwinden wollte und ich mit einem erneuerten Umschlag drohte, verschwand es. Die als gelähmt in's Haus Getragene, tanzte einige Tage vor ihrem Abgang froh in dem

Gesellschaftszimmer. Als ich dem Herrn Gemahl, der die reine Nachtmütze war, beim Abschied sagte, daß er mitschuldig an dem Leiden seiner Frau sei und ihn vor falscher Nachgiebigkeit warnte, hatte ich es vollständig mit ihm verdorben. Üble Nachrede war der Dank für unser von Erfolg gekröntes Bemühen.
Ein Fräulein aus Flensburg, dessen Name mir entfallen, litt ebenfalls an periodischen Zuckungen. Dieselben traten unter so dubiösen Erscheinungen auf, daß zu dem oft bewährten Schreckmittel der Douche gegriffen werden mußte. Bald genügte schon die Aussicht auf Anwendung dieser verhaßten Prozedur, um die im Anzuge begriffenen Krampfanfälle zu verscheuchen.
Trotz so vieler unverkennbarer Erfolge, so mancher Aufsehen erregender Kur, war das Verhältnis in der Anstalt ein immer bedenklicheres geworden. Das Mißtrauen zum Doktor Dieck stieg, offen machte man mir zum Vorwurf, daß er in seiner Privatpraxis als Allopath wirke, dadurch also den Beweis liefere, daß er nur des Gewinnes wegen Arzt der diätetischen Anstalt sei und das Benehmen fast aller Kranken war dementsprechend. Man sah ihn nicht, man gab ihm langweilige Antworten, und er wurde unter solchem Verhältnis noch langweiliger als bis da. Immer klarer ward es mir, daß die Sache auf diesem Wege nicht weiter gehen könne, daß ich nach Ablauf der Kontraktjahre um einen anderen Arzt mußte bemüht sein. Am Morgen kürzte er seinen Besuch möglichst ab, was ihm umso leichter ward, als er eine große Zahl der Kranken nicht vorfand. Am Nachmittag kam er in meine Wohnung, setzte sich, zupfte an seinem Schnurrbart, tat einige überflüssige Fragen und ging wieder. Dem aufmerksamen Beobachter konnte nur die Überzeugung sich aufdrängen, daß ihm alles Interesse an der Sache verloren gegangen sei.

Reise in die Schweiz und nach Italien

Da ich viele Jahre schon den Wunsch gehabt, den Süden kennenzulernen, den ich aus so manchen Erzählungen und unzähligen Bildern kannte, so stieg unter den obwaltenden Verhältnissen der Plan in mir auf, diesen Wunsch zu verwirklichen und gleichzeitig um einen Ersatz für Doktor Dieck bemüht zu sein, da im Süden das Naturheilverfahren die meisten Anhänger zählte.

Zuger See

Pulverturm in Konstanz

So entschloß ich mich im Herbst des Jahres 1864 zu einer Reise in die Schweiz und Oberitalien. Zugleich wollte ich bei dieser Gelegenheit die Anstalten auf der Waid bei St. Gallen, in Mailand und in München besuchen, um sowohl deren Einrichtungen zu sehen, wie auch von Inhabern Nachweise betreffs eines Arztes zu erlangen. Dresden, dessen Ärzte ich schon kannte, ließ ich unberührt.

Friedrich Stoffert reiste über Frankfurt nach Basel und weiter an den Bodensee, wo er verschiedene Orte besuchte. Weiter fuhr er über Sargans und Ragaz bis Thusis und besuchte die Via Mala in der Tarmina-Schlucht. Anschließend führte ihn die Reise über Zug nach Luzern. Die Reiseroute führte weiter über Bern, Freiburg, Lausanne nach Genf und später über die Grenze nach Italien zum Lago Maggiore und weiter nach Mailand, Genua und Venedig. Nach einem Aufenthalt in Verona ging die Reise Richtung Norden über Trient nach Meran und schließlich über den Finstermünz-Paß nach Innsbruck.

Straße in Zug

Via Mala

Isola Pescatore am Lago Maggiore

Genfer See

Leuchtturm Genua

Die nächste Station war München. Hier wollte ich Steinbacher und Gleiss zu sprechen suchen und die Anstalt Vianenbad sehen. Ich wohnte im „Hotel Oberpollingen" und genügte auch hier zuerst meinem aufrichtigen Schlafbedürfnis. Am nächsten Tag sah ich mir München an. Aber ich hatte kaum die nötige Sammlung, um all dem Schönen und Sehenswerten genügende Aufmerksamkeit zu schenken. Ich war der Heimat näher, ihre Anziehungskraft machte sich schon geltend. Nicht die reichen Schätze der Galerien, nicht die verschiedenen sonstigen Sehenswürdigkeiten, nicht das Volksfest auf der Theresienwiese, dieses alles war nicht mehr im Stande mich zu fesseln.
Wie ich gefürchtet, war Dr. Gleiss verreist. Als ich im Vianenbad meine Karte abgab, bekam ich den Bescheid, daß Dr. Steinbacher gleichfalls verreist sei. Die Anstalt, die ich, von einer Bedienerin geführt, nur teilweise sehen konnte, entsprach nicht den Anforderungen der Zeit und dem pomphaften Titel Vianenbad. Das Ganze war kleinlich, teils dürftig. Also auch hier mußte ich enttäuscht fortgehen.
Recht verstimmt kehrte ich in meinen Gasthof zurück. Das Wetter war unfreundlich geworden. Der erste Frost war eingetreten und die Sehnsucht nach dem häuslichen Herd war wieder mit aller Kraft in mir wach geworden. Schnell entschloß ich mich abzureisen. Als ich am nächsten Morgen München verließ, war etwas Schnee gefallen und die Pfützen am Weg zeigten dünne Eisbelege. Das war in drei Tagen eine Differenz von 25° Reaumur *(30° Celsius)*. In Meran zeigte das Thermometer +22° Reaumur, hier in München am Morgen meiner Abreise -3° Reaumur.
Selbst Leipzig mit seinem Messegetümmel konnte mich nicht fesseln, unaufhaltsam eilte ich der Heimat zu.

Der Erfolg der Kuranstalt lässt nach

Gottlob fand ich alles wohlbehalten wieder. Auch in der Anstalt war nichts Nachteiliges vorgefallen, wenn ich auch an dem freudigen Empfang sah, daß ich war vermißt worden, so hatte ich doch keinen Grund, meine Abwesenheit zu bereuen.
Es ward mir nicht schwer, mich in den Train meiner häuslichen Beschäftigung wieder einzuleben. Dieselbe war mir lieb, nahm mein ganzes Interesse in Anspruch und war auch mein Hoffen durch den Erfolg der Reise bedeutend herabgestimmt, so vertraute ich doch noch sehr auf eine günstige Wendung. Das freilich stand fest, den Kontrakt mit Dr. Dieck konnte ich nicht erneuern. In dem folgenden Jahre *(1865)*, das ein sehr anstrengendes war, wankte Louisens Gesundheitszustand mehr als bisher, wenn sich auch keine asthmatischen Beschwerden wieder eingestellt hatten, so war doch entschieden das Wirken in der Anstalt zu anstrengend für sie und eine Erholung dringend geboten. Es unternahmen deshalb Louise, Helene und Robert, der schon zu einem kräftigen Jungen herangewachsen war, eine Reise in den Harz. Ich hoffte sehr, daß die kräftigende Bergluft und die Befreiung von allen häuslichen Sorgen ihren günstigen Einfluß auf Louise nicht verfehlen würden. Ich freute mich und war ruhig, sie in Begleitung Helenens die Reise unternehmen zu sehen, da

ich auf deren bestimmtes und resolutes Wesen, bei Überwindung etwaiger Schwierigkeiten, fest rechnen durfte.
Es ging dann auch alles glücklich vonstatten. Louise hatte die Fußtouren in den Bergen ohne Anstrengung gemacht und kam scheinbar recht gekräftigt zurück.
Das verflossene Jahr hatte uns ein recht trübes Ereignis gebracht: den Tod von Julius Freund, dem Verlobten von Helene. Mir war dieser Fall doppelt peinlich, weil ich es ausgeschlagen hatte, den Brustkranken aufzunehmen. Wir hatten mit Tuberkulose sehr trübe Erfahrungen gemacht. Wulff war uns gestorben, Nagol nicht gebessert, Frl. Lübke mußte zurückgesandt werden und noch andere verließen in sehr zweifelhafter Verfassung die Anstalt. Sollte ich da den nahe stehenden Verwandten unter so bedenklichen Auspizien *(Aussichten)* aufnehmen? Er war darauf zu Dr. Kadner in Dresden gegangen. Der Zustand hatte sich während der Behandlung verschlimmert, so daß ein Aufenthalt im Süden angeraten wurde. Aber auch dies erwies sich erfolglos, er erkrankte in Malaga so bedenklich, daß der ihn begleitende Bruder auf sein Bitten, ihn nach Berlin zurückbrachte, wo er bald darauf starb.

Helene Nagel, um 1861

Trostlos kehrte Helene zurück, aller Lebenshoffnung leer, und als ich sie so gebeugt in ihrem Schmerz vor mir stehen sah, da gelobte ich mir, ihr fortan ein Freund zu sein und hilfreich, soweit meine Kraft es mir gestatte. In meiner schmerzlichen Teilnahme dachte ich nicht, daß das Schicksal einst meine Vorsätze gegenteilig zur Ausführung bringen werde, daß ich einst Trost und Hilfe von ihr empfangen sollte, daß sie in seltener Hingabe und Selbstentäußerung für mich und mein Haus eintreten werde.
Öfter kam sie fortan in unseren Kreis. Sie hatte den Musikunterricht der Kinder freiwillig übernommen und kam zu dem Grund wöchentlich nach Bergedorf. So fand ich Gelegenheit, sie näher kennenzulernen, ihre sittliche Kraft und ihre seltenen Eigenschaften zu schätzen. Ihre nähere Bekanntschaft, die innigste Freundschaft zu ihr, ist für mein ferneres Leben von der höchsten Bedeutung gewesen. Ihr habe ich es zumal zu danken, wenn ich im Wirbel der nachfolgenden Ereignisse nicht verzagte und unterging.
Mit dem Frühling des Jahres 1866 endete mein Kontrakt mit Dr. Dieck und es trat nun die Entscheidung unerbittlich an mich heran. Meine Hingabe an das begründete Unternehmen war nicht gemindert, ich konnte auf eine lange Reihe glücklicher Erfolge zurückblicken. Allein, ich hätte mich selbst betrügen müssen, wäre ich blind gegen das Mißtrauen gewesen, das sich während des letzten

Jahres mehr und mehr im Publikum bemerkbar machte. Nicht nur die Zahl der Anmeldungen hatte sich wesentlich vermindert, auch der Bestand der Kranken verändert. Sie gehörten zum überwiegenden Teil der untersten Klasse an. Was sollte geschehen? Die Erfahrungen der Reise waren wenig verheißend. Die Heilweise und ihre Vertreter waren bis da von allen Ärzten gehaßt.

Man sah in jedem naturgemäßen Heilverfahren einen gefährlichen Konkurrenten. Und mit Recht, denn die Apostel der neuen Lehre predigten rücksichtslos die Wahrheit und suchten dem Volke die Augen zu öffnen und es zu schützen vor Allopathen und Blutzapfern der alten Schule.

Hinzu kam, daß wir in unserem Zelotismus eine gleiche Unduldsamkeit entwickelten, die uns selbst nachteilig wurde. In Aufsätzen und Reden brachen wir selbst die Brücke ab, die zu der alten Heilmethode hinüberführen konnte. Wir wollten keine Gemeinschaft mit der Allopathie, ihr keine, nicht die kleinste Konzession machen. Daß bald die Ärzte anfingen, Teile unseres Heilapparates zu verwenden, die sich in ihr System ohne Nachteil einfügen ließen, daß sie dazu oftmals durch wissende Kranke genötigt wurden, denen Hals- und Leibumschläge schon bekannte Dinge waren, konnte uns als Beweis dienen, daß jenes starre Gegenüberstehen sich mit der Zeit schon mindern werde und daß es zumal an uns liege, bei richtiger Erkenntnis der Sachlage, die Wege zur Vermittlung zu finden und zu betreten. Wir sahen uns aber als Märtyrer unserer Überzeugung an, wir gefielen uns in unserer isolierten Stellung, glaubten in ihr eine Kraft zu finden, um den Fährnissen, an denen unsere Laufbahn überreich war, sicher trotzen zu können. Es war so falsch wie möglich. Als einst eine in Kur befindliche Dame sagte: „Sie sind Johanniter neuerer Art. Werden Sie ihrer Aufgabe gewachsen sein?“ Da lag in solchem Ausspruch die ganze Gefahr unseres exklusiven Unternehmens. Ganz anders hätte die Sache gelegen, würden wir versucht haben, mit den Ärzten auf freundschaftlichem Fuße zu leben, wie Andresen es machte, dessen Anstalt stets gefüllt war, den reiche Juden aus allen finanziellen Nöten rissen, der mit größter Toleranz den verwöhnten Großstädtern gab, was ihre Gewohnheit und ihre Gelüste forderten und deshalb als kulanter Arzt gepriesen wurde, Zuspruch hatte und Geld erwarb.

Erwog ich meine Lage gründlich und vorurteilsfrei, so fand ich, daß das Haupthindernis darin bestand, daß ich kein konzessionierter Arzt war, kein Studierter, der wissenschaftlich gebildet, allen Angriffen trotzen konnte, dem die Sanktion der Behörde nicht fehlte. Ich bedurfte eines anderen, mußte für ihn arbeiten, der nichts wagte, während ich, vom Tage meiner Wiederverheiratung, mein ganzes Vermögen in die Sache gesteckt hatte.

Es hat mir viele schwere Stunden gebracht; dies verzweifelte Verhältnis, das ich anfänglich kaum in seiner vollen Bedeutung geschätzt hatte, denn überzeugungstreu, glaubte ich an einen Mißerfolg meiner gerechten Sache nicht denken zu dürfen. In voller Manneskraft stehend, meinte ich durch persönliche Betätigung alles aufwiegen und überwinden zu können. Nun aber sah ich, wie ungünstige Verhältnisse mir den Ausweg nach allen Seiten abschnitten. Das große, auf seinen Zweck eingerichtete Gewese, enthielt mein Vermögen. Es mußte verwertet werden. Hinzu kam noch, daß ich mich mehr und mehr über-

zeugte, daß Louisens Gesundheit der schweren Aufgabe nicht gewachsen sei. In so kritischer Lage hatte ich noch im Medizinischen Zentralblatt um einen Arzt annonciert. Als sich dies als vergeblich erwiesen, den Verkauf der Anstalt versucht. Als auch dies erfolglos geblieben, mich an den Kommissioner Meyer in Hamburg gewandt, um das Gewese möglicherweise zu verpachten.
Zu einer Verwertung des Geweses im ursprünglichen Sinn hatte er kein Vertrauen, wohl aber zu einer Umbildung als Restauration mit Sommerpensionat. Es erschien ihm die einzige Lösung der heiklen Frage. Lange überlegte und erwog ich diesen Vorschlag. Es lag auch in der Verpachtung zu Wirtschaftszwecken eine große Gefahr, mußte doch der Pächter eine genügende Garantiezahlung leisten, sollte ich ihm mein ganzes Inventar überlassen.
Inzwischen hatte mir Meyer verschiedene Offerten gemacht, aber keine bot eine genügende Sicherheit. Da endlich kam es zu einer neuen Fassung, ich wollte die Vermietung der Logierzimmer selbst behalten und dem Pächter nur die Wirtschaftsräume und Wohnung für sich und seine Familie einräumen. Auf dieser Basis einigte ich mich mit dem früheren Pächter vom Gaußhof in Eimsbüttel: Stöckel. Die Pacht wurde auf 1.500 Mark festgestellt, mit einer Garantiezahlung von 800 Mark, die als letzte Zahlung am Schluß der Pachtung, die auf drei Jahre festgesetzt wurde, einfallen sollte. Erkundigungen, die ich über den neuen Pächter einzog, ergaben nichts Nachteiliges, wenn er auch bis da von besonderem Erfolg nicht reden konnte.
So waren dann die Würfel gefallen. Das schöne Unternehmen, das ich beim Beginn als den Inhalt meines ferneren Lebens betrachtet, dem ich jedes Opfer gebracht hatte, für das ich fünf Jahre Sorge und Entbehrung ertrug, sollte nun ein so schmähliches Ende nehmen. Wohl konnte ich mich anklagen, nicht alles aufgeboten zu haben, um den Sturz abzuwenden. Doch was half es, die Hauptthemmnisse konnte ich nicht beseitigen, ihnen gegenüber war ich machtlos.

Rückblick auf fünf Jahre Kuranstalt

Wohl blickte ich wehmütig auf meine fünfjährige Tätigkeit zurück. Ich hatte mich derselben nicht zu schämen. Ich war nicht laß *(energielos)* in meiner Pflicht gewesen, hatte mich jeder Notwendigkeit willig unterzogen. Oft war ich selbst erstaunt, wenn ich die Nächte durchwacht, die Tage angestrengt gearbeitet hatte, daß ich zu solcher Anstrengung fähig sei. Es waren darunter recht peinliche Aufgaben. Analytische Untersuchungen, der direkte Umgang mit üblen, oft gefährlichen Kranken, die unausgesetzten Klagen und Ansprüche von den Bedingungen der Kur tief herabgestimmter Kranker. Daneben die Sorge um den Betrieb. Die Vertretung nach außen, soweit sie derselbe nötig machte und endlich zu allen diesen noch das Geschäft in der Stadt, dessen Überwachung ganz außer meiner Macht lag.
Aber alle diese Aufgaben würde ich doch freudigen Muts gelöst haben, hätte alle Drangsale willig ertragen, hätte ich nur einen tüchtigen Arzt gehabt, der wirklich der Träger der Sache wäre gewesen, auf den ich vertrauensvoll mich hätte stützen können. In den Jahren ihres Bestehens waren 500 Kranke in die

Anstalt gekommen, von diesen waren nur fünf in Bellevue gestorben, von diesen drei an krebsigen Leiden, zwei an Lungenblutungen, gewiß ein kleiner Prozentsatz, wenn man bedenkt, daß alle in die Anstalt Kommenden entweder von den Ärzten Verpfuschte oder angeblich Unheilbare waren. Wohl nur wenige verließen die Anstalt, die, wenn sie nicht ganz geheilt waren, doch eine erhebliche Besserung ihrer Leiden einräumen mußten.
Wer aber an seinem eigenen Leibe den hohen Wert des Heilprinzips hatte kennengelernt, der blieb ihm treu und übertrug sein Vertrauen auf seine Umgebung. So wurde es mit den Jahren in vielen Familien heimisch. Die Mütter lernten und übten die Anwendung in den vorkommenden Fällen und Arzt und Medizin mußten das Feld räumen.
Noch bevor Bellevue als Heilanstalt aufgehört hatte, war Wittmak gestorben. Ich habe die Ursache seines Todes nicht genau ermitteln können, doch wird wohl ein zu reichlicher Genuß von Spirituosen der Grund gewesen sein. Er war ein guter Mensch und noch heute bewahre ich ihm ein freundliches und ehrenvolles Andenken. Ein Substitut, den er in letzter Zeit sich zugelegt, setzte nach seinem Tode das Geschäft im selben Hause und in gleicher Weise fort. Wie ich glaube, mit geringem Erfolg.
Bald hatte Bellevue eine andere Physiognomie angenommen. Die Ruhe, die im Hause und in der Umgebung geherrscht, war verschwunden. Im Haus und im Garten war es laut geworden. Die stille Ordnung des Kurregimes war verschwunden, überall herrschte freie Bewegung.
Das Haus hatte sich bald gefüllt, die Zimmer waren alle besetzt, so daß es den Anschein hatte, als würde das geschäftliche Resultat wohl meinen Wünschen entsprechen. Wir vermieden möglichst, mit den Pensionären in direkte Beziehung zu treten und überließen Stöckel die Vermietung sowie auch die Einziehung der fälligen Beträge. Ob dies richtig gewesen, lasse ich dahingestellt sein. Unser verletztes Gefühl nach dem Fiasko fand darin eine Befriedigung.

Familienleben

Die oberen Räume des Vorderhauses hatten wir uns vorbehalten, auch einen Raum als Küche eingerichtet, so daß wir ganz unabhängig leben konnten. Die Zimmer der ersten Etage dienten teils zu Wohn-, teils zu Schlafräumen, so auch Räume des Halbgeschosses zu Schlafzimmern.
Wir lebten jetzt das Leben von Privatleuten. Den Unterricht der Kinder, die bis da die Schulen von Bergedorf besucht, nahmen wir selbst in die Hand und stellten uns das Ziel, entgegen der bisher verfolgten Methode, vorwiegend auf Ausbildung eines vernünftigen Denkens und Entwicklung des sittlichen Gefühls zu wirken. Musik und Französisch übernahmen Helene und Louise, die übrigen Fächer behielt ich selbst.
Nachdem ich das Fremdartige meiner neuen Aufgabe überwunden, wurde mir dieselbe lieb und redlich bemühte ich mich, mir eine praktische Form für meinen Unterricht zu schaffen. Ich ging dabei zunächst ergänzend zu Werke, wo mir der landläufige Unterricht ungenügend oder unrichtig erschien und ersetzte ihn durch neue, mir praktisch erscheinende Mittel. So fertigte ich Tabellen,

die in einfacher Zusammenstellung nicht nur die Geschichte der Erdbildung verbildlichten, sondern auch die Entwicklung des tierischen und vegetabilen Lebens. Ähnliche übersichtliche Tafeln fertigte ich für den Geschichtsunterricht. Beim geographischen Unterricht verfolgte ich ebenfalls das Prinzip der Übersichtlichkeit, indem ich bemüht war den Kindern zunächst in weiten Umrissen ein allgemeines Bild der Erde und ihrer Verhältnisse zu geben. Gewissermaßen eine Contourzeichnung, die ich ihnen jedoch so einprägte, daß sie im Stande waren, auch ohne Karte die Verhältnisse der einzelnen Teile in Worten wiederzugeben. Sie gleichsam von dem Bilde ablasen, das vor ihrem geistigen Auge stand. Nach und nach füllte ich diese Contour und ließ dabei das Bild unmerklich reicher werden. Durch kleine Reiseerzählungen kam ich dabei ihrem Gedächtnis zu Hilfe und hatte die Freude zu sehen, wie viel instruktiver ein so belebter Unterricht als der rein schematische ist. Selbst die Elemente der Geometrie, zunächst Planimetrie, waren ihnen bald geläufig, so daß sie im Stande waren, kleinere Aufgaben leicht zu lösen. Mit dem Unterricht der deutschen Sprache verband ich, soweit es möglich war, Denkübung und freie Entwürfe, auch Redeübung im kleinen Maßstab schloß ich nicht aus, um einen fließenden Vortrag zu erzielen, doch fand ich hier die kleinsten Erfolge.
Daß natürlich auch Zeichnen in den Lehrkursus eingefügt wurde, war selbstverständlich. Ich selbst hatte mein Malen wieder aufgenommen. Helene und Louise zeichneten mit Eifer, wie sollten da nicht, angeregt durch die vielen Vorbilder, auch die Kinder Lust bekommen. Jedes von ihnen war nicht ohne Talent, aber es fehlte der Ernst, der einer solchen Übung von früh an entge-

An der Stadtmauer in Wismar

gengebracht werden muß, soll sie sich zu etwas Tüchtigem entwickeln. Da uns die geringe Betätigung bei der Pension viel freie Zeit ließ, streiften wir täglich durch Feld und Wald, teils um uns in der Natur zu erfreuen, dann aber auch, um zu zeichnen und aus jener Zeit stammen zahlreiche Blätter meiner Skizzenbücher. Mir war es eine Freude zu sehen, wie Helene und Louise mit Eifer zeichneten, wie sie unausgesetzt Fortschritte machten und ihre Liebe zur Kunst in gleichem Maße wuchs. Natürlich war ich bemüht, durch Wort und Tat solchen Eifer zu fördern und freute mich mit ihnen jedes Erfolges.
Im Jahre 1866, vom 20. bis 28. Juli, machte ich mit Robert, der nun ein strammer Junge geworden war, eine Tour nach Klütz. [...]
Unser Aufenthalt währte nahe 8 Tage, dann machten wir uns wieder auf den Rückweg und gingen von Klütz nach Wismar, eine tüchtige Tour, auf der wir manchmal am Wege ruhten, wenn die lange Chaussee gar kein Ende zu nehmen schien. Die Nacht blieben wir in Wismar und setzten dann am nächsten Tag per Bahn unsere Reise fort.
Nur in Schwerin verblieben wir einige Stunden, um Schloß und Schloßgarten zu besehen.

Sorge um Bellevue

Schon im ersten Jahre stellten sich Schwierigkeiten bei der Pachtzahlung Stöckels ein. Es blieb mir nur übrig nachsichtig zu sein, wollte ich nicht das ganze Verhältnis in Frage stellen, wozu ich unter den obwaltenden Umständen kontraktlich berechtigt gewesen wäre. Ich fand es geraten, ihn schonend zu behandeln, da ich auf Erkundigungen, die ich über ihn eingezogen, nur Befriedigendes erfuhr. Da übrigens die Mietzahlungen der Pensionäre prompt eingingen, beruhigte ich mich und war zufrieden, wenn die Pacht statt halbjährlich, nachträglich in kleinen Raten einging.
Viel machte mir die falsche Konstruktion des Hauses zu schaffen. Der Neubau war mit einer sogenannten Attika versehen, einer Krönungsmauer, in deren Ecken sich Akroterien *(Verzierungen)* befanden. Hierbei war der Fehler begangen, daß die Rinnen nicht über die Hausmauer hinaus lagen, sondern hinter der Attika. Zu diesem Fehler kam noch ein zweiter. Das Dach war mit einer einfachen Schicht Dachpappe gedeckt, die unter dem Winddruck gehoben, leicht Risse bekam und dann undicht wurde. Traten nun heftige oder anhaltende Regengüsse ein, so tropfte es an solchen Stellen und man mußte stets bedacht sein durch Untersetzgefäße dem Schaden zu begegnen. Fiel aber nach heftigem Frost, der die Rinnen hatte gefrieren lassen, starker Schneefall ein, so entstand bei nachfolgendem Tauwetter eine solche Überschwemmung, daß dem Wassersturz gar nicht zu begegnen war. Es kam vor, daß eine solche Wassermasse eindrang, daß sie über die Treppen bis in die unteren Räume floß. Natürlich wurden alle Außenwände derart durchtränkt, daß sich die Tapeten lösten und unvertilgbare nasse Stellen entstanden. Es brachte uns dieser Zustand oft zur Verzweiflung. Mit Robert habe ich nach dem Schneefall, noch ehe das Tauwetter eintrat, die Schneemassen von den Dächern geworfen, um wenigsten den größten Überschwemmungen vorzubeugen. Erst nach Jahren

konnte ich daran gehen, das Dach überhängend zu machen, da die Geschäftslage solche Ausgabe nicht gestattete und mußte ich dazu noch ein Darlehen von Papa Nagel in Anspruch nehmen. War nun auch damit die Quelle des Verfalls verstopft, so waren doch die langjährigen Schäden nicht beseitigt. Es mußte an eine gründliche Ausbesserung des Hauses gedacht werden. Die Schäden hatten aber eine solche Ausdehnung gewonnen, Schimmelpilze wucherten in einer solchen Menge, daß durch mechanische Beseitigung derselben keine radikale Besserung bewirkt werden konnte.
Es war zu der Zeit, als Helene schon die Leitung des Wirtschaftsbetriebes übernommen hatte, wo wir zusammen uns daran machten, alle Außenwände mit Leinwand zu beziehen, nachdem wir durch Leisten einen Hohlraum geschaffen. Es war dieses eine Kolossalleistung, die wir uns auferlegt hatten. Doch brachten wir sie glücklich zu Ende, so daß gegen den Frühling alles neu tapeziert war und der Benutzung ruhig konnte übergeben werden. Freilich zeigten hier und da die Decken noch die Spuren früherer Trübsal, aber auch diese Schäden machten wir möglichst unsichtbar. Bei dieser Arbeit hatte ich Helenes Energie und Leistungsfähigkeit, wie ihre selbstlose Schaffenslust in wirklich staunenswerter Weise kennengelernt.

Die Geburt Florians

Während des Frühlings 1867 war der Zustand Louisens recht verschlimmert, so daß sie sich entschloß, ins Seebad nach Boltenhagen zu gehen. Sie war in Begleitung von Helene und Manu *(Emanuel)* , der in dieser Zeit 3 Jahre alt war. Da sich der Zustand Louisens dort verschlimmerte, wurde Dr. Vulling zu Rate gezogen, der, gegen Erwarten, konstatierte, daß Louise wieder guter Hoffnung sei. Sein Beistand war ihr von großem Nutzen, indem er Zuständen begegnete, die der Entbindung hätten hinderlich sein müssen. Ziemlich gekräftigt kehrte Louise zurück, Helene mit einem Skizzenbuch voll tüchtiger interessanter Zeichnungen.
Die Zeit bis zum Winter, wo Louisens Entbindung bevorstand, verlief ohne nennenswerte Ereignisse, die Entbindung selbst leicht und glücklich, mit Beistand von Dr. Lüders. Es war unser Florian, der uns geboren wurde, am 13. Dezember 1867, und froh waren wir alle, als das so gefürchtete Ereignis glücklich hinter uns lag.
Mit großem Eifer hatte ich mich der Bestellung unseres Gartens hingegeben, der, wie auch die Ernte der Obstbäume, von der Verpachtung ausgenommen war. Auch hier war mir ein treuer Helfer Helene und stand mir mit Rat und Tat treu zur Seite. Auf ihr Drängen legte ich weite Spargelbeete an, vergrößerte die Anlage des Beerenobstes, das ich, zumal durch Bezüge von Maurer in Jena, um edle englische Sorten vermehrte. Ihr praktischer Sinn erkannte den Nutzen solcher Anlagen, die sich in der Folge so überaus erwünscht erwiesen. Auch meinem Weinhause schenkte ich größte Sorgfalt und Pflege und hatte die Freude hier recht vollkommene Früchte zu erziehen. Es waren reizende Stunden, die wir hier verbrachten, wenn das Gitter voll der schönsten Früchte hing, Trauben von seltener Schönheit uns zum Genuß einluden.

Da wir die im äußeren Garten befindlichen Sitze nicht in Anspruch nehmen konnten, hatte ich mir von Schlebusch die Erlaubnis erwirkt, an der südlichen Seite der Grenzhecke eine Bank setzen zu dürfen. Diese, die wir die Feldbank nannten, weil sie jenseits des Gartens stand, war unsere große Freude. Dort in der Morgenfrühe oder Abends, wenn das weite Feld und die ferne Niederung von dem Lichte der untergehenden Sonne überstrahlt wurde, war ein Hochgenuß, dessen wir uns, durch alle Jahre unseres Dortseins mit ungeschwächtem Interesse erfreut haben.
Wenn ich auf die Zeit zurückblicke, von der ich eben rede, wo ich täglich im Freien tätig war, wo wir unausgesetzt bemüht waren, unser Besitztum in Stande zu erhalten, möglicherweise zu bessern, wo wir die damit verbundenen Mühen freudig auf uns nahmen, in der frischen gesunden Luft leistungsfähig waren, wie es verwöhnte Städter nicht für möglich halten, wo wir gegen den Wechsel des Wetters abgehärtet waren, da erkenne ich, wie günstig ein solches Verhältnis war, wie notwendig, um den nach Ablauf der Pachtzeit an uns herantretenden schweren Anforderungen zu genügen. Es waren Vorübungen für eine Zeit, wo wir unsere ganze Kraft einsetzen sollten.

Louises Aufenthalte auf der Insel Föhr und an der Ostsee

Haus der Frau Jacobsen auf Föhr

Wenn Louise auch die Entbindung glücklich überstanden hatte, so waren doch die Folgen derselben recht Besorgnis erregend. Ein fortwährender katarrhartiger Zustand mit großer Schwäche ließ fürchten, daß sich ein Brustleiden auszubilden beginne und es wurde deshalb ein längerer Aufenthalt am Meeresufer vorgeschlagen.
Zu dem Ende brachte ich sie Anfang des Sommers 1868 nach der Insel Föhr. Mit der Bahn reisten wir bis Husum, dann mit dem Dampfboot weiter nach Föhr. Bei schönstem Wetter durchkreuzten wir das Wattenmeer, oft in nächster

Wrixum auf Föhr

Nähe der Hallingen und kamen rechtzeitig in Föhr an, wo wir am Strande bei der Frau Jacobsen eine Logis bezogen. Bald richteten wir uns ein und ich war froh für Louise so eine gute Wohnung gefunden zu haben. [...]
Noch bevor ich abreiste hatte ich eine Unterredung mit dem Arzt, der nach einer Untersuchung, vor der Anwendung der Bäder scheute, sie erst später für möglich hielt, nur den Luftgenuß für zuträglich erklärte. Er machte einige Bemerkungen, die wohl dazu dienen sollten, den Zustand Louisens als nicht unbedenklich erscheinen zu lassen und ich reiste nicht ohne Besorgnis ab.
Helene war nun ganz zu uns herübergezogen. Sie nahm sich des Hauswesens vollständig an, sorgte für die Kinder und pflegte den Kleinsten mit hingebender Liebe, dessen Bettchen hatte sie neben dem ihrigen.
Schon damals eröffnete sich mir eine recht trübe Perspektive. Der Zustand Louisens machte mich in höchstem Grade besorgt, denn als sie von Föhr zurückkam, fand ich denselben verschlimmert und lautete der Ausspruch des Arztes in Wyk dahin, daß das Nordseebad zu kräftig wirkend sei, wohl aber ein Aufenthalt an der Ostsee günstig sein werde.
So reiste ich dann mit Louise im Herbst nach Boltenhagen und konsultierte Dr. Kelling. Auch dieser fand den Zustand Louisens Vorsicht fordernd, doch schloß er die Anwendung des Bades bei gutem Wetter nicht aus. Ziemlich gebessert kehrte Louise später zurück. Während des Winters aber verschlimmerte sich der Zustand und auf den Rat von Dr. Krause wurde eine Kur in Görbersdorf beschlossen, wo in der Anstalt des Dr. Bremer Aufsehen erregende Heilungen vollführt wurden und von wo schon vielfach Geheilte zurückgekehrt waren.

Familie Stoffert übernimmt den Gaststättenbetrieb des Bellevues

Inzwischen hatten sich die Verhältnisse zu meinem Pächter höchst ungünstig gestaltet. Die Pachtraten blieben aus oder erfolgten ungenügend, so daß bedeutende Rückstände verblieben. Zu Anfang des Jahres 1868 erklärte er mir, auf der bisherigen Basis nicht weiter zu können. Pension und Wirtschaft ergäben nicht den nötigen Gewinn, um den eingegangenen Verpflichtungen entsprechen zu können. Daraufhin verlangte er von mir die Erbauung eines Tanzzeltes, in welchem er sonntäglich könnte tanzen lassen. Mir war der Gedanke schrecklich, noch eine weitere Entwürdigung des von mir zu so edlem Grund erworbenen Terrains zuzulassen. Ich lehnte diesen Antrag entschieden ab. Erst auf seine Erklärung, daß er ferner nicht im Stande sein werde, Pacht zu zahlen, durch solches Etablissement aber hoffe, alle Schulden tilgen zu können, gab ich nach, knüpfte aber darum die Bedingung, daß er das Tanzzelt auf seinen Namen und für seine Rechnung erbauen lasse.

So entstand dann auf dem Rasen, der zwischen dem Hause und dem Küchengarten lag, das Tanzzelt, ein runder hölzerner achteckiger Pavillon. Wie alles Neue, hatte auch sein sonntäglicher Tanz anfänglich einen gewissen Zuspruch, bald jedoch wurde er schwächer, so daß die Nutzlosigkeit dieser Einrichtung sich deutlich herausstellte. Zugleich wurde mir klarer, daß jedes Pachtverhältnis wohl das gleiche Schicksal haben würde, daß nur Verkauf oder Selbstbewirtschaftung des Geweses Sicherung zu gewähren im Stande sei. Unter solchen Betrachtungen verfloß der Winter. Es war ein recht kalter und Stöckel saß mit seiner Familie wie in einem Fuchsbau. Da half er sich dann, so gut es gehen wollte: Pacht bezahlte er nicht, das zum Leben Nötige nahm er auf Kredit, zur Feuerung holte er sich Brauchbares aus dem Walde oder zerschlug Tische und Stühle von meinem Inventar.

Aber als der Frühling kam und die Pachtzeit abgelaufen war, da stand ein großer Rest der zu zahlenden Pachtsumme noch zurück, mein Inventar war furchtbar gelichtet und der einzige Ersatz, den ich zu verlangen im Stande war, bestand in dem Tanzzelt, das wohl 800 Mark wert sein mochte. So war ich dann auf den Weg gedrängt, den ich so sehr gescheut hatte: zur Übernahme der Wirtschaft. Viel hatte ich mit Louise und Helene überlegt, welche Aussichten möglicherweise noch vorhanden seien. Aber schließlich kamen wir immer zu demselben Resultat: zur Selbstbewirtschaftung. Das war nun der Ausgang meiner idealen Zukunftsträume. Ein erbärmlicher Schankwirt mußte ich werden, wozu der ungebildetste, gemeinste Kerl noch brauchbar ist, und die von mir so geliebten und hochgehaltenen Frauen zog ich mit in mein Verhängnis. Oft wollte ich verzagen, wenn ich über das Unabwendbare solcher Notwendigkeit tiefer nachdachte.

Es war nur zu klar, daß auf Louisens Beteiligung bei so schwerer Aufgabe durchaus nicht zu rechnen war. So erklärte sich dann Helene freiwillig bereit, die ganze Schwere des neuen Verhältnisses auf sich zu nehmen. Was dieser Entschluß bedeutete, welche Selbstentäußerung er verlangte, das kann einer der Sache Fernstehender nicht ahnen, sollte uns in seiner ganzen Größe erst im Verlaufe der Jahre klar werden.

Durch die Wirrsale der quersten Verhältnisse, im Kampfe mit den feindlichsten Elementen, hat Helene nicht gewankt, ist mit gleicher Kraft und Freudigkeit mir zur Seite geblieben und bemüht gewesen, unser oft dem Scheitern nahes Lebensschiff vor dem Untergang zu bewahren. Was ich und meine Kinder ihr danken, dafür habe ich hier keine Worte, in meinem Herzen ist es dankbar für immer eingetragen, eine Schuld, die ich nie abzutragen im Stande bin. Möchten auch meine Kinder dies Gefühl mit mir teilen und das dankbar erkennen, was ihre Tante für sie getan hat.
Robert war noch nicht ganz 16 Jahre alt, als er zu Sager, dem Zimmermeister, der den Neubau von Bellevue ausgeführt hatte, in die Lehre trat, dem Grundsatz folgend, daß jemand in dem Beruf, den er erwählt, von der Pike auf dienen müsse, hielt ich es für richtig, meinen Sohn, der Architekt werden wollte, bei einem gewöhnlichen Zimmermeister eintreten zu lassen. Er hat hier jede Arbeit, die das Fach erfordert, kennengelernt, hat sich in derselben gekräftigt, so daß ich ihn nach beendeter Lehrzeit mit einigem Vertrauen in die Welt hinausschicken konnte.
Von einer Konfirmation der Kinder nahm ich entschieden Abstand. Ich hatte sie in einer freien Anschauung erzogen und wollte nun nicht, um dem konventionellen Verhältnis willen Zwiespalt in ihr Herz bringen, vielleicht gar Mißtrauen an der Wahrheit des von mir Gelehrten erzeugen. Ich hatte mich genügsam überzeugt, wie ihr gesunder Menschenverstand, ihr vernünftiges Denken, alles ausschied, was sich in die gesetzlichen Lebensbedingungen nicht einfügen ließ.
So wurde von ihnen das Wunder und das auf solchem aufgebaute Dogma, als Irrtum oder als absichtliche Täuschung betrachtet. Ein solcher Standpunkt schloß die Konfirmation, die Bestätigung des christlichen Glaubensbekenntnisses aus. Leicht beruhigte es mich, wenn ich sie auch ohne diesen formalen Akt ins Leben hinaustreten sah. Ich glaube, recht gehandelt zu haben und bin überzeugt, daß heute noch alle mir danken, in dem ich dahinwirkte, ihnen die Klarheit des Geistes zu erhalten, daß ich sie freigemacht habe von dem lügnerischen, selbstsüchtigen Einfluß gemeiner Pfaffenwirtschaft, von der, aller Wissenschaft zum Hohn, die Menschheit noch geknechtet wird.

Louises Reise nach Schlesien

Am 18. März des Jahres 1869 reiste ich mit Louise und Manu, den sie gern bei sich zu behalten wünschte, nach Görbersdorf, um sie in die Heilanstalt des Dr. Bremer zu bringen. Es war noch früh im Jahr und nach einem strengen Winter eben der Schnee verschwunden, als wir abreisten. In Berlin machten wir bei den Verwandten Louisens, der Familie Freund, eine Rast von zwei Tagen. [...] Die Tour durch Schlesien bis Waldenburg ging ohne ein nennenswertes Ereignis vor sich. In der Gegend von Kahlfurt interessierten mich die weiten Torfmoore und erinnerten mich an Rothenkrug in Schleswig. In Hirschberg blieben wir die Nacht, damit die Reise Louise nicht zu sehr angreife. Hirschberg ist eine alte recht interessante Stadt und manche malerische Ecke trug ich in mein Skizzenbuch. Zumal an der Stadtmauer fanden sich schöne

An der Stadtmauer in Hirschberg

Partien, aber die Kürze der Zeit und das Wetter waren einer erfolgreichen Arbeit im Wege.
Um 11 Uhr am nächsten Morgen setzten wir unsere Reise fort. Die Höhen des Riesengebirges waren dicht mit Schnee bedeckt und an vielen Stellen zeigte der Forst Spuren gewaltigen Windbruchs. In Waldenburg nahmen wir einen Wagen, der uns in Stunden nach Görbersdorf brachte. Die ganze Gegend lag im Schnee und ein scharfer Wind ließ uns die Undichtigkeit des Wagens bitter empfinden. Endlich erreichten wir Görbersdorf, eine Dorfschaft von zirka 50 Häusern. Die Anstalt lag außerhalb des Ortes. Dr. Bremer war eben von Paris, wo er den Winter gelebt, zurückgekommen, und obgleich die Saison noch nicht eröffnet war, machte er keine Schwierigkeit Louise als ersten Kurgast aufzunehmen. Sie bezog mit Manu ein freundliches Zimmer in dem neuen Teil des Hauses, das zwar bis da nur die Aussicht auf eine völlig verschneite Landschaft hatte, aber doch recht wohnlich und geräumig war.
Nach einer Untersuchung Louisens hatte Dr. Bremer mit mir eine längere Unterhaltung, in der er mir die Hoffnung aussprach, das Leiden Louisens beheben zu können. Er machte auf mich einen sehr günstigen Eindruck, war freundlich und mitteilend und hatte nichts von dem gelehrten Nimbus, mit dem sich manche Ärzte zu umgeben pflegen. Zur Mittagstafel waren schon mehrere Personen anwesend, die im Dorfe wohnten, aber von Dr. Bremer behandelt wurden.
Am nächsten Morgen reiste ich wieder fort, da es mich nach Hause zog, wo die Eröffnung der Wirtschaft nahe bevor stand. Überdies wollte ich meinen Weg über Prag nehmen. Als ich Louise verließ, war es mir recht schwer ums Herz. Ich hatte das bange Gefühl, ihr Zustand sei ein bedenklicher und mir war es als

seien wir in die Alternative eingetreten, wo Görbersdorf entweder Heilung bringen oder zu einer entscheidenden Krise führen werde. [...]

Friedrich Stoffert verbringt auf der Rückreise einige Tage in Prag.

Das öffentliche Leben, soweit ich es in der kurzen Zeit kennengelernt, hat nichts Auffälliges, der Gegensatz des Slawischen und des Deutschen ist mir nicht hervorgetreten. In nicht eben hoffnungsreicher Stimmung verließ ich Prag, um die Heimreise anzutreten.
Rückwärtsblickend sah ich Louise in dem verschneiten Görbersdorf einer rigorosen Kur entgegen gehen, vorwärts die Eröffnung der Wirtschaft, den Beginn eines neuen Lebensabschnittes, vor dem mir graute. Aber es half ja kein Zagen, die Würfel waren gefallen. Das Unvermeidliche mußte mit Mut getragen werden. Nach einer 24-stündigen Eisenbahnfahrt traf ich glücklich in Bergedorf ein. Dort fand ich Helene schon eifrig beschäftigt und kaum hatte ich mich von der anstrengenden Reise erholt, als ich mich ebenfalls mit Eifer in die Vorbereitungsarbeiten stürzte.

Bellevue wird Restaurant und Pension

Helenes sorgliche, umsichtige Weise hatte schon tüchtig alles gefördert. Es war aber auch nötig gewesen. Am 25. März kam ich zurück und am 15. April 1869 wollten wir unsere Restauration eröffnen. Ein Kellner, eine Köchin und ein Küchenmädchen, ein Stubenmädchen und ein Hausknecht waren engagiert.
Die Gesellschaftsräume hatten schon früher eine wesentliche Änderung erfahren. Im Parterre des alten Hauses hatte ich alle Trennwände fortnehmen lassen und einen großen Speisesaal geschaffen. Durch Hängewerk war die Decke gesichert worden. Papa Nagel hatte in der Wand, die gegen die Küche lag, eine Durchreiche eingerichtet, durch die die Speisen direkt von der Küche in den Speisesaal befördert wurden.
Kurz vor der Eröffnung waren Helene und ich nach Hamburg gefahren, um die nötigen Einkäufe zu machen und kehrten in einem wolkenbruchartigen Regen zurück.
Endlich war der Tag der Eröffnung gekommen. Es war ein herrlicher Frühlingstag und im Hause stand alles blitzblank zum Empfange etwaiger Gäste bereit. Aber die einzigen, die kamen, waren Dr. Goldenbaum und Postmeister Paalzow. Sie beglückten uns durch eine Einnahme von 6 Schilling. Da ich es in meiner Funktion als Wirt angemessen fand, mich mit ihnen zu unterhalten, so hatte ich Gelegenheit, ihre Ansicht über mein Unternehmen zu hören und bedauerten sie mich der Quälereien wegen, die mir von dem sogenannten gebildeten Publikum bevorstünden. Ich sagte ihnen, daß ich davon schon in meinem bisherigen Leben, im Geschäft, genug erfahren, und auf Weiteres vorbereitet sei. Die Einnahmen der nächsten Tage betrugen 12 Schilling, 4 Schilling, 0 Schilling.
Inzwischen hatten sich auch Pensionäre *(Pensionsgäste)* eingefunden, Dr. Gebert und Familie, Dr. Matern und Familie, Lembke und Sievers, Behre und Frau und

Bellevue nach dem Umbau

andere. Mit dem Bestand der Gäste war natürlich auch die Bedienung gewachsen und der ganze Organismus hatte bald einen ruhigen Gang angenommen. Helenes Tätigkeit in dem Getriebe war eine unglaublich vielseitige und allen Ansprüchen wurde sie gerecht. Wo durch Verschulden anderer die Maschine stockte, da sprang sie sofort ein und beseitigte das Hindernis. Ich sah bald ein, welchen Schatz ich mit ihrem Beistand erhalten hatte.

Kaum vier Wochen nach Eröffnung des Geschäftes fiel das Pfingstfest ein. Ein entzückendes Wetter begünstigte dasselbe. Der Andrang des Publikums war kolossal. Zwar hatte ich 3 Kellner und verstärktes Küchenpersonal und doch waren wir kaum im Stande, den Anforderungen zu genügen. Dennoch ging alles vortrefflich, selbst von den Pensionären wurde mir die vollste Anerkennung zuteil. Oft war der Andrang so groß, daß selbst das erweiterte Lokal die Menge nicht fassen konnte. Bei dem schönen Frühlingswetter trafen immer noch neue Gäste ein, wenn wir eben den Schluß des Geschäftes erwartet hatten. So zog sich dasselbe bis spät in die Nacht hinein und als wir am zweiten Tage, der noch stürmischer als der erste gewesen war, alles geschlossen hatten, sanken Helene und ich gänzlich erschöpft zusammen. Unsere Kräfte waren der Anstrengung kaum gewachsen gewesen.

Damit war das Geschäft genügend eingeleitet. Bald erfolgten verschiedene größere Anträge. Liedertafeln, Clubs, kleinere Zirkel, Kavalkaden und Touristen folgten in bunter Reihe. An Sonntagen kamen Equipagen reicher Hamburger, wie Ohlendorf und Jauch. Großes Leid bereitete uns ein Club, aus 150 Mitgliedern bestehend, der in zahlreichen Wagen eintraf. Die Ansprüche der Menschen, die alle dem besseren Handwerkerstande angehörten, waren unangemessen, die Art ihres Benehmens so kommun, daß wir froh waren, als der Letzte die Schwelle wieder überschritten hatte. Wenn die Köpfe erhitzt waren, kamen Streitereien in erhöhter Tonart vor und froh konnte man sein, wenn solche nicht in Keilerei ausarteten.

Aber auch in der Pension blieben wir von ähnlichem Leiden nicht verschont. Auch hier waren es ungebildete Parvenues *(Neureiche)*, die nicht nur anmaßend für sich, unseren Unwillen erregten, die auch bemüht waren, die übrige Gesellschaft gegen uns aufzuwiegeln. Wiederholt war ich genötigt, wenn aller Ausgleich sich erfolglos erwiesen, solche räudigen Schafe an die Luft zu setzen, allerdings ein gefährlicher Schritt, der zuweilen recht nachteilig wirkte, vor der Hand aber wenigstens Ruhe schaffte und die übrige Gesellschaft zum Nachdenken brachte. Gewiß ließen wir uns recht viel gefallen, ehe der Faden unserer Geduld zerriß. Aber es gab unter den Pensionären Menschen, die es förmlich darauf anlegten, zu sehen, wie weit wohl unsere Langmut reiche. Hier konnte man so recht die Behauptung bestätigt finden, daß wahre Bildung immer die Grenzen der zu machenden Ansprüche kennt. So die Familien Amsinck, Mothan und andere, die im Laufe vieler Jahre uns liebe Gäste gewesen sind. Diesen gegenüber fanden sich Familien, mit denen durchaus nicht fertig zu werden war. Zumal waren es die Frauen, die zu den Reibungen Veranlassung gaben. Ohne Hausstand, oft der Langeweile preisgegeben, weil es ihnen an Fähigkeit gebrach, sich selbst zu unterhalten, wurde ein Unmut rege, der sich seine Opfer suchte und dann immer bei uns fand. Bald waren es die Kinder, bald die Dienstboten, denen nicht ihr Recht geworden wäre, während doch zu Haus der Etat gewiß nicht so gut geführt wurde, wie bei uns. Hatte man mit einsichtigen Damen zu tun, so war leicht eine Verständigung möglich und Helene verstand solches vortrefflich, während ich mich stets dagegen auflehnte, dem Unverstand und bösen Willen Konzessionen zu machen. War selbst durch Entgegenkommen keine Verständigung möglich, nun, so war das Zerwürfnis unausbleiblich, wollten wir nicht das Geschäftsprinzip unter die Füße kommen lassen. So bei den Familien Wölber, Kadde, Huttmann, Ritter, Meinerdus und anderen.

Emanuel und Florian Stoffert, um 1872

Am Ende des Sommers sandte Louise uns Manu unter der Reisebegleitung von Herrn von der Gallen, dessen Frau ebenfalls zur Kur in Görberstdorf sich aufhielt, zurück. Sie konnte ihm nicht die nötige Aufmerksamkeit schenken und war er, unter dem Einfluß dort anwesender Offiziere, in Gefahr zu verwildern. Er hatte sich auch bereits derart die Manieren dieser Menschen angenommen, daß wir uns oft erstaunt ansahen, wenn er Phrasen vorbrachte, die man nur gewohnt ist, aus dem Munde eines Leutnants zu hören. Recht bald verlor sich zum Glück dieser unkindliche Timbre.

Spät im Herbst 1869 kam Louise zurück.

Es schien fast, als ob sich ihr Zustand gebessert habe und Dr. Bremer hatte eine Fortsetzung der Kur im nächsten Jahr angeraten. Bald jedoch machte sich das ungünstige Klima fühlbar. Der Husten nahm zu, so daß ein Spezialarzt für Lungenkranke, der Sanitätsrat Fischer, konsultiert wurde. Um unter dessen steter Aufsicht zu sein, zog Louise zu den Eltern nach Hamburg. Es folgten nun Inhalationen, die aber ohne wesentlichen Erfolg waren.
Gegen den Frühling 1870 entschloß sich Louise zum zweiten Mal nach Görbersdorf zu fahren, dieses Mal in Begleitung von Mama Nagel. Die Eltern trugen die Kosten der Reise und des Aufenthaltes in gütigem Entgegenkommen.

Errichtung einer Wasserheilanstalt in Bellevue

Wasser-Heilanstalt Bellevue, Bleistiftzeichnung, Friedrich Stoffert *Quelle: Privatarchiv Gerhard Stoffert*

Schon im Winter 1869/1870 war A.W. Meyer gekommen, uns den Antrag des Sanitätsrats Marcus aus Anklam mitzuteilen, in Bellevue eine Wasserheilanstalt zu errichten. Mir war der Gedanke anfänglich fremd und blieb ich reserviert, sagte ihm jedoch, daß ich mir die Sache überlegen wolle. Nachdem mir der Doktor sehr wertvolle Referenzen vom Grafen Bismarck-Bohlen, Graf Schwerin und ähnlich gestellten Herren vorgelegt, sich auch im Besitz einer großen und feinen Kundschaft bezeichnet, besprach ich mit Louise und Helene die Angelegenheit und ging unter den folgenden Bedingungen auf sein Anerbieten ein: Dr. Marcus bekam kein festes Gehalt, sondern eine Renumeration von jedem Kranken, während es mir unbenommen blieb, die nicht durch Kranke belegten Räume, wie bisher an Pensionäre zu vermieten, ohne daß

Dr. Marcus daraus eine Intrade *(Einnahme)* habe. Ich leugne nicht, daß der alte Trieb des Naturarztes wieder in mir wach geworden war und daß ich hoffte, in eine Bahn zurücklenken zu können, der ich mich so sehr verwachsen fand.
Wieder mußten nun manche Änderungen vorgenommen werden, die den neuen Verhältnissen entsprachen. Die Dusche erwies sich als zu schwach. Der Turm mußte höher gebaut werden, für reichlichen Wasserfluß mußte gesorgt werden und deshalb eine große Zisterne angelegt werden, die die Regenmengen von allen Dächern in sich aufnahm. Sie wurde durch kupferne Röhren mit dem Baderaum in Verbindung gesetzt. Es kostete dies viel Geld und die Überschüsse und Erspartes früherer Jahre gingen zum großen Teil drauf. Doch trösteten wir uns mit der feinen und großen Kundschaft und den Protektoren des Dr. Marcus.
Durch genügende Annoncen wurde auf dieses Unternehmen fachkundig vorgearbeitet. Auch hatte Dr. Marcus Sorge getragen, daß mit Eröffnung der Anstalt schon einige Kranke einzogen. Auch ein Badewärter und eine Wärterin, die schon unter dem Doktor in Anklam gearbeitet hatten, zogen nun ein: Herr und Frau Kalliba, ein pommersches Ehepaar von starken Körperdimensionen. Kalliba bezog einen Raum im Korridor, Frau Kalliba aber Zimmer Nr. 6, während Dr. Marcus Nr. 7 für sich behielt. Er mußte nach eigener Aussage in der Nähe der Frau Kalliba bleiben. Mit Dr. Marcus und Familie war das jüdische Element in Bellevue eingezogen. Freilich wohnte seine Frau, seine Schwägerin und seine Tochter am Reinbeker Weg, aber sie kamen doch täglich in die Anstalt und gewannen dort immer mehr an Boden; ganz nach Judenart. Er war ein Mann von ca. 60 Jahren; der echte feiste Jude mit großer Nase, wulstigen Lippen, dicker Zunge, die beim Sprechen Speichelflocken auswarf, und etwas gebückter Haltung, prahlerisch, klettig, stark auf den Profit bedacht, sonst aber ziemlich harmlos und durchaus unter dem Einfluß seiner Frau und Schwägerin stehend.
Frau Marcus, eine kleine markante Persönlichkeit, zeigte ebenfalls den vollkommenen jüdischen Typus. So auch die Schwägerin, das Fräulein Krautheim, eine hagere busenlose Persönlichkeit mit gelbem lederartigen Teint voller Sommersprossen, einer großen Habichtsnase, grauen, widerlich geschlitzten Augen und einem frechen herausfordernden Blick. Gretchen endlich, die Tochter des Doktors, ein kleines, nicht übles Ding, das in seiner Jugendlichkeit und dem orientalischen Anflug nicht unangenehm wirkte, aber schon früh angehalten wurde, die Reize, die ihr die Natur verliehen, nicht unter den Scheffel zu stellen und möglichst durch Flitterstaat zu erhöhen. Sie hatte eben das heiratsfähige Alter erreicht und diesem Ziele eifrig zuzustreben, schien Aufgabe der Familie.
Es zogen nun verschiedene Familien von des Doktors jüdischer Bekanntschaft ein, eine arrogante, protzige, latschmäulige Gesellschaft, die sich sofort im höchsten Grade mißliebig machte, an der Tafel öffentlich in brüsquer Weise tadelte, für sich besonderes und das Beste beanspruchte und auf den christlichen Teil der Gäste den nachteiligsten Einfluß übte.
Auch ein junger Graf Schwerin zog als Kranker ein, ein hochnäsiger pauvrer *(armseliger)* Kürassierleutnant, der schließlich nicht zahlen konnte und

Roberts Regenschirm ausführte. Vor diesem schlug Gretchen ihr schönstes Rad und auch die Eltern bemühten sich, den Grafen auf sie aufmerksam zu machen. Die alte vertrocknete Krautheim aber hatte es auf einen reichen, alten, kümmerlichen Juden Liefmann abgesehen, promenierte mit ihm bei Sonnen- und Mondschein und tat so schön, wie es mit der vergilbten Sommersprossenmaske möglich war. Leider wurde durch ihre Bestrebungen ein Querstrich gemacht, in dem ich ihn, nach kurzer Anwesenheit, weil sein Betragen einer guten Gesellschaft nicht entsprach, schleunigst an die Luft setzte.

(Die abfälligen Äußerungen Stofferts über Menschen jüdischen Glaubens sind im Kontext einer in dieser Zeit weit verbreiteten antisemitischen Grundhaltung der Bevölkerung zu sehen.)

Das Haus war ziemlich gefüllt, allerdings zumal von Pensionairen, Kranke wollten nicht recht kommen, der Ruf des Doktors, die hohen Protektionen, auf die er gepocht hatten, mochten doch nicht so zugkräftig sein, wie er vorausgesetzt, und die Laune ging ihm zuweilen aus, wenn immer Pensionaire in die leeren Zimmer einzogen. In der Mitte des Sommers 1870 erfolgte die Kriegserklärung *(Frankreichs an Preußen)* und eine Panik bemächtigte sich der Gesellschaft. Im Zeitraum einer Woche hatte sich das Haus fast geleert. Kranke und Nichtkranke verließen es. Alles sah, in übertriebener Furcht, schon die Franzosen im Herzen Deutschlands. Das war eine trübe Erfahrung. Inmitten der Saison das Haus geleert, bedeutete ein gänzlich verlorenes Jahr, das schlimmste Defizit am Schluß desselben.
Natürlich mußte auch ein Teil des Betriebspersonals entlassen werden, weil niemand wissen konnte, wie sich die Ereignisse gestalten würden. Nur wenige Personen waren geblieben und diese verfolgten mit Spannung den Gang der Begebenheiten, traten bei jedem neu eintreffenden Kriegsbericht vor die große, in der Halle angeheftete Karte, um mit den farbigen Nadeln die veränderten Positionen zu beziehen. Als aber die deutschen Heere Schlag auf Schlag den Feind warfen, als die Aussichten der Franzosen, den Krieg auf deutschen Boden hinüberzuspülen, immer kleiner wurden, da kehrten auch viele unserer Gäste wieder zurück und noch neue schlossen sich ihnen an, so daß das Haus in Kurzem ganz wieder besetzt war, aber die Wieder- und Neuhinzugekommenen waren fast nur Sommergäste. Von dem fortgezogenen Kranken kam keiner zurück, ein schlimmes Omen für diesen Teil unseres Unternehmens. Das empfand dann auch der Dr. Marcus bitter, bitterer noch empfanden es wohl die Frau Doktor und Fräulein Schwester, so daß er eines Tages, als wieder ein Kranker fortging und in seine Stelle ein Sommergast einzog, mir erklärte, so könne die Sache nicht weitergehen, er müsse eine Renumeration auch von den Pensionairs haben.
Als ich ihn auf das Sinnwidrige und die Stipulationen *(Vereinbarungen)* unseres Kontraktes hinwies, wonach mir freie Hand für den nicht belegten Teil der Zimmer blieb, sagte er erregt, dann verzichte er darauf, ferner Arzt der Anstalt zu bleiben und billige eine sofortige Aufhebung des Kontraktes. Ich ließ mir das nicht ungesagt sein. Schon lange waren Helene und ich der Sache über-

drüssig und rasch entschlossen wir uns, den Antrag anzunehmen. Noch am selben Abend schrieb ich ihm, daß ich mich auf keine Änderung des Kontraktes einlassen werde, deshalb seinen Rücktritt annehme. Wie weit ihn die Annahme seines Rücktritts überraschte, habe ich nicht in Erfahrung bringen können. Er handelte ohne Frage unter dem Einfluß seiner Frau und Schwägerin, wenn er auch eingebildet genug war, nicht anzunehmen, daß ich die Verbindung mit ihm so leicht lösen werde, sondern wohl ein Entgegenkommen betreffs der Renumeration von mir erwartete hatte.
Somit waren wir geschieden. Das kurze Zwischenspiel einer Wasserheilanstalt war jäh zu Ende gegangen und wir freuten uns, wieder frei und unabhängig zu sein und gelobten uns, es zu bleiben, so lange wir im Besitz von Bellevue sein würden.
Trotz der durch den Krieg verursachten Unterbrechung war das Geschäft des Jahres kein schlechtes und mit neuer Hoffnung begannen wir im nächsten Jahr unser Angebot von Neuem.
Unter dem Eindruck der Kriegserklärung war auch Mama Nagel aus Görbersdorf entflohen und nach Hamburg zurückgekehrt. Louise blieb zwar noch einige Zeit dort, verließ dann aber ebenfalls Görbersdorf, um nach dem nahen Reinerz umzusiedeln. Ein Wortwechsel mit Dr. Bremer hatte sie dazu bestimmt. Schon die letzten Briefe aus Görbersdorf lauteten über Louisens Befinden nicht günstig, die Berichte aus Reinerz noch weniger. Die Schwäche hatte bedeutend zugenommen. Auch der Husten war heftiger.

Louises Krankheit

Am 9. September 1870, nachdem das Hauptgeschäft beendet war, machte ich mich auf die Reise, um Louise aus Reinerz abzuholen. [...] Scheußliche Wege ließen Louise auf dieser Tour sehr leiden, so daß sie bei unserer Ankunft in Skalitz so schwach war, daß ich sie in den 1. Stock des Gasthauses tragen mußte. Auch während des übrigen Teils der Reise trug ich sie in unser Logis. Endlich erreichten wir unser Ziel. Ich kann nicht sagen, wie glücklich ich darüber war. Ich hatte unterwegs zu Zeiten das Schlimmste befürchtet.
Auch Louise war glücklich, wieder in ihrem Heim zu sein. Die Kinder, die alten gewohnten Räume, das Zusammensein mit uns allen, das in den letzten Jahren so vielfach unterbrochen worden, dies alles machte einen so freudig-wehmütigen Eindruck auf sie und ließ die Vergangenheit und Zukunft vergessen.
Die letzten Tage des Herbstes verflossen in ruhigem Beisammensein, dann trat der Winter ein, den wir in den Räumen des Flügelanbaus verlebten, um Louise der Beschwerde des Treppensteigens zu überheben *(entheben)* und weil wir fürchteten, in den luftiger gelegenen Zimmern, die einer Kranken nötige Wärme nicht erzielen zu können.
Es kam jener furchtbar strenge Winter, unter dessen Schrecken die armen Soldaten in Frankreich so sehr zu leiden hatten. Aber auch uns wurde er zum Schrecken. Der leichte Bau erwies sich doch als einer Winterkälte solcher Art nicht gewachsen, obgleich die Räume gut mit Öfen versehen waren. Louise bewohnte Nr. 4, die Mädchen Nr. 3, ich Nr. 5, Helene mit dem Jungen Nr. 8.

Gekocht wurde in der großen Restaurationsküche. Es war eine barbarische Kälte. Ich kann heute nicht mehr den Thermometerstand angeben, aber trotz der Heizung gefror das Wasser beim Feudeln der Fußböden. In meinem Schlafzimmer, das keinen Ofen hatte, zeigte das Thermometer 6° Reaumur Kälte und die Bettdecke war mir morgens am Bart festgefroren. Dennoch ließen wir den Mut nicht sinken und benutzten unsere Zeit, so gut es möglich war. Ich zeichnete fleißig, zumal für die Illustration. Aus jener Zeit stammen die feinen Bleistiftzeichnungen, die ich Liesbeth geschenkt habe, vielleicht das Beste, was ich in dieser Art geschaffen. Auch Helene zeichnete, wenn die Sorge um Louise und die Wirtschaft ihr Zeit dazu ließ. Und mitten in diese ohnehin quälende Zeit, trat ein Ereignis, das unsere Unruhe noch ein Vielfaches steigerte. Wir waren genötigt wegen Unrechtlichkeit und sonstiger Vergehen, den Knecht und beide Mädchen sofort zu entlassen. Wieder trat Helene mit ihrer ganzen Energie in die Bresche. Aber auch Liesbeth und Nina waren tüchtiger geworden, daß sie da einsprangen, wo es erforderlich war. Alles mußte nun durch uns selbst beschafft werden.

Helene kochte, die Mädchen melkten die Kuh. Mit Helene zusammen besorgte ich deren Fütterung, die bei der furchtbaren Kälte immer Erwärmung des Trankes nötig machte. Die Ausmistung des Stalles, die Besorgung des Wassers vom Brunnen fiel mir zu. Jeder griff da ein, wo es erforderlich war. Eine regelrechte Arbeitsteilung konnte unter den obwaltenden Umständen nicht eingehalten werden.

Nahe 14 Tage dauerte dieser Zustand, bis es gelang, für die entlassenen Dienstboten einen Ersatz zu finden. War es schon unter gewöhnlichen Verhältnissen schwer, Leute für eine so entlegene Örtlichkeit zu finden, unter den augenblicklichen war es um ein Vielfaches schwieriger. Endlich aber gelang es doch. Auch der furchtbare Winter ging zu Ende, ohne daß einer von uns Schaden gelitten hatte, nur die arme Louise war ganz an ihr Zimmer gefesselt gewesen, kam nur selten ins Wohnzimmer und beschäftigte sich eifrig mit Briefeschreiben. Sie korrespondierte mit einem jungen Mann, den sie in Görbersdorf kennengelernt und mit Fanny Röthgen, ihrer Bekannten von Föhr.

Als wieder die ersten Frühlingstage eingetreten waren und die Luft milder schien, wagte Louise sich ins Freie, aber selbst unsere gesunde frische Waldluft wollte keinen günstigen Einfluß auf sie machen. Zu weiterer Behandlung durch Dr. Fischer ging Louise wieder zu ihren Eltern und als später die Familie Kagemann nach Boltenhagen ins Seebad ging, brachte Mama Nagel sie auf den Rat des Arztes ebenfalls dahin. Louisens Zustand war aber schon wenig für die See geeignet. Die scharfe Luft reizte zum Husten und das Allgemeinbefinden litt unter den unvermeidlichen Störungen, die in den primitiven Wohnungsverhältnissen nicht zu umgehen waren. Die noch vorhandenen Briefe Louisens aus jener Zeit bieten ein herzbrechendes Bild ihres Leidens, eines Leidens, dem gegenüber sich die ärztliche Kunst ohnmächtig erklärte. Dr. Kelling wie Dr. Fischer sind ratlos und sehen Louisens Krankheit, als eine, außer dem Bereich ihrer bisheriger Erfahrung liegende, an.

Während der Anwesenheit von Marie Kagemann hatte, da Mama Nagel sie bald verlassen, Louise noch an dieser einen Halt gehabt. Als aber auch diese fortzog, fühlte sie sich ganz verlassen. Da trafen die Bartels aus Hamburg ein, um ihren Sohn, der in Boltenhagen war, abzuholen, und nahmen sich längere Zeit Louisens mit liebevollster Sorge an. Aber als auch diese Boltenhagen verließen, da siedelte sie, auf meiner Schwester Gretchens Wunsch, nach Klütz über, um dort noch einige Zeit zu bleiben, bis in Bellevue die geeigneten Räume zur Aufnahme von Louise frei geworden. In Klütz war Louisens Zustand schon so verschlimmert, daß Dr. Kelling Würgers riet, ihre Abreise zu beschleunigen, weil es möglich sei, daß ein plötzlicher Tod einträte.

Anfang September traf Louise unter den bedenklichsten Anzeichen in Bellevue ein. Wir versuchten das Möglichste, die sinkenden Kräfte zu heben, aber die Lebensenergie war sichtbar im Schwinden. Am 20. September trat eine heftige Krise ein, die die Leidende selbst den nahen Tod fürchten ließ. Es war ein trostloser Anblick, ein so junges Wesen, das noch so viele Fäden mit dem Leben verbanden, rettungslos zu Grunde gehen zu sehen. Dr. Lüders, den wir seit der letzten Entbindung Louisens beibehalten, war leider oft in so bedenklicher Verfassung, daß man ihn für unzurechnungsfähig halten mußte und lieber fortwünschte. Noch kurz vor Louisens Tod kam er ganz betrunken an ihr Bett und schien kaum seiner Sinne mächtig. Louisens Todeskampf war ein ungewöhnlich langer. Täglich hoffte sie von ihrem Leiden erlöst zu werden. An eine Genesung hatte sie wohl längst die Hoffnung aufgegeben. Zur Erleichterung eines so quälenden Zustandes verschrieb Dr. Lüders Morphiumpulver, das die Kranke einnehmen durfte, wenn sie das Bedürfnis nach Ruhe und Vergessen empfand.

Am 4. Oktober waren Helene und ich bei ihr gewesen und ich hatte, auf ihren Wunsch hin, ihr ein Morphiumpulver gegeben. Der Blick war todesmatt, aber ihre Stimmung ruhig. Noch während wir dastanden und mit ihr sprachen, legte sie sich zum Schlafen auf die andere Seite und wir ließen sie mit ihrer Wärterin allein. Auf ausgebreiteten Matratzen ruhend, blieben wir angekleidet im Nebenzimmer, das nahe Ende erwartend. In der Mitte der Nacht kam die Wärterin, uns den Tod Louisens zu melden. Wir hatten die Ordre gegeben, falls Anzeichen desselben sich einstellen sollten, uns zu rufen. Die Wärterin behauptete, der Tod sei ohne wahrnehmbares Zeichen eingetreten. Die vollkommen ruhigen Züge der Verstorbenen ließen auf die Wahrheit solcher Aussage schließen.

Erschöpft, überanstrengt, bedurften wir der Ruhe, um den erschütternden Eindrücken der nächsten Tage gewachsen zu sein. – So war der lange drohende Schlag gefallen. Zum zweiten Mal hatte ich das Teuerste verloren und alle Qualen einer solchen Trennung durchkosten müssen. Diesmal war Bellevue der Schauplatz der traurigen Katastrophe, das zweimal Zeuge meines hohen Glücks gewesen war.

Ich kam mir vor, als sei ich ein Unglück Bringender, denen nur Verderben bereitend, die sich mir anschlossen. Mir war es, als ob mir fortan keine Freude, kein Glück mehr blühen könnte, daß es am besten gewesen wäre, wenn auch jetzt mein Dasein geendet hätte. Aber wieder trat das Pflichtbewußtsein als rettender und tröstender Engel an mich heran und blieb mir treu zur Seite. Sah ich mich ruhig um, in dem mich umgebenden Kreis, da mußte ich neuen

Lebensmut gewinnen, da durfte ich nicht verzagen, trotz allem Weh, das mich so schwer betroffen, war ich doch verpflichtet, die ganze, mir gebliebene Kraft für das Wohl der mir Angehörigenden einzusetzen und ich gelobte mir dies hoch und heilig.

Robert ging bereits seine eigenen Wege. Liesbeth und Nina waren so gute Mädchen, die mir nur Freude bereitet und die Anspruch auf meine volle Liebe hatten. Die kleinen Jungen, Manu und Florian, bedurften noch der kräftigen Führung. Mir zur Seite stand Helene, die treue Freundin und Helferin in allen Fährlichkeiten der letzten Jahre, mit der ich mich in jeder Beziehung so eins wußte. Wie durfte ich da verzagen, ich mußte ausharren und schaffen, wie es dem Manne ziemt.

Als die trüben Tage vorüber waren, die untrennbar mit dem Tode verbunden sind, das schaurige Bild unserem Blick entschwunden war, da faßten wir uns wieder. Der Kampf ums Dasein machte sich geltend und wir entwarfen neue Pläne für die kommende Zeit.

Das Wichtigste, was aus unseren Erwägungen sich entwickelte, war der Entschluß, die mit der Pension verbundene Wirtschaft wieder aufzuheben und alle Kraft der ersten zu widmen. Unter dem Wirtschafts-Trouble hatten wir am meisten gelitten, ihr waren wir für die Dauer nicht gewachsen. Was nur die Not und der Zwang der Verhältnisse uns abgerungen, dem mußten wir uns wieder entziehen. Dieses entwürdigende, das Selbstgefühl in so hohem Grade verletzende Gewerbe konnten wir nicht weiter schleppen und sollten wir darum auch wesentliche Opfer bringen müssen. Mit diesem Entschluß ging ein anderer Hand in Hand, die Kellnerwirtschaft fallen zu lassen und ausschließlich weibliche Bedienung einzuführen.

Pension Bellevue

Nachlässigkeit, Betrug, unsittliches Betragen, war mit den Kellnern eingezogen. Eine Sträflingsbande ist dieser ganze Stand. Als wir im Sommer 1870, zur Zeit als der Krieg im ersten Stadium war, zwei Kellner hielten, verschwanden dieselben eines Nachts mit dem ihnen geleisteten Vorschuß, ohne daß es in der bewegten Zeit möglich war, ihrer wieder habhaft zu werden, um sie der Bestrafung zu überführen. Beschwindelung der Gäste, Nachlässigkeit im Dienst, Widerstand gegen Befehle weiblicher Vorgesetzter, führten tägliche Reibereien hervor und ließen Kellner nur als notwendiges Übel erscheinen. Mit ihrer Beseitigung zeigte das Institut eine ganz andere Physiognomie. Für die schmierigen Kellner waren saubere, adrette Saalmädchen in reinen Waschkleidern getreten. Alles Geschirr unterlag nur weiblicher Behandlung. Es war stets sauber und ordentlich. Nur weniger Wochen bedurfte es, um Mädchen, die bis da nie in einem ähnlichen Getriebe gewirkt hatten, völlig einzuarbeiten und sie zu vollkommenen Serviermädchen auszubilden. Bemerkenswert war es, mit welchem Eifer sie, nachdem sie die ersten Schwierigkeiten überwunden, auf die Sache losgingen. Einiger bemächtigte sich eine wahre Rage. Der Beifall, den unsere Gäste ohne Ausnahme, dieser Neuerung zollten, gab den Beweis, daß wir das Richtige getroffen hatten.

War schon das Geschäft des letzten Jahres ein recht günstiges gewesen, so war es das nächste nicht weniger. Wir gewannen die Überzeugung, daß sich, falls nicht Wetter und Zeitverhältnisse uns entgegen waren, auch ohne Wirtschaft ein genügendes Geschäft machen lasse. Es lag nahe, daß wir die Überschüsse günstiger Jahre zu solchen Dingen verwandten, die der Besserung bedurften, oder zu Einrichtungen, die sich als wünschenswerte Erweiterung des Etablissements bewiesen hatten.

So entstand eine neue Büffet-Einrichtung, ein kleiner Balkon südlich vom Speisesaal, der, als unser spezieller Besitz, es uns ermöglichte, frische Luft zu schöpfen, ohne das Geschäft aus den Augen zu verlieren. Natürlich konnten solche Verbesserungen und Erweiterungen nur in dem Maße unternommen werden, wie sich Überschüsse aus dem Geschäft ergaben. So verschwand auch im Laufe der Jahre der steinerne Fußboden des Korridors. Endlich, als Robert später zurückkam, auch die primitive Vorhalle mit den Backsteinfliesen und machte einem hohen, luftigen, eleganten Bau Platz, an das sich ein feines, ori-

ginell dekoriertes Damenzimmer anschloß. Als die Pension immer fester Fuß faßte und sich das Bedürfnis nach Fuhrwerk unabweisbar kund gab, da entschloß ich mich zur Anschaffung einer Equipage. Sie war gewissermaßen der Schlußstein, wodurch die Anstalt ganz unabhängig da stand, ward das „enfant chéri“ *(Lieblingskind)* von uns allen.
Die prächtigen litauischen Dunkelfüchse mit heller Mähne, das blitzende Geschirr, die feine Doppelkalesche, der Kutscher mit einfacher Livree, das bildete ein feines Ensemble, das nicht nur unsere Freude war, sondern auch die Gäste reizte und zu häufiger Benutzung aufforderte. Gleichzeitig ermöglichten die Pferde eine gründliche Beackerung des Bodens. Wulf und der schlaue Kröger, die bis da nach dem Prinzip: „Der Boden braucht nicht zu tief gepflügt zu werden. Sonst strengt es die Pferde an, der Acker braucht nicht frei von Quecke geeggt zu werden, das nimmt nur unnötig Zeit in Anspruch“ geantwortet hatten, konnten nun abgeschafft werden und mit dem eigenen Gerät wurde die Arbeit so gemacht, wie es erforderlich war.
Freilich kostete es Mühe und nicht ohne Widerwärtigkeiten wurden die jungen, ungebändigten Pferde ruhig und brauchbar. Oft riß einem die Geduld, wenn Hans, statt anzuziehen, immer hoch ging und Michel hinten auskeilte, anstatt vorzugehen. Dabei hatte man oft mit ganz unverständigen Kutschern sich zu plagen, die alles durch Gewalt zu erzwingen glaubten, die Tiere einschüchtern, anstatt ihnen Vertrauen einzuflößen. Schließlich aber gelang es doch, sie zu gehorsamen und manierlichen Pferden zu erziehen und bin ich in dieser Beziehung Recoschewitz sehr dankbar, der mir, auch beim Ankauf, treu zur Seite stand. Nur durften sie sich nicht selbst überlassen bleiben, dann siegte ihre wilde Natur und sie gingen durch.
Eine richtige Bewirtschaftung trat erst ein, als ich das große Ackerstück, das zwischen meinem Gebiet und dem Schlebuschweg lag, erworben hatte. Nun produzierte ich soviel Futter und Getreide, daß ich für 3 Kühe und fast für beide Pferde das Nötige hatte. Zum Ankauf dieses bedeutenden Ackerstückes bestimmte mich zumal der Anbau am Schlebuschweg und der Jacobstraße und die davon erwachsende Besorgnis, es möchte durch weitere Bebauung der erwähnten Ackerfläche, Bellevue die Aussicht genommen werden. Ich habe diesen Schritt, obwohl er mir schwer wurde, nicht bereut, denn nun hatte das Areal eine Abrundung erfahren, die es vor der Hand sicher stellte, es in seinem Hauptreiz, der schönen weiten Aussicht, nicht gefährden ließ. Immer ruhiger machte sich in den Jahren das Geschäft. Trat auch die Konkurrenz des Försters, nach seinem Neubau, anfänglich bedrohlich auf, so stieg auch das Bedürfnis der Großstädter nach dem Landleben in gleichem Maße. Hatten wir vorher oft recht Besorgnis gehabt, war die Zeit gekommen, so wurden trotz der Konkurrenz, doch alle Räume wieder belegt.
Eine Hauptschwierigkeit blieb immer das Dienstpersonal. Genötigt, es nach Bedarf einzustellen, mußte man oft nehmen, was eben vakant war, dies war nicht immer der bessere Teil, bestand oft aus fähigen, aber gleichzeitig verwilderten Subjekten, auf deren korrekte Führung nicht zu rechnen war. Erfahrung hatte schon dahingeführt, daß der Teil, in dem die weibliche Bedienung wohnte und schlief, nach drinnen abgeschlossen und nach draußen vergittert war.

Trotzdem brachten einige Male Leute am Morgen Flechten und Kopfputz, den die nächtlich Ausgebrochenen im Walde verloren hatten. Zuerst war es uns unbegreiflich, wie sie aus dem gänzlichen Verschluß entkommen seien, bis sich herausstellte, daß die Drahtscheibe, die zur Küche führte, zu schließen vergessen worden war und sie durch diese kriechend in den Speisesaal und so ins Freie gelangt waren. Da wir auf ansehnliche Mädchen hielten, waren dieselben vor den Nachstellungen der Herren aus dem Orte selbst nicht sicher.
Unsere Mußestunden, nachdem im Herbst das Geschäft geschlossen, füllten zum Teil Arbeiten aus, um das defekt gewordene wieder in brauchbaren Zustand zu bringen und hierin zeichnete sich Helene durch seltenen Mut, ja durch Unerschrockenheit aus. Ich scheute oft zurück, wenn es hieß: diese Mobilien wollen wir aufstopfen und neu beziehen. Sie nicht, und mit seltenem Geschick und einer beneidenswerten Verve *(Begeisterung)* brachte sie das Unternehmen fertig. Wieviel haben wir gestrichen und tapeziert, was im Gebrauch gelitten hatte. Es war unsere Aufgabe, alle Handwerker, so weit wie möglich, von Bellevue fernzuhalten. Dabei versäumten wir unsere Lieblingsbeschäftigung, Zeichnen und Malen, nicht. Die großen hellen Räume der Etage, ein Raum im oberen Geschoß, den ich mit Oberlicht hatte versehen lassen, boten die schönste Gelegenheit. Hier hat sich Helenes Talent zuerst entwickelt. Hier haben wir gearbeitet und in der Arbeit eine Entschädigung für alle Mühsal unserer Lebensstellung gefunden.
Oft, wenn nach dem Schluß des Geschäftes, noch die schönsten Herbsttage einfielen, dann gingen wir hinaus zum Zeichnen, schweiften oft im Verein mit den Kindern bis Escheburg hinaus oder benutzten unsere reizende Equipage zu unseren Ausflügen. In solchen Augenblicken führten wir ein ideales Leben und fanden uns die beneidenswertesten Menschen, dann gaben wir uns ganz dem Genuß der entzückenden Gegenwart hin, gedachten nicht der Kehrseite, die in der Zukunft lag, die unsere ganze Hingabe und Selbstentäußerung forderte.
Dann wieder, in glücklicher Abwechslung, nahm der Frucht- und Gemüsegarten unsere volle Betätigung in Anspruch. Im Herbst, um den Fruchtsegen einzuheimsen, der oft in enormer Fülle uns zuteil wurde, die Winterruhe vorzubereiten, was gegen den Frost geschützt werden mußte. Im Frühling wurde dann der ganze weite Plan gegraben, besät und bepflanzt. Hier halfen Helene und die Kinder getreulich mit und die Beschäftigung in der frischen Luft verfehlte ihren Einfluß auf ihr Wohlbefinden nicht.
Wer die Freuden des Landlebens nicht kennt, der kann sich keine Vorstellung vom Genuß machen, den es gewährt, wenn im Herbst der Garten im Schmuck seiner Früchte prangt, wenn man sich sagt, das ist deine Zucht, deine Sorgfalt und Pflege, dankst Du den Erfolg. Wenn im Frühling, fein gesäubert und geordnet, die unabsehbare Reife der Gemüsebeete zur kommenden Ernte vorbereitet daliegt, dann habe ich mir oft gesagt, daß es solch ein beneidenswerter Beruf sei, so in freier Natur zu wirken, an ihrem Schaffen und Treiben sich zu freuen. Ich werde die glücklichen Stunden nie vergessen, die mir in solcher Arbeit verflossen, das Genüge nicht, das ich empfunden, wenn ich nach anstrengender Arbeit schweißtriefend auf das Geschaffene zurücksah. In solchen Augenblicken empfindet man so recht den Segen der Arbeit.

Die dritte Studienreise in den Harz

Das Geschäft im Jahre 1874 war ein günstiges gewesen und ich beschloß, da es ziemlich früh endete, noch eine Studienreise in den Harz zu machen.
Ich hatte bisher im Freien nur mit Ölfarben skizziert und unter der Beschwerlichkeit des Apparates sehr zu leiden gehabt. Diesmal wollte ich es mit der Aquarelle versuchen. Als Vorübung machte ich einen Versuch im Wentorfer Busch und reiste getrost hinaus. Am 13. September 1874 verließ ich Bellevue und reiste direkt bis Goslar. Hier logierte ich im „Hotel Paul", das sich an die Reste der alten Stadtmauer anlehnt, selbst noch einen der alten Türme in Benutzung gezogen hat. Das Wetter war freundlich und ich benutzte die letzten Stunden des Tages, um eine Übersicht der alten Stadt zu gewinnen.

Rathaus in Goslar

Auch der nächste Morgen leuchtete mir heiter und freundlich ins Zimmer und lockte mich bald ins Freie hinaus. An manchem Punkt der Stadt fand ich Anlaß zum Zeichnen, dann machte ich eine Aquarellstudie vom Rammelsberg. Am Nachmittag verließ ich Goslar und fuhr nach Oker. Von hier pilgerte ich weiter, entzückt von dem Reichtum des schönen Tals. In Romkerhall beschloß ich, die Nacht zu bleiben. Das Logis war mäßig, der Wirt unfreundlich, aber der Punkt war reizend. Von Romkerfall, der zur Zeit nur wasserarm war, machte ich eine Skizze. Ebenfalls malte ich an der Oker. Erfreut war ich, so gut mit dem Aquarell-Apparat fertig zu werden.
Am nächsten Morgen verließ ich Romkerhall nur mit Widerstreben, doch mußte ich, meinem Reiseplan entsprechend, weiterziehen. Über Altenau, das mich ziemlich kalt ließ, wanderte ich bis Torfhaus. Der Weg zur steilen Wand

Im Okerthal

ist lang und beschwerlich. Endlich langte ich schweißgebadet in Torfhaus an, wo ich in der Försterei nur ein bescheidenes Unterkommen fand. Der Förster, ein junger Mann, hatte ganz kürzlich seine Frau verloren und scheute jeden Umgang mit Fremden. Ich gewann sein Vertrauen, er interessierte sich für mein Tun und war meinem Vorschlag geneigt, sich dem Zeichnen zu widmen, um darin eine Zerstreuung zu finden.
Die Ausschau von Torfhaus ist entzückend und genoß ich das herrliche Panorama im Abendsonnenglanz. Am nächsten Morgen war das Wetter trübe. Dies hinderte mich jedoch nicht, in der Umgebung zu skizzieren. Gegen Mittag machte ich mich auf den Weg nach Oderbrück. Auch hier fand ich in der Försterei Unterkommen. Oderbrück liegt auf dem weiten Moor, das sich um den Fuß des Brocken, von Torfhaus über Oderbrück bis Schierke zieht. Es ist eine erhabene Natur, die hier waltet. Nur selten ist die hier herrschende Stille von dem Geräusch eines vorüberfahrenden Wagens unterbrochen. Es sind Zustände, die so etwas Urwüchsiges an sich tragen, das uns an Ossian und Fingal erinnert. Ich habe hier glückliche Tage verlebt, so ganz meiner Aufgabe hingegeben. Die Frau des Försters war eine liebenswürdige, etwas kränkliche Dame, die mit großer Bereitwilligkeit all meinen Wünschen entgegenkam, der Förster ein biederer Herr, dessen wettergebräuntes Gesicht und kräftige Gestalt ganz seinem Beruf entsprachen.
Bald befreundete ich mich mit ihm und seiner Frau, so daß ich später recht ungern aus diesem Hause schied, wo ich so freundliche Aufnahme gefunden. Nach mir trafen noch einige Herren aus Braunschweig ein, die dem Forellenfang bei Laternenlicht nachgingen.

Während des Tages malte ich an der Oder, am Oderteich oder auch im Moor, dessen Farbenpracht mich vornehmlich anzog. Hier war eine Farbenskala von lichtgelbem Sphagnum durch grün, rot, braun bis zum tiefen Schwarz vertreten. In den Lachen des angesammelten Wassers fehlten auch dann die Gegensätze nicht und darüber stand das Brockengebirge mit seinem blauduftigen Zuge.

Am Abend ging ich zuweilen mit dem Förster hinaus, da es die Zeit war, wo die brünstigen Hirsche schreien. Dann ahmte er mittels einer Blechtrommel die Stimme des Tieres nach und vom jenseitigen Abhange wurde der Anruf durch mächtigen Schrei beantwortet. Bis in die Nähe des Hauses kam das Wild und äugte aus den jungen Fichtenschonungen.

Überall umgaben Oderbrück großartige Partien. Der Windschlag hatte auf dem Wege nach Achtermanns Höhe furchtbar gehaust. Hunderte der schönsten Fichten lagen niedergeworfen und bildeten mit dem wuchtig vorspringenden Gestein großartige Bilder. Die Verwüstung war so groß, daß das Forstamt erst nach Jahren die Spuren derselben zu beseitigen im Stande war.

Nach allen Richtungen machte ich von hier Ausflüge. Bald nach Andreasberg, längs des Rehberger Graben, bald nach Oderhaus, nach Schierke, Braunlage und anderen Orten der Umgebung. Zumal aber zog es mich immer wieder zum Oderteich. Der Tannenbestand, der ihn umgibt, war damals von einer großartigen Pracht. Mächtige Stämme, von deren Geäst das Bartmoos in alten langen Strähnen herabhing, deren kräftige Wurzeln sich gleich riesigen Stangen über den Boden hinwanden, schmückten damals diesen hochinteressanten Ort. Ob die Szenerie heute noch den Reiz hat? Ich bezweifle es. Aus dem kleinen Kruge Sonnenberg ist ein großes Hotel geworden und es ist ja Erfahrungssatz, daß in der Nähe eines solchen die Freiheit der Natur untergeht. Der Kulturmensch hat ein nivellierendes Bedürfnis, er ebnet alles, seinem Geschmack entsprechend.

Ich habe an der Oder schöne Studienblätter bekommen. Der Bach war gut gefüllt und ungestört konnte ich in der Einsamkeit meiner Beschäftigung nachgehen. Nur ungern verließ ich Oderbrück, um nach Schierke überzusiedeln. Schierke hatte damals kein eigentliches Gasthaus, nur eine Kneipe. Ich erhielt aber in der Mühle für einige Tage Quartier. Klein und erbärmlich war es, aber es war doch ein Unterkommen, für einen kurzen Aufenthalt auch genügend. Ich war dankbar für die Bereitwilligkeit, mit der man meinem Wunsch entgegen gekommen war.

Ich hatte mir Schierke großartiger gedacht, das, wie behauptet wird, Goethe zu seiner Faustszene sollte begeistert haben. In anderen Teilen des Harzes habe ich viel mehr solcher Phantasie, mehr entsprechendes gefunden. Leider hatte ich sehr ungünstiges Wetter während meines Aufenthaltes in Schierke. Viel Nebel, selbst Regen, so daß ich draußen wenig malen konnte. Der Laubwald tritt in Schierke schon bedeutend auf. Eichen und Birken wechseln mit Linden und Weiden. Dazwischen leuchten überall die scharlachroten Fruchtbüschel der Eberesche. Der Bach ist von üppig wachsendem Huflattich und Meerrettich eingefaßt und in seinen Buchten bedeckt seine Oberfläche die Wasserranunkel.

Unter dem Einfluß des trüben Wetters sank meine Stimmung so sehr, daß ich es kaum länger zu ertragen vermochte und ich mich wieder hinaus ins Freie sehnte. Am nächsten Morgen wanderte ich weiter nach Elend. Es war ein angenehmer Weg und unter dem üppigen Laubdach der Buchen hinschreitend, wurde mir wieder leichter. Elend bietet nichts. Von hier fuhr ich per Post nach Elbingerode, einer noch kläglicheren Ortschaft, dann über Rübeland und Werningerode und von hier über Magdeburg, wo ich leider einen unfreiwilligen Aufenthalt hatte, direkt nach Hamburg. Froh war ich, endlich wieder heim zu sein und alles im besten Wohlsein anzutreffen. Die Aquarelle hatten mir vortreffliche Dienste getan und ich gelobte mir, denselben fortan treu zu bleiben und mich ihrer, zumal beim Studienmalen, zu bedienen.

Der Tod von Mutter und Schwester

In unserem Familienkreise waren im Laufe der letzten Jahre recht betrübende Ereignisse vorgekommen. Im Jahre 1866 war meine Schwester Lieschen, die Frau des Buchhändlers Hoppe in Dorpat, an einem Darmleiden gestorben. Sie wurde 48 Jahre alt und hatte ein längeres Krankenlager durchzumachen. Ihr Leiden soll krebsiger Natur gewesen sein. Genaueres konnte ich selbst von Hoppe mündlich nicht erfahren. Ich habe meine Schwester oft bedauert, ohne daß ich einen bestimmten Grund dafür gehabt hätte. Es war mir, als müßte ihrem Glück ein Wesentliches fehlen und doch habe ich nie eine Klage von ihr gehört. Der Grund zu solcher Vermutung lag wohl in der Abneigung, die ich von je gegen meinen Schwager hatte, dessen egoistisches, selbstgefälliges Wesen mir im höchsten Grade mißfiel.
Im Jahre darauf, im Sommer 1867, starb meine Mutter. Sie hatte glückliche Jahre bei meiner Schwester Grethchen in Klütz verlebt und war bis kurz vor ihrem Tod frisch und gesund gewesen. Noch am letzten Nachmittag hatte sie mit ihren Kindern in der Laube am Teich gesessen und war, sich etwas unwohl fühlend, in ihr Zimmer gegangen. Als meine Schwester sie nach kurzer Zeit aufsucht, findet sie sie bereits mit dem Symptom des Gehirnschlages und der Tod trat ein, bevor noch Hilfe geschafft werden konnte. Sie war 74 Jahre alt geworden.
Ganz ihrem einfachen zufriedenen Sinne entsprechend, hatte sie die letzten Jahre ihres Lebens genossen. Bescheiden, anspruchslos, war sie am glücklichsten, wenn sie andere glücklich wußte oder selbst glücklich machen konnte. Eine große Kinderfreundin, war sie auch die Freundin der Klützer Kinderwelt. Wenn die kleine Herde an ihrem Fenster vorüberzog, waren aller Blicke dahingerichtet, wo fast immer die alte Frau mit der weißen Mütze saß, die stets etwas bereit hatte, womit sie ihre kleinen Freunde erfreuen konnte. Sie hat in ihrem Leben keinen Feind gehabt und wohl viele Tränen der Dankbarkeit sind bei ihrem Tod vergossen worden.
Wenige Jahre nach dem Tode meiner Mutter siedelten meine Onkel Adolph und Christian von Bergedorf nach Klütz über. Sie machten Würgers den Antrag in ihrer nächsten Nähe eine Wohnung zu besorgen. Mein Schwager beschloß in einem, neben der Apotheke liegenden Landhaus, eine entspre-

chende Wohnung einzurichten. Sie hatten bereits recht trübe Erfahrungen gemacht. Ihr kleines Vermögen war durch manche verfehlte Unternehmungen bedeutend zusammengeschmolzen, so daß Sparsamkeit im höchsten Grade geboten war, sollte nicht in kurzem das Kapital ganz aufgerieben werden. Auch sie waren bescheidene, ruhige Leute, die gern in ihrem engen häuslichen Kreise still weiter lebten. Mein Schwager durfte keine große Unbequemlichkeit durch sie erfahren. Im übrigen lebten sie ganz für sich und kamen nur zum gemeinschaftlichen Mittagsmahl zusammen.

Klütz war der Ort, wo sie sich wohlfühlen konnten. Der Bewohnerschaft galten sie möglicherweise als Rentiers, die ihre letzten Lebenstage an einem ruhigen Ort, in der Nähe von Verwandten zuzubringen wünschten. Ihre gemütliche Weise erwarb ihnen bald Freunde und die Achtung, die Würger allgemein genoß, blieb wohl nicht ohne Einfluß ihnen gegenüber.

Wie bis da, waren auch hier ihre Beschäftigungen geteilt. Onkel Christian war sozusagen der Kalfaktor des Hauses, während Onkel Adolph das Departement des Äußeren hatte. Dabei fand des letzteren Tätigkeitstrieb im Haus und Garten stete Ableitung. Bald strich er Wassertonnen, deren Farbe verwittert war, bald grub und pflanzte er im Garten und an allen diesen Arbeiten hatte er wirklich Freude. Die Liebe zur Blumenzucht fand hier wieder neue Nahrung, da Würgers hübscher Garten ausgiebigen Spielraum dafür bot. Trotz der größten Sparsamkeit in ihren persönlichen Ausgaben und ungeachtet des mäßigen Kostgeldes, das sie Würgers zahlten, ging ihr Etat immer tiefer herab. Selbst als Onkel Cristian einem Schlaganfall erlag und Onkel Adolph nur für sich zu zahlen hatte, fürchtete er, die nötigen Ausgaben nicht bestreiten zu können und gab mit 86 Jahren einen großen Teil seines Vermögens auf Leibrente, zu deren Erhebung er jedoch nicht mehr kam, denn er starb im selben Jahre.

Nach seinem Tode fanden sich die Söhne seines Bruders Christian prompt ein, um den Nachlaß zu durchstöbern und ihr Erbteil zu ziehen. Es war ihnen sicher sehr unbequem, Würger als „Exekutar testamenti" *(Testamentvollstrecker)* vorzufinden. Zu Zeiten der Not waren durch ihre Hände schon manche wertvolle Dinge der Onkel gewandert, so eine prachtvolle Setzuhr, vom Hofe Ludwig XVI stammend, eine alte holländische, reich illustrierte Bibel und anderes, für welche Gegenstände, nach ihrer Angabe, immer nur kleine Preise zu erzielen waren. Ich kann das Jahr seines Todes nicht mehr erinnern, meine aber, daß es 1880 war. Er starb an einer Indigestion, die er sich durch reichlichen Genuß von Obst zugezogen hatte.[...]

Im Frühling des Jahres 1875 unternahmen Helene und Liesbeth eine Reise zur Familie Freund in Berlin. Ich kann davon über Einzelheiten nichts Besonderes sagen. Das war aber für mich das nennenswerte Ergebnis, daß Helene eine Reihe vortrefflicher Kopien nach E. Hildebrands Aquarellen mitbrachte, die sie im Kupferstich-Kabinett des Neuen Museums angefertigt hatte. Dieselben machten auf mich einen so drastischen Eindruck, daß ich mich von da ab bemühte, mir diese breite, geniale Methode anzueignen. Auch Helene war diese Arbeit von großem Nutzen gewesen. Sie hatte erkannt, was man mit Aquarellen leisten kann und wie auch diese Technik, ihrem flotten Wesen entsprechend, könne verwandt werden. Es waren gewissermaßen die Vorläufer zu

Arbeiten, die später unter dem Einfluß Skarbinas *(Franz Skarbina, 1849-1910, deutscher Maler)* entstanden, breit und mächtig und die mit großem Beifall und günstigster Kritik später eine Rundreise durch ganz Deutschland gemacht haben.

Studienreise an den Genfer See

Das Jahr 1875 war geschäftlich ein recht günstiges gewesen. Große Familien wohnten im Hause und blieben viele Monate, so Vidal, Talass, Ritter, Steding, Meinardus und andere. Viel Mühe, viel Verdruß waren unser Teile gewesen. Als wir endlich am Schluß der Saison aufatmen konnten, beschlossen Helene und ich, eine Reise zu unserer Erholung zu machen. Wir hatten uns kaum ein bestimmtes Ziel gesetzt, und nur die Absicht aus dem Norden fortzukommen, wo seit einiger Zeit recht schlechtes Wetter eingetreten war.
Den ersten Tag nahmen wir Billets bis Frankfurt/Main. Als aber auch hier am Abend der Regen in Strömen floß, entschlossen wir uns rasch, weitere Billets bis Mannheim zu nehmen. Hier trafen wir in der Nacht ein, doch gelang es uns

Aus dem Murgthal

in einem recht guten Gasthof, dem „Landsberg“, Unterkommen zu finden.
Am nächsten Morgen grüßte uns heiterster Sonnenschein und nach einem erquickenden Schlaf machten wir uns unternehmungstüchtig davon, Mannheim und seinen Schloßgarten zu besehen. Die Stadt hat kein sonderliches Interesse, der Schloßgarten aber hat reizende Partien.

Oberweiler

Schönau im Schwarzwald

Friedrich Stofferts und Helene Nagels Reise führte weiter über Heidelberg, Gernsbach und Schönau nach Oberweiler. Nach der Weitereise über Basel und einem Aufenthalt in Biel besuchten sie Lausanne und den Genfer See. Die Rückreise nach Bergedorf wählten sie über Schaffhausen, Rottweil und Würzburg.

Froh waren wir, wieder heim zu sein. Die ganze Reise hatte uns wenig Genuß gewährt. Immer mit Regenwetter kämpfend und einer Kälte, die das Malen draußen nur selten gestattete, war der Hauptzweck unserer Reise verfehlt. Auch hatten wir aus Sparsamkeit manches unpraktisch eingerichtet, litten zum Beispiel sehr unter der Beschwerde, die uns zu vieles Handgepäck verursachte. Zu spät sah ich dieses ein und machte mir, Helenes wegen Vorwürfe, die sie mir freilich auch schon rechzeitig gemacht hatte, deren Berechtigung ich jedoch nicht einsehen wollte, weil ich fälschlich ihre Kraft nach der meinigen maß, doch nahm ich mir vor, es künftig besser zu machen und ich glaube, ich habe meinen Vorsatz ausgeführt.
Von jetzt ab benutzten wir öfter die Tage nach dem Schluß der Saison zu weiteren Ausflügen oder zu Touren in die Umgebung.

Die Söhne

Robert war inzwischen in die Welt hinausgezogen, hatte wiederholt die Bauschule in Holzminden besucht, fleißige Arbeiten dort gefertigt, die das Lob seiner Lehrer fanden. Er hatte seiner Dienstpflicht in Dresden bei der Artillerie genügt, das Politechnicum in Aachen besucht und dann in Frankfurt/Main eine Stelle angenommen, die er längere Zeit inne hatte. Ob ihm das lustige Leben am Rhein nicht zusagte, ob ihm der Fruchtwein von Bodenheim zu sehr zu Kopf gestiegen war? Kurz, er unternahm eine abenteuerliche Fahrt nach Bosnien, zur Zeit der Besitznahme des Landes durch Österreich. Blieb dort ein Jahr bei den Vermessungsarbeiten beschäftigt und kehrte erst zurück, nachdem er Italien bis Neapel hinunter kennengelernt hatte.

Robert Stoffert, um 1885

Manu und Flori, die nicht, wie die älteren Kinder, häuslichen Unterricht erhalten konnten, hatten ihre Schullaufbahn mit wenig Erfolg fortgesetzt. Aus den Vorschulen waren sie an das Gymnasium in Hamburg übergegangen. Aber es fehlte beiden der Ernst und Fleiß, die nötig sind, um sich das Wissen anzueignen, das die Basis künf-

tiger Bildung ward. Als sich keine Erfolge zeigten, auch die Kollisionen mit den Lehrern nicht aufhörten, die größtenteils aus dem passiven Widerstand herrührten, den sie der Schulordnung entgegensetzten, mußten sie an andere Schulen übergehen. Leider wurde auch hier kein zufriedenstellendes Resultat erzielt. Umsonst wurde Manu in eine gute Privatschule, dann in eine Vorbereitungsschule gesandt. Die Hoffnung auf ein Examen blieb hoffnungslos.
Für Florian bestimmte mich Gesundheitsrücksicht, ein besonderes Opfer zu bringen, indem ich ihn in die Pension und Sanatorium des Dr. Brinkmeier in Ballenstedt am Harz brachte. Er blieb hier drei Jahre. Jedes Jahr kostete nahezu 2.000 Mark und trotzdem war der Erfolg ein sehr zweifelhafter. Der Schülerbestand setzte sich zumal aus reichen Ausländern, Söhnen adliger Familien, selbst fürstlicher Häuser zusammen, wodurch eine Disziplin der lockersten Art bedingt war. Wäre ich anfänglich hiervon unterrichtet gewesen, hätte ich sicher Abstand genommen, meinen Sohn einem solchen Institut zu übergeben.
Eines sollte ich zu meiner Beruhigung wahrnehmen, der praktische Sinn, der ihm angeboren schien, war auch unter dem Einfluß dort herrschender Korruption nicht untergegangen und ermöglichte ihm später im Gärtnerberuf eine erfolgreiche Laufbahn.
Manu, dem ich auf seinen Wunsch Violin-Unterricht auf dem Hamburger Konservatorium hatte geben lassen, da ein angeborener Musiksinn ihn wohl befähigte, Tüchtiges zu leisten, besuchte auch diese Schule ohne Erfolg. Jede Lust zum Üben fehlte und drei Jahre teuer bezahlten Unterrichts verflossen ohne Ergebnis.
Ich sollte leider aus allen diesen Mißerfolgen die Überzeugung gewinnen, daß meine humane Erziehungsmethode nur durchführbar sei, wenn man die Kinder unter seinem direkten Einfluß erhalten kann, wie es mir bei dem Unterricht meiner älteren Kinder möglich gewesen war. Ich war stets von dem Grundsatz ausgegangen, sobald die logische Denkweise im Menschen sich entwickelte, müsse ein Hinweis auf das Notwendige, Erforderliche genügen, ihn zur Pflichterfüllung führen zu können, dann müsse es des Zwanges, der Strenge nicht mehr bedürfen. Auch heute noch bin ich der Überzeugung, daß dieser Satz praktische Wahrheit enthält. Nur müßte es sich dabei um normale Individuen handeln. Wo aber Störungen stattfinden, die einen Zwang nötig machen, da muß er angewandt werden, soll auch das Mögliche erreicht werden. Auch hier hat Helene Ungewöhnliches geleistet. Sie hat, wohl richtiger als ich, solche Notwendigkeit, die strenge Handhabung erkannt und manches Leid mit meinem zu milden Sinn gehabt. Nach Anstrengungen des Tages war sie oft noch bemüht, mit den Jungen Latein, selbst Griechisch zu arbeiten. Dem passiven Widerstand gegenüber half aber kein Bemühen und kein Strafen. Der stärkste Wille muß schließlich erlahmen. Der Wunsch Louisens, Manu möchte studieren, konnte nicht erfüllt werden. Es fehlten ihm die Vorkenntnisse. Er mußte zu einem Beruf übergehen, zu dem eine wissenschaftliche Bildung nicht direkt erforderlich war. Er wählte die Landwirtschaft und ging auf das Gut des Herrn Eckhof in Santow bei Grevesmühlen.

Studienreisen an die Ostsee

Friedrich Stoffert fuhr im Herbst 1876 nach Scharbeutz an die Ostsee um dort seine Maler Studien durchzuführen. Ein Jahr später reiste er in Begleitung Helene Nagels nach Niendorf. Die Reise wurde an der Lübecker Bucht entlang bis nach Neustadt in Holstein fortgesetzt und ging von dort über Plön und Lütjenburg an den Selenter See und nach Howacht. Über Eutin und Lübeck fuhren sie zurück nach Bergedorf.

Strand bei Scharbeutz

Strand bei Niendorf

Neubau der Halle in Bellevue

Das Jahr 1879 war gekommen und ehe noch die Saison begann, vollendeten wir den Bau der Halle. Sie war ein Bedürfnis geworden. Wollte man auf ein feineres, mehr beanspruchendes, aber auch besser zahlendes Publikum rechnen, mußte man auch der Form genügen, die von einem solchen als angemessen erachtet wird.
Robert war zu Hause und löste diese Aufgabe ganz zu meiner Zufriedenheit. Die weite Halle war mit Holzdecke versehen, in mahagonifarbenem Braun, die Wände in blau-grünlichem Ton. Zur Seite des Haupteinganges standen zwei kurze viereckige Säulen, auf denen früher mythologische Figuren gestanden, die aber nun große Vasen zur Aufnahme von Gewächsen trugen. Das daran stoßende Lesezimmer war fein dekoriert, hatte lichtbläuliche Wände, schöne blaugemusterte Gardinen, Möbel in grünem Plüsch und eine breit kassettierte Decke.
Viel Not hatten wir mit den Handwerkern des Ortes, um sie zur Anfertigung nicht alltäglicher Arbeiten zu bringen. Aber als das Ganze vollendet war, fand es allgemeinen Beifall und es hat sich auch, wie wir voraussetzten, im Gebrauch bewährt.

Studienreise nach Sylt

Während der Herbsttage desselben Jahres 1879 machte ich einen Ausflug an die See. Dieses Mal nach Sylt, von dem ich mir eine reiche Ausbeute versprach. Nicht wie früher machte ich die Reise über Husum, sondern Hoyer *(Højer)*, von wo man nur eine kurze Fahrt durch das Wattenmeer hat.
Um dem Badetrubel zu entgehen, der mir bei meinen Arbeiten hinderlich werden mußte, bezog ich im Dorf Wenningstedt, das damals noch ganz einsam dalag, eine Wohnung. Es war eine Art Krug und hieß „Tenni's Gasthaus". Es war ein sehr mäßiges Quartier und die Verpflegung noch kläglicher. Eier, immer wieder Eier, abwechselnd mit Mehlspeise und hartem Fleisch, bildeten

Am Roten Kliff auf Sylt

das Hauptnahrungsmittel. Der Kaffee war ungenießbar.
Dieses alles verschwand aber vor der Hand dem Genuß gegenüber, den mir die großartige Natur gewährte. Da war Meer, freies Meer. Diese Heide war noch so urwüchsig, diese mächtigen Dünenketten, die klippigen Uferwände, in allen Farben spielend, um deren zerrissenen Kuppe schreiend die Möwen kreisten. Diese heidigen Hügel, auf denen Schafe weideten, deren Vlies der Wind ruppig zerzaust hatte. Dieses alles machte mein Herz höher schlagend, entsprach so ganz meinem Geschmack und meinem Sinn; und nicht minder, wenn abends in der Dämmerung vom Leuchtturm das intermittierende Licht herabströmte, sich über die Fläche ergoß und die Nebel geisterhaft über die Heide zogen. Da ward es einem so eng ums Herz, man griff zum Stift, um in Wort und Bild dem überwallenden Empfinden Ausdruck zu geben.
Wer eine einsame erhabene Welt liebt, der findet auf Sylt, was er sucht. Ob heute noch Wenningstedt so weltabgeschieden ist, bezweifele ich. Auch hier wird wohl die Kultur unaufhaltsam fortschreiten, die Feindin der Romantik.
Natürlich war ich täglich draußen zum Malen oder Zeichnen. Es störte mich niemand, nur selten schweifte ein einsamer Wanderer über die Heide oder längs des Strandes. Bald lernte ich die Insel gründlich kennen. Alle die interessanten Punkte, wie List, das Rote Kliff, das Morsumer Kliff, Munkmarsch und Keitum hatte ich in mein Skizzenbuch aufgenommen und auch viele gemalte Studien besaß ich bereits, als ich mich eines Tages recht unwohl fühlte. Anfänglich achtete ich es nicht, als es aber mit Fieberwallungen auftrat, sich Schlaf- und Appetitlosigkeit einstellten, da fürchtete ich das Herannahen einer Art Typhus und beschloß, am nächsten Tag abzureisen.
Ich kam an einem Sonnabend zurück. Man hatte mich bei dem schönen Wetter, was inzwischen eingetreten, noch nicht erwartet. Unterwegs schon, hatte ich mir einen Plan gemacht, wonach ich mich entschlossen, in die Wasserheilanstalt in Boppard zu gehen, um das herankriechende Übel rasch zu beseitigen. Man war zwar anfänglich recht erstaunt über meinen Entschluß, fügte sich aber bald. Nur einen Tag wollte ich zu Hause bleiben, am Montag schon abreisen.
Der folgende Sonntag war ein wonniger Herbsttag. Wir glaubten, ihn nicht besser nutzen zu können, als wenn wir am Nachmittag mit unserer Kutsche hinausfuhren, Helene, Liesbeth, Robert und ich. Nina war zu der Zeit in Klütz. Es war ein entzückendes Wetter, einer jener seltenen Tage, wo der Herbst gleichsam goldene Fäden durch die ganze Natur zieht, das Laub noch in seiner Fülle prangt, der Himmel licht, die Ferne in jenen zarten Schleier gefüllt ist, der sie nur um so reizender erscheinen läßt.
Bei Flügge, in der Hainbuchen-Laube, tranken wir Kaffee. Dann stiegen wir auf die Berge, wo man in unbegrenzter Ferne den Horizont sich gleichsam verflüchtigen sieht, wo breiten, farbigen Bändern gleich, die Äcker der Vierlande im Grunde sich ausdehnen und fern die Hügel jenseits der Elbe den Eindruck einer stolzen Bergkette machen. Mit Wonne sahen wir das schöne Bild, das wir doch schon so oft gesehen, vor unserem Blick sich ausbreiten. Fast mit Wehmut dachte ich daran, jetzt, wo die Natur in ihrer herbstlichen Pracht sich entwickelte, fortgehen zu müssen. Aber die Furcht, wieder von einem typhösen Fieber befallen zu werden, trieb mich fort.

Hünengrab auf Sylt

Reise nach Boppard

Lilsen am Rhein

Friedrich Stoffert reiste am nächsten Morgen ab. Über Köln und Andernach ging es weiter nach Boppard am Rhein. Er mietete auf dem Marienberg ein einfaches Zimmer mit Verpflegung und begab sich zur Kur. Während des Aufenthaltes wurden Packungen, Sitzbäder und Abreibungen angewandt; zum Programm gehörte auch das Bergsteigen. Anfang November 1879 beendete Stoffert – dem der Arzt das „Malen" untersagt hatte – seine Kur. Mit reich gefülltem Skizzenbuch kehrte er zurück nach Bergedorf.

Der Winter 1879/80 in Bergedorf

Dann kam wieder der Winter, wie er so oft gekommen war, wo wir von den Eindrücken zehrten, die uns der Herbst gebracht, im rüstigen Schaffen zu verwerten suchten, zu vervollkommnen, was sich als Skizze vorfand. So durchlebte man zugleich das Genossene. Dann bildeten wir auf's Neue Pläne für die Zukunft, trugen uns mit Hoffnungen, wie sie aus der Zwangslage unserer Lebensstellung sich ergaben, trugen unser Joch weiter, immer auf Befreiung wartend. Und doch lag in diesen Verhältnissen ein großer Zauber. Hätten wir nicht zu Zeiten mit so großen pekuniären Schwierigkeiten zu kämpfen gehabt, wir würden uns kaum beklagt haben, denn außer der Zeit, wo wir an einen verhaßten Beruf gefesselt waren, lebten wir frei, freier als die meisten Menschen. Durch allmählichen Ausbau war das Haus wohnlich und bequem geworden, eine feine Equipage stand uns zur Verfügung, der Garten war unsere Freude geworden, mehr, er war für uns ein sanitäres Moment, denn die erforderlichen Arbeiten zu jeder Jahreszeit förderten unsere Gesundheit, stählten unsere Kräfte und mit Genugtuung durften wir jederzeit darauf zurücksehen. War es doch unser persönliches Schaffen, dem wir den besten Teil des Gelingens zuschreiben durften.
Und in unseren Mußestunden trieben wir Musik und andere Künste, waren wir eifrig bemüht, unser isoliertes Leben zu schmücken, so weit es uns möglich war und wurden sicher von Manchem beneidet, der uns so unabhängig unseren Weg gehen sah, die wir nicht Fremder bedurften, um uns das Leben zu verschönen und reicher zu machen.

Die Töchter

Liesabeth und Nina hatten schon seit 1874, wo der Brauer Hermann Neumann die Direktion der Bergedorfer Aktien-Brauerei übernahm, in den Fräulein Neumann liebe Freundinnen gewonnen. Er hatte Friederike Lopau, die Tochter des Sohnes meiner Großmutter Wübbe, Heinrich Lopau, geheiratet. Aus dieser Ehe stammen drei Töchter und ein Sohn.
Im häufigen, fast täglichen Verkehr mit den Töchtern fanden Liesabeth und Nina einen Ersatz für manche Entsagung, die die Abgeschiedenheit unserer Lage bedingte. Aus dieser Bekanntschaft hat sich eine Freundschaft entwickelt, treu und fest, die wohl durch das Leben Dauer haben wird.
Auch den Töchtern des Neumann erwuchs aus dem Umgange manche frohe Stunde, die sie für häusliches Ungemach entschädigte, das ein niederer

Charakter und gemeine Lebensgewohnheit des Vaters über die Familie brachte.

Im Jahr 1880, gegen den Herbst, beschlossen Liesabeth und Nina eine Reise nach Oberitalien zu machen, von dessen Reizen ich so oft erzählt hatte. Da sie das nötige Kapital besaßen, konnte ich mit dem Projekt nur einverstanden sein. Sie glaubten Neumann, der ein vermögender Mann war, bestimmen zu können, auch einer von seinen Töchtern die Mitreise zu gestatten. Dieser aber weigerte sich entschieden und willigte erst ein, als Liesabeth und Nina sich erboten, für seine Tochter die Reisekosten zu tragen. Ein Zug, ganz der Niedrigkeit seines Charakters entsprechend. So unternahmen dann die drei jungen Mädchen die Reise und vollführten sie mit Umsicht und Entschlossenheit. Sie hat ihnen viel Genuß gewährt und ist frei von jedem Unfall gewesen.

Nina Stoffert, um 1885

Verkauf des Geschäftes in der Großen Straße und Neubauvorhaben

Als unvereinbar mit meinem Unternehmen in Bellevue hatte sich das Stadtgeschäft mir längst erwiesen. Als nun noch Untreue und Unterschleif *(Unterschlagung)* meines Geschäftsführers Mouton, der die Bücher gefälscht hatte, hinzukam, beschloß ich, das Geschäft aufzuheben, das Haus und Warenlager zu verkaufen.

Ersteres kaufte Hermann Baaß, letzteres ward in Auktion veräußert, der Ertrag den Kindergeldern gutgeschrieben. So ward ich diese Sorge los und hatte nicht zu fürchten, von gewissenlosen Menschen betrogen zu werden. Auf eine Verfolgung des Betrügers verzichtete ich. Er war nicht nur Dieb, sondern ein ganz sittenloser Mensch. Meine Einbuße beim Verkauf des Hauses und Lagers betrug 11.000 Mark.

Auch den Bau des kleinen Hauses, der Försterei gegenüber, zur Seite des Wenkschen Geweses unternahm ich im Jahr 1880. Es verdankte seine Entstehung einem Plan, durch Anbau kleinerer Wohnhäuser das Gebiet mit der Zeit einzuschränken, es stückweis zu verwerten und durch Verkauf derselben das Hauptgewese zu entlasten.

Robert hatte den Bau auszuführen unternommen. Es ward ein geschmackvolles und wohnliches Haus, nur hatten wir dabei den Fehler begangen, aus Sparsamkeit statt eines Halbgeschosses einen Kriechboden zu bauen, der nur mittels einer Leiter zugänglich war. Das Ersparte stand nicht im Verhältnis zu der Notwendigkeit eines reellen Bodens und machte sich dieser Fehler im

Das kleine Haus bei Bellevue

Verlaufe der Jahre bitter fühlbar, denn wohl wiederholt ist der Verkauf daran gescheitert.

Einen zweiten Fehler begingen wir, indem wir den Wert des Hauses und seiner Lage zu hoch veranschlagten. Es hatte nur 13.000 Mark gekostet und wir forderten 30.000 Mark. Wären wir damals einsichtiger gewesen und hätten wir das kleine Gewese für 18.000 Mark fortgegeben, um nur die Sache in Gang zu bringen, vielleicht wäre es uns gelungen unseren Plan vollständig durchzuführen.

Später half es uns nicht, den Preis herabzusetzen. Die Käufer, die da gewesen waren, hatten sich zurückgezogen und neue fanden sich nicht, obgleich Agenten dafür tätig waren. So war ich dann in der Notlage, das Gewese für die Pension zu verwerten und hier hat es einen hohen Zins ergeben, da es ganz geeignet war, größeren Familien als Sommerwohnung zu dienen. Freilich war die Bedienung zu Zeiten recht beschwerlich, da wir aber während des Sommers genügend Personal hatten, fiel dieser Umstand nicht allzu schwer in's Gewicht.

Künstlerische Weiterbildung Helenes

Im Frühling 1882 entschloß sich Helene einige Monate nach Berlin zu reisen, um dort von einem der bedeutendsten Aquarellisten, Franz Skarbina, Unterricht zu nehmen. Mit ihrem bisherigen Tun unzufrieden, glaubte sie in regelrechtem Unterricht das finden zu können, was sie zumal entbehrte, ein systematisches Arbeiten, eine gesicherte, geregelte Technik.

Ich konnte ihr darin kein Führer und Helfer sein. Meine Aquarelltechnik war meine Weise, ohne Unterricht aus dem direkten Schaffen im Angesicht der Natur entstanden. Ich wäre kaum imstande gewesen, meine Methode jemandem zu lehren, da meine Malweise kaum eine Methode genannt werden konnte, bei jedem Objekt fast eine andere war, immer den veränderten Verhältnissen entsprechend.

Helene hat bei Skarbina viel gelernt, hat prächtige Studien gefertigt in einer breiten vollfarbigen Weise, die sie an der Seite von Ölstudien bestehen ließ. Von hier beginnt ein neues Stadium ihrer Entwicklung. In Folge dieses „Kursus“ hat Helene manches tüchtige Bild ausgeführt, bald aber zog es sie mehr zur Ölmalerei, wozu auch manche Hinweisungen von Bartels beitrugen. *(Mit dem Maler Hans Bartels, geboren 1856 in Hamburg, war man bekannt. Dieser hatte Unterricht beim Marinemaler Hardorff und 1878 bei Österley. Bartels lebte ab 1885 in München.)* Einige prächtige Entwürfe, zumal Päonien *(Pfingstrosen)* in großem Format, deuteten schon damals auf die kompositionelle Wucht ihres Empfindens. Der Unterricht bei einem Hamburger Maler Rodek wirkte in keiner Weise fördernd, diente nur den Sinn zu verwirren und von der bisherigen Bahn abzulenken. Erst der Aufenthalt bei dem Fräulein Rosenboom in Holland war von günstigem Einfluß, wenn er auch in seiner schematischen Weise Helenes Freiheitsbedürfnis und kräftiger Aussprache nicht dauernd genügen konnte.

Die Hochzeit der Tochter Elisabeth

Im Jahr 1884 trat ein Ereignis ein, das eine große Veränderung in unserm häuslichen Kreis hervorrufen sollte. Ich hatte bei meinem vergangenen Besuch bei meinem Schwager in Klütz einen dort in der Apotheke fungierenden jungen Wetzel kennengelernt, einen Neffen meines Schwagers, der schon einige Zeit dort im Geschäft tätig war. Sein gerades gesittetes Wesen, das Lob meines Schwagers und meiner Schwester nahmen mich sehr für ihn ein. Ich lernte in ihm einen jungen Mann kennen, der, unähnlich den meisten Standesgenossen, ernsten und besseren Zielen zustrebte. Als ich fortreiste, begleitete er mich noch bis Grevesmühlen. Ich freute mich während der Fahrt über die Art seiner Unterhaltung.

Als im nächsten Jahr Liesbeth und Nina zum Besuch in Klütz waren, entwickelte sich zwischen ersterer und dem jungen Wetzel ein näheres Verhältnis, das zu einer Verlobung führte. Gern willigte ich in diese Verbindung meiner Liesbeth ein, da ich selbst den jungen Mann schon liebgewonnen hatte. Es trat nun eine bewegte Zeit ein, die Herrichtung der Aussteuer setzte Hände und Köpfe in unausgesetzte Tätigkeit.

Wetzel war der Sohn des verstorbenen Rektors in Wilster, überdies von mütterlicher Seite aus einer Prediger-Familie stammend. Es sollte mir dieser Umstand zu Zeiten recht peinlich werden, denn wie es ja die Weise orthodoxer Christen ist, mit einem Zelotismus *(übersteigerter Glaubenseifer)* alles Andersgläubige zu verfolgen und mit Bekehrungsversuchen zu belästigen, so ging es auch in dem gegenwärtigen Fall. Die Familie begann sofort ihre

Pression auf meine freidenkende Liesabeth und suchte ihren einseitigen Einfluß bei jeder Gelegenheit geltend zu machen.
War es kindlicher Gehorsam, war es Schwäche oder Unsicherheit des eigenen Standpunktes? Kurz, ihr Verlobter trat nicht mit der Energie, die in solchen Verhältnissen Gefühl und Takt fordert, für die Überzeugung seiner Braut und ihrer Familie ein. Bald traten Reibungen ein, die mir die Familie des künftigen Schwiegersohnes von vornherein entfremdeten. Solche Unduldsamkeit war mir ein feindliches Element, Glaubensfreiheit für alle war bis da meine Losung gewesen. Auf dem Recht meines Standpunktes wollte ich auch nicht feststehen, weil ich eben fürchtete, damit einen Unfrieden herbeizuführen, wohl gar Ärgernis unter den Verlobten zu stiften. Im Grunde erkannte ich ja das, worauf die Verwandten meines Schwiegersohnes so großes Gewicht legten, als ein eitel Nebensächliches, durchaus Unwichtiges, und meine Liesbeth war geistesstark genug, um das Verhältnis eben so aufzufassen. Ob ein Pfaff durch seinen Segen den Bund weihte, ob all' den Zeremonien genügt werde, die eine engherzige Kirchenordnung vorschreibt, war uns völlig gleichgültig, waren das doch nur Äußerlichkeiten, die mit der, auf Vernunft begründeten Überzeugung nichts gemein hatten.

Elisabeth Wetzel, geb. Stoffert, um 1885

Wilhelm Wetzel, um 1885

Eine unerwartete Freude ward uns durch einen liebenswürdigen Brief meines Schwagers Blessig, dem ein Geschenk von 20.000 Mark beigefügt war, das er für die Aussteuer Liesbeths bestimmte. Wohl hatte er bei einem früheren Besuch in Bellevue geäußert, daß er bei Gelegenheit der Verheiratung der Mädchen gern etwas für sie tun möchte. Ich hatte aber diese so beiläufig gemachte Bemerkung kaum beachtet. Es war dies für mich ein großes Glück, denn nun konnte eine Aussteuer regelrecht beschafft werden, die bei meinen beschränkten, so großem Wechsel unterworfenen Verhältnissen, nur mäßig ausgefallen wäre. Es blieb noch ein artiges Sümmchen in Barem übrig, das die Neuvermählten in die Ehe nehmen konnten. Inzwischen hatten die Verwandten Willys sich um den Anteil eines passenden Geschäftes bemüht, hatten die erforderlichen Gelder aufgebracht und ein solches in Wesselburen gefunden. Es war in gutem Stand und Betrieb, so daß man auf eine gesicherte Zukunft rechnen durfte.

Auf den 5ten Mai 1884 ward die Hochzeit festgesetzt. Das Haus war noch frei von Gästen und alle eingeladenen Verwandten konnten in Bellevue ein Unterkommen finden. Nun lernte ich die alle kennen, von denen ich gesprächsweise schon manches erfahren hatte. Mein Schwager Hermann Würger hatte mir vor Jahren schon seine Schwester Friederike geschildert, für die er nie Inklination *(Zuneigung)* gehabt habe, die ihm manche Stunde seiner Kindheit getrübt hatte. Der Eindruck, den diese Frau sofort auf mich machte, bestätigte dieses Urteil, dessen Richtigkeit sich wohl daraus ergibt, daß wir alle das Gleiche empfanden. Es war uns unbehaglich in ihrer Nähe, denn das mißvergnügte Gesicht deutete auf ausgesprochene Unzufriedenheit. Ihre Töchter, die Frau Detleffsen und die unverheiratete Ida konnten mich ebenso wenig anziehen. Beide waren exzentrisch, wenn auch nach verschiedenen Richtungen, aber von beiden Persönlichkeiten konnte man nicht behaupten, daß sie einen angenehmen Eindruck machten. Viel weniger gefiel mir jedoch der Bruder Willys, ein promovierter Bibliothekar in Kiel. Eine Persönlichkeit von sehr geringer Distinktion *(Würde)*, frechem und prätentiösem Wesen und einem Gemüt von pietistischem Gehabe und frivoler Laxheit. Er war stets das „enfant chéri" der Familie gewesen. Er hat mir während seiner Anwesenheit wenig Achtung eingeflößt. Eine spezielle Unterhaltung ließ mich im Zweifel, ob ich es mit einem Pfaffenknecht oder mit einem jesuitischen Streber zu tun habe. Wenn das Wort „in vino veritas" Wahrheit hat, so habe ich ihn von einer wenig empfehlenden Seite kennengelernt. Seine Frau, ein zartes kränkliches Geschöpf, ging wenig aus sich heraus und stand wohl ganz unter dem Einfluß des Herrn Gemahls. Gute harmlose Menschen waren Onkel Stinde und seine Frau Guste, ebenso Detleffsen, der Mann von Willys ältester Schwester, der einen sehr günstigen Eindruck auf mich machte.

Die Hochzeit fand in Bellevue statt, freilich war das Wetter noch recht rau, doch hatten wir in der großen Halle die Festtafel gedeckt, alles möglichst sicher gegen den heftigen Wind verschlossen und im Saal geheizt. So ward der Raum doch ganz gemütlich.

Auf einen Polterabend hatten die Verlobten verzichtet. Zum Prediger hatten wir den Pastor Klapp aus Hamburg, einen vernünftigen, wenn auch nicht freigeistigen Mann, der eine überaus ansprechende Rede hielt, aus der alle Gottseligkeit ferngeblieben war und in der das Moment gegenseitiger Liebe, Duldung und Gemeinsamkeit als Träger des ehelichen Glücks betont ward.

Auf die klerikale Verwandtschaft hatte natürlich solche Rede den ungünstigsten Eindruck gemacht. Der „spiritus rector" erklärte die Trauung für keine christliche und sein Ausspruch fand wohl ein vielfaches Echo in den Herzen

seiner Angehörigen. Seine Enttäuschung mußte umso größer sein, als er den Akt vor dem Standesamt als bedeutungslos erklärt hatte und das Band der Ehe erst von der kirchlichen Trauung abhängig gemacht hatte. Er suchte seinen Groll über solche Enttäuschung später durch einen höchst unpassenden Toast Luft zu machen, fiel aber damit glänzend durch und bezeichnete sich nur als einen Mann ohne Taktgefühl und feineren Anstand.
Unter den Gästen befand sich ein unverheirateter Dompfarrer aus Mecklenburg, der Pastor Henke, ein entfernter Verwandter der Familie Wetzel. Er hielt sich zur Zeit in der Andresschen Anstalt in Reinbek auf und hatten wir es schicklich gehalten, ihn ebenfalls einzuladen, obgleich wir sonst entferntere Verwandte ausgeschieden hatten. Die unverehelichte Ida hat sich seiner liebevoll angenommen und sich aufmerksam um ihn bemüht.
Der Pastor Klapp machte auf uns alle den günstigsten Eindruck, nicht nur, daß seine Rede vortrefflich war, nach vollzogenem Trauakt zog er mit dem Ornat den Pastor aus und war nur noch der feine, gewandte Gesellschafter.
Als gegen Abend meine Liesbeth mit ihrem Mann fortfuhr, da war mir recht weh um's Herz. Nun sollte ich sie für immer verlieren, jetzt war sie nicht mehr mein, gehörte in erster Linie einem anderen an, mit dem sie hinauszog in's Leben, das größeren Anspruch als bisher an sie erheben würde, zog den Wechselfällen eines nicht zu berechnenden Geschicks entgegen. Da tröstete mich der Nachhall der Traurede und das Vertrauen, das ich in Willy setzte, von dem ich ja nur Gutes wußte.
In Bellevue aber war es nach dem Festtrubel umso stiller geworden. Die Lücke, die die Entfernung unserer lieben Liesabeth gelassen, ward nicht sobald unfühlbar und oft noch mußte ich mir im Gange der täglichen Ordnung einreden, daß jetzt der Platz leer geworden, auf den so oft mein Blick in Liebe und Genugtuung geruht hatte. Erst als die geschäftlichen Ansprüche in den Vordergrund traten, als der ganze geräuschvolle Apparat wieder in Tätigkeit war, verklang das herbe Gefühl mehr und mehr, lernte man mit der Notwendigkeit des Lebens unbefangener zu rechnen. Der Mensch fügt sich so bald der Notwendigkeit des Lebens, wenn ihm ein praktischer Verstand zur Seite steht, der den ideellen Gefühlen, den unberechtigten Wünschen ihre Grenze anweist.

Reise nach Wesselburen

Noch im Herbst desselben Jahres *(1884)* machten Helene und ich einen Besuch in Wesselburen, wo das junge Paar sich inzwischen ganz eingelebt hatte. Alles hatte sich zur Zufriedenheit geordnet. Das Haus war wohnlich, das Geschäft gut, ein geeigneter Umgang hatte sich auch schon gefunden und die Örtlichkeit, zwar dem bisherigen Aufenthalt Liesbeths grundverschieden, war doch nicht ohne ihren besonderen Reiz. In geringer Entfernung lag das Nordseebad Büsum, das zwar noch ein junges Unternehmen, aber doch während des Sommers schon recht besucht war.
Fröhlich und wohlgemut kamen unsere Lieben uns entgegen. Willy war schon der echte Hausvater mit der langen Pfeife und dem zufriedenen Lächeln in dem

Wesselburen

offenen Gesicht, Liesbeth schon die wirtschaftliche Hausfrau, der man Stolz und Freude an dem Geschäft in Küche und Keller deutlich ansah. Das Paar war schon ganz in seinem Wirkungskreis, umsäuselt vom Duft der Valerian *(Baldrian)*, Angelica *(Engelwurz)* und anderer unvermeidlicher Kräuter.
Zum zweiten Male sollte ich just in der Apotheke meine Lieben aufsuchen. Einmal hatte meine Schwester Gretchen ihre Neigung einem Apotheker zugewandt und Baldrian und Engelwurz begrüßten mich auch in Klütz, nun wieder war Liesbeth ihrem Liebsten in die Apotheke von Wesselburen gefolgt und

Süderdeich in Wesselburen

Kirche in Wesselburen

untereinander war ihr Bild wieder mit jenen Wohlgerüchen verbunden. Überdies hatte ein neckisches Geschick es so gefügt, daß mir, dem Medikamentenfeind, just eine so pharmazeutische Verwandtschaft erwachsen mußte, und daß ich schon gute Miene zum bösen Spiel, oder richtiger, nicht einmal böse Miene zum guten Spiel machen durfte.
Bald fühlten wir uns heimisch in dem gemütlichen Kreise. Helene freute sich mit Liesbeth an ihrer neuen Wirtschaft. Ich streifte mit Willy durch die Umgebung, die mir recht viel des Interessanten bot. Es war ein ganz anderes Terrain, als ich es bis da kennengelernt, diese schwere Marsch, der üppige Boden. Weite Rübenfelder nahmen einen großen Teil früherer Weiden und des Getreidelandes ein und eine mächtige Zuckerfabrik hatte sich inmitten derselben niedergelassen. Hier sah ich zuerst den Dampfpflug und andere Maschinen neuerer Konstruktion arbeiten und staunte über den Fortschritt der Industrie.
Nachdem wir einige Zeit in Wesselburen gelebt, zogen wir auf wenige Tage nach Büsum, um in unmittelbarer Nähe des Strandes zu sein. Die Saison war hier fast zu Ende. Der Herbst war ziemlich früh eingetreten, nur einzelne Gäste sah man noch gelangweilt am Strand.
In einem der Gasthöfe, nicht allzu fern dem Strande, fanden wir ein mäßiges Quartier. Der Eindruck war kein erfreulicher, es war das Meiste schon des Inventars in die Winterruhe geführt. Tische und Stühle standen zum Teil schon aufgehäuft in den Verschlägen.
Wir machten uns bald daran, die Gegend nach jeder Richtung zu durchstreifen. Büsum hat keinen Strand, wie Westerland und Wenningstedt ihn besitzen. Eine hohe Steinböschung zieht sich, allen Buchtungen folgend, stundenweit am

Meere hin, fest und sicher dem Andrang auch stürmischer Flut Widerstand leistend. Dadurch ist das Vorland weggefallen. Der kurze Rasen, der sich oberhalb der Steinmauer hinzieht, ist einförmig und ohne Reiz. Erst bei Stinteck, wo der Strand sich gegen die Eider-Mündung bei Tönning wendet, wird das Vorland breiter.

Hier tritt ein reizender Wechsel ein. Zerrissen, oft tief durchfurcht und von zahllosen Rinnsalen durchströmt, zeigt es die üppigste Begrasung und eine Tiefe der Farbe, die eine weite Skala durchläuft. In den kleinen Gewässern sind die anwohnenden Fischer zu Zeiten beschäftigt, Krabben oder Garnelen zu fangen, ein mühevolles Geschäft, dem Männer und Weiber sich unterziehen. Auf den zusammenhängenden Grasflächen finden sich weidende Schafe und fern aus der Eider-Mündung leuchten die Segel der in's Meer hinausziehenden Schiffe.

Ich habe hier mit Helene Stunden verlebt, die ich zu den schönsten zähle, deren Reiz ich nie vergessen werde. Auf unsere Plaids gelagert, überließen wir uns ganz dem Genuß dieser einfachen und doch so großen Natur und wurden nicht müde, über die endlose Meeresfläche hinauszusehen, die im ewigen Wechsel, doch in ihrer Erhabenheit zu allen Zeiten sich gleich bleibt.

Dann durchstreiften wir die Ortschaften in der Nähe des Strandes. Sie bieten zwar in baulicher Beziehung weder Originelles noch besonders Malerisches, aber im Zusammenhang mit dem Landschaftlichen sind sie an ihrer Stelle von Wert. Wir hatten nicht immer günstiges Wetter. Mit den schönsten Herbsttagen wechselten Regen und Sturm. Trotzdem ließen wir uns nicht von unseren Touren abhalten und auf den weiten Deichen dehnten wir dieselben einerseits bis Stinteck, andererseits bis Warwerort aus.

Bei einer Tour nach letzterer Ortschaft überraschte uns ein Unwetter. Wir zögerten mit der Rückkehr, so daß wir dieselbe erst antraten, als es zu dunkeln begann und schwere Bewölkung bald die Finsternis noch verstärkte. Auf dem hohen Deich vorwärtstappend, mußten wir stets besorgt sein, nicht von der

Wattenmeer zur Ebbzeit

Böschung herab, möglicherweise in die See zu fallen. Überdies stießen wir zuweilen an ein Heck, das zur Einfriedung der Weidestrecken über den Kamm des Deiches gezogen war, einige Male selbst gegen eine auf dem Deich stehende Kuh. Helene sah besser in der Dämmerung als ich, der ich das schwache Leuchten eines neben dem Deich sich hinziehenden Grabens oft für den Weg hielt und sicher hineingefallen wäre, wenn sie mich nicht geführt hätte.
Gern hätten wir auch zuweilen ein Bad genommen, aber die Verhältnisse in Büsum waren damals äußerst primitiver Art.
Auf Leitern mußte man zur Badehütte hinuntersteigen und unten schien jede Bewegung im freien Wasser ausgeschlossen. Bei Stinteck wäre vielleicht ein Bad im Freien möglich gewesen, doch waren wir mit den Ortsverhältnissen zu wenig vertraut, um auf der weit in's Meer hinausliegenden Landzunge solches wagen zu können.
Nach unserer Rückkehr von Büsum blieben wir noch einige Zeit in Wesselburen, dessen umliegenden Dorfschaften uns manches Interessante für unsere Skizzenbücher boten. Es ist wohl ein flaches Land und seine Baulichkeiten zeichnen sich nicht durch Originalität aus, aber im Zusammenwirken mit der weiten Fläche entwickelt sich doch ein malerischer Reiz. Diese, fast möchte ich sagen, poetische Einförmigkeit der Fläche, weckt eine besondere Stimmung, die einem vertrauter wird, je länger man ihrem Einfluß unterworfen ist. Wir brachten auch dieses Mal eine ansehnliche Zahl von Zeichnungen und Skizzen heim und waren von unserem Besuch in hohem Grade befriedigt. Mir war es ein wesentlicher Trost gewesen, Liesbeth zufrieden und glücklich gefunden zu haben. Sie liebte ihren Mann und ward von ihm geliebt, und sein offenes, biederes, wenn auch zuweilen etwas derbes Wesen, flößte volles Vertrauen ein. Ich verließ Wesselburen mit der Überzeugung, daß meine Tochter dort glücklich geworden, soweit solches, unabhängig von Schicksalsfügungen, möglich ist.

Verkauf des Anwesens Bellevue, 1887

Mehr als bisher war ich noch in vergangenen Jahren um den Verkauf Bellevues bemüht gewesen. Ich ward bald 70 Jahre und wenn ich auch die Last eines solchen Alters, wie sie sich gewöhnlich fühlbar macht, noch nicht empfand, so mußte ich doch mit der Möglichkeit rechnen, daß unerwartet eintretende Ereignisse mich an der Ausübung meines Berufes hindern könnten. Was sollte in einem solchen Fall geschehen?
Weiblichen Kräften konnte der weitschichtige Betrieb nicht übergeben werden. Robert hatte seinen Beruf, Manu war dazu unfähig, Flori zu jung.
Mit verschiedenen Agenten stand ich fortwährend in Konnex *(Verbindung)*, stellte ihnen die günstigsten Bedingungen, aber stets ohne Erfolg. Nebenher entwarf ich einen Plan zur Bebauung des Terrains, abgetrennt vom Hauptgebäude. Ich hoffte, einen Spekulanten zu finden, der einen größeren Häuserkomplex dort bauen werde, wozu mir leider die Kapitalien fehlten. So durfte ich hoffen, bei nur mäßigem Preise, dennoch einen ansehnlichen Betrag zu erzielen, denn die Fläche umfaßte 500.000 Quadrat-Fuß *(41.061,6 qm)*. Auch

hoffte ich, daß der Wert der eigentlichen Pension sich heben werde, wenn durch vermehrten Anbau die Frequenz gewachsen sei.
Leider waren alle dahinzielenden Bemühungen ebenfalls erfolglos, wohl ging durch Agenten mein Bebauungsplan von Hand zu Hand, aber keiner hatte den Mut zu diesem etwas Vermögen erfordernden Unternehmen.
Unter anderen Maklern hatte ich mich auch an Herrn Dessault gewandt, einen tüchtigen und wie mir schien, redlichen Mann. Er wies mich auf einen Herrn Heuer hin, einen Restaurateur *(Gastwirt)* aus Hamburg, der seit einigen Jahren ganz in der Nähe zu dem Wassmannschen Haus wohnte und versprach denselben für die Angelegenheit zu bearbeiten. Dieses hat er wohl auch getan, denn eines Tages kam der genannte Herr, um sich Bellevue anzusehen und genaueres über die Verkaufsbedingungen zu erfahren. Unsere Unterhaltung verlief ohne Resultat, wie schon in ähnlichen Fällen häufig. Ich glaubte die ganze Sache schon ganz vergessen, als mir eines Tages von den Hamburger Hausmaklern Wentzel & Hirsekorn eine Aufforderung zur Besprechung betreffs Hausverkauf zuging. Ich erfuhr nun, daß Heuer, mit Umgehung Dessaults, sich an Wentzel & Hirsekorn gewandt hatte und sie mit den Unterhandlungen betraut hatte.
Die Verhandlungen boten große Schwierigkeit. Wie schon so manches Mal waren es die Kindergelder und infolgedessen die große Anzahlung, die den „Stein des Anstoßes" bildeten. Sollten und wollten wir Bellevue verlassen, so mußten wir unsere sämtlichen Gelder daraus zurückziehen können. Wir durften nicht der Gefahr unterliegen, einmal in den Besitz des Geweses zurückzufallen. Besaß auch der Reflektant *(Interessent)* das nötige Kapital, so war er doch nicht sofort flüssig und durch Transaktion ermöglichten die genannten Herren die entsprechende Anzahlung. [...]
So kam der Frühling des Jahres 1887, es war just an meinem Geburtstag, dem 28. März. Liesbeth war aus Wesselburen bei uns gewesen, als in der Dämmerung Fräulein Frieda Manshausen aus Kassel eintraf, eine Bekanntschaft Helenes aus der Skarbina-Zeit, die sie auf längere Dauer eingeladen. Ich glaube, sie blieb drei Monate und haben wir sie während dieser Zeit recht lieb gewonnen und viele frohe Tage mit ihr verlebt. Sie sollte Zeuge des für uns wichtigsten Ereignisses werden.
Im Verlaufe des April nahmen Wentzel & Hirsekorn die Verhandlungen wieder auf, hatten manche Forderung fallen lassen und fügten sich in manche von mir gestellte Bedingung, so in die, binnen zwei Jahren alle uns gehörenden Hypotheken auszukehren. Nach Abschliff einiger zu schroffer Punkte kam es zum Entwurf des Kontraktes und an einem schönen Frühlingsmorgen im „Kleinen Haus" zu einem endgültigen Abschluß. Gegen Mittag war die Sache in Ordnung und ich konnte Helene, den Kindern und Fräulein Manshausen die freudige Nachricht bringen, daß unser langgehegter Wunsch, Bellevue zu verkaufen, endlich erfüllt sei.
Es war ein freudig-schmerzliches Ereignis. Unser Schmerzenskind und zugleich unsere Wonne, der Schauplatz unserer schwersten Sorgen, wie unserer reinsten Freuden, war fortan nicht mehr unser Eigentum. Alles, was wir geschaffen und so lange hatten pflegen dürfen, was wir ganz nach unserem Sinn

und mit nicht rastendem Fleiß geordnet, das sollte nun in andere Hände übergehen! Ob sie es wohl hegen würden, wie wir es getan? Fast schien es mir eine Profanation *(Enweihung)*, war doch alles unser Selbsteigenes, jedes Einzelne uns auch speziell wertvoll, gleichsam mit unserem Gefühlsleben verwachsen. Ich glaube, ich habe an jenem Tage stille Tränen vergossen, so lieb war mir mein Schmerzenskind geworden.
Nun freilich, als die ersten Schauer des wichtigen Ereignisses überwunden waren, trat eine besonnene Ruhe ein. War es doch lange unser sehnlichster Wunsch gewesen, hatten doch nicht nur wir, sondern auch andere die Notwendigkeit des Schrittes anerkannt, hatte doch mein Schwager Philipp Blessig schon vor Jahren mir großmütig liberale Anerbietungen gemacht, wenn ich mich zum Verkauf oder zu einer Verpachtung entschließen könnte, waren doch nun die Damen Forsch, im edelmütigsten Entgegenkommen, mir beim Verkauf hilfreich gewesen, hätte ich doch ohne ihre Vermittlung desselben kaum wagen dürfen.
So durfte ich dann nicht zagen, nicht kleinmütig an dem Sachlichen hängen, mußte an die Zukunft denken, an die Freiheit, nach der wir uns alle so oft gesehnt hatten, mußte bedenken, daß ich nun ungestört den Rest meines Lebens geistigen Genüssen würde widmen können, die mir doch immer der Kern des Lebens gewesen, in deren Ausgleich wir doch nur imstande waren, die schwere Bürde eines gehaßten demütigenden Berufes zu tragen.
So gewannen wir dann die Fassung und gingen leichteren Herzens daran, das Geschäft durch die letzte Saison zu führen. Oft benutzten wir noch unsere reizende Equipage, der wir uns nun bald nicht mehr freuen würden, machten mit Fräulein Manshausen oder den Schwestern Neumann Touren in die Umgebung zu manchen Orten, die uns im Laufe der Jahre so lieb geworden.
Die letzte Saison verlief ruhig. Es waren größtenteils gesittete Leute im Hause. Mancher bedauerte, daß wir das eigenartige Institut aufhoben, denn er sah voraus, daß es für immer verschwinden, einer gewöhnlichen Wirtschaft würde Platz machen müssen.
Als nun der Herbst kam und mit ihm der Termin der Überlassung, da trat erst der härteste Schmerz an uns heran. Nicht nur, daß wir uns rüsten mußten, unser langjähriges liebgewonnenes Heim zu verlassen, der Übergabe ging eine Taxation des Inventars voraus, die nach dem Kontrakt durch staatlich vereidigte Personen vorgenommen ward. Es war eine arge Enttäuschung, als das mit 40.000 Mark zu Buch stehende, auf nur 8.000 Mark geschätzt ward und nur meine Drohung, eine zweite Taxation vornehmen zu lassen, dankte ich es, daß die Summe um 1.000 Mark erhöht ward. Es hätte dieser Umstand leicht Anlaß zu Zwistigkeiten werden können. Es war jedoch mein Bemühen, jede Differenz mit dem neuen Besitzer möglichst zu vermeiden, und er kam mir darin entgegen, indem er jede Erörterung in ruhiger, maßvoller Weise führte. Dennoch konnten kleine Meinungsverschiedenheiten nicht ausbleiben, die jedoch keinen feindlichen Ton annahmen.
Wir konnten nicht an dem Stichtag abziehen, weil kleine eingetretene Hindernisse sich nicht beseitigen ließen. Wir wohnten daher mit Erlaubnis des Käufers noch acht Tage in dem alten Flügel. Diese sollten uns recht peinlich

(schmerzlich) werden, denn wir mußten es erleben, daß unter unseren Fenstern die Bäume, die so viele Jahre unser Stolz und unsere Freude gewesen waren, abgehauen wurden. Schöne große Kastanien, Spitzahorn und Fichten sahen wir krachend hinstürzen, ohne daß wir die Notwendigkeit solcher Demolierung einsahen. Diesen traurigen Anblick hätte uns Rücksicht des neuen Besitzers wohl ersparen können.
Erleichtert atmeten wir deshalb auf, als der Tag des Scheidens kam. Einen Rundgang noch machte ich durch die verschiedenen Teile meines kleinen Reiches, nahm Abschied von so mancher liebgewordenen Stelle, blickte noch einmal zu Hans und Michel in den Stall und verließ den Boden Bellevues, um nicht wieder dahin zurückzukehren.
Das buntfarbene Bild vieljähriger Tätigkeit war zum Abschluß gekommen. Es begann nun ein neuer Abschnitt meines Lebens, gewissermaßen der Epilog eines langen Dramas, von dem ich hoffen durfte, daß er versöhnend ausklingen werde.

Umzug in das Kiehnsche Haus

Wir hatten zu unserer künftigen Wohnung ein Haus, ganz in der Nähe Bellevues gemietet, nahe dem Stachowschen Gewese. Es war kein neues Haus, schon eine Reihe von Jahren bewohnt gewesen, aber ziemlich verwahrlost. Schon im Bau war es verkommen. Wegen pekuniärer Schwierigkeit des Unternehmers hatte es jahrelang stillgelegen, ohne fertig zu werden. Wind und

Das Kiehnsche Haus, Rückseite

Wetter hatten darin gehaust, Schnee und Regen sammelten sich im Erdgeschoß, so daß das Wasser oft fußhoch im Keller stand. Als es endlich im Konkurs in andere Hände überging, ward es zwar fertiggestellt und auch bewohnt, aber es hatte durch solche Vernachlässigung ein unheilbares Übel davongetragen: es hatte den Schwamm im Keller und in den Fußböden.
Aber diesen Fehler ertrugen wir, war es doch nicht unsere Absicht, für immer hier zu wohnen. Platz genug war im Hause, wenn auch die einzelnen Räume klein waren. Ein ziemlich ausgedehnter Garten ließ uns bis zu einem gewissen Grade das Verlorene vergessen, ermöglichte einen ausreichenden Gemüseanbau und die Anzucht mancher Blumen, die uns zu Malstudien nötig waren. Hier haben wir köstliche Mohne gezogen, die noch heute als Reminiszenzen aus jener Zeit in meinen Mappen liegen. Auch Helenes schöne Päonien-Studien stammen aus dieser Zeit.
Inzwischen war es Spätherbst geworden, wir konnten keine besondere Freude an unserem Garten mehr haben, aber Vorbereitungen für den nächsten Frühling trafen wir doch. Gruben, wie wir es gewohnt waren, die nötigen Ackerstrecken, machten einige Änderungen, die unserem Geschmack mehr entsprachen und bereiteten uns auf die Winterruhe vor.
Der Winter ließ nicht lange auf sich warten. Mit dem Frost kam ein ungewöhnlich starker Schneefall. Bald lagen um das Haus hohe Schanzen und Wälle. Bei der Abgelegenheit des Hauses von der eigentlichen Straße dachte niemand an eine Säuberung der Wege. Das war die Schattenseite unserer neuen Wohnung, daß sie vom Wege abgelegen, gewissermaßen ein verlorener Posten war. Trat nach Schneefall Tauwetter ein, so wurden die Wege, die zum Haus führten, grundlos. Es gab Tage, wo wir von der übrigen Welt abgeschlossen, geradezu das Leben von Einsiedlern führten, bis sich das Wasser wieder verlaufen hatte.

Klütz am Teich

Im Kiehnschen Haus lebten mit Friedrich Stoffert seine Schwägerin Helene Nagel, seine Tochter Nina und seine beiden Söhne Emanuel und Florian, die sich in der Berufsausbildung befanden. Friedrich Stoffert unternahm von hier aus seine letzte Reise nach Klütz, um seine Schwester Gretchen und seinen Schwager Hermann Würger zu besuchen, die bald darauf ihre Apotheke in Klütz aus gesundheitlichen Gründen verkauften und nach Lübeck übersiedelten.

Apotheke in Klütz

Erste Gedanken an Berlin

Das Weihnachtsfest war in dem Jahr, wo wir das Kiehnsche Haus bewohnten, ein recht winterliches. Hoch um das Gewese war der Schnee gehäuft, so daß kaum Wege zu finden waren und auf Spaziergänge ganz verzichtet werden mußte. Man hatte seine Not, aus der Stadt heranzuschaffen, was für den Lebensunterhalt nötig war.

Nina, Manu und Flori waren zu Haus. Flori war bei dem Gärtner Rüppel in der Peter Smithschen Baumschule in der Lehre, wohnte aber bei uns. Robert war aus Berlin, wo er schon einige Jahre tätig war, zu Besuch gekommen. So waren wir, bis auf Liesbeth, alle wieder beisammen und trafen Anstalt unseren Weihnachtsabend in gewohnter Weise vorzubereiten.

Wohl waren es dieses Mal nur kleine Räume, in denen wir den Tannenbaum stellten, aber wir taten es mit dem glücklichen Gefühl, uns auf der Bahn zu wissen, die wir so lange ersehnt hatten. Konnten wir uns doch nun voll der Gegenwart freuen, durften nicht mehr mit Sorge und Beklemmung dem nahenden Frühling entgegensehen.

Ich glaube, es war das froheste Weihnachtsfest, daß wir jemals feierten. Unter dem flimmernden Baum sprachen wir von der Zukunft. Robert regte zuerst den Gedanken in uns an, nach Berlin zu übersiedeln, da uns ja fortan nichts an Bergedorf binde. Hatte doch Bergedorf recht trübe Erinnerungen für uns alle. Die Stätten, die uns lieb gewesen, waren in fremde Hände übergegangen. Wo

sie unserem Blick begegneten, weckten sie nur ein trübes, unbehagliches Gefühl.
In Berlin lebte überdies Robert und manche Verwandte Helenes mütterlicher Seite. Berlin war eine Kunststätte ersten Ranges, die unserem Interesse so unendlich vieles bot. Dort durften wir auch hoffen, die Früchte unserer stillen Tätigkeit zu verwerten. Auch glaubte Robert, daß es nicht schwer sein werde, im Umkreis von Berlin, etwa in den Vororten, ein Häuschen mit Garten zu finden, das unseren Gewohnheiten und Neigungen völlig entspräche.
Mit den Schwestern Neumann, die nicht nur mit Nina in treuer Freundschaft und stetem Umgang geblieben, sondern denen auch Helene und ich eine aufrichtige Zuneigung bewahrt hatten, verlebten wir das Weihnachtsfest im gemütlichen Beisammensein. Wir sahen sie so gern bei uns, daß wir uns kaum ein Fest denken konnten, ohne ihre Gegenwart. Nicht nur ihr biederer, sittlicher Charakter machte sie uns wert und ließ sie uns gern in unserer Mitte sehen. Ein peinliches häusliches Verhältnis, das sie zu keinem reinen Lebensgenuß kommen ließ, wäre Grund genug gewesen, sie für das Entbehrnis häuslichen Glücks so weit schadlos zu halten, wie es in unserer Macht stand.
Während des Festes hatte es furchtbar geschneit. Als Robert wieder fort reiste, lagen solche Schneemassen in der Umgebung des Hauses, daß er nur per Wagen zum Bahnhof gelangen konnte.
Um so freundlicher entwickelte sich der Frühling. Als es wieder zu sprießen begann, die Arbeiten im kleinen Garten unsere Tätigkeit in Anspruch nahmen, da, so glaube ich, haben wir ein so beseligendes Gefühl empfunden, wie kaum je zuvor.
Eine köstliche Erdbeerplantage hatten wir vorgefunden, sie war freilich in einer Weise verwildert, daß an eine Durcharbeitung nicht zu denken war. Wir mußten sie in ihrer Verwilderung lassen, aber trotzdem ergab sie eine vorzügliche Ernte.
Den kleinen schadhaften Rasen hinter dem Hause, in dessen Mitte sich ein rundes Zement-Bassin befand, besserte ich, half den etwas verkommenen Fruchtsträuchern auf und säte manche Blumensamen. Köstliche Mohne erzielten wir hier, echte Studien-Blumen. Um das Bassin prangte bald ein Gurt der vielfarbigsten, reizendsten Blumen. Selbst in das Bassin pflanzten wir verschiedene Wasserpflanzen, die wir von unseren Exkursionen mit nach Hause brachten. Darunter der mächtige Rumex *(Ampher)*, der im Spätsommer seine schönen purpurfarbenen Blätter in üppiger Fülle entwickelte. Wir hatten viel Freude an dem kleinen Garten und nur ein Leid, das ich mir beim Holzspalten zugefügt, warf einen trüben Schleier auf dieses so reine Glück.
Waren wir bis da immer nur auf den Anfang und das Ende des Sommers angewiesen gewesen, nun durften wir in unbegrenzter Freiheit ein Glück genießen, das wir als das höchste schätzten. In unmittelbarer Nähe der schönsten Natur, konnten wir zu jeder Tageszeit uns derselben freuen. Vor uns der herrlichste Eichenwald, in der entgegengesetzten Richtung eine weite interessante Ferne, die uns beim Untergang der Sonne immer auf's Neue entzückte, und im Mittelgrunde das Städtchen Bergedorf, wo aus dichten Laubmassen die schlanken Turmspitzen des Schlosses und der Kirche hervorsahen, wo sich im

Frühnebel oft ganz zauberhaftes Timbre bildete, das wir nicht definieren können und wollen, das uns aber das Gefühl unendlichen Wohlbehagens weckt und selbst das wundeste Herz auf Augenblicke sein Leid vergessen läßt.
Dabei unterließen wir nicht, fleißig Touren in die Umgebung zu machen, mußten wir doch unsere Zeit nutzen, wußten wir denn, ob wir noch einen Sommer an dieser Stätte würden verleben können. Oft noch malte ich in Börnsen, unserem Lieblingsaufenthalt, und in Escheburg. Auch in den Vierlanden, an der sogenannten Böge, fanden wir reizende Punkte.
Nun folgte ein köstlicher Sommer, er verfloß zwischen Beschäftigung im Garten, die mir ein wirkliches Bedürfnis war, und Studien malen. Manchen Besuch hatten wir zu empfangen und jeder freute sich über unser kleines Gewese.
Immer wieder erwogen wir auf's Neue, ob wir nicht doch in unserer jetzigen Wohnung bleiben sollten, ob wir wohl erwarten dürften, einen Ersatz für alle die Vorzüge derselben in dem großstädtischen Leben zu finden, ob wir uns nicht getäuscht sehen würden, sollten wir die frische freie Natur, die balsamische Luft des Waldes, an die wir durch so viele Jahre gewöhnt waren, wirklich entbehren können? Vorsorglich bemerkten selbst gute Freunde, daß es im Alter nicht so leicht sei, sich an anderem Orte zu akklimatisieren, so wenig, wie man einen alten Baum ohne Gefahr verpflanzen könne. Nach reichlicher Überlegung und Erwägung aller Verhältnisse, siegte jedoch endlich der Entschluß fortzuziehen. Hätten wir unser „Kleines Haus" neben Bellevue behalten können, vielleicht wären wir geblieben. Das Kiehnsche Haus war zu defait, um es dauernd zu behalten.
In der Mitte des Sommers *(1888)* reisten Helene und Nina nach Berlin, um sich nach einer passenden Wohnung umzusehen. Damals befand sich auch Max Förster *(ein Vetter)* dort und dieser, wie auch Robert, waren ihnen bei ihrem Bemühen behilflich. Tagelang durchstreiften sie Berlin und dessen Vororte, oft bei strömendem Regen, ohne auch nur annähernd Passendes zu finden. Endlich mieteten sie in Charlottenburg, Schlüterstraße 3, die 1. Etage. Damit war unser Traum, ein Häuschen mit einem Garten zu finden, kläglich zerronnen.
Noch eine Reihe schöner Tage sollten wir genießen, die wohl im Stande waren, mit ihrem Zauber uns das Herz und den Abschied schwer zu machen. Blickten wir aber um uns, nach Bellevue hinüber, dann beruhigten wir uns und fühlten die Notwendigkeit, das trübe Bild aus den Augen zu verlieren, auf ganz neuem Boden, in neuen Verhältnissen auf eine Zukunft zu hoffen.
Noch ehe wir Bergedorf verließen, zog auch Florian hinaus in die Welt. Zuerst, um das Königliche Pomologische Institut *(Pomologie = Lehre vom Obstbau)* in Proskau *(Oberschlesien)* zu besuchen. Er hatte seine Lehrzeit in der Baumschule Peter Smith & Co beendet, von seinem Prinzipal J. Rüppel ein gutes Zeugnis und ehrende Anerkennung erhalten. Praktisch geschult, erkannte er um so mehr die Notwendigkeit des Theoretischen, um dereinst, als richtig gebildeter Gärtner, auch auf eine besondere Stellung Anspruch haben zu können. Er ist seinen Weg ruhig gegangen, wenn auch nicht ganz frei von Ausschreitungen, zu denen jugendliches Blut und falscher Ehrgeiz leicht verleiten. Er hat sein Ziel nicht aus den Augen verloren, sich nicht durch Phantasmen

Florian Stoffert mit Ehefrau Anna, um 1890

vom rechten Weg ablenken lassen. Ich bin mit Vertrauen seinem Lebensgang gefolgt, denn rastloser Fleiß und praktischer Sinn kennzeichneten seine Entschlüsse. So hoffe ich fest, daß er einer glücklichen Zukunft entgegen geht.

Florian Stoffert mit Familie, um 1905

Abschied von Bergedorf im Jahr 1888

Nunmehr bereiteten wir uns zum Abschied vor und als der Herbst gekommen war, fand er uns reisefertig. Als ich die Reihe meiner alten Freunde übersah, von denen ich hätte Abschied nehmen müssen, fand ich dieselben auf ein Minimum zusammengeschmolzen. Die Mehrzahl war gestorben, einige verzogen. Behrens, Fischer, Harmsen, Behn, Kubelcke und viele andere waren tot.
In solchen Augenblicken fühlt man sich wie ein Fels im brandenden Meer der Zeit, wie ein alter Stamm auf der weiten Heide, den der Sturm bis da verschonte, dessen Tage aber gezählt sind. Der Greis, der auf seinen Lebensweg zurücksieht, blickt auf ein Leichenfeld. An jedes Ereignis, das ihn bewegte, knüpfen sich Erinnerungen, die auf den Tod eines geliebten Wesens oder einer

befreundeten Persönlichkeit hinweisen. Darf man sich wundern, wenn seine Gedanken ernst sind, da sie so oft in der Gesellschaft Abgeschiedener sich befinden ?

Es waren trübe, schwer regnerische Tage, als die Transportwagen kamen, um unser Mobiliar aufzunehmen, die letzten peinlichen Arbeiten, die uns in der alten Heimat oblagen. Als alles hinausgeschafft war, das Haus leer und wir in demselben mit tief verletztem Gemüt dastanden, da war mir es, als hätte ich am liebsten einen Strich über den Rest meines Lebens gezogen, es war mir so wenig hoffnungsfreudig zu Mute.

Während der Dämmerung machte ich noch bei meinem Nachbarn einen Besuch. Bei Breyer, der uns oft gefällig gewesen war, indem er uns die schönsten Blumen aus seinem Garten bereitwillig zum Studieren gab, und bei Franz Adolph Wenk, um den letzten Hauch eines Zerwürfnisses zu verwischen, das bei Gelegenheit des Baues stattgefunden. Leider traf ich den Letzteren nicht anwesend, ließ ihm aber meine Visitenkarte mit freundlichem Abschied.

Von *(Andreas)* Spiering hatte ich schon einige Tage früher Abschied genommen und ihm versprechen müssen, aus meiner Erinnerung das zusammenzutragen, was mir über die Entstehung des Bürgervereins bekannt sei. Ich habe mein Versprechen, wenn auch erst fünf Jahre später, gehalten, selbst über meine Zusage hinaus, indem ich ein Lebensbild des Städtchens Bergedorf vor 60 Jahren entwarf und mit entsprechenden Federzeichnung versah.

Als die Dunkelheit eintrat, setzten sich die letzten Wagen in Bewegung. Ermüdet von der langen anstrengenden Arbeit, empfanden wir das kalte unfreundliche Wetter um so mehr. Alle Zimmer waren leer, nur die Reste der Verpackung, Stroh, Papier und ähnliche Dinge bedeckten den Boden. Da zogen wir uns in die Küchenwärme zurück, zündeten ein gutes Feuer auf dem Herd an, um die letzten Stunden zu verbringen. Der Zug nach Berlin ging um 10 Uhr ab. In dieser tief ernsten, wie kritischen Lage, traten wie versöhnende Engel, die Schwestern Neumann an unsere Seite. Mit aufopfernder Hingabe sorgten sie für unsere letzten Bedürfnisse, schafften Brot, Butter, Käse und Fleisch herbei, bereiteten wärmenden Tee. Nachdem wir aus Tonnen und daraufgelegten Brettern Sitze hergestellt, in Bierflaschen gesteckte Lichter angezündet, ward es ganz gemütlich und wir konnten an unser letztes Mahl gehen. Ich werde den Schwestern Neumann diesen Liebesdienst nie vergessen. Was befreundete, teilnehmende Herzen in solchen Augenblicken wert sind, haben Helene und ich hier zu erproben Gelegenheit gehabt. Sie haben uns über die schwersten Momente der Trennung hinweggeholfen.

Nach 10 Uhr verließen wir das leere Haus, von den Geschwistern Neumann bis zur Knickallee begleitet, wo wir herzlichen Abschied von ihnen nahmen. Nach einer halben Stunde setzte sich der Zug in Bewegung und in der Dunkelheit verschwanden die letzten Lichter Bergedorfs.

Einen Blick noch sandte ich in die Nacht hinaus. Dahin, wo etwa mein geliebtes Bellevue liegen mußte, und dort hinüber, wo ich so viel Liebes begraben. Dann wandten wir uns einer neuen Richtung, einem neuen Lebensabschnitt zu, wenn auch nicht freudigen Herzens, doch festen Mutes.

Friedrich Stoffert in Bergedorf

Der Familienname Stoffert, als verkürzte Form von Christopherus, wird erstmals 1604 erwähnt. Die hier interessierende Linie stammt aus Danzig, wo am 4. April 1756 als viertes von fünf Kindern Emanuel Stoffert, Friedrich Stofferts Großvater, geboren wurde, der spätestens 1787 nach Libau *(Kurland)* im heutigen Lettland übersiedelte, sich als Kaufmann niederließ und als Stadtältermann Sprecher der dortigen Kaufmannschaft wurde. 1790 heiratete er Sophia Elisabeth Gourbandt und beide bekamen vier Söhne. Unter der russischen Besetzung Kurlands musste Großvater Emanuel Stoffert zwischen 1797 und 1803 fliehen und wurde in Hamburg ansässig. Sein dritter Sohn Adolph Stoffert heiratete im Alter von 22 Jahren am 12. Juni 1816 die ein Jahr jüngere Sara Maria Wilhelmina Wübbe, Tochter des vermögenden Schiffsmaklers Johann Friedrich Balthasar Wübbe *(1759 –1838)*. Dieser half den jungen Eheleuten mit Krediten eine „Eisen- und Colonialwarenhandlung“ in Bergedorf, Große Straße Nr. 7 *(heute Sachsentor 6)* zu errichten.

Rechts der Gasthof „Stadt Hamburg“; links daneben befand sich die Kolonialwarenhandlung der Familie Stoffert in der Großen Straße 7 (heute Sachsentor 6), Postkarte um 1900.
Quelle: Archiv Kultur- & Geschichtskontor.

Am 28. März 1817 wurde das erste gemeinsame Kind Johann Friedrich Emanuel Stoffert, Verfasser der vorliegenden Lebenserinnerungen, und in den beiden darauffolgenden Jahren die Töchter Elisabeth *(Lieschen)* und Margaretha *(Gretchen)* geboren.
1821 zog die Familie von Hamburg nach Bergedorf. Als Friedrich Stoffert knapp vier Jahre alt war, verletzte sich sein Vater beim Reinigen einer Waffe tödlich, so dass neben seiner Mutter die Großeltern Wübbe wichtige Bezugs-

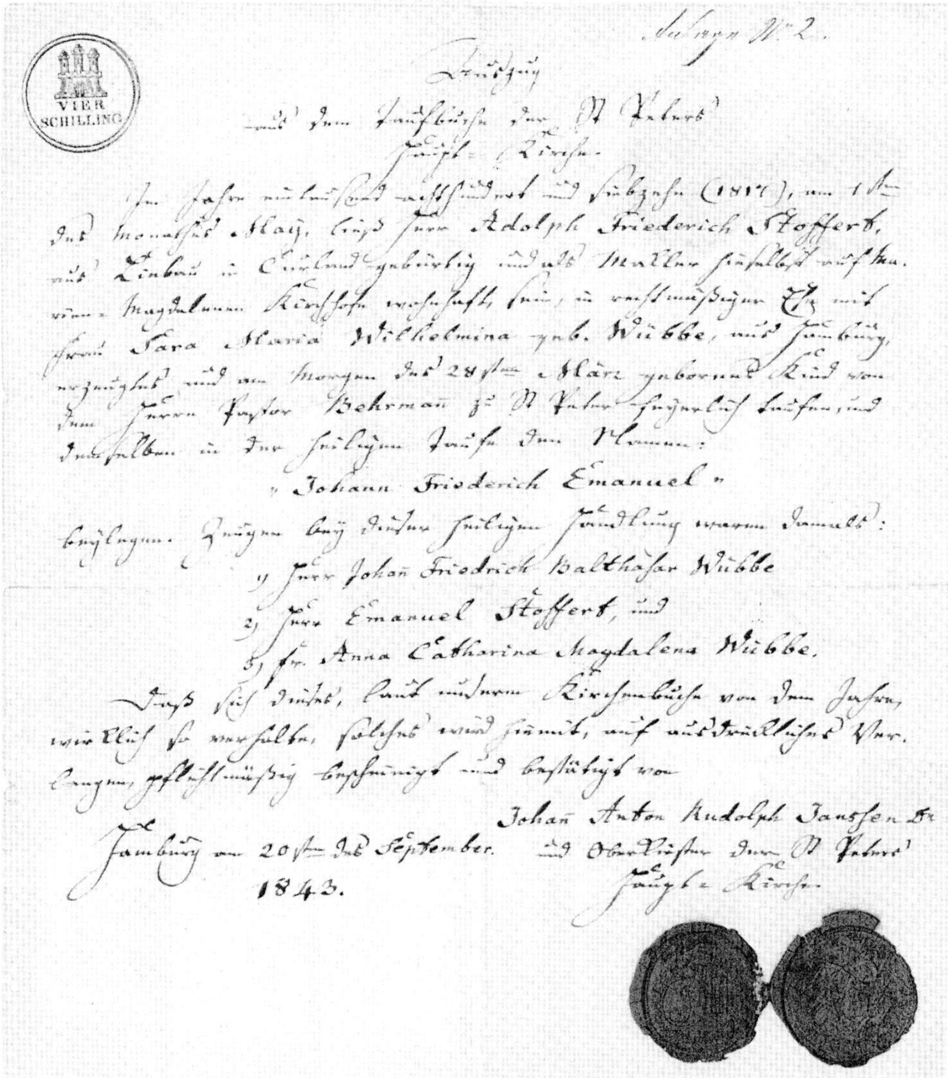
VIER SCHILLING

„Johann Friedrich Emanuel"

1) Herr Johan Friedrich Balthasar Wübbe

2) Herr Emanuel Stoffert, und

3) Fr. Anna Catharina Magdalena Wübbe.

Johan Anton Rudolph Janssen Dr

Hamburg am 20sten des September. 1843.

Abschrift aus dem Taufregister von 1817, Eintrag der Taufe Friedrich Stofferts; 1843 angefertigt.
Quelle: Privatarchiv Gerhard Stoffert.

personen für Friedrich wurden. Der junge Friedrich Stoffert nahm jede Gelegenheit war, sich weiterzubilden. Es schmerzte ihn sehr, dass ihm der Besuch eines Gymnasiums verwehrt war und er eine Lehre als Kolonialwarenkaufmann antreten musste. Zu seinen Freunden zählten später Apotheker und andere studierte Gleichaltrige, aus deren Gesprächen er weiteres Wissen bezog. Er war ein sehr scharfer Beobachter, ein großer Naturliebhaber, sozial eingestellt, auf das Gemeinwohl bedacht und achtete auf die Etikette. Er hatte das

Glück, die Liebe von zwei vermögenden Frauen zu erringen, die er nacheinander heiratete und das Pech, beide nach nicht langer Zeit durch den Tod zu verlieren. Von seinen acht Kindern überlebten fünf.
Da das Ladengeschäft später von einem Geschäftsführer betrieben wurde, erwarb Friedrich Stoffert ein Grundstück am Bergedorfer Gehölz auf dem sich das Haus Bellevue befand. Dort wurde eine Schrothkur-Anstalt eingerichtet, später ein Restaurant, kurze Zeit eine Wasserheilanstalt und danach eine Pension.

Das Hotel Bellevue im Winter 1893/94, nachdem Friedrich Stoffert es bereits verkauft hatte und nach Berlin übergesiedelt war. Im darauffolgenden Jahr brannte es nieder und wurde durch einen Neubau ersetzt. *Quelle: Privatarchiv*

Bellevue um 1894 *Quelle: Archiv Kultur- & Geschichtskontor*

Neben seinen beruflichen Verpflichtungen nutzte er seine freie Zeit für Ausflüge in die Umgebung Bergedorfs sowie für weitere Reisen beispielsweise nach Helgoland, Schlesien, in die Schweiz und nach Italien. Damals nicht ganz einfach. Obwohl seit 1835 Eisenbahnlinien gebaut wurden, waren die Postkutschen immer noch die Hauptverkehrsmittel. So saß Friedrich Stoffert im Jahr 1864 anlässlich der Rückkehr aus Italien bei der Überquerung der Alpen 30 Stunden in einer Postkutsche und war 40 Stunden ohne Schlaf.
Er ließ sich nicht gern „Künstler“ nennen, verbrachte aber seit 1834, als seine ersten Federzeichnungen entstanden, bis ins hohe Alter, viel Zeit damit, Stillleben, Stadtansichten und Landschaften, fast photographisch genau, abzubilden. Weit über 1.000 Zeichnungen und Gemäldc in Blci, Tintc, Tuschc und Öl sind bekannt, davon liegen allein 180 Aquarelle im „Museum für Bergedorf und die Vierlande“. Sein erster Zeichenlehrer war Heinrich von Holten, ein Sohn des beiderstädtischen Hausvogts. Mit dem Bergedorfer Johannes Harmsen nahm er Unterricht in der Ölmalerei bei dem Hamburger Landschaftsmaler C. F. Lorentzen und beim Hamburger Aquarellmaler Rudolph Koch. Ansonsten war er Autodidakt. Das Dachgeschoss seines Hauses, Große Straße 7, wurde mit einem Oberlicht zu einem Atelier ausgebaut. Als er später seinen Wohnsitz in Bellevue nahm, hatte er auch dort ein Atelier. Nach dem Tod seiner zweiten Frau Louise, geborene Nagel, zog deren Schwester Helene Nagel zu ihm, zunächst, um sich um die Kinder ihrer Schwester, und auch um die Kinder ihres Schwagers aus erster Ehe, zu kümmern. Sie ließ sich von bekannten Malern in der Maltechnik unterweisen und wurde damals eine bekannte Malerin, die viele Bilder auf gemeinsamen Studienreisen anfertigte. Sie folgte auch später Friedrich Stoffert nach Berlin. Die Bilder dieser beiden Bergedorfer Künstler wurden durchaus zum Verkauf angefertigt. Eine größere Anzahl davon gelangte nach Amerika, wo diese von früheren Auswanderern gekauft wurde.

Ölgemälde, Friedrich Stoffert, ohne Titel *Quelle: Privatbesitz Gerhard Stoffert*

Schloß Bergedorf, Federzeichnung, Friedrich Stoffert Quelle: Privatbesitz Gerhard Stoffert

Ölgemälde, Friedrich Stoffert, ohne Titel Quelle: Privatbesitz Gerhard Stoffert

Schloß Ahrensburg, Federzeichnung, Friedrich Stoffert *Quelle: Privatbesitz Gerhard Stoffert*

Friedrich Stoffert in Berlin

Genau genommen erfolgte der Umzug Friedrich Stofferts im Jahr 1888 von Bergedorf nach Charlottenburg, das seit 1705 Stadtrechte besaß und erst 1920 nach Berlin eingemeindet wurde. Von der Schlüterstraße 3 aus konnten sowohl die Siegessäule im Tiergarten als auch der Charlottenburger Schlossgarten nach einem halbstündigen Spaziergang erreicht werden.
Von der Berliner Zeit ist wenig überliefert. Bekannt ist, dass Friedrich Stoffert auch hier seine künstlerische Tätigkeit fortsetzte und ein gehobenes gutbür-

gerliches Leben führte. Kamen Besucher, so empfing diese eine Bedienstete mit einem silbernen Tablett, um deren Visitenkarten in Empfang zu nehmen. In Stofferts Arbeitszimmer stand stets eine Kristall-Karaffe mit Trinkwasser, die sich heute im Besitz des Urenkels Gerhard Stoffert befindet.
Nach Berichten aus der Familie hat er einen Teil seines Vermögens verloren, als er auf den falschen Rat eines „Freundes" hin, Aktien einer südafrikanischen Goldmine kaufte, die schon beim Kauf wertlos waren. Danach zahlte er seine Kinder aus und überließ den Rest seines Vermögens einer Bank gegen die Zahlung einer Leibrente auf Lebenszeit.
Auch im hohen Alter unternahm Friedrich Stoffert noch einige Reisen, u.a. besuchte er 1902 seinen Sohn Florian in Ottweiler bei Saarbrücken, wo dieser ein Obstgut leitete. In den Jahren darauf verbrachte er einige Tage bei seiner Tochter Elisabeth in Lübeck und reiste für einige Wochen nach Niendorf an die Ostsee. 1905 führte es Friedrich Stoffert noch einmal in den Harz, wo er Wernigerode, Schierke, Hasserode und Steinberg besuchte.
Am 24.12.1910 starb Friedrich Stoffert in Charlottenburg bei Berlin. Er wurde 93 Jahre alt. Er wurde in seiner Geburtsstadt Hamburg am 28. Dezember 1910 auf dem Ohlsdorfer Friedhof von seiner Familie, seinen noch lebenden Freunden und vom Bergedorfer Bürgerverein von 1847, deren Ehrenmitglied er war, verabschiedet. Sein schon in den Jugenderinnerungen bei der Beerdigung seines Freundes geäußerter Wunsch, lieber verbrannt zu werden, ging im Ohlsdorfer Krematorium in Erfüllung. Der Grund dieser Beisetzung in Hamburg war vermutlich das Fehlen eines Krematoriums in Bergedorf zu der damaligen Zeit.

Todesanzeige in der Bergedorfer Zeitung, Dezember 1910 *Quelle: Privatarchiv Gerhard Stoffert*

Am 24. Dezember verschied in Berlin im 94. Lebensjahre

Herr Friedrich Stoffert,

Ehrenmitglied und Stiftungsmitglied

unseres Bürgervereins, welchem er stets, und besonders in seinen letzten Lebensjahren, ein warmes und lebhaftes Interesse, vor allem auch durch zahlreiche wertvolle Zuwendungen, bewiesen hat.

Wir werden sein Andenken stets in hohen Ehren halten.

Bergedorf, den 27. Dezember 1910.

Der Vorstand

des Bergedorfer Bürgervereins von 1847.

I. A.: **Dr. Walther Timm,** 1. Vorsitzender.

Die Beisetzung, an welcher wir unsere Mitglieder zahlreich teilzunehmen bitten, findet am Mittwoch, den 28. Dezbr., nachmittags 2 Uhr, im Krematorium zu Ohlsdorf statt.

Abfahrt für die Bergedorfer Teilnehmer 12,25 Uhr.

Friedrich Stoffert lebte in seinen Werken weiter. 1893 waren seine Bilder im Portici zu sehen. In diversen Ausstellungen z.B. 1936, 1939, 1959 und 1978 wurden seine Aquarelle und Skizzen u.a. im Bergedorfer Schloss gewürdigt.

Die Nachfahren Friedrich Stofferts

In Berlin lebten Ende der 1890er Jahre sein verheirateter Sohn Robert mit Familie, sein verlobter Sohn Manu, seine unverheiratete Schwägerin Helene Nagel und seine unverheiratete Tochter Nina.
Robert Stoffert arbeitete als Architekt. Er errichtete beispielsweise 1890 ein Mietshaus in der Willibald-Alexis-Straße 33 in Berlin, das in der Baudenkmalliste von Berlin aufgeführt ist. Robert Stoffert hatte mit Betty Herrchen zwei Kinder. Tochter Gretchen Stoffert wurde am 29.6.1890 und Sohn Friedrich Stoffert am 6.2.1899 in Berlin geboren. Da Robert Stoffert schon im Alter von 48 Jahren verstarb und der kleine Friedrich Stoffert zu dieser Zeit erst drei Jahre alt war, wuchs er bei dem Halbbruder seines Vaters, Florian Stoffert auf.
Emanuel *(Manu)* Stoffert, am 13.11.1863 in Bergedorf geboren und am 24.10. 1957 in Berlin-Friedenau gestorben, war seit 1907 verheiratet, blieb aber kinderlos. Er wollte Schauspieler werden, war in verschiedenen Berufen ohne besonderen Erfolg tätig.
Nina Stoffert blieb unverheiratet, weil sie ihren Verlobten durch Tod verlor. Sie lebte stets in der Nähe ihres Vaters Friedrich Stoffert und starb am 1933 in Berlin-Wilmersdorf.

Robert Stoffert, um 1900
Quelle: Privatarchiv Gerhard Stoffert

Stofferts Tochter Elisabeth, geboren am 18.6.1856 in Bergedorf, heiratete den Apotheker Wilhelm Wetzel, hatte zwei Söhne und eine Tochter.
Florian Stoffert war nach anfänglich mäßigen Erfolgen auf den allgemeinbildenden Schulen später ein geachteter und deutschlandweit bekannter Gartenbauinspektor und Gutachter für Obst- und Gemüsebau. Nach der Leitung von Obstgütern in Osterode/Harz, Ottweiler/Saarland und Tannenhof/Schwerin, wurde er beauftragt, in Peine eine Versuchs- und Lehranstalt für Gartenbau, die Simonsche Stiftung, aufzubauen. Er veröffentlichte Fachbücher, Broschüren und zahlreiche Aufsätze in Fachzeitschriften. Er starb am 4.8.1947 in Peine bei Hannover.
Mit der Oberförstertochter Anna Gotzukowsky hatte Florian Stoffert drei Töchter und einen Sohn. Tochter Margarethe heiratete den Hauptschrift-

leiter großer Tageszeitungen, Fritz Hirschner. Die zweite Tochter Elisabeth war mit dem Reichswehr-Offizier Hans Maus verheiratet. Die dritte Tochter Gertrud ehelichte den Buch- und Zeitungsverleger Ernst Mull. Das vierte Kind Florian Stofferts war der Sohn Robert, geboren am 7.8.1898 in Osterode/Harz und gestorben am 15.11.1968 in Hannover. Robert Stoffert ergriff den Beruf seines Vaters, wurde ein bekannter Gartenbau-Fachmann und Gutachter. Bekleidete mehrere Ämter in den Berufsorganisationen bis in den Reichsnährstand in Berlin hinein. Seine größte Leistung war der Aufbau eines großen Gewächshausbetriebes für Zierpflanzen in der Plantage Lutstadt zu Hannover. Daneben leitete er noch drei Getreide-, Obst- und Gemüseplantagen. Am 6.10.1925 heiratete Robert Stoffert die Kaufmannstochter Elfriede Schütte, mit der er vier Kinder hatte, die Töchter Ilse, Sigrid, Gisela und den am 2.9.1926 geborenen Sohn Gerhard Stoffert, Universitätsprofessor und Verfasser dieses Nachwortes sowie Bearbeiter der vorliegenden Lebenserinnerungen. Gerhard Stoffert heiratete Renate Haase, Tochter eines Rittergutpächters, aus der Mark Brandenburg. Aus dieser Ehe gingen Axel Stoffert, heute Rechtsanwalt und Bank-Syndicus, sowie Birgitta Stoffert, heute im Management eines großen Industrieunternehmens tätig, hervor. Birgitta Stoffert heiratete 1987 Rafael Schenz, der heute im Management einer großen deutschen Bank tätig ist. Sie haben die beiden Kinder Richard und Felicitas, die Ur-Ur-Ur-Enkel Friedrich Stofferts.

Nina Stoffert, um 1930 *Quelle: Privatarchiv Gerhard Stoffert*

1. September 1862

Entwurf eines Ehevertrages zwischen J. F. E. Stoffert und Louise Nagel

Da J. F. E. Stoffert gewilligt ist nach Absterben seiner Ehefrau Elisabeth, geb. Blessig, mit Louise Turbine Nagel cum tutore patre C. L. Nagel aus Hamburg zur zweiten Ehe zu schreiten, so hat er sich zuvor mit seinen Kindern aus erster Ehe 1. Robert, 2. Elisabeth, 3. Nina und ihren bestätigten Vormündern Johannes Harmsen und Julius Behrens über das von seiner Ehefrau erster Ehe, Elisabeth, geb. Blessig, eingebrachte Vermögen unter Zuziehung seiner jetzigen Braut Louise Nagel cum tutore patre C. L. Nagel folgendermaßen verglichen und abgefunden: Seine verstorbene Frau Elisabeth, geb. Blessig, aus St. Petersburg hat ihm in verschiedenen Wertanlagen in die Ehe gebracht 92.886 Mark 12 Schilling Courant worüber er, soweit es angeht, den Vormündern seiner Kinder Nachweis erteilt hat. Außerdem partizipiert er mit seinen Kindern noch zum 14ten Teile mit einem Anrecht an einem Grundstück in St. Petersburg, woraus indeß bis jetzt trotz aller Mühe noch kein Resultat hat erzielt werden können und welches Anrecht ihnen daher gemeinschaftlich zusteht und hiermit offen gehalten wird. Von oben genannten 92.886 Mark 12 Schilling Courant eingebrachtem baren Vermögen hat er seinen Kindern, was hiermit geschieht, $^3/_4$ mit 69.665 Mark 1 Schilling abzusetzen und auszusprechen; da aber bei Lebzeiten seiner verstorbenen Frau und mit deren spezieller Bewilligung diese Gelder in folgender Weise zum größten Teil angewandt sind: nämlich durch Auszahlung bei Übernahme seines väterlichen Grundstückes nebst Warenlager, Inventar, Neubau 30.000 Mark Crt abzüglich der darin hypot:

stehenden	8.000	
mit	22.000	
Mobiliar laut Verzeichnis	14.000	Cour:
Anleihe an seinen Schwager H. A. Würger lt. Pfandbrief	13.000	
Anleihe an seine Mutter Maria Stoffert lt. Pfandbrief	3.750	
zur Abzahlung des auf das Grundstück Bellevue, dortigen Neubau und Inventarstücken verwandt sind:	40.000	
	92.750	Cour:

So ist damit das Vermögen seiner verstorbenen Frau, welches ihm dieselbe eingebracht, da ihm noch vom elterlichen Vermögen bis jetzt nichts zugeflossen, verwendet, und es werden die den Kindern erster Ehe zukommenden $^3/_4$ des fraueneingebrachten mit 69.665 Mark 1 Schilling, so weit die Verhältnisse es gestatten, hiermit dahin gesichert, daß unter Beibehaltung der persönlichen Bürgschaft des J. F. E. Stoffert die Kapital-Außenstände bei H. A. Würger und Maria Stoffert im Betrage von 16.750 Crt. den Kindern erster Ehe endirt werden und für den Rest der Vater den Kindern, wie es das Gesetz schon mit sich bringt, die erste Priorität auf die Grundstücke, nach den darin bereits gerichtlich versicherten fremden Geldern einräumt und hiermit zusichert.
Da nun aber der Vater die volle Erziehung und Unterhaltung seiner Kinder erster Ehe standesgemäß bis zum vollendeten 18ten Jahre eines jeden übernimmt, so hat er auch selbstfolgend die Zinsen für sämtliche Kindergelder bis dahin zu genießen.
Nach vollendetem 18ten Jahre, sofern die Kinder sodann nicht noch im gleichen Verhältnis zum Vater bleiben, haben sie durch ihre Vormünder den Zinsgenuß ihrer Kapitalanteile mit 3 Prozent pro anno zu genießen und bei der Mündigkeit oder bei etwaiger Verheiratung vorher, jedoch immer erst nach dem vollendetem 18ten Lebensjahre, das Recht der Kündigung und Auszahlung des Kapitals zu beanspruchen.
J. F. E. Stoffert reserviert sich dabei zur Realisierung seines elterlichen Grundstückes die freie Hand des Verkaufes desselben nebst Warenlager und Inventar, jedoch immer nur zu einem Preise, daß daraus $^3/_4$ der obig dafür ausgeworfenen 22.000 Mark seiner Kinder gedeckt werden und das Kapital zufließen würden, eventuell aus seinen anderweitigen Mitteln das Fehlende zuschießen, falls er niedriger als die genannten Preise verkaufen sollte, vorbehaltlich des ihm wie oben reservierten Zinsgenusses, so wie er auch den Verkauf und die Realisierung des Grundstückes Bellevue unter ganz gleichen Bedingungen sich vorbehält.
A. Seine jetzige Braut und künftige Ehefrau Louise Nagel, cum tutore patre nimmt hiermit die Kinder erster Ehe als ihre eigenen an, verspricht ihnen alles dasjenige zu leisten und zu erfüllen, was der Vater wie oben versprochen, tritt aber dagegen auch in alle Rechte ein, welche dem Vater zustehen, namentlich für den Fall, daß der Vater J. F. E. Stoffert vor dem 18ten Jahre oder der Volljährigkeit der Kinder erster Ehe sterben sollte.
Womit diese Abfindung geschlossen. Alles unter Verpfändung von Hab und Gut, Kraft eigenhändiger Unterschrift.

Anwortschreiben von C. L. Nagel

Ad **A.** Ist darunter eine Einkindschaft verstanden, so ist solche weder rechtlich begründet noch wird sie von der Obervormundschaft gut geheißen werden, da erstere nur dann statthaft, wenn die ersten Kinder ohne Vermögen sind. Einkindschaft heißt, daß die Kinder beider Ehen in der Erbschaft vollständig einander gleichgestellt sind; sie ist nicht statthaft, weil das Vermögen, was Louise von mir zufallen wird, nicht so groß ist als was die Kinder jetzt haben. – Soll A. nur eine moralische Phrase sein, so ist solche müßig und könnte später Mißdeutungen unterliegen.
Sollte der vorliegende Contrakt im übrigen von den Vormündern und Obervormundschaft genehmigt werden, so ist nichts dagegen einzuwenden.
Die Punkte in dem Schreiben vom 1. September zerfallen von selbst, da sich das alles nach den Gesetzen von selbst versteht. Der Contrakt ist verworren abgefaßt und muß von einem tüchtigen Juristen in prompte Form gebracht werden, damit nicht später (z. B. von Schwiegersöhnen) daran gerüttelt werden kann.
Sollten die Kinder ganz abgeteilt werden, so käme ihnen nach hamburger Recht die Hälfte des mütterlichen und die Hälfte des väterlichen Vermögens zu und hätten sie in Zukunft keinerlei Ansprüche mehr weder am väterlichen noch am mütterlichen Erbteil. Nach dem vorliegenden Contrakt fallen alle etwaigen späteren Erbschaften von mütterlicher Seite den Kindern ganz zu, mit Ausnahme des reservierten Teils von dem Genuß, Hause in Petersburg.

Stammbaum der Familie Stoffert über 7 Generationen in direkter Linie

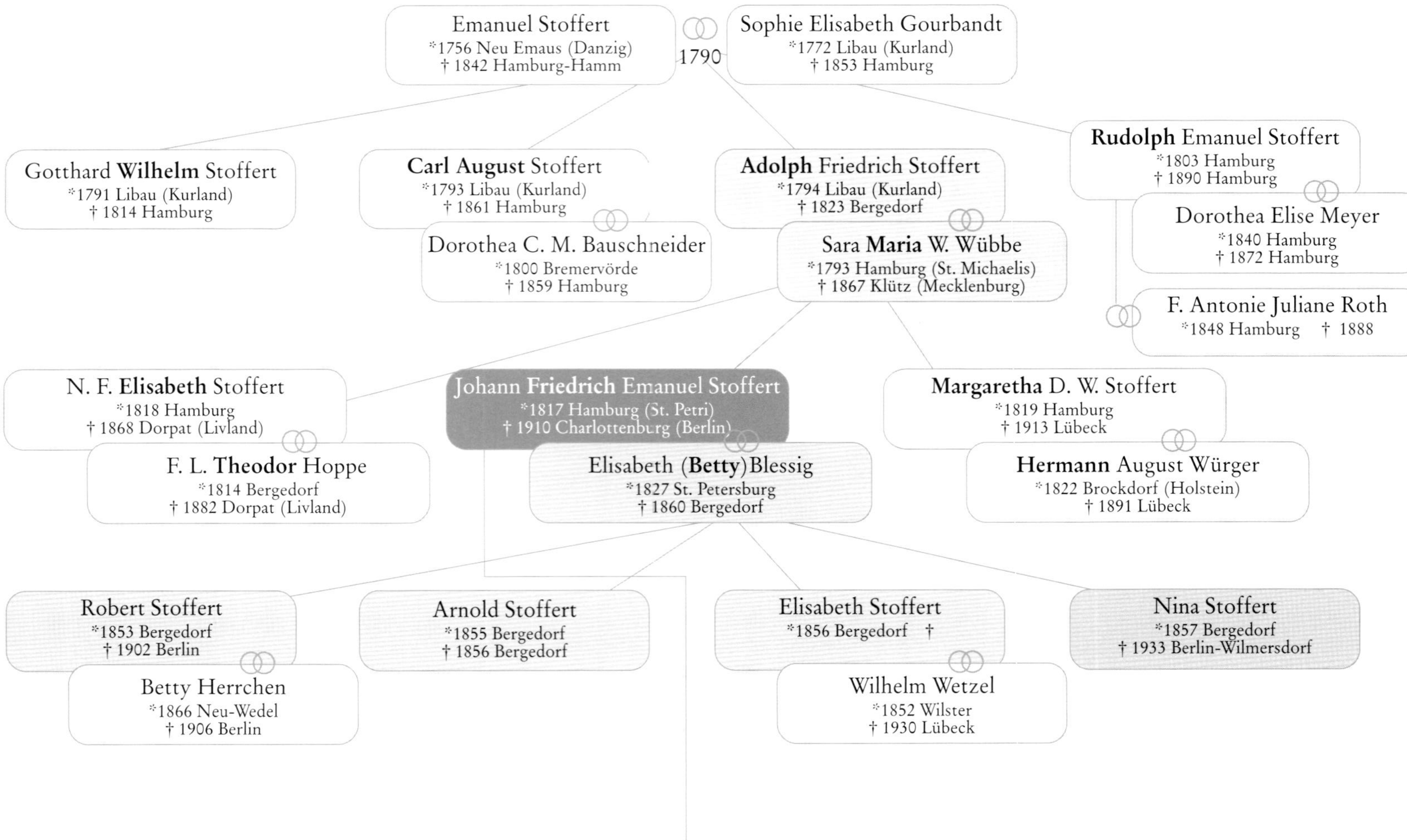

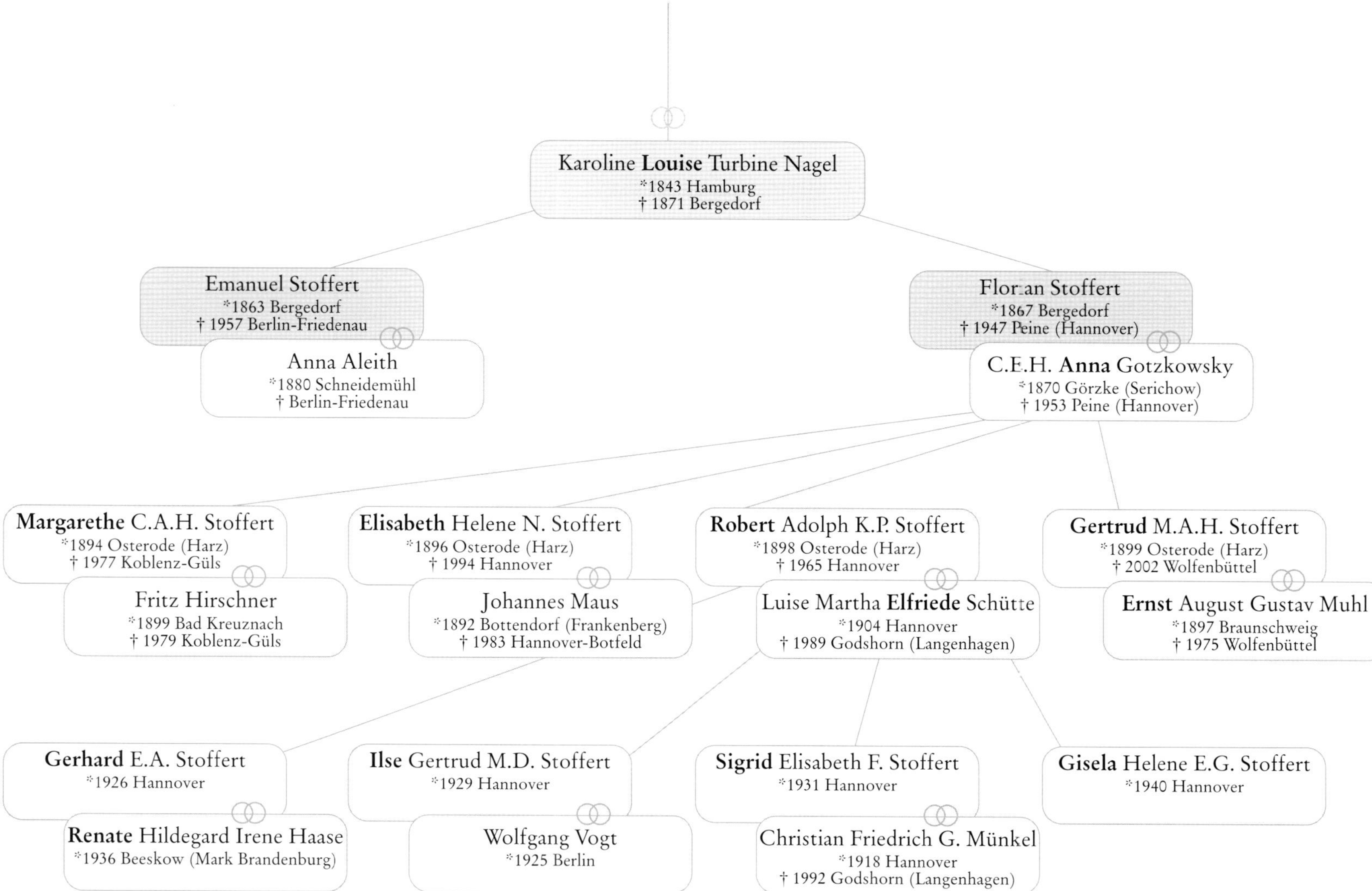

Karoline **Louise** Turbine Nagel
*1843 Hamburg
† 1871 Bergedorf
Emanuel Stoffert
*1863 Bergedorf
† 1957 Berlin-Friedenau
Anna Aleith
*1880 Schneidemühl
† Berlin-Friedenau
Florian Stoffert
*1867 Bergedorf
† 1947 Peine (Hannover)
C.E.H. **Anna** Gotzkowsky
*1870 Görzke (Serichow)
† 1953 Peine (Hannover)
Margarethe C.A.H. Stoffert
*1894 Osterode (Harz)
† 1977 Koblenz-Güls
Fritz Hirschner
*1899 Bad Kreuznach
† 1979 Koblenz-Güls
Elisabeth Helene N. Stoffert
*1896 Osterode (Harz)
† 1994 Hannover
Johannes Maus
*1892 Bottendorf (Frankenberg)
† 1983 Hannover-Botfeld
Robert Adolph K.P. Stoffert
*1898 Osterode (Harz)
† 1965 Hannover
Luise Martha **Elfriede** Schütte
*1904 Hannover
† 1989 Godshorn (Langenhagen)
Gertrud M.A.H. Stoffert
*1899 Osterode (Harz)
† 2002 Wolfenbüttel
Ernst August Gustav Muhl
*1897 Braunschweig
† 1975 Wolfenbüttel
Gerhard E.A. Stoffert
*1926 Hannover
Renate Hildegard Irene Haase
*1936 Beeskow (Mark Brandenburg)
Ilse Gertrud M.D. Stoffert
*1929 Hannover
Wolfgang Vogt
*1925 Berlin
Sigrid Elisabeth F. Stoffert
*1931 Hannover
Christian Friedrich G. Münkel
*1918 Hannover
† 1992 Godshorn (Langenhagen)
Gisela Helene E.G. Stoffert
*1940 Hannover

28. 3. **1817**	Geburt Friedrich Stofferts in Hamburg (St. Petri)
11. 8. **1818**	Geburt der Schwester Elisabeth Stoffert in Hamburg
16. 12. **1819**	Geburt der Schwester Margarethe Stoffert in Hamburg
1821	Umzug von Hamburg nach Bergedorf, Große Straße 7, heute Sachsentor 6, Eröffnung einer Eisen- und Colonialwarenhandlung
11. 1. **1823**	Tod des Vaters **Adolph** Friedrich Stoffert, Mutter Maria Stoffert, geb. Wübbe, führt das Geschäft weiter.
1823	Friedrich Stoffert besucht die Mädchenschule von Frau Wolgast
1824	Besuch der Stadtschule
1827	Privatunterricht mit den Kindern des Amtsverwalters Dr. Lindenberg im Bergedorfer Schloss
1833	Beginn der Kaufmannslehre im elterlichen Geschäft
1834	Erste Federzeichnungen
23. 7. **1838**	Tod des Großvaters Johann Friedrich Balthasar Wübbe, Schiffsmakler
14. 10. **1847**	Mitbegründer des Bergedorfer Bürgervereins, mehrere Jahre Tätigkeit als Armenpfleger in Bergedorf
1848	Mitbegründer der Bergedorfer Bürgerwehr
1848	Eingabe Friedrich Stofferts an die Visitation zur Verbesserung der Bergedorfer Verhältnisse
1851	Übernahme des elterlichen Ladengeschäftes, Große Straße 7
21. 5. **1851**	Heirat mit Elisabeth (Betty) Blessig aus St. Petersburg
Juli **1852**	Totgeburt des ersten gemeinsamen Kindes
Juli **1853**	Geburt des Sohnes Robert
1855 - 1865	Tätigkeit als einer der 12 Bürgervertreter im Rat von Bergedorf
9. 2. **1855**	Geburt des Sohnes Arnold, der bereits 1856 verstirbt.
18. 6. **1856**	Geburt der Tochter Elisabeth
21. 9. **1857**	Geburt der Tochter Nina
26. 5. **1860**	Das sechste Kind und Ehefrau Betty sterben unter der Geburt.

1861	Reise nach Dresden
1. 7. **1861**	Pacht des Anwesens Bellevue am Bergedorfer Gehölz und Eröffnung als Schrothkur-Heilanstalt
1862	Kauf des Anwesens Bellevue
30. 9. **1862**	Hochzeit mit Louise Nagel aus Hamburg
13. 11. **1863**	Geburt des ersten gemeinsamen Sohnes Emanuel
1864	Schweiz-Italien-Reise
1866	Verpachtung Bellevues
1866	Mecklenburg-Reise
2. 7. **1867**	Tod der Mutter Maria Stoffert, geb. Wübbe
13. 12. **1867**	Geburt des Sohnes Florian
1868	Reise auf die Nordsee-Insel Föhr und die Hallig Hooge
1868	Reise nach Boltenhagen/Ostsee
18. 3. **1869**	Reise nach Schlesien, Rückreise über Prag
15. 4. **1869**	Eröffnung von Bellevue als Gaststätte unter eigener Regie
1870	Bellevue wird Kaltwasser-Heilanstalt
1870	Bellevue wird Pension
1870	Reise nach Schlesien
4. 10. **1871**	Tod der zweiten Ehefrau Louise
1874	Studienreise in den Harz
1875	Reise an den Genfer See
1876	Studienreise an die Ostsee
1877	Studienreise an die Ostsee
1879	Studienreise nach Sylt
1879	Reise nach Boppard am Rhein
1880	Verkauf des Hauses in der Großen Straße 7
1880	Neubau des „Kleinen Hauses“ auf dem Anwesen Bellevue
5. 5. **1884**	Hochzeit der Tochter Elisabeth mit dem Apotheker Wilhelm Wetzel auf Bellevue
28. 3. **1887**	Verkauf des Anwesens Bellevue
1888	Im Alter von 71 Jahren Umzug von Bergedorf nach Berlin, zusammen mit Tochter Nina und Schwägerin Helene Nagel

Kultur & Geschichts Kontor

Trägerverein ist die Initiative zur Erhaltung historischer Bauten e. V.

Die Stunde Null
Nachkriegsjahre in Bergedorf und Umgebung
Hrsg.: Kultur- & Geschichtskontor,
1. Aufl. 2005,
ISBN-10: 3-980 69 96-5-X
ISBN-13: 978-3-9806996-5-5
€ 14,80

Nettelnburg
Ritter - Bauern - Siedler
Hrsg.: Kultur- & Geschichtskontor,
2. Aufl. 2004,
ISBN-10: 3-980 69 96-9-2
ISBN-13: 978-3-9806996-9-3
€ 14,80

Bergedorf – Altes neu entdeckt
Autor: Dr. Geerd Dahms,
Hrsg.: Kultur- & Geschichtskontor,
2. Aufl. 2004,
ISBN-10: 3-980 69 96-7-6
ISBN-13: 978-3-9806996-7-9
€ 14,80

Lohbrügge
Die Geschichte eines Hamburger Stadtteils.
Band I - Die Alte Holstenstraße,
Hrsg.: Kultur- & Geschichtskontor,
2. Aufl. 2001,
ISBN-10: 3-98069 96-1-7
ISBN-13: 978-3-9806996-1-7
€ 14,00

Lohbrügge
Die Geschichte eines Hamburger Stadtteils.
Band II - Felder und Fabriken,
Hrsg.: Kultur- & Geschichtskontor,
1. Aufl. 2000,
ISBN-10: 3-98069 96-0-9
ISBN-13: 978-3-9806996-0-0
€ 14,00

Lohbrügge
Die Geschichte eines Hamburger Stadtteils.
Band III - Alles wird anders,
Hrsg.: Kultur- & Geschichtskontor,
2. Aufl. 2003,
ISBN-10: 3-980 69 96-3-3
ISBN-13: 978-3-9806996-3-1
€ 14,00

Das Kultur- & Geschichtskontor ist ein Projekt der Initiative zur Erhaltung historischer Bauten e.V. Wir gehören seit 1982 zum aktiven Kreis der Hamburger Geschichtswerkstätten.

Öffnungszeiten: Mi 10-20 Uhr, Fr 10-16 Uhr, Mo/Di/Do nach Vereinbarung,
Reetwerder 17, 21029 Hamburg, Tel. 040/721 28 23, Fax 040/724 43 42
geschichtskontor@hansenet.de, www.geschichts-kontor.de